Using Italian Vocabulary

Using Italian Vocabulary provides the student of Italian with an in-depth, structured approach to the learning of vocabulary. It can be used for intermediate and advanced undergraduate courses, or as a supplementary manual at all levels – including elementary level – to supplement the study of vocabulary. The book is made up of twenty units covering topics that range from clothing and jewelry to politics and environmental issues, with each unit consisting of words and phrases that have been organized thematically and according to levels so as to facilitate their acquisition. The book will enable students to acquire a comprehensive control of both concrete and abstract vocabulary, allowing them to carry out essential communicative and interactional tasks.

- a practical topic-based textbook that can be inserted into all types of course syllabi
- provides exercises and activities for classroom and self-study
- answers are provided for a number of exercises

MARCEL DANESI is Professor of semiotics, Italian, and anthropology and Director of the Program in Semiotics at the University of Toronto. He has also taught at various other universities in North America, Switzerland, and Italy. Professor Danesi has published extensively on aspects of Italian language and culture.

Companion titles to *Using Italian Vocabulary*

Using French (third edition)
A guide to contemporary usage
R. E. BATCHELOR and M. H. OFFORD
(ISBN 0 521 64177 2 hardback)
(ISBN 0 521 64593 X paperback)

Using Spanish
A guide to contemporary usage
R. E. BATCHELOR and C. J. POUNTAIN
(ISBN 0 521 42123 3 hardback)
(ISBN 0 521 26987 3 paperback)

Using German
A guide to contemporary usage
MARTIN DURRELL
(ISBN 0 521 42077 6 hardback)
(ISBN 0 521 31556 5 paperback)

Using Russian
A guide to contemporary usage
DEREK OFFORD
(ISBN 0 521 45130 2 hardback)
(ISBN 0 521 45760 2 paperback)

Using Japanese
A guide to contemporary usage
WILLIAM McCLURE
(ISBN 0 521 64155 1 hardback)
(ISBN 0 521 64614 6 paperback)

Using French Synonyms
R. E. BATCHELOR and M. H. OFFORD
(ISBN 0 521 37277 1 hardback)
(ISBN 0 521 37878 8 paperback)

Using Spanish Synonyms
R. E. BATCHELOR
(ISBN 0 521 44160 9 hardback)
(ISBN 0 521 44694 5 paperback)

Using German Synonyms
MARTIN DURRELL
(ISBN 0 521 46552 4 hardback)
(ISBN 0 521 46954 6 paperback)

Using Italian Synonyms
HOWARD MOSS and VANNA MOTTA
(ISBN 0 521 47506 6 hardback)
(ISBN 0 521 47573 2 paperback)

Using French Vocabulary
JEAN H. DUFFY
(ISBN 0 521 57040 9 hardback)
(ISBN 0 521 57851 5 paperback)

Using Spanish Vocabulary
R. E. BATCHELOR and MIGUEL A. SAN JOSÉ
(ISBN 0 521 81042 6 hardback)
(ISBN 0 521 00862 X paperback)

Further titles in preparation

Using Italian Vocabulary

MARCEL DANESI

CAMBRIDGE
UNIVERSITY PRESS

PUBLISHED BY THE PRESS SYNDICATE OF THE UNIVERSITY OF CAMBRIDGE
The Pitt Building, Trumpington Street, Cambridge CB2 1RP, United Kingdom

CAMBRIDGE UNIVERSITY PRESS
The Edinburgh Building, Cambridge, CB2 2RU, UK
40 West 20th Street, New York, NY 10011–4211, USA
477 Williamstown Road, Port Melbourne, VIC 3207, Australia
Ruiz de Alarcón 13, 28014 Madrid, Spain
Dock House, The Waterfront, Cape Town 8001, South Africa

http://www.cambridge.org

First published 2003

Printed in the United Kingdom at the University Press, Cambridge

Typeface Ehrhardt 10.5/12 pt.   *System* LaTeX 2_ε [TB]

A catalogue record for this book is available from the British Library

ISBN 0 521 52425 3 paperback

Contents

Acknowledgments		*page* ix
Abbreviations		x
Introduction	Aims Structure and organization	1
Unit 1	Towns, cities, and buildings The household Gardens	5
Unit 2	The physical world The animal world The weather	30
Unit 3	The body Health services	55
Unit 4	Physical appearance Body language	82
Unit 5	Personality Behavior	102
Unit 6	Clothing, footwear, and accessories Food and drink	126
Unit 7	Perception, moods, and the mind Materials and textures	152
Unit 8	Quantity, shape, measurement, and size Containers	174
Unit 9	The arts The media	193
Unit 10	Literature and writing Expression, interacting, speaking, reading, writing, and phoning	216
Unit 11	Leisure Sport	239
Unit 12	Travel Transportation	255

Unit 13   The life cycle   277
            Religion

Unit 14   Education   300
            Science

Unit 15   Agriculture   326
            Industry

Unit 16   The business world   345
            Employment

Unit 17   The office and computing   363
            Communications

Unit 18   Law   385
            Finance

Unit 19   Geography   407
            History and war

Unit 20   Politics   434
            Social services and social issues

Answers to exercises   452

consulted the other excellently designed vocabulary texts published by
Cambridge University Press in order to bring the study of Italian
vocabulary in line with that of other modern languages.

In a phrase, the items in each unit are those that students will need to
know in order to express themselves appropriately in all kinds of
common discourse situations. Units on the arts, media, science,
religion, and law, for instance, are designed to expose students to
vocabulary that they are likely to encounter in the press, on television,
in literary texts, and the like. Nevertheless, I have not excluded more
"basic vocabulary," given that students tend to forget even the most
common words. Basic vocabulary is thus dispersed in the textbook
whenever I thought it would be useful to do so.

Features

Within a level, the vocabulary is subdivided into thematic categories.
For example, in the unit dealing with clothing, the categories *Garments*,
Footwear, and *Jewelry, accessories, toiletries, and cosmetics* are employed.
Within each one of these categories the items are arranged (in most
cases) in alphabetical order (in Italian). This has been done in order to
help students search for and look up specific vocabulary items as they
work through the exercises. Thus, each level is subdivided into
thematic categories that are themselves organized alphabetically for
ease of reference. This is intended to give the textbook both a
pedagogical and a referential function.

Items listed in one unit or category may be listed again in a different
unit or subdivision of the textbook. This is required by the very nature
of vocabulary systems themselves, which are highly sensitive to
context. In effect, the meaning and use of any item will vary according
to the context in which it occurs: e.g. the word *causa* may mean
"cause" in one context, but "legal case" in another.

The nouns in a listing are preceded by the definite article. This
shows their gender. Adjectives are given only in their masculine form
throughout. Whenever a concept can refer to both a man or a woman,
its variant forms will be indicated (if the case calls for it). Thus, the title
of "Dr." is given as *il dottore* in reference to males, but as *la dottoressa* in
reference to females, since this seems to be, by and large, the general
practice in Italy. Needless to say, this is a difficult area of social meaning
where many nuances in usage abound. Thus, for instance, in referring
to a "lawyer" the masculine title *avvocato* now tends to be used
throughout Italy in reference to both males and females.

Exercises

The exercises allow the learner to work with the new vocabulary in
various ways – by focusing on meaning, by matching meanings, by
translating, etc. This section of a unit is subdivided into *Level 1*, *Level
2*, *Level 3*, and *Synthesis*. The first three correspond to the levels in the

vocabulary listing. The *Synthesis* part consists of exercises and/or activities that allow the student to utilize the new vocabulary material in a synthetic fashion.

Text work

Two texts (*Text A* and *Text B*) taken from the writings of well-known authors are included in each unit so that the student can gain additional practice through the template of actual written texts that are based on one or more of the themes covered in the unit. Each text is followed by appropriate exercises and activities that further reinforce and expand the knowledge and control of vocabulary.

Role-playing or game-playing

This section consists of suggestions for role-playing or (occasionally) for game-playing, thus allowing for the utilization of the material covered in simulated interactive situations.

Discussion/Composition/Activities

This section contains suggestions for discussion in class or, in the case of self-study, for individual consideration. It also contains suggestions for composition practice and for various kinds of interactive activities.

Answers

Answers are provided to exercises whenever it is possible to do so – i.e. when the answers are straightforward. Exercises to which answers are provided are identified with an asterisk (*).

Unit 1

Towns, cities, and buildings

Level 1

Towns and cities

abitare	*to dwell, to live in*
il borgo	*town (market town)*
il cantiere	*work-site, building site*
la capitale	*capital (of country)*
il capoluogo	*chief town (of a region)*
il centro	*downtown, center of a town/city*
la città di porto	*port city*
la città industriale	*industrial city*
la città provinciale	*provincial town*
la cittadina	*town (small city)*
il cittadino/la cittadina	*city-dweller, citizen*
la località	*building site, locality*
la metropoli (inv)	*metropolis*
il monumento	*monument*
le mura (f, pl)	*walls (of a city, town, etc.)*
il paese	*village*
il/la pendolare	*commuter*
la periferia	*suburbs, outskirts*
le porte della città	*city gates*
il posto di villeggiatura	*tourist site, holiday resort*
il quartiere	*district*
il sobborgo	*suburb*
l'urbano	*urban dweller*
il villaggio	*village*
vivere	*to live (in a place)*

Buildings and places

l'anfiteatro	*amphitheater*
la basilica	*basilica*
la biblioteca	*library*
la borsa	*stock exchange*
la cappella	*chapel*
la caserma	*barracks*
la cattedrale	*cathedral*
la chiesa	*church*
la chiesa protestante	*Protestant church*
il comune	*town council*
il condominio	*condominium*
il convento	*convent*
l'edificio, lo stabile	*building*
la fontana	*water fountain*
la galleria	*gallery*
la galleria d'arte, il museo d'arte	*art gallery (museum)*
il giardino botanico	*botanical gardens*
il giardino d'inverno	*winter garden*
il giardino zoologico	*zoo*
il luna park (inv)	*fairground*
la moschea	*mosque*
il municipio	*city hall*
il museo	*museum*
il palazzo di giustizia	*law courts*
la questura	*police station*
il tempio	*temple*
il terreno	*building plot*

il tribunale	*courthouse*	il negozio di	*food store*
l'ufficio	*tourist information*	alimentari	
d'informazioni	*office*	il negozio di	*hardware store*
turistiche		ferramenta	
		il negozio dietetico	*health food store*

Shops

la bottega	*shop*	la panetteria, il	*bread store, bakery*
il bottegaio/la	*shopkeeper*	panificio	
bottegaia		la pasticceria	*pastry shop*
il calzolaio	*shoe repair*	la pescheria	*fish shop*
	(shop)	la pizzicheria, la	*delicatessen*
la calzoleria	*shoe shop*	salumeria	
la cartoleria	*stationery*	il self-service (inv)	*self-service*
	store	il supermercato	*supermarket*
la catena di negozi	*store chain*	il tabaccaio	*tobacconist*
il chiosco	*kiosk, booth*		
la copisteria	*copy shop*		

Shopping

la cremeria	*creamery*	l'acquisto	*purchase*
l'edicola	*newsstand*	l'apertura	*opening*
l'enoteca	*wine shop*	l'assegno	*cheque*
la farmacia	*chemist, drugstore*	il banco	*counter*
il fruttivendolo	*fruit vendor,*	la bottega	*shop*
	fruiterer	caro	*expensive*
la gelateria	*ice cream parlor*	la carta di credito	*credit card*
l'ipermercato	*hypermarket*	la cassa	*cash register*
la latteria	*dairy, milk*	il cassiere/la cassiera	*cashier*
	store	la chiusura	*closing*
la lavanderia	*dry cleaner's*	il/la cliente	*customer*
la lavanderia	*launderette*	il commesso/la	*shop assistant*
automatica		commessa	
la libreria	*bookstore*	il conto	*bill*
la macelleria	*butcher shop*	costoso	*costly, expensive*
il magazzino (il	*department store*	l'etichetta	*label, price tag*
grande magazzino)		la fattura	*invoice*
il mercato del	*fish market*	la fila, la coda	*queue, lineup*
pesce		in contanti	*(in) cash*
il mercato delle	*flea market*	in saldo	*on sale*
pulci		in svendita	*on (liquidation) sale*
la merceria	*haberdasher's*	in vendita	*for sale*
il negozio	*store*	la mostra	*display, exhibition*
il negozio dei	*furniture store*	l'orario	*time (a store is open)*
mobili		il pacco	*package*
il negozio	*antique shop*	pesare	*to weigh*
dell'antiquariato		provarsi	*to try on (clothes)*
il negozio di	*clothing store*	il reparto	*department*
abbigliamento		restituire	*to return, to bring*
			back

il resto	change (money)	il proprietario/la	landlord/landlady,
il rimborso	refund	proprietaria, il	house-owner
il sacco, il sacchetto	shopping bag, small	padrone/la	
	bag	padrona	
lo sconto	discount	il/la residente	occupant,
lo scontrino	receipt		householder
la vetrina	shop window	lo scantinato	basement
		lo sfratto	eviction
Domestic buildings		lo sgombero	moving out
affittare	to rent		(of furniture),
l'affitto, la pigione, il	rent		emptying out
fitto		la stanza	room
l'affittuario/	lodger, renter, tenant	la terrazza	patio
l'affittuaria		trasformare	to convert, to
albergare, ospitare	to put up (to house)		transform
alloggiare	to house	trasformare una	to convert a bedroom
l'alloggio, l'abitazione	housing, habitation,	camera in uno	into a study
(f)	dwelling	studio	
l'appartamento	apartment	traslocare	to move (change
attiguo	adjoining		residence)
la cantina	(wine) cellar	il trasloco	moving (changing
il capanno	hut, beach house		residences)
la casa	house, home	la villa	estate, villa, large
la casa a schiera	row house, terraced		country house
	house	il villino	small villa, cottage
la casa gemella	semi-detached		home
	house		
la casa	prefab house	**Directions**	
prefabbricata		attraversare	to cross
il contratto	lease	attraverso	across
d'affitto		avanti	ahead
il cortile	forecourt	diritto (dritto)	straight ahead
la governante	nanny, housekeeper	est	east
l'inquilino/	tenant	in cima a	at the top of
l'inquilina, il		in fondo a	at the end of
locatario/la		meridionale	southern
locataria		nord	north
la morosità	overdue rental	occidentale	western
	payment	orientale	eastern
il palazzo	apartment building,	ovest	west
(di appartamenti)	block of flats	settentrionale	northern
la pensione	flat	sud	south
la proprietà	property		

Level 2

Towns and cities

le affissioni pubbliche	*public notices*
l'angolo	*corner*
l'autostrada	*highway*
il campanile	*bell tower*
il corso	*avenue, large road*
la cunetta	*gutter*
l'entrata della metropolitana	*subway entrance, entrance to underground (tube)*
la fognatura	*sewer, sewerage*
la guida	*guide*
l'incrocio	*intersection*
il marciapiede	*pavement, sidewalk*
la metropolitana	*underground, tube, subway*
il monumento commemorativo	*memorial monument*
il parchimetro	*parking meter*
il passaggio a livello	*railway crossing*
il passaggio pedonale	*pedestrian crossing*
il passaggio sotterraneo	*underpass, subway*
la pianta della città	*city map*
la piazza	*square*
la pista ciclabile	*bicycle lane*
il ponte	*bridge*
il raccordo stradale	*by-pass, ring road*
il sentiero	*drive, path*
la strada	*road, roadway, street*
la torre	*tower*
la via	*street, road*
il viale	*avenue, road*
il vicolo	*alley, lane*

Features of buildings

l'abbaino	*dormer*
l'architrave (m)	*lintel*
l'ascensore (m)	*lift, elevator*
l'attico, la soffitta, il solaio	*loft*
la balaustra	*banister*
il balcone	*balcony*
il battente	*shutter, leaf (of a door), door (of a pair)*
il camino	*chimney*
il campanello	*doorbell*
il cardine	*hinge*
la cassetta delle lettere	*mailbox*
il citofono	*intercom*
il corridoio	*corridor*
il davanzale	*window ledge*
il deposito	*storage space*
la dispensa	*pantry*
l'entrata	*entrance*
la facciata	*façade*
la finestra	*window*
la finestra a battenti	*casement window*
la finestra a ghigliottina	*sash window*
la finestra panoramica	*picture window*
la finestra sopra il tetto	*skylight*
le fondamenta (f, pl)	*foundations*
il gradino	*step*
l'ingresso	*entrance*
l'installazione (f), l'impianto	*fixture, installation*
l'interruttore (m)	*switch (light)*
il muro (le mura, f, pl)	*wall (walls)*
la parete, il tramezzo	*wall inside a house, partition*
il pavimento	*floor*
la persiana, la serranda	*shutter, blind*
il piancito, l'impiantito	*flooring (of wood, of marble, etc.)*
il pianerottolo	*landing*
il piano	*floor level*
il pianterreno	*ground floor*
la porta	*door*
la porta scorrevole	*sliding door*
il portone	*main door of a building*

la rampa	*flight of stairs*	il tetto	*roof*
la ringhiera	*handrail*	l'uscita	*exit*
la scala	*stairs*	l'uscita di sicurezza	*emergency exit*
la scalinata, le scale	*staircase*	la valvola	*fuse*
lo scuretto	*blind*	la vasca	*bathtub*
il sistema idraulico	*plumbing*	la veranda	*verandah, porch*
il soffitto	*ceiling*	la vetrata dipinta, la	*stained-glass window*
lo stipite	*jamb*	finestra a vetri	
la tegola	*tile, shingle*	colorati	
il telaio	*window/door frame*	il vetro	*pane*
la terrazza, il	*terrace*	lo zoccolo, il	*skirting-board*
terrazzo		battiscopa (inv)	

Level 3

Features of buildings		incastrare	*to fit*
l'antenna parabolica	*satellite dish*	la luce	*light, power*
l'arco, l'arcata	*arch, archway*	il mosaico	*mosaic*
l'aria condizionata	*air conditioning*	il pannello	*panelling*
la campana	*bell*	il piazzale	*open square in front of*
il colonnato	*colonnade*		*a building*
l'elettricità	*electricity*	il portale	*portal*
l'eliminazione (f)/lo	*waste-disposal*	il restauro	*repairing*
smaltimento dei		il rimodernamento	*remodeling, renovation*
rifiuti		il riscaldamento	*heating*
il focolare	*hearth*	lo spioncino	*spy-hole*
il gas	*gas (for heating)*	il timpano	*gable*
la grondaia	*gutter*	la torre	*tower*
la guglia	*spire*	la torretta	*turret*
l'impianto	*wiring*	la volta	*vault*
elettrico			

The household

Level 1

Furniture, household features, objects		la cappa	*stove air vent*
l'ammobiliamento	*furniture, furnishings*	il carrello	*cart, trolley*
l'armadio	*cupboard*	la carta da parati	*wallpaper*
l'arredamento	*decor, decoration*	il comodino	*bedside table*
l'attaccapanni	*hat stand*	la coperta	*blanket*
(m, inv), il		la copertura, la fodera	*cover, covering*
portamantello		il copriletto	*bedspread*
la biancheria da letto	*bedding*	la credenza	*dresser, sideboard*

il cuscino, il guanciale	*cushion, pillow*	l'aspirapolvere	*vacuum cleaner*
la federa	*pillow-case*	(m, inv)	
la dispensa	*cabinet*	il bicchiere	*glass*
il divano	*sofa, divan*	il bicchiere da acqua	*water glass*
il guardaroba (inv)	*clothes closet, walk-in*	il bicchiere da vino	*wine glass*
	closet, wardrobe	la bottiglia	*bottle*
imbiancare,	*to paint*	la pentola, la	*pot*
imbianchire,		casseruola	
verniciare		il coltello	*knife*
il lenzuolo	*bed sheet (sheets)*	il coltello da	*cheese knife*
(le lenzuola)		formaggio	
il letto	*bed*	il coltello da	*chopping (butcher's)*
la libreria	*bookcase*	macellaio	*knife*
il materasso	*mattress*	il coltello da pane	*bread knife*
la mensola	*kitchen shelf*	il coltello elettrico	*electric knife*
il mobile	*piece of furniture,*	il congelatore	*freezer*
	furnishing	la cucchiaiata	*spoonful*
il mobile antico	*antique*	il cucchiaio	*spoon*
la mobilia, i mobili	*furniture*	il cucchiaio di	*wooden spoon*
la moquette (inv)	*fitted carpet*	legno	
il piumino	*eiderdown*	il cucchiaino	*teaspoon*
la poltrona letto	*sofa bed*	la cucina	*cooker, stove*
la poltrona, la sedia	*armchair*	il ferro da stiro	*steam iron*
con braccioli		la forchetta	*fork*
rifare il letto	*to make the bed*	la forchettina	*dessert fork*
lo scaffale	*bookshelf*	il fornello	*stove element, small*
la sedia	*chair*		*stove*
la sedia a dondolo	*rocking chair*	il forno	*oven*
la sedia a sdraio	*folding chair,*	il forno a microonde	*microwave oven*
	deckchair	il frigorifero	*refrigerator*
la sedia impilabile	*stacking chair*	la lampada	*lamp*
la sedia pieghevole	*folding chair*	la lampada da	*wall lamp*
lo sgabello	*stool*	parete	
il tappeto	*rug, carpet*	la lampada da	*table lamp*
la tenda	*curtain*	tavolo	
la toilette	*dressing-table*	la lampada	*fluorescent lamp*
la trapunta,	*quilt*	fluorescente	
l'imbottita		la lampadina	*light bulb*
il vassoio	*tray, trolley*	il lavapiatti (inv) il/la	*dish-washer*
la vernice	*paint*	lavastoviglie (inv)	
la vernice fresca	*wet paint*	la lavatrice	*washing*
la verniciatura	*painting*		*machine*
la vetrina	*glass cabinet*	la padella	*pan (flat)*
		il piattino	*saucer*

Appliances and kitchenware

apparecchiare	*to set the table*	il piatto	*dinner plate*
l'asciugatrice (f)	*clothes dryer*	il piatto da minestra	*soup plate*

il piatto da pastasciutta	pasta plate	il tegame	pan, pot
la radio	radio set	il televisore	television set
la scatola	box	l'utensile (m)	utensil
la scodella, la coppa, la ciotola	bowl		

Internal building structures and rooms

il bagno	bathroom
sgorgare, mandare giù (l'acqua)	to flush
la camera (da letto)	bedroom
la cucina	kitchen
sparecchiare	to clear the table
la doccia	shower
stirare	to iron
il lavabo	wash basin
la tavola da stiro	ironing board
il lavandino	sink
la tazza	cup (for coffee, tea, etc.)
il rubinetto	tap
		la sala da pranzo	dining room
la tazzina	smaller cup (for coffee, tea, etc.)
il salotto, il soggiorno	living room
il ventilatore	(extractor) fan

Level 2

Appliances, furnishings, kitchenware

ammobiliare la casa	to furnish one's home	le posate	tableware
		il quadro	painting
il bidone	large garbage can, dustbin	il riscaldatore dell'acqua	water-heater
la bilancia	kitchen scales	il rotolo di carta igienica	toilet paper roll
il bollitore, il pentolino	kettle	la saliera	salt container
il bricco del caffè	coffee pot	lo scolapiatti (inv)	plate-rack
il cestino dei rifiuti	garbage bin	la teiera	teapot
		il tovagliolo	napkin
il filo di prolungamento, la prolunga	extension cord		

Internal building structures, household objects, rooms

il frullino, lo sbattitore	egg-beater	l'asciugamano	towel
		l'asciugapiatti (m, inv)	dish-towel, tea-towel
la lama	blade		
la lampada ad olio	oil lamp	l'adattatore (m)	adapter
la lampada spia	warning light	l'allarme (m) antifurto	burglar alarm
la macchina per cucire	sewing machine	l'anello delle tende	curtain ring
		l'armadio da bagno	bathroom cupboard
il manico	handle	l'armadio farmaceutico	medicine chest
il mescolatore, il miscelatore	blender		
		il cassetto	drawer
la padella	frying pan	la carta igienica	toilet paper
la pepiera	pepper container	la cesta	basket
il portarotolo	toilet paper holder		

il/la pesapersone (inv)	*bathroom scale*	il sacco	*bag*
la piastrella	*floor tile*	la scatola	*box, tin*
il portasapone (inv)	*soap-dish*	lo specchio	*mirror*
il portasciugamani (inv)	*towel-rack*	la stuoia d'entrata	*doormat*
la rete	*net*	la torcia elettrica	*torch, flashlight*

Level 3

Kitchenware and kitchen items

la brocca dell'acqua	*water jug, pitcher*	il tagliere	*chopping board*
la casseruola	*casserole, stewpot*	la tovaglia	*tablecloth*
il cavatappi (inv)	*bottle-opener*	il tritacarne	*mincer*
il colabrodo, il colino	*colander*	la zuccheriera	*sugar-bowl*
la fruttiera	*fruit bowl*		

Furniture, furnishings, household objects, rooms

l'attaccapanni (m, inv)	*clothes hanger*
la biancheria	*laundry*
il calorifero, il termosifone	*heater*
il candeggio	*bleach*
la cera	*wax*
la maniglia	*door-knob*
il piumino	*duster*
la poltrona in pelle	*leather armchair*
la scrivania	*writing desk*
la sedia a sdraio	*recliner*
la sedia girevole	*swivel chair*
la seggiola da giardino	*garden chair*
il seggiolone	*high chair*
la stufa	*stove (heating), heater*
la tappezzeria	*upholstery*
il water	*toilet (bowl)*

Kitchenware continued

il gancio	*hook*
la grattugia	*grater*
l'imbuto	*funnel*
l'insalatiera	*salad bowl*
il mestolo	*ladle*
il mortaio	*mortar*
l'orologio a controllo	*timer*
il pelapatate (inv), lo sbucciapatate (inv)	*potato peeler*
la pentola a pressione	*pressure cooker, steamer*
il pestello	*masher*
il sapone di Marsiglia	*household soap (used for washing clothes)*
lo schiaccianoci (inv)	*nutcracker*
lo schiacciapatate (inv)	*potato masher*
la scopa	*broom*
la scopa di stracci	*mop*
il setaccio	*sieve, sifter*
la spazzola	*brush*
la stagnola	*tinfoil*
lo straccio	*cleaning cloth*
strizzare/spremere un limone	*to squeeze a lemon*
lo strofinaccio per i piatti	*dish cloth*

Tools and household maintenance

l'arnese (m), l'attrezzo	*tool*
avvitare	*to screw*
bullonare	*to bolt down*
il bullone	*bolt*
il cacciavite (inv)	*screwdriver*
la carta vetrata	*sandpaper*

il cavo	cable	il pennello	paint brush
il cesello	chisel	la pialla	plane
la chiave inglese	spanner, wrench	il piccone	pick
il chiodo	nail	la pila	flashlight, torch, battery
far saltare una valvola	to blow a fuse	le pinze, le tenaglie	pliers, tongs, tweezers
le ferramenta (f, pl)	hardware	la presa (elettrica)	electrical outlet, socket
il filo	wire		
inchiodare	to nail	il rullo	roller
l'isolante (m)	insulation	il saldatore	soldering-iron
la lacca	gloss paint, varnish	la sega	saw
		la spina	plug
la lima, la raspa	file	svitare	to unscrew
il martello	hammer	le tenaglie	pincers
la mazza	mallet	il trapano	drill
il morsetto	clamp	la valvola	fuse
il nastro isolante	masking tape	la vernice	paint
la pala	shovel	la vite	screw

Gardens

Level 1

General aspects of the garden and gardening		Garden tools	
l'agricoltura	agriculture	la cazzuola	trowel
l'aiuola	flower garden, flower bed	le cesoie	shears
		falciare	to mow
la ghiaia	gravel	la falciatrice, il tosaerba (inv)	lawn mower
il giardinaggio	gardening		
il giardinetto	small garden	la forca	fork
il giardino	garden	il forcone	pitchfork
il giardino pensile	roof garden	innaffiare (annaffiare)	to hose, to water
innestare	to graft		
l'orto	vegetable garden	l'innaffiatore (l'annaffiatore) (m), lo spruzzatore	sprinkler
pavimentare, lastricare	to pave		
la pavimentazione	paving	la motofalciatrice	motor mower
la piastra	slab	il potatore (delle piante)	trimmer, pruner
potare	to prune		
la potatura	pruning	rastrellare	to rake
il prato erboso	lawn	il rastrello	rake
il ripostiglio	storage room, shed	il tubo	hose
il sentiero	path	la vanga	spade
la serra	greenhouse	vangare, scavare	to dig

Plants and plant processes

appassire	*to wilt*	la pianta	*plant*
il boccio	*bud*	piantare	*to plant*
l'erbaccia	*weed*	sarchiare, tirare le	*to weed*
il filo d'erba	*blade of grass*	erbacce	
il fiore	*flower*	sbocciare	*to bloom*
fiorire	*to flower*	il seme	*seed*
la foglia	*leaf*	la semenza	*seeds*
il fogliame	*foliage*	seminare	*to seed, sow*
il germoglio, il bulbo	*shoot, bulb*	la spina	*thorn*
		lo stelo	*stem*

Level 2

Plants

il bucaneve (inv)	*snowdrop*	il miosotide	*forget-me-not*
la calendula	*marigold*	il mughetto	*lily of the valley*
il nasturzio, la	*nasturtium*	l'orchidea	*orchid*
cappuccina		l'ortensia	*hydrangea*
il caprifoglio	*honeysuckle*	l'ortica	*nettle*
il cardo selvatico	*thistle*	il papavero	*poppy*
il ciclamino	*cyclamen*	la peonia	*peony*
il cipollaccio	*bluebell*	la primula	*primrose*
la digitale	*foxglove*	il ramo	*branch*
il fiordaliso	*cornflower*	il ranuncolo	*buttercup*
il garofano	*carnation*	la siepe	*hedge*
il geranio	*geranium*	il trombone	*daffodil*
il giacinto	*hyacinth*	la viola	*violet*
il giglio	*lily*	la viola del pensiero	*pansy*
la margherita	*daisy*	la violaciocca	*wall-flower*

Level 3

Aspects of the garden and gardening

la composizione	*floral arrangement*	la zappa	*hoe*
floreale		zappare	*to hoe*
la meridiana	*sun-dial*		
la miscela	*compost*	***Plants and plant processes***	
fertilizzante		la bocca di leone	*snap-dragon*
l'orticello	*vegetable garden*	la camelia	*camellia*
l'orticoltura	*horticulture*	la clematide	*clematis*
la panchina	*garden seat*	la clorofilla	*chlorophyll*
il rosaio, il roseto	*rose garden*	coltivare	*to cultivate*
il vivaio	*nursery*	la coltivazione	*cultivation*
		la dalia	*dahlia*

la fotosintesi (inv)	*photosynthesis*	il petalo	*petal*
il fusto, lo stelo	*stem*	la petunia	*petunia*
il girasole	*sunflower*	il polline	*pollen*
il gladiolo	*gladiolus*	la radice	*root*
il glicine	*wistaria*	la rosa canina, la rosa	*wild rose*
la magnolia	*magnolia*	selvatica	
marcio	*rotten*	il tronco	*trunk*
maturo	*ripe*		

Exercises

Level 1

1. In che modo sono differenti le seguenti cose o nozioni?

Modello   un giardino e un giardinetto
              Un giardinetto è, semplicemente, un giardino più piccolo; è un giardino di limitata estensione.

1. una spina e uno stelo
2. sbocciare e fiorire
3. piantare e seminare
4. una pianta e un fiore
5. le cesoie e il potatore (delle piante)
6. la forca e il forcone
7. falciare e rastrellare
8. il rastrello e la vanga
9. la falciatrice e la motofalciatrice
10. un'aiuola e un orto
11. il lavandino e il rubinetto
12. un bicchiere da acqua e un bicchiere da vino
13. una cucina e un forno
14. un piatto da minestra e un piatto da pastasciutta
15. un coltello da formaggio e un coltello da pane
16. un coltello da macellaio e un coltello elettrico
17. un cucchiaio e un cucchiaino
18. una forchetta e una forchettina
19. un fornello e un forno a microonde
20. una lampada da parete e una lampada da tavolo
21. un bicchiere e una tazza
22. un piatto e un piattino
23. sparecchiare e stirare
24. una pasticceria e una pescheria
25. una coperta e un copriletto
26. un comodino e una credenza
27. una dispensa e una mensola
28. una villa e un villino
29. in cima e in fondo
30. una casa a schiera e una casa gemella
31. un chiosco e un'edicola
32. la capitale e un capoluogo
33. il centro e la periferia
34. un borgo e un cantiere
35. un quartiere e un sobborgo
36. una città di porto e una città provinciale
37. una città industriale e un paese
38. un giardino botanico e un giardino d'inverno
39. un'etichetta e una fattura
40. un commesso e un cliente
41. la cassa e il cassiere
42. l'apertura e la chiusura
43. la carta di credito e la cassa
44. in vendita e in svendita
45. lo sconto, il conto e lo scontrino

2. Accoppia i sinonimi e i quasi-sinonimi.*

1. il seme	i. i mobili	17. il guanciale	xvii. la pigione
2. il germoglio	ii. il bulbo	18. la poltrona	xviii. la salumeria
3. sarchiare	iii. il cuscino	19. l'inquilina	xix. la sedia con
4. vangare	iv. il lavastoviglie		bracchioli
5. l'innaffiatore	v. la locataria	20. la proprietaria	xx. la semenza
6. pavimentare	vi. il museo d'arte	21. l'affitto	xxi. lastricare
7. il salotto	vii. il panificio	22. l'affittuario	xxii. lo spruzzatore
8. sgorgare	viii. il portamantello	23. albergare	xxiii. lo stabile
9. la pentola	ix. il soggiorno	24. l'alloggio	xxiv. mandare giù
10. il lavapiatti	x. l'abitazione		(l'acqua)
11. la scodella	xi. l'imbottita	25. la panetteria	xxv. ospitare
12. la trapunta	xii. l'inquilino	26. la pizzicheria	xxvi. scavare
13. l'attaccapanni	xiii. la casseruola	27. l'edificio	xxvii. tirare le
14. la copertura	xiv. la coppa		erbacce
15. imbiancare	xv. la fodera	28. la galleria d'arte	xxviii. verniciare
16. la mobilia	xvi. la padrona		

3. Descrivi le cose o nozioni seguenti in modo chiaro e semplice.

Modello   un acquisto

       Un acquisto è l'atto di comprare qualcosa.

un'erbaccia	un filo d'erba	un tubo	un giardino pensile
un prato erboso	una piastra	un ripostiglio	la ghiaia
un televisore	un'asciugatrice	un aspirapolvere	un congelatore
un ferro da stiro	un frigorifero	una lampadina	una lavatrice
un cucchiaio di legno	una bottiglia	una padella	una scatola
una fontana	una galleria	il fitto	alloggiare
l'ammobiliamento	un armadio	l'arredamento	la biancheria da letto
attraversare	attraverso	avanti	diritto
una catena di negozi	il calzolaio	il cittadino	una località
una metropoli	le mura	le porte di una città	un villaggio
la fila	in contanti	in saldo	il grande magazzino
la mostra	l'orario	il pacco	pesare
provarsi	il reparto	restituire	il resto
il rimborso	il sacco	la vetrina	affittare
l'appartamento	attiguo	la cantina	il capanno
la casa prefabbricata	la morosità	il cortile	la governante

4. Usa ciascuna delle seguenti parole/espressioni in altrettante frasi che ne rendano chiaro il significato.

Modello   la foglia

      Le foglie di quella pianta hanno un colore verde molto vivace.

innaffiare	la serra	la pavimentazione	la potatura
innestare	potare	il sentiero	la sala da pranzo
apparecchiare	la bottiglia	la cucchiaiata	una lampada fluorescente

l'utensile	il carrello	la carta da parati	la federa
la tavola da stiro	il divano	il guardaroba	il mobile antico
la poltrona letto	rifare il letto	lo sgabello	la tenda
la toilette	il vassoio	la vernice	la verniciatura
abitare	il monumento	il pendolare	l'urbano
la vetrina	la biblioteca	il luna park	il posto di villeggiatura
la borsa	la cappella	il tempio	il giardino zoologico
il tribunale	il convento	il comune	l'ufficio d' informazioni turistiche
la coda	il palazzo	la pensione	la proprietà
il residente	lo scantinato	la terrazza	trasformare
il tosaerba	la cazzuola	lo sgombero	lo sfratto

5. Classifica ciascuna delle seguenti cose o nozioni nella tavola sotto, e poi descrivila in modo semplice e chiaro.

Modello   una tazzina
                   (Household Item)
                   È una tazza piccola che si usa per prendere il caffè.

est	la sedia a dondolo	la sedia a sdraio	la sedia impilabile	la sedia pieghevole
meridionale	la calzoleria	la cartoleria	la moschea	il municipio
il museo	il palazzo di giustizia	la questura	la copisteria	la cremeria
l'enoteca	la ciotola	la casa	la chiesa	la farmacia
nord	occidentale	orientale	ovest	settentrionale
sud	la caserma	la cattedrale	la villa	la gelateria
l'ipermercato	la latteria	la lavanderia	l'anfiteatro	la basilica

Household Items	Directions	Buildings	Shops
una tazzina			

6. Accoppia le parole/espressioni nella colonna a sinistra con le definizioni poste nella colonna a destra.*

1. il terreno	a. *Vasto negozio per la vendita di alimentari.*
2. la bottega	b. *Un tipo di negozio.*
3. il bottegaio	c. *Piano situato a livello del suolo.*
4. il fruttivendolo	d. *Negozio dove si vendono vestiti, camicie, ecc.*
5. la lavanderia automatica	e. *Negozio dove si vendono oggetti per il cucito.*
6. la libreria	f. *Negozio dove si vendono oggetti vecchi.*
7. la macelleria	g. *Negozio dove si vendono martelli, chiodi, ecc.*
8. la merceria	h. *Negozio dove si vendono carni, legumi, ecc.*
9. il mercato delle pulci	i. *Negozio dove è permesso di scegliere da sé la merce esposta.*
10. il mercato del pesce	j. *Negozio di libri.*
11. il negozio dei mobili	k. *Negozio attrezzato per la vendita di alimenti dietetici.*
12. il negozio dell'antiquariato	l. *Negozio adibito alla vendita di carni macellate.*
13. il negozio di abbigliamento	m. *Mercato dove si vendono oggetti vecchi o usati.*
14. il negozio di alimentari	n. *Mercato dove si vende il pesce.*
15. il negozio di ferramenta	o. *Locale dove i clienti provvedono da sé al lavaggio azionando le macchine lavatrici e asciugatrici con gettoni o monete.*
16. il negozio dietetico	p. *La "finestra" di un negozio.*
17. il self-service	q. *Il proprietario di una bottega.*
18. l'ipermercato	r. *Dove si possono comprare tabacchi, sale, e francobolli.*
19. il tabaccaio	s. *Dove si acquistano divani, sedie, ecc.*
20. la vetrina	t. *Chi vende frutta o verdura.*

7. Cruciverba.*

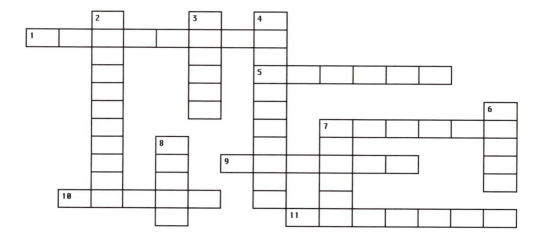

Orizzontali
1. Le foglie di una pianta nel loro insieme.

5. Un recipiente per cuocere cibi.

7. Stanza da letto.

9. Lavaggio del corpo tramite spruzzo d'acqua su di esso.
10. Trasmette programmi tramite onde sonore.
11. È utilizzabile per illuminare ambienti.

Verticali
2. Pratica della lavorazione delle risorse della terra.
3. Il lavandino collocato nella stanza da bagno per lavarsi le mani e il viso.
4. L'apertura in una parete per il ricambio dell'aria in un ambiente chiuso.
6. Stanza di uso strettamente privato.

7. Stanza per la preparazione del mangiare.

8. Struttura sulla quale ci si può sedere.

Level 2

8. Accoppia le parole/le espressioni nella colonna a sinistra con le loro traduzioni nella colonna a destra.*

1. il bucaneve   a. *wall painting*
2. il caprifoglio   b. *violet*
3. il cipollaccio   c. *snowdrop*
4. il garofano   d. *poppy*
5. il geranio   e. *pepper container*
6. l'ortica   f. *nettle*
7. il papavero   g. *large garbage can, dustbin*
8. la siepe   h. *kitchen scales*

9. il trombone   i. *honeysuckle*
10. la viola   j. *hedge*
11. il bidone   k. *handle*
12. la bilancia   l. *geranium*
13. la padella   m. *frying pan*
14. la pepiera   n. *daffodil*
15. il manico   o. *tableware*
16. le posate   p. *carnation*
17. il quadro   q. *bluebell*

9. Accoppia i sinonimi e i quasi-sinonimi.*

1. il bollitore   a. il miscelatore
2. il frullino   b. il pentolino
3. il mescolatore   c. il solaio
4. l'attico   d. il terrazzo
5. l'installazione   e. il tramezzo
6. la parete   f. l'impianto

7. la persiana   g. l'impianto
8. il piancito   h. la finestra a vetri colorati
9. la scalinata   i. la serranda
10. la terrazza   j. le scale
11. la vetrata dipinta   k. lo sbattitore

10. In che modo sono differenti le seguenti cose o nozioni?

Modello   l'armadio da bagno e l'armadio farmaceutico
     L'armadio da bagno contiene attrezzature da bagno mentre l'armadio farmaceutico è un piccolo armadio che contiene specificamente medicinali e materiali medici.

1. l'asciugamano e l'asciugapiatti
2. il portasapone e il portasciugamani
3. la piastrella e la stuoia d'entrata
4. la lampada ad olio e la lampada spia
5. la saliera e la teiera
6. il corso e l'incrocio
7. il passaggio a livello e il passaggio pedonale
8. la strada e l'autostrada
9. la guida e la pianta della città

10. la piazza e il viale
11. la via e il vicolo
12. il balcone e la finestra
13. la finestra a battenti e la finestra
    a ghigliottina
14. la finestra panoramica e la finestra sopra
    il tetto
15. il pavimento, il pianerottolo e il battiscopa
16. l'uscita e l'uscita di sicurezza
17. la porta e il portone

11. Usa ciascuna delle seguenti parole/espressioni in altrettante frasi che ne rendano chiaro il significato.

Modello   l'angolo
       In quell'angolo tra le due vie principali c'è un semaforo che non funziona mai.

la fognatura	il campanile	la pista ciclabile	le affissioni pubbliche
il marciapiede	il parchimetro	la metropolitana	l'entrata della metropolitana
il ponte	il sentiero	la torre	il raccordo stradale
la cesta	il cassetto	l'adattatore	il monumento commemorativo
la rete	il sacco	la scatola	il pesapersone
l'abbaino	l'architrave	l'ascensore	la balaustra
il battente	il camino	il campanello	la cassetta delle lettere
il cardine	il citofono	il corridoio	il davanzale
il deposito	la dispensa	l'entrata	la facciata
le fondamenta	il gradino	l'ingresso	l'interruttore
la rampa	la ringhiera	la scala	la porta scorrevole
la veranda	il vetro	lo zoccolo	il sistema idraulico
l'anello delle tende	lo specchio	l'allarme antifurto	il passaggio sotterraneo
la lama	il ramo	il cardo selvatico	la macchina per cucire

12. Accoppia le parole/le espressioni nella colonna a sinistra con le definizioni poste nella colonna a destra.*

1. il muro
2. il piano
3. il pianterreno
4. lo scuretto
5. la carta igienica
6. la torcia elettrica
7. ammobiliare la casa
8. il bricco del caffè
9. il cestino dei rifiuti

10. il filo di prolungamento
11. il nasturzio

12. il ciclamino

13. il fiordaliso

a. *Arredare la casa con mobili.*
b. *Carta usata per l'igiene intima.*
c. *Ciascuno degli ordini in cui è diviso un edificio.*
d. *Contenitore per i rifiuti.*
e. *Grossa pila portatile.*
f. *Il piano al livello del suolo.*
g. *La cappuccina.*
h. *La parete.*
i. *Ognuna delle due piccole ante di legno che si applicano a finestre e porte a vetri per fare buio negli interni.*
j. *Permette di "prolungare" un filo.*
k. *Pianta coltivata in serre per i grandi e variopinti fiori ornamentali.*
l. *Pianta con bulbo piriforme, foglie dritte lanceolate, steli fiorali alti 20–40 cm, che produce fiori profumatissimi di colore bianco, giallo, rosso, blu in diverse sfumature.*
m. *Pianta con grandi infiorescenze a capolino formate da fiori tubulari al centro circondati da fiori ligulati bianchi.*

14. il giacinto

    n. *Pianta erbacea con infiorescenze grandi, generalmente azzurre, comune nei campi.*

15. il giglio

    o. *Pianta erbacea dalle foglie lineari e dai fiori grandi e profumati che sono di colore bianco nella varietà più nota.*

16. la margherita

    p. *Pianta erbacea dotata di tubero rotondo, foglie cuoriformi, fiori solitari di colore rosa–violetto profumati o non.*

17. il mughetto

    q. *Pianta erbacea, spontanea nei prati ombrosi e nei boschi o coltivata per ornamento, caratterizzata dai piccoli fiori raccolti a grappolo, dal profumo molto intenso.*

18. l'orchidea

    r. *Recipiente per fare il caffè.*

13. Traduci le seguenti parole/espressioni in inglese.*

la violaciocca	
la viola del pensiero	
il ranuncolo	
la primula	
la peonia	
l'ortensia	
il miosotide	
la digitale	
il tovagliolo	
il riscaldatore dell'acqua	
il rotolo di carta igienica	
lo scolapiatti	
la calendula	
il soffitto	
lo stipite	
la tegola	
il telaio	
il tetto	
la valvola	
la vasca	
la cunetta	
la prolunga	

Level 3

14. Completa la seguente tabella in modo appropriato con le parole o le espressioni equivalenti in una lingua o l'altra, secondo il caso.*

Italian	English
la composizione floreale	
	sun-dial
la miscela fertilizzante	
	nursery
la zappa	
	to hoe
coltivare	
	cultivation
la fotosintesi	
	snap-dragon
la zuccheriera	
	water jug, pitcher
la casseruola	
	bottle-opener
la fruttiera	
	hook
la grattugia	
	to unscrew

15. Accoppia i sinonimi e i quasi-sinonimi.*

1. il rosaio   a. il colino
2. il fusto   b. il roseto
3. la rosa canina   c. il termosifone
4. il colabrodo   d. l'arcata
5. il pelapatate   e. l'attrezzo
6. strizzare   f. la raspa
7. il calorifero   g. la rosa selvatica

8. l'arnese   h. le tenaglie
9. la lima   i. lo sbucciapatate
10. le pinze   j. lo smaltimento
                          dei rifiuti
11. l'arco   k. lo stelo
12. l'eliminazione dei   l. spremere
    rifiuti

16. Descrivi le seguenti cose o nozioni in modo chiaro e semplice.

Modello   la panchina
              La panchina è un sedile per più di una persona posta all'aperto e fissata al terreno.

l'orticello   l'orticoltura   il mortaio   l'orologio a controllo
il pestello   lo schiaccianoci   il sapone di Marsiglia   la pentola a pressione

la scopa	il setaccio	lo schiacciapatate	la scopa di stracci
la spazzola	la stagnola	lo straccio	lo strofinaccio per i piatti
il tagliere	la tovaglia	il tritacarne	l'attaccapanni
la biancheria	l'imbuto	la poltrona in pelle	il piumino
il mestolo	l'insalatiera	la maniglia	la scrivania
la cera	il candeggio	il water	la seggiola da giardino
il seggiolone	la tappezzeria	la sedia a sdraio	la sedia girevole
la stufa	avvitare	bullonare	far saltare una valvola
le ferramenta	inchiodare	la pala	il nastro isolante
il cacciavite	la chiave inglese	la carta vetrata	l'antenna parabolica

17. Nel seguente «puzzle» ci sono quindici parole che si riferiscono a piante o a fiori. Le parole si potranno leggere sia orizzontalmente che verticalmente.*

```
c  m  n  m  c  l  o  r  o  f  i  l  l  a  p  p  p  p  u  g  u  c  u
я  a  я  w  q  w  r  t  y  b  b  m  m  n  n  b  k  e  s  l  a  a  a
d  g  s  s  s  s  d  a  l  i  a  a  a  a  a  t  я  a  я  m  я
w  n  w  w  g  d  d  d  d  c  c  c  c  w  e  u  e  d  e  e
e  o  u  u  l  l  l  l  l  d  d  d  d  b  n  b  i  b  l  b
b  l  u  u  i  z  z  t  r  o  n  c  o  z  z  z  z  i  z  o  z  i  z
q  i  q  q  c  m  m  m  m  m  a  a  a  a  z  z  a  b  l  b  a  b
j  a  j  k  i  k  s  s  s  s  g  g  g  g  f  f  n  n  o  o  o  o
z  я  c  b  n  n  m  c  l  e  m  a  t  i  d  e  a  s  d  f  g  h  m
z  я  c  u  e  b  n  m  q  w  e  r  t  y  u  o  p  r  s  d  t  b  a
z  я  c  u  b  n  m  y  u  m  a  r  c  i  o  q  w  y  t  u  l  p  t
g  i  r  a  s  o  l  e  b  n  m  k  j  h  g  f  d  s  a  q  w  e  u
a  s  d  f  g  h  j  k  l  o  u  y  t  t  r  e  w  q  w  e  r  t  r
p  e  t  a  l  o  m  p  o  l  l  i  n  e  a  r  a  d  i  c  e  s  o
```

18. Che cos'è/Che cosa permette di fare?

Modello   il bullone
             Permette di collegare due parti metalliche.

1. il cavo   _____
2. il cesello   _____
3. l'isolante   _____
4. la lacca   _____
5. il morsetto   _____
6. il pennello   _____
7. la pila   _____
8. la presa (elettrica)   _____
9. la sega   _____
10. la spina   _____
11. il trapano   _____
12. la valvola   _____
13. l'aria condizionata   _____

14. la campana   _____
15. il focolare   _____
16. il gas   _____
17. l'impianto elettrico   _____
18. incastrare   _____
19. il pannello   _____
20. il piazzale   _____
21. il rimodernamento   _____
22. il riscaldamento   _____
23. la torre   _____
24. la torretta   _____
25. il portarotolo   _____

19. Anagrammi.*

Modello   odoihc *(arnese)*
          chiodo

1. ellotmra *(arnese)*   2. pllaia *(arnese)*   3. llour *(arnese)*   4. icnerev *(materiale)*
5. nnatooloc *(edilizia)*   6. daianorg *(edilizia)*   7. celu *(fenomeno fisico)*
8. ropatel *(edilizia)*   9. cinopions *(edilizia)*   10. ltaov *(edilizia)*   11. lofi *(materiale)*
12. zzaam *(arnese)*   13. cconeip *(utensile)*   14. toredalas *(arnese)*   15. nagtelie *(arnese)*
16. tevi *(arnese)*   17. lettiretàci *(fenomeno fisico)*   18. gliagu *(edilizia)*   19. saimoco *(edilizia)*
20. taurores *(edilizia)*   21. panotim *(edilizia)*

Synthesis

20. Quante parole/espressioni ricordi? Completa la seguente tabella nel modo indicato. *(Add as many cells to the chart as you may need.)*

Types of cities, towns, etc.	*Places and things to see*	*Area in cities and towns*	*Types of buildings*	*Features of buildings*	*Shops*	*Aspects of shopping*
la città di porto	i monumenti	le mura	la biblioteca	il balcone	la cartoleria	la carta di credito

21. Similmente, completa la seguente tabella, la quale riguarda diversi aspetti della ≪casa≫, con tutte le parole/espressioni che ricordi. *(Again, add as many cells to the chart as you may need.)*

Furniture	Objects, accessories, etc.	Appliances	Kitchenware	Rooms and features	Tools
il divano	l'attaccapanni	il frigorifero	il bicchiere	il salotto	il cacciavite

22. Ed infine, completa la seguente tabella, la quale riguarda diversi aspetti del giardinaggio e dell'orticoltura in generale, con tutte le parole/espressioni che ricordi. *(Again, add as many cells to the chart as you may need.)*

Types of gardens and parks	Parts of a garden or park	Garden tools	Plants and flowers	Parts of plants and plant processes
l'orto	l'aiuola	la forca	il geranio	lo stelo

23. Traduci in inglese.

1. Quel tipo di fiore appassisce presto.
2. I tulipani sono tutti in boccio.
3. Il giardinaggio è l'arte di curare piante, giardini e parchi.

4. La tavola da stiro è un piano di legno, ricoperto di stoffa e sostenuto da gambe pieghevoli, sul quale si stende la biancheria da stirare.
5. La cappa è una copertura per raccogliere fumo e vapori.
6. La libreria è un mobile su cui si mettono libri. Si chiama anche scaffale.
7. La moquette è un materiale con cui si rivestono i pavimenti di locali interni; è una sorta di tappeto per lo più vellutato, di lana o di fibre sintetiche, che si applica con collanti.
8. Il materasso è un grosso sacco di tela trapuntato e imbottito di lana o di altri materiali soffici ed elastici che, steso sul letto e coperto col lenzuolo, offre un conveniente appoggio al corpo in riposo.
9. Il guanciale è un tipo di cuscino sul quale ci si appoggia la testa.
10. Il trasloco è l'atto di trasferirsi in una nuova abitazione per viverci; la nuova abitazione può essere una casa, un appartamento, un condominio, e così via.

24. Associazioni simboliche!

A ciascuna delle seguenti parole/espressioni associa un'immagine liberamente. Poi discuti le tue immagini con gli altri membri della classe.

Modello   le rose
            Le rose, per me, simboleggiano l'amore romantico.

1. le metropoli   2. le mura   3. i piccoli villaggi   4. le chiese   5. le fontane   6. i musei
7. i supermercati   8. le vetrine dei negozi   9. le ville   10. i campanili   11. i ponti   12. le torri
13. gli attici   14. i mosaici   15. i portali   16. gli scaffali   17. le cucine   18. i salotti
19. la cera 20. le serre   21. le spine   22. i garofani   23. i gerani   24. i gigli   25. le margherite
26. le orchidee   27. le ortensie   28. i papaveri   29. le viole del pensiero   30. le camelie
31. i girasoli   32. le magnolie   33. le petunie

Text work

Text A

Da:

CASA AL MARE

di

Natalia Ginzburg (1916–1991)

Abitavano in un villino a due piani, davanti alla spiaggia. Mi era stata preparata una stanza al piano superiore, che dava non sul mare, ma sulla campagna. In tutta la casa c'era penombra e un buon odore fresco di legno e di pesche gialle.

Si pranzava nella veranda: le tende di grossa tela color ruggine, mosse dal vento, si scostavano e lasciavano vedere il mare d'un azzurro splendente, il cielo e la spiaggia coi capanni dipinti a colori vivaci. Durante il pranzo, il bambino non voleva mangiare e la madre lo incitava con voce stanca, imboccandolo.

> Walter taceva e spezzettava del pane, guardando fisso davanti a sé. Poi a un tratto s'arrabbiava e diceva che il cibo era malcotto e cattivo e che se fosse stato migliore, certo anche il bambino avrebbe mangiato.
>
> Vilma non rispondeva, ma sospirava ed abbassava il capo. Il bambino volgeva dall'uno all'altra gli occhi spaventati.

25. Traduci il testo in inglese.

26. Discussione in classe.

1. Che tipo di "atmosfera" sembrava esserci nel villino descritto dalla Ginzburg?
2. Per quale possibile ragione Vilma non rispondeva ed abbassava il capo?
3. Pensi che Walter fosse un tipo simpatico? Perché sì/no?
4. Paragona l'atmosfera nella tua famiglia a quella della lettura.

Text B

> *Da:*
> ## LO SGOMBERO!
>
> di
>
> ### Vasco Pratolini (1913–1991)
>
> La nonna ed io passammo da via de' Magazzini a via del Corno, nell'autunno del '26. Eravamo rimasti noi due «soli sulla faccia della terra», come lei diceva: e via de' Magazzini, al centro della città, aveva, con gli anni, conferito un nuovo valore alle sue case, gli appartamenti erano stati venduti uno ad uno. Un commerciante e sua moglie avevano acquistato quello in cui abitavamo: venivano da Torino e la casa gli serviva, stavano in albergo nell'attesa; progettavano di cambiare piancito, di alzare un tramezzo per il bagno, fra ingresso e cucina, offersero una buonuscita *(indemnity)* che la nonna rifiutò. Lo sfratto venne prorogato di tre mesi. Ora ci sentivamo assediati: i vecchi inquilini dello stabile ci avevano lasciato (e il sarto Masi, anarchico e ottantenne, aveva fatto in tempo a morirvi, conciliato con Dio, di crepacuore) cedendo il posto ai nuovi padroni delle mura: l'ingegnere del primo piano dirigeva di persona l'impianto della luce, del gas, i lavori di rimodernamento per il condominio. Noi resistevamo, soli e isolati, col nostro lume a petrolio *(petroleum lamp)*, il fornello a carbone, ricevendo sguardi di rimprovero, di ironia, minacce lungo le scale: impedivamo, rifiutandoci *(refusing)* non so come, la costruzione di una moderna fossa biologica *(sewer)*. E caparbia, in tanta apparente ingenuità, la nonna ripeteva loro:
>
> — Mio marito fece stimare la casa, poi ci ripensarono e non ce la vollero più vendere. Se ora si sono decisi, ecco le milleduecento lire della stima *(pricing)*.
> — Trent'anni fa – le dicevano, – adesso costa ventimila, lei è stata interpellata per prima e ha lasciato cadere l'offerta.
> — Non le ho forse pagate di pigione, ventimila lire, in questi trent'anni?

– Perde la buonuscita, se si oppone allo sfratto. Con la buonuscita troverà da sistemarsi altrove, lei e suo nipote.

– Stiamo bene dove stiamo – ella rispondeva. – Ci sono stata bene più di trent'anni, e allevato figli e... Del resto, non si trovano case per un fitto adeguato alla mia borsa. Con la buonuscita potrò pagarlo un anno, due, e poi? Mentre qui, più di tanto non mi possono aumentare. Ho già dovuto vendere i mobili del salotto per trovarmi qualcosa da parte, all'occorrenza.

– Vede, lo vede? – le dicevano. – Praticamente le basta una camera vuota con l'uso di cucina; e una camera, modesta, con l'uso di cucina, la buonuscita gliela garantisce per cinque anni almeno.

– Ma in combutta con altri, senza più libertà, e chissà dove, chissà in che strada, e con che gente. Ho abitato più di trent'anni dove sono, mi ci sono nati e morti i figlioli, c'è morto mio marito...

– E sempre, come un intercalare ormai, e come un argomento tanto più decisivo quanto più puerile:

– E da trent'anni che sento Palazzo Vecchio battere le ore.

27. Rispondi alle seguenti domande in modo appropriato.

1. Perché la nonna dice che erano rimasti «soli sulla faccia della terra»?
2. Come volevano trasformare l'appartamento i nuovi proprietari?
3. Perché si sentivano assediati i vecchi inquilini?
4. Perché, secondo te, la nonna ha lasciato cadere l'offerta iniziale?
5. Perché, secondo te, la nonna dice che stanno bene dove stanno?
6. Qual è, con ogni probabilità, il tema del racconto (nella sua completezza)?

28. Traduci il testo in inglese.

Role-playing

29. Documentario!

Diversi gruppi di studenti dovranno mettere in scena un documentario televisivo che tratterà la storia e le caratteristiche più interessanti delle seguenti città italiane.

1. Roma
2. Napoli
3. Siracusa
4. Torino
5. Trieste

30. Diversi gruppi di studenti dovranno mettere in scena le seguenti situazioni.

1. Si rompe il rubinetto della cucina, e allora un inquilino/un'inquilina chiama un idraulico.
2. Due coniugi discutono come arredare la loro nuova casa.
3. Un signore entra in un negozio di ferramenta e chiede diversi arnesi a un commesso per il rimodernamento di una stanza.

31. Diverse coppie di studenti dovranno mettere in scena la seguente situazione, risolvendola a piacere.

Ruolo A: marito
Un marito vuole piantare diversi tipi di piante e fiori nel giardino.
Ruolo B: moglie
Sua moglie è contraria, perché vuole invece metterci una piscina.

Discussion/Composition/Activities

32. Sondaggio!

La classe si divide in tre gruppi – A, B e C. Ciascun gruppo dovrà preparare un questionario contenente da 10 a 15 domande sugli argomenti indicati dallo schema seguente. Tutti e tre i questionari dovranno essere poi compilati da un rappresentante della classe, dopodiché i risultati dovranno essere analizzati e discussi in classe.

Questionario A: Posti da visitare	*Questionario B: Tipi di casa e di arredamento*	*Questionario C: Piante e giardini*
Quali posti ogni studente vorrebbe visitare.	Che tipo di casa ogni studente vorrebbe avere.	Quali piante sono più belle.
Perché?	Perché?	Perché?
Quali aspetti di un posto sono più interessanti (i musei, i centri delle città, ecc.).	Come arrederebbe le varie stanze.ecc.	Cosa simboleggiano diversi fiori.
ecc.	ecc.	ecc.

33. Soluzioni

Come risolveresti i seguenti problemi? Discuti le tue opinioni con gli altri membri della classe.
1. il problema degli alloggi troppo costosi
2. la conservazione di centri storici
3. la conservazione di monumenti ed edifici storici
4. i problemi psicologici connessi con lo «shopping» stravagante

34. Svolgi uno dei seguenti temi per iscritto; poi, leggi e discuti quello che hai scritto in classe.

1. Le città italiane che vorrei visitare.
2. La casa dei miei sogni.
3. Il giardino ideale che io coltiverei.

Unit 2

The physical world

Level 1

*Formations and general aspects
of topography*

l'ambiente (m)	environment
l'arcipelago	archipelago
il bacino	basin
il campo	field
il deserto	desert
l'erba	grass
l'isola	island
il lago	lake
il paesaggio	landscape
la pianura	plane
il prato	field (of grass), meadow
la terra	land
il terreno agrario	farmland
la vegetazione	vegetation

Coasts and rivers

l'acqua di mare, l'acqua salata	salt water
l'acqua dolce	fresh water
l'affluente (m)	tributary
l'alveo	river-bed
l'ansa	river bend
l'argine (m)	river bank
la baia	bay
il canale	channel
il capo	cape
la cascata	waterfall
il ciottolo	pebble
la costa	coast, coastline
la curva, la svolta	bend

l'estuario	estuary
il fiume	river
il fondo del mare	sea-bed
il golfo	gulf
l'insenatura	cove
il mare	sea
il mare calmo	smooth sea
il mare mosso, il mare agitato	rough sea
la marea	tide, billow
la marea alta	high tide
la marea bassa	low tide
l'onda	wave
la penisola	peninsula
la pietra, il sasso	stone
la pozza	pond
il promontorio	headland, promontory
il rifluire e fluire	ebb and flow
la schiuma	foam
la scogliera	cliff
scorrere	to flow
la spiaggia	beach
la sponda	edge, bank
la terraferma	dry land, mainland

*Mountains, hills, rocks, and
geological phenomena*

la catena di montagne	mountain range
la caverna	cavern
il colle	hill
la cresta	ridge
il declivio, il pendio	slope
l'eruzione (f)	eruption

la grotta	*cave*	la foresta	*forest*
la lastra	*slab, block*	il frassino	*ash tree*
la lava	*lava*	la landa	*heath*
il macigno	*boulder*	il musco, il muschio	*moss*
il passo	*pass*	l'olmo	*elm*
il precipizio	*precipice*	il pino	*pine*
la roccia	*rock*	la quercia	*oak*
la sabbia	*sand*	il sottobosco	*undergrowth*
il terremoto	*earthquake*	il tratto disboscato	*clearing*
la valle, la vallata	*valley*		
il vulcano	*volcano*		

Fruit trees

l'arancio	*orange tree*

Woodland

l'abete (m)	*fir*	il ciliegio	*cherry tree*
l'acero	*maple*	il fico	*fig tree*
la betulla	*birch*	il frutto	*fruit tree*
il boschetto	*grove*	il limone	*lemon, lemon tree*
il bosco	*woods*	il melo	*apple tree*
il castagno	*chestnut tree*	il noce	*walnut tree*
il cipresso	*cypress*	l'ulivo, l'olivo	*olive tree*
il faggio	*beech*	il pero	*pear tree*
la felce	*fern*	il pesco	*peach tree*

Level 2

Coasts, rivers, formations

l'acquitrino	*bog, fen*	il crepaccio	*crevasse*
il banco di scogli	*reef*	dirupato	*craggy*
la barriera corallina	*coral reef*	l'elevazione,	*rise, elevation*
la cresta dell'onda	*surf*	l'innalzamento	
la frangente, l'ondata	*breaker*	la fessura, la crepa	*crack, crevice*
il gorgo, il vortice	*whirlpool*	montagnoso	*mountainous*
il guado	*ford*	ondulato	*undulating*
il mulinello d'acqua	*eddy*	il poggio	*knoll, hillock*
l'ondata di ritorno, la	*backwash*	ripido	*steep*
risacca		lo strapiombo	*sheer drop*
la palude	*swamp*	la vetta	*peak*
la torbiera	*peat bog*		

Woodland

Mountains and hills

l'abisso	*abyss*	l'agrifoglio	*holly*
il burrone	*gully*	il biancospino	*hawthorn*
la collina	*hill*	la boscaglia	*brushwood*
le colline	*foothills*	il ceppo	*stump*
pedemontane		la corteccia, la scorza	*bark*
		il diboscamento	*deforestation*
		l'edera	*ivy*

il fo to	*thicket*	il ramo	*branch*
la ginestra	*broom*	il ramoscello	*twig*
il nocciolo	*hazelnut*	il rimboschimento	*reforestation*
il pioppo	*poplar*	il vischio	*mistletoe*

Level 3

Coasts and rivers		il cono	*cone*
l'alga	*wrack, alga, seaweed*	deciduo	*deciduous*
l'alluvione (f)	*flood*	l'ebano	*ebony*
il fango	*mud, silt*	la ghianda	*acorn*
fangoso, infangato	*muddy*	il ginepro	*juniper*
la laguna	*lagoon*	il larice	*larch*
l'onda di marea	*tidal wave*	il ligustro	*privet*
la palude, il pantano	*quagmire*	la linfa	*sap*
lo spruzzo	*spray*	l'ontano	*alder*
		il palissandro	*rosewood*
Mountains, hills, rocks		la palma	*palm*
il brecciame	*scree*	la radica	*briar*
la cima	*summit*	il salice, il salice	*willow, weeping willow*
la macchia	*scrubland*	piangente	
la roccia	*rock face*	il sambuco	*elder*
lo strato	*layer, stratum*	il sempreverde	*evergreen*
la veduta panoramica	*panoramic view*	striminzito	*stunted*
		il tasso	*yew*
Woodland			
l'alberello	*sapling*		
l'amento, il gattino	*catkin*		

The animal world

Level 1

Insects		il maggiolino	*beetle*
l'alveare (m)	*hive*	la mosca	*fly*
l'ape (f)	*bee*	il moscerino	*midge*
il bruco	*caterpillar*	il moscone azzurro	*bluebottle*
il calabrone	*bumble-bee, hornet*	la ragnatela	*spider's web*
la cimice	*bed bug*	il ragno	*spider*
la farfalla	*butterfly*	lo sciame	*swarm*
la formica	*ant*	la tarma	*moth*
il formicaio	*ant-hill*	la zanzara	*mosquito*
l'insetto	*insect*		

Mammals and animals in general

l'animale (m)	animal
l'animale domestico	domestic animal, pet
l'animale selvatico	wild animal
l'antilope (f)	antelope
l'asino	donkey
il babbuino	baboon
la balena	whale
il bue (i buoi, pl)	ox
il bufalo	buffalo
il cammello	camel
il canguro	kangaroo
la capra	goat
il cavallo	horse
il cervo	deer
il coguaro	cougar
il criceto	hamster
il delfino	dolphin
la donnola	weasel
l'elefante	elephant
la foca	seal
la giraffa	giraffe
il gorilla (inv)	gorilla
l'ippopotamo	hippopotamus
il leone, la leonessa	lion, lioness
il leopardo	leopard
la lepre	hare
il maiale	pig
il mammifero	mammal
la mucca, la vacca	cow
il mulo	mule
l'orso	bear
l'orso bianco	polar bear
l'otaria, il leone marino	sea-lion
il panda (inv)	panda
la pantera	panther
il puma (inv)	puma
il riccio, il porcospino	hedgehog
il roditore	rodent
la scimmia	ape, monkey
lo scimpanzè (inv)	chimpanzee
lo scoiattolo	squirrel
la selvaggina, la cacciagione	game
il tasso	badger
il tricheco	walrus
la volpe	fox
la volpe polare	arctic fox
la zebra	zebra
lo zoo, il giardino zoologico	zoo

Birds and fowl

l'allodola, la calandra	lark
l'anatra (l'anitra)	duck
l'aquila	eagle
il cigno	swan
la cornacchia	raven
il corvo	crow
il cuculo	cuckoo
il gabbiano	seagull
la gallina	chicken
il gallo	cock, rooster
la gazza	magpie
il gufo	owl
il merlo	blackbird
l'oca	goose
il pappagallo	parrot, budgie
il passero	sparrow
il pellicano	pelican
il pettirosso	robin
il pinguino	penguin
il pulcino	chick
la rondine	swallow
il tacchino	turkey
il tordo	thrush
l'uccello	bird

Fish and other water creatures; molluscs

l'aringa	herring
la conchiglia	shell
il girino	tadpole
il granchio	crab
la limaccia, il lumacone ignudo	slug
il merlango	whiting
il merluzzo	cod
il mollusco	mollusk, shellfish

il pesce	*fish*	il coccodrillo	*crocodile*
la rana	*frog*	la lucertola	*lizard*
il rospo	*toad*	il rettile	*reptile*
il salmone	*salmon*	la serpe, il serpente	*grass-snake*
la sogliola	*sole*	il serpente a sonagli	*rattle-snake*
lo squalo, il pescecane	*shark, dogfish*	il serpente boa	*boa*
il tonno	*tuna*	il serpente marino	*water-snake*
la trota	*trout*	la tartaruga	*turtle, tortoise*
		la vipera	*viper*

Reptiles

l'alligatore (m)	*alligator*
il cobra (inv)	*cobra*

Level 2

Insects

il bacherozzo	*bug*	il lupo	*wolf*
la cavalletta	*grasshopper*	il montone	*ram*
la coccinella	*ladybug*	la pecora	*sheep*
la falena	*moth*	il pipistrello	*bat*
la forficola, la forfecchia	*earwig*	la proboscide	*elephant trunk*
il grillo	*cricket*	la puzzola, la moffetta	*skunk*
la libellula	*dragonfly*	il ratto	*rat*
la locusta	*locust*	la renna	*reindeer*
il pidocchio	*louse*	il rinoceronte	*rhinoceros*
la pulce	*flea*	la salamandra	*salamander*
lo scorpione	*scorpion*	lo sciacallo	*jackal*
il tafano	*horsefly*	la talpa	*mole*
		la tigre	*tiger*

Mammals and animals in general

l'artiglio	*claw, pincer*	il topo	*mouse*
l'arvicola	*vole*	il topo campagnolo	*fieldmouse*
il castoro	*beaver*	la zanna	*tusk*
la cavia	*guinea-pig*		
il cinghiale	*wild boar*	**Birds and fowl**	
il coniglio	*rabbit*	l'airone (m)	*heron*
la criniera	*mane*	l'albatro	*albatross*
la focena	*porpoise*	l'avvoltoio	*vulture*
il ghepardo	*cheetah*	il canarino	*canary*
lo gnu (inv)	*wildebeest, gnu*	la colomba	*dove*
la gobba	*hump*	il falco	*hawk*
la iena	*hyena*	il falcone	*falcon*
la lontra	*otter*	il martin pescatore	*kingfisher*
		il picchio	*woodpecker*
		la poiana	*buzzard*
		lo scricciolo	*wren*

lo struzzo	*ostrich*
il tetraone	*grouse*
la tortora	*turtle-dove*
il trampoliere	*wader*
l'uccellino	*baby bird*
l'uccello migratore	*migratory bird*
l'uccello rapace	*bird of prey*
l'usignolo	*nightingale*

Fish and other water creatures

l'anguilla	*eel*
l'aragosta	*lobster*
la cozza	*mussel*
il gambero	*prawn, shrimp*
il gambero di fiume	*crayfish*
la lisca	*fish-bone*
il luccio	*pike*
la medusa	*jellyfish*
l'ostrica	*oyster*
la passera di mare, la platessa	*plaice*
il pesce d'acqua dolce	*freshwater fish*
il pesce di mare	*saltwater fish*
il pesce dorato	*goldfish*

la pinna	*fin, flipper*
la sardina	*sardine*
la scaglia	*scale*
lo scombro (lo sgombro)	*mackerel*

Animal behavior, habitats, and general aspects of the animal world

addomesticare	*to tame*
addomesticarsi	*to become tame*
cinguettare	*to chirp*
fare chicchirichì	*to cock-a-doodle-do*
il monticello	*mole-hill*
muggire, mugghiare	*to moo*
la preda	*prey*
pungere	*to sting*
ringhiare	*to growl*
ronzare	*to buzz*
ruggire	*to roar*
sciamare	*to swarm*
strisciare	*to crawl*
la tana	*burrow, den*
la trappola	*trap*
trillare	*to warble, to trill*
tubare	*to coo*
ululare	*to howl*

Level 3

Insects

l'afide	*aphid*
l'afide verde	*greenfly*
il baco da seta	*silk worm*
il bozzolo	*cocoon*
la crisalide	*chrysalis*
la larva	*larva, maggot*
la lucciola	*glow-worm*
la metamorfosi (inv)	*metamorphosis*
lo scarafaggio	*cockroach*
la tenia, il verme solitario	*tapeworm*
la termite	*termite*
la tipula	*daddy-long-legs*

il verme	*flatworm*
la vespa	*wasp*
la zecca	*tick*

Mammals and animals in general

l'alce (m)	*elk, moose*
il cerbiatto	*fawn*
il furetto	*ferret*
il ghiro	*dormouse*
la lupa	*she-wolf*
la mangusta	*mongoose*
la marmotta	*marmot*
il porcospino	*porcupine*
il procione	*raccoon*

lo stambecco	*ibex*
l'uistitì (m, inv)	*marmoset*
il visone	*mink*

Cats

fare le fusa	*to purr*
il gattino, il micino	*kitten*
il gatto/la gatta	*cat/female cat*
il gatto maschio	*tom cat*
miagolare	*to meow*
il micio	*pussycat*
il persiano	*Persian cat*
il siamese	*Siamese cat*
sibilare	*to hiss*
il soriano	*tabby cat*

Dogs

abbaiare	*to bark*
il cane/la cagna	*dog/female dog*
il cane barbone, il barboncino	*poodle*
il cane bassotto	*dachshund*
il cane da caccia	*hound*
il cane da guardia	*guard dog*
il cane da presa	*retriever*
il cane levriero	*greyhound*
il cane lupo	*German shepherd, Alsatian*
il cane pastore	*sheepdog*
il cane pechinese	*Pekinese*
il canile	*kennel*
il cucciolo	*puppy*
il mastino	*bulldog*

Birds and fowl

l'ala (le ali, pl)	*wing*
la balena	*whale*
il becco	*beak*
il chiurlo	*curlew*
la cicogna	*stork*
il cormorano	*cormorant*
la covata, la nidiata	*brood*
la cresta	*crest*
il fagiano	*pheasant*
il falco pescatore	*osprey*
il fenicottero	*flamingo*

il fringuello	*chaffinch*
la gabbia	*birdcage*
la ghiandaia	*jay*
il luì piccolo	*chiff-chaff*
il nido	*nest*
il pavone	*peacock*
la piuma, la penna	*plume, feather*
la pernice	*partridge*
il piccione	*(homing) pigeon*
la pulcinella di mare	*puffin*
il re di quaglie	*corn-crake*
la sula	*gannet*
la taccola	*jackdaw*

Fish and other water creatures

la branchia	*gill*
la buccina	*whelk*
il calamaro	*squid*
il cavalluccio marino	*sea-horse*
il cirripedi (inv)	*barnacle*
il gamberone	*scampi*
il pesce gatto	*catfish*
il pesce sega	*sawfish*
il pesce spada	*swordfish*
il pesciolino d'acqua dolce	*minnow*
il polipo, il polpo	*octopus*
la triglia	*mullet*
il tritone	*newt*
la vongola, il mollusco bivalve	*clam*

Animal behavior, habitats, and general aspects of the animal world

chiocciare	*to cluck*
il corno (le corna, pl)	*antler, horn*
gracchiare	*to caw*
gracidare	*to croak*
il pelo	*coat*
nitrire	*to neigh*
ragliare	*to bray*
la riserva naturale	*wildlife sanctuary*
stridere, squillare	*to squeal*
strillare	*to screech*
lo zoccolo	*hoof*

The weather

Level 1

General

l'aria	air
l'atmosfera	atmosphere
il clima	climate
continentale	continental
mediterraneo	Mediterranean
la stagione	season
il tempo	weather
tropicale	tropical

Weather forecasting

il barometro	barometer
il bollettino meteorologico	weather bulletin, weather report
centigrado	Centigrade
le condizioni atmosferiche	atmospheric conditions
le condizioni meteorologiche	weather conditions
il grado	degree
massimo	maximum
il mercurio	mercury
minimo	minimum
meno	minus
più	plus
la pressione atmosferica	atmospheric pressure
la pressione barometrica	barometric pressure
la previsione del tempo	weather forecast
la temperatura	temperature
la temperatura del ghiaccio fondente	melting point (freezing point)
la temperatura dell'acqua bollente	boiling point
la temperatura massima	maximum temperature
la temperatura minima	minimum temperature
il termometro	thermometer
il termostato	thermostat
lo zero	zero

Weather conditions

l'acquazzone (m), l'acquata	shower
l'afa	mugginess
afoso	muggy
asciutto, secco	dry
buio	dark
il cielo	sky
il cielo azzurro	blue sky
il cielo coperto, il cielo nuvoloso	overcast sky
il cielo grigio	grey sky
fare bel tempo, fare brutto tempo; essere bel tempo, essere brutto tempo	to be good weather, to be bad weather
fa bel tempo, fa bello	it's nice (weather)
fa brutto tempo, fa brutto	it's bad (weather)
fa caldo	it's hot
fa freddo	it's cold
fa fresco	it's cool
fare bel tempo	to be good (beautiful) weather
fare brutto/cattivo tempo	to be bad (awful) weather
il fiocco di neve, la falda di neve	snowflake
la foschia	mist, haze
gelare	to freeze
gelato, ghiacciato	frozen
gelido	freezing
il gelo	frost
il ghiaccio	ice
la goccia	drop
grandinare	to hail

la grandine	hail	il vento gelido	icy wind
la luce del sole	sunlight, sunshine	il vento leggero	light wind
la luna	moon	il vento moderato	moderate wind
la luna piena	full moon		
la nebbia	fog	**Storms**	
nebbioso	foggy	la burrasca, la bufera	heavy storm
la neve	snow	il fulmine	flash of lightning
la neve farinosa	powdery snow	lampeggiare	to flash
nevicare	to snow	il lampo	lightning
la nuvola (il nuvolo), la nube	cloud	la tempesta	storm
		il temporale	thunderstorm
la nuvola da temporale, il nembo	storm cloud	il tifone, il ciclone tropicale	typhoon
		tuonare	to thunder
nuvoloso	cloudy	il tuono	thunder, clap of thunder
l'ombra	shadow, shade		
piacevole	pleasant	il turbine	whirlwind
pieno di sole	sunny	l'uragano	hurricane
la pioggia	rain		
la pioggia fitta	dense rain	**Seasons, days of the week, months of the year**	
la pioggia forte	heavy rain		
la pioggia insistente	downpour	l'autunno	autumn
la pioggia torrenziale	pouring rain	l'inverno	winter
		la primavera	spring
la pioggia violenta	pelting rain	l'estate (f)	summer
piovere	to rain	lunedì	Monday
piovere a dirotto	to rain heavily	martedì	Tuesday
piovoso	rainy	mercoledì	Wednesday
prendere il sole	to sunbathe	giovedì	Thursday
la raffica di vento	gust of wind	venerdì	Friday
il raggio della luna	moonbeam	sabato	Saturday
		domenica	Sunday
la rugiada	dew	gennaio	January
sciogliere	to melt	febbraio	February
sgelare	to thaw	marzo	March
lo sgelo, il disgelo	thaw	aprile	April
il sole	sun	maggio	May
la stella	star	giugno	June
il tempaccio	foul weather	luglio	July
tirare vento	to be windy	agosto	August
l'umidità	humidity	settembre	September
umido	damp, wet, humid	ottobre	October
il vento	wind	novembre	November
il vento forte	strong wind	dicembre	December

Level 2

Weather conditions

la brina	*hoarfrost*
il caldo insopportabile	*unbearable heat*
il cumulo di neve	*snowdrift*
la fronte di nubi	*bank of clouds*
la lastra di ghiaccio	*ice-floe*
mite	*mild*
le nubi cupe, le nubi scure	*dark clouds*
le nubi minacciose	*threatening clouds*
la pioggerellina, la pioviggine	*drizzle*
piovigginare	*to drizzle*
piovigginoso	*drizzly*
il raggio di sole	*sunbeam*
scivoloso, sdrucciolevole	*slippery*
il soffio di vento	*puff of wind*
la tempesta di neve, la bufera di neve	*snowstorm*
il tornado, la tromba d'aria	*tornado*

Level 3

Weather conditions

la condensazione	*condensation*
coperto di neve	*snow-capped*
il manto di neve	*snow-covering*
il monsone	*monsoon*
il nevischio	*sleet*
il nubifragio	*cloudburst*
gli occhiali da sole	*sunglasses*
la palla di neve	*snowball*
il pupazzo di neve	*snowman*
la tempesta di grandine	*hailstorm*
il vento aliseo	*trade wind*

Exercises

Level 1

1. Accoppia i sinonimi e i quasi-sinonimi.*

1. asciutto	i. ghiacciato	15. l'allodola	xv. l'acquata
2. l'acquazzone	ii. il ciclone tropicale	16. la limaccia	xvi. l'olivo
3. la burrasca	iii. il cielo nuvoloso	17. lo squalo	xvii. la bufera
4. il cielo coperto	iv. il giardino zoologico	18. la serpe	xviii. la cacciagione
5. il fiocco di neve	v. il leone marino	19. l'acqua di mare	xix. la calandra
6. gelato	vi. il lumacone ignudo	20. la curva	xx. la falda di neve
7. la nuvola	vii. il mare agitato	21. il mare mosso	xxi. la nube
8. la nuvola da temporale	viii. il muschio	22. la valle	xxii. la svolta
9. il tifone	ix. il nembo	23. il declivio	xxiii. la vacca
10. la mucca	x. il pendio	24. il musco	xxiv. il sasso
11. l'otaria	xi. il pescecane	25. l'ulivo	xxv. la previsione del tempo
12. il riccio	xii. il porcospino		
13. la selvaggina	xiii. il serpente	26. il bollettino meteorologico	xxvi. secco
14. lo zoo	xiv. l'acqua salata	27. la pietra	xxvii. la vallata

2. In che modo sono differenti le seguenti cose o nozioni?

Modello   l'aria e l'atmosfera
             L'aria è il tipo di atmosfera che avvolge la Terra.

1. il clima continentale, il clima tropicale, e il clima mediterraneo
2. la stagione e il tempo
3. i gradi centigradi e i gradi Fahrenheit
4. le condizioni atmosferiche e le condizioni meteorologiche
5. la temperatura massima e la temperatura minima
6. la pressione atmosferica e la pressione barometrica
7. la temperatura del ghiaccio fondente e la temperatura dell'acqua bollente
8. il barometro, il termometro, e il termostato
9. il ghiaccio e il gelo
10. la pioggia fitta, la pioggia forte, la pioggia insistente, la pioggia torrenziale e la pioggia violenta
11. il vento forte, il vento gelido, il vento leggero e il vento moderato
12. un fulmine, un lampo e un tuono
13. lampeggiare e tuonare
14. una tempesta e un temporale
15. un turbine e un uragano
16. l'ape e il calabrone
17. la mosca, il moscerino, il moscone azzurro, il moscerino e la zanzara
18. il serpente a sonagli, il serpente boa e il serpente marino
19. la marea alta e la marea bassa
20. sciogliere e sgelare
21. un animale domestico e un animale selvatico
22. l'asino e il mulo
23. l'orso, l'orso bianco e il panda
24. la volpe e la volpe polare
25. la cornacchia e il corvo
26. l'anatra, il gallo, la gallina e il cigno
27. la pantera e il puma
28. la scimmia e lo scimpanzè
29. uno scoiattolo e un tasso
30. la rana e il rospo
31. l'alveo, l'ansa e l'argine
32. una colle e una cresta
33. una caverna e una grotta
34. un'eruzione e un terremoto
35. una lastra, un macigno e una roccia

3. Completa la tabella nel modo indicato.*

Stagioni	Giorni della settimana	Mesi dell'anno

4. Traduci in italiano.

1. The mercury reached minus 4 degrees centigrade; yesterday the temperature went from zero to plus 5.
2. Yesterday it was muggy and dark; the mugginess was unbearable and the sky was extremely grey and cloudy.

3. The sky became blue right after the morning mist; now it is freezing.
4. Those were not rain drops; they were hail stones.
5. The forecast calls for powdery snow, and it should snow right through the night.
6. It's raining cats and dogs. It has been rainy for a while now. The weather has been foul.
7. There are many kinds of fish and sea animals in the seas surrounding Italy: herrings, crabs, whitings, cod, shellfish, shells, sole and tuna, among many others.
8. I think that alligators and crocodiles are beautiful animals; but I hate all other kinds of snakes and reptiles: cobras, lizards, turtles, vipers, and many others.
9. There is no grass in a desert; nor is there any vegetation.

5. Traduci in inglese.

1. L'arcipelago è formato da un gruppo di isole vicine.
2. Il campo è la porzione di terreno che è coltivata e che permette agli animali di pascolare.
3. Che bel paesaggio: da una parte si vede una grande pianura e dall'altra un prato e un grande terreno agrario.
4. Quel fiume ha due affluenti; scorre nel golfo.
5. Oggi il mare è calmo. Ci sono pochissime onde e la costa sembra veramente calma.
6. Mi piacerebbe vedere le cascate di quel paese. Si dice che fanno tanta schiuma e che la loro scogliera è molto alta.
7. Quella catena di montagne è molto vasta. Tra le montagne ci sono molti passi.
8. La penisola è un territorio che sporge da un continente protendendosi nel mare o nelle acque di un lago.
9. L'estuario è la foce di un fiume a forma di imbuto, dovuta all'azione erosiva del mare che invade il letto del fiume.

6. Come si chiama l'albero?

Modello   Produce le arance.
                 l'arancio
1. Produce le ciliegie. 2. Produce i fichi. 3. Produce i limoni. 4. Produce le mele.
5. Produce le noci. 6. Produce le pere. 7. Produce le pesche. 8. Produce le castagne.

7. Usa ciascuna delle seguenti parole/espressioni in altrettante frasi che ne rendano chiaro il significato.

Modello   la luna
              Ieri sera, il cielo era sereno e linpido; la luna era completamente visibile; era
                 risplendente e piena.

fare fresco	fare gelare	il tempo	grandinare	l'ombra
la nebbia	la luce del sole	la luna piena	nebbioso	piacevole
pieno di sole	la raffica di vento	prendere il sole	il raggio della luna	la rugiada
lo sgelo	la stella	tirare vento	l'umidità	l'alveare
il formicaio	l'antilope	la ragnatela	lo sciame	il mammifero
il roditore	il salmone	l'ambiente	il bacino	il frutto
l'acqua dolce	la baia	il canale	il capo	il ciottolo

il fondo del mare	l'insenatura	la pozza	il promontorio	rifluire e fluire
la spiaggia	la sponda	la terraferma	la caverna	il colle
la lava	la sabbia	il vulcano	il precipizio	il tratto disboscato
fare bel tempo	fare brutto tempo	fare caldo	fare freddo	il grado

8. Descrivi l'apparenza/le caratteristiche fisiche di ciascuno dei seguenti insetti, uccelli, animali, ecc.

Modello   il bruco

> *Il bruco è un insetto col corpo cilindrico, simile a quello del verme, diviso in segmenti e zampe di numero variabile.*

1. la cimice 2. la farfalla 3. la formica 4. il maggiolino 5. il ragno 6. il babbuino 7. la balena 8. il bue 9. il bufalo 10. il cammello 11. il canguro 12. la capra 13. il cavallo 14. il cervo 15. la foca 16. l'elefante 17. la donnola 18. il delfino 19. il criceto 20. il coguaro 21. la giraffa 22. il gorilla 23. l'ippopotamo 24. il leone 25. il leopardo 26. la lepre 27. il maiale 28. il tricheco 29. la zebra 30. il cuculo 31. il gabbiano 32. la gazza 33. il gufo 34. il merlo 35. l'oca 36. il pappagallo 37. il passero 38. il pellicano 39. il pettirosso 40. il pinguino 41. il pulcino 42. la rondine 43. il tacchino 44. il tordo

9. Nel seguente «puzzle» ci sono quindici parole che si riferiscono ad alberi o a diversi aspetti dei boschi. Le parole si potranno leggere sia orizzontalmente che verticalmente.*

```
q u e r c i a x p i n o y u t r e s d a a o b
b n m k l j h g f d s a q w f w e f r t y l u
f r a s s i n o b n m a o p e l k a n p o m x
x x w w q q r r t t y c p p l k k g v v b o x
b x f o r e s t a x x e z v c b n g m l k j s
o z x c v b n m l k j r h g e f d i s a q w o
s b c i p r e s s o n o b n j k u o c v d s t
c x z v b n m s q w e r t y u b v s a c v v t
o v b n m m m b e t u l l a o u a b e t e y o
q q w w e e r r t t y y u u o o p p a a s s b
b o s c h e t t o d d c c b b n n m m f d s o
q w e r t y u o p a s d f g h j k l z x c v s
v c x z a q w e l a n d a r t y u o p l k j c
a s d f g h y t r e w q r t y u o p l k j h o
  z a q w s x c d e r f v b g t y h n j u y h
```

Level 2

10. Accoppia i sinonimi e i quasi-sinonimi.*

1. le nubi cupe	a. il vortice	4. la tempesta di neve	d. la bufera di neve
2. la pioggerellina	b. l'innalzamento		
3. scivoloso	c. l'ondata	5. il tornado	e. la crepa

6. la forficola   f. la forfecchia   11. l'ondata di ritorno   k. la scorza
7. la puzzola   g. la moffetta   12. l'elevazione   l. la tromba d'aria
8. la passera di mare   h. la pioviggine   13. la fessura   m. le nubi scure
9. la frangente   i. la platessa   14. la corteccia   n. sdrucciolevole
10. il gorgo   j. la risacca

11. Completa la seguente tabella in modo appropriato con le parole o le espressioni equivalenti in una lingua o l'altra, secondo il caso.*

Italian	*English*
	hoarfrost
il caldo insopportabile	
	snowdrift
la fronte di nubi	
	ice-floe
mite	
	threatening clouds
piovigginare	
	drizzly
il raggio di sole	
	puff of wind
il bacherozzo	
	claw, pincer
l'arvicola	
	hump
la proboscide	
	baby bird
l'uccello migratore	
	bird of prey
il gambero	
	crayfish
il pesce d'acqua dolce	
	saltwater fish
il pesce dorato	
	fin, flipper
la scaglia	
	fish-bone
il mulinello d'acqua	

12. Descrivi l'apparenza/le caratteristiche fisiche di ciascuno dei seguenti insetti, uccelli, animali, ecc.

Modello   la coccinella
             La coccinella è un insetto caratterizzato dalle ali rosse con punti neri.
1. la cavalletta   2. la falena   3. il grillo   4. la libellula   5. la locusta   6. il pidocchio
7. la pulce   8. lo scorpione   9. il tafano   10. il castoro   11. la cavia   12. il cinghiale
13. il coniglio   14. la criniera   15. la focena   16. il ghepardo   17. lo gnu   18. la iena
19. la lontra   20. il lupo   21. il montone   22. la pecora   23. il pipistrello   24. il ratto
25. la renna   26. il rinoceronte   27. la salamandra   28. lo sciacallo   29. la talpa
30. la tigre   31. il topo   32. il topo campagnolo   33. la zanna   34. l'airone   35. l'albatro
36. l'avvoltoio   37. il canarino   38. la colomba   39. il falco   40. il falcone   41. il martin
pescatore   42. il picchio   43. la poiana   44. lo scricciolo   45. lo struzzo   46. il tetraone
47. la tortora   48. il trampoliere   49. l'usignolo   50. l'anguilla   51. l'aragosta   52. la
cozza   53. il luccio   54. la medusa   55. l'ostrica   56. la sardina   57. lo scombro

13. Identifica l'animale.*

Modello   Muggisce.
             la mucca
1. Cinguetta.   2. Punge.   3. Ringhia   4. Ruggisce   5. Sciama.   6. Striscia.   7. Trilla.   8. Tuba.
9. Ulula.   10. Fa chicchirichì.   11. Ronza.

14. Che cos'è?*

Modello   Tratto di un corso d'acqua che permette l'attraversamento a piedi.
             il guado
  1. Un tipo di collina, o il rilievo più alto della collina.
  2. Un essere vivente ucciso da animali per mangiarlo.
  3. Ci si rifugiano gli animali selvatici.
  4. È usata per catturare animali.
  5. Un tratto di acqua stagnante con vegetazione palustre.
  6. Una profondità notevole.
  7. Un precipizio.
  8. Un piccolo monte.
  9. Una spaccatura piuttosto stretta e profonda in rocce, ghiacciai e terreni.
 10. Altura simile alla collina ma più bassa.

15. Adesso spiega che cosa è ciascuna delle seguenti cose o nozioni.

Modello   addomesticare
             È il processo di rendere domestico un animale o una pianta.
1. addomesticarsi   2. il banco di scogli   3. la barriera corallina   4. la cresta dell'onda
5. la palude   6. la torbiera   7. le colline pedemontane   8. dirupato   9. montagnoso
10. ondulato   11. ripido   12. lo strapiombo   13. la vetta   14. l'agrifoglio   15. il
biancospino   16. la boscaglia   17. il ceppo   18. il diboscamento   19. l'edera   20. il folto
21. la ginestra   22. il nocciolo   23. il pioppo   24. il ramo   25. il ramoscello   26. il
rimboschimento   27. il vischio

Level 3

16. Accoppia i sinonimi e i quasi-sinonimi.*

1. la tenia	a. il barboncino	7. la vongola	g. infangato
2. il gattino	b. il gattino	8. stridere	h. la nidiata
3. la covata	c. il micio	9. fangoso	i. la penna
4. il cane barbone	d. il pantano	10. la palude	j. squillare
5. la piuma	e. il polpo	11. il piccolo gatto	k. un mollusco bivalve
6. il polipo	f. il verme solitario		

17. In che modo sono differenti le seguenti cose o nozioni?

Modello   il verme e la termite

Il verme è una creatura dal corpo allungato, molle e senza zampe, che striscia per terra, mentre la termite è un insetto che vive in caste organizzate in grandi nidi a forma di colline.

1. un monsone e una tempesta di grandine
2. una palla di neve e un pupazzo di neve
3. un vento aliseo e un nubifragio
4. la crisalide e la larva
5. il pesce gatto, il pesce sega e il pesce spada
6. un persiano, un siamese e un soriano
7. un cane bassotto, un cane da caccia e un cane da guardia
8. un cane da presa, un cane levriero e un cane lupo
9. un cane pastore, un cane pechinese e un mastino
10. chiocciare, gracchiare e gracidare
11. nitrire, ragliare e strillare
12. miagolare, sibilare, fare le fusa e abbaiare
13. l'ebano e la ghianda
14. il salice piangente e la palma
15. un micio e un cucciolo

18. Descrivi l'apparenza/le caratteristiche fisiche di ciascuno dei seguenti insetti, uccelli, animali, ecc.

Modello   la lucciola

È un insetto volante distinto dal fatto che il suo addome è luminescente.

1. l'afide 2. l'afide verde 3. il baco da seta 3. il bozzolo 4. lo scarafaggio 5. la tipula
6. la vespa 7. la zecca 8. l'alce 9. il cerbiatto 10. il furetto 11. il ghiro 12. la lupa
13. la mangusta 14. la marmotta 15. il porcospino 16. il procione 17. lo stambecco
18. l'uistitì 19. il visone 20. la balena 21. il chiurlo 22. la cicogna 23. il cormorano
24. il fagiano 25. il falco pescatore 26. il fenicottero 27. il fringuello 28. il gabbiano
29. la ghiandaia 30. il luì piccolo 31. il pavone 32. la pernice 33. il piccione
34. la pulcinella di mare 35. il re di quaglie 36. la sula 37. la taccola 38. la buccina

39. il calamaro 40. il cavalluccio marino 41. il cirripedi 42. il gamberone 43. il pesciolino d'acqua dolce 44. la triglia 45. il tritone

19. Usa ciascuna delle seguenti parole/espressioni in altrettante frasi che ne rendano chiaro il significato; oppure definisci ciascuna con parole tue.

Modello   la condensazione
               È il processo attraverso il quale un gas diventa un liquido.

coperto di neve	il manto di neve	il nevischio	gli occhiali da sole	la metamorfosi
l'ala	il becco	la cresta	la gabbia	il nido
la conchiglia	la branchia	il gatto maschio	il canile	le corna
il fango	l'alga	l'alluvione	lo zoccolo	la riserva naturale
la laguna	l'onda di marea	lo spruzzo	il brecciame	la veduta panoramica
la cima	la macchia	la roccia	lo strato	l'alberello
il cono	deciduo	il ginepro	il larice	il ligustro
la linfa	l'ontano	il palissandro	la radica	il sambuco
il sempreverde	striminzito	il tasso	il pelo	la zecca

Synthesis

20. Quante parole/espressioni ricordi? Completa la seguente tabella nel modo indicato. *(Add as many cells to the chart as you may need.)*

Geographic formations	Types of coasts, rivers, and bodies of water	Features of coasts and rivers	Types of mountains, hills, and rocks	Features of topography	Types of trees
il bacino	il mare	l'alveo	il colle	la cresta	l'olmo

21. Adesso, completa la seguente tabella nel modo indicato. Quante parole/espressioni ricordi in questo dominio del vocabolario? *(Add as many cells to the chart as you may need.)*

Insects	Mammals	Birds and fowl	Fish and other water creatures	Reptiles	Habitats
l'ape	il bue	l'anatra	l'aringa	l'alligatore	la tana

22. Infine, completa la seguente tabella nel modo indicato con le parole/le espressioni che ricordi. *(Add as many cells to the chart as you may need.)*

Aspects of weather	Weather conditions	Types of storms
gradi centigradi	l'afa	il tifone

23. Gli animali di Disney!

Il mondo del cinema si è spesso servito di animali per molti dei suoi film. Tantissimi sono i film o i cartoni animati di Walt Disney che hanno come protagonisti, o come personaggi, degli animali. Metti alla prova la tua conoscenza dei film di Walt Disney in cui figurano degli animali.*

1. Il film che ha come protagonista un elefante che vola s'intitola...
   a. *Dumbo*
   b. *La bella addormentata*
   c. *La sirenetta*
2. Timothy, l'amico di Dumbo, è...
   a. un topo
   b. un leone
   c. un cervo
3. Nel film *Pinocchio*, Jiminy, che rappresenta la coscienza di Pinocchio, è...
   a. un topo
   b. un grillo
   c. un gatto
4. I due animali cattivi che convincono Pinocchio a non andare a scuola sono...
   a. il gatto e il lupo
   b. il gatto e la volpe
   c. la volpe e il cane
5. Nel Paese dei Balocchi (*Pleasure Island*) Pinocchio viene trasformato in...
   a. un mulo
   b. una pecora
   c. un asino
6. Geppetto e Pinocchio sono inghiottiti da...
   a. un rinoceronte
   b. un coccodrillo
   c. una balena
7. Il film in cui tre fratellini costruiscono tre case s'intitola...
   a. *I tre topolini*
   b. *I tre gattini*
   c. *I tre porcellini*
8. In *I tre porcellini* l'animale cattivo è...
   a. un lupo
   b. un leopardo
   c. un serpente
9. Trova l'accoppiamento sbagliato per i seguenti personaggi del *Libro della giungla*:
   a. Baloo = orso
   b. Shere Khan = giraffa
   c. Baghera = pantera
   d. King Louie = scimmia
10. Trova l'accoppiamento sbagliato per i seguenti personaggi di *Robin Hood*:
    a. Robin Hood = volpe
    b. King Richard = leone
    c. Sir Hiss = ippopotamo
    d. Little John = orso
    e. Narratore = gallo
    f. Madam Cluck = gallina

11. Trova l'accoppiamento sbagliato per i seguenti personaggi di *Aladdin*:
    a. Iago = pappagallo
    b. Abu = scimmia
    c. Rajah = zebra
    d. Jafar = serpente
12. Bambi è...
    a. un pesce
    b. un cervo
    c. uno scoiattolo
13. In *Alice nel paese delle meraviglie*, il primo animale che la protagonista incontra è...
    a. un'oca
    b. uno scoiattolo
    c. un coniglio
14. I protagonisti di *Lilli e il vagabondo* ("Lady and the Tramp") sono...
    a. dei cani
    b. dei gatti
    c. dei topi
15. Gli animali che preparano un abito da sera a *Cenerentola* per andare alla festa da ballo sono dei topolini e...
    a. degli uccelli
    b. dei gatti
    c. dei cani

24. Metafore!

Spesso, per indicare delle qualità umane, si usano delle metafore che hanno come secondo termine di paragone un animale. Sapresti completare le seguenti metafore scegliendo dalla seguente lista di animali? Nella lista figurano tre animali in più.

lupo	coniglio	formica	cane	uccello	asino
tartaruga	orso	scimmia	leone	volpe	leone
serpente	tigre	pesce	mosca	pecora	gatto

  1. È timido come un _____.
  2. È scontroso come un _____.
  3. È feroce come una _____.
  4. È fedele come un _____.
  5. È furbo come una _____.
  6. È muto come un _____.
  7. È tentatore come un _____.
  8. È coraggioso come un _____.
  9. È noioso come una _____.
10. È ignorante come un _____.
11. È affamato come un _____.
12. È melodioso come un _____.
13. È parsimonioso e attivo come una _____.
14. Si arrampica (*climbs*) come una _____.
15. È lento come una _____.

25. Sai riconoscere i segni del tempo?*

Segni	Farà bel tempo	Farà cattivo tempo
1. Il cielo è rosso di sera.		
2. Il cielo è rosso di mattina.		
3. Ci sono pochi tuoni e molti lampi.		
4. Il cielo è a pecorelle.		
5. Il sale diventa umido.		
6. Le rane gracidano.		
7. I passeri cantano continuamente insieme.		
8. Le rondini volano alto.		
9. La nebbia al mattino è sui monti.		
10. I gatti si passano le zampe dietro le orecchie.		

Text work

Text A

IL CANTICO DELLE CREATURE

di

San Francesco d'Assisi (1182–1226)

Altissimo, onnipotente, buon Signore,
tue sono le lodi, la gloria e l'onore e ogni benedizione.

Lodato sii, mio Signore, con tutte le tue creature
specialmente messer fratello sole,
il quale è bello e luminoso, con grande splendore.

Lodato sii, mio Signore, per sorella luna e le stelle:
in cielo le hai formate chiare e preziose e belle.

Lodato sii, mio Signore, per fratello vento
e per l'aria e le nuvole, il sereno e ogni stagione.

Lodato sii, mio Signore, per sorella acqua,
la quale è molto utile e umile e preziosa e casta.

Lodato sii, mio Signore, per fratello fuoco,
per il quale illumini la notte:
ed è bello e giocondo e robusto e forte.

Lodato sii, mio Signore, per sorella nostra madre terra,
la quale ci nutre e ci governa,
e produce diversi frutti con molti colori, fiori ed erba.

> Lodato sii, mio Signore, per nostra sorella morte corporale
> dalla quale nessun uomo vivente può scappare.
>
> Lodate e benedite il mio Signore e ringraziatelo
> e servitelo con grande umiltà.

26. Riassumi con parole tue la poesia di San Francesco. Poi confronta il tuo riassunto con quelli di un tuo compagno/una tua compagna.

27. Ricerca!

Fa' una ricerca sulla vita di San Francesco, sul periodo in cui ha vissuto e sulla poesia che hai letto sopra. E poi leggi le tue ricerche in classe.

Modello

San Francesco è il santo patrono d'Italia. Il suo ≪Cantico delle creature≫ è uno dei primi documenti letterari in italiano...

28. Discuti il tema della poesia con altri compagni.

Text B

LA QUIETE DOPO LA TEMPESTA

di

Giacomo Leopardi (1798–1837)

Passata è la tempesta;
odo augelli far festa, e la gallina,
tornata in su la via,
che ripete il suo verso. Ecco il sereno
rompe là da ponente, alla montagna;
sgòmbrasi la campagna
e chiaro nella valle il fiume appare.

Ogni cor si rallegra, in ogni lato
risorge il romorío,
torna il lavoro usato.
L'artigiano a mirar l'umido cielo,
con l'opra in man, cantando,
fàssi in su l'uscio; a prova
vien fuor la femminetta a côr dell'acqua
della novella piova;
e l'erbaiol rinnova
di sentiero in sentiero
il grido giornaliero.

Ecco il sol che ritorna, ecco sorride
per li poggi e le ville. Apre i balconi,
apre terrazzi e logge la famiglia;
e, dalla via corrente, odi lontano

tintinnío di sonagli; il carro stride
del passegger che il suo cammin ripiglia.

Si rallegra ogni core.
Sì dolce, sì gradita
quand'è, com'or, la vita?
Quando con tanto amore
l'uomo a' suoi studi intende?
o torna all'opre? o cosa nova imprende?
Quando dei mali suoi men si ricorda?
Piacer figlio d'affanno;
gioia vana, ch'è frutto
del passato timor, onde si scosse
e paventò la morte
chi la vita abborria;
onde in lungo tormento,
fredde, tacite, smorte,
sudar le genti e palpitar, vedendo
mossi alle nostre offese
folgori, nembi e vento.
O natura cortese,
son questi i doni tuoi,
questi i diletti sono
che tu porgi ai mortali. Uscir di pena
è diletto fra noi.
Pene tu spargi a larga mano; il duolo
spontaneo sorge; e di piacer, quel tanto
che per mostro e miracol talvolta
nasce d'affanno, è gran guadagno. Umana
prole cara agli eterni! assai felice
se respirar ti lice
d'alcun dolor; beata
se te d'ogni dolor morte risana.

29. Trova nella poesia i sinonimi o i quasi-sinonimi dei seguenti vocaboli.*

Modello   porta
                 uscio

1. sentire   2. odiare   3. paura   4. quieto, silenzioso   5. uccelli   6. piacere   7. rumore
8. regalo   9. figli   10. occidente, ovest   11. collina   12. dolore   13. temere   14. nuvola
15. lampo

30. Rispondi alle seguenti domande.

1. Che cosa è appena passata?   2. Chi torna sulla via?   3. Che cosa appare nella valle?   4. Che
cosa si rallegra?   5. Che fa l'artigiano?   6. Che fa l'erbaiolo?   7. Che fa il sole?   8. Com'è la
gioia?   9. Quali sono i doni della natura?   10. Che cosa sparge la natura?

31. Riporta i versi in cui il poeta...

1. riflette sulla condizione umana
2. riflette sulla vanità del piacere
3. riflette sullo stato infelice dell'umanità.

32. Rispondi alle seguenti domande discutendo le tue risposte con gli altri membri della classe.

1. Qual è, secondo te, il tema di questa poesia?
2. Quali sono, secondo te, i versi più difficili da capire nella poesia? Discuti con gli altri il loro significato.
3. Quali sono nella poesia le immagini che più ti piacciono? Perché?
4. È vero che dopo una tempesta diventiamo più felici? Perché sì/no?

Role-playing

33. Intervista storica a Leopardi. Metti in scena con un tuo compagno/una tua compagna la seguente intervista.

Giacomo Leopardi era uno dei più grandi poeti italiani. La sua poesia evoca sempre immagini di solitudine e di pena. Era un pessimista. Nell'ambito del programma televisivo intitolato ≪Tornare indietro nel tempo!≫, l'intervistatore/l'intervistatrice (interpretato/a da uno studente/una studentessa) intervisterà Leopardi (interpretato da un altro studente) e gli chiederà di interpretare la sua poesia. Cercherà poi di convincerlo che il mondo è cambiato. Ma Leopardi non ci crede. L'intervista termina quando Leopardi dice qualcosa di veramente inaspettato.

34. Assieme a un compango/una compagna prepara un bollettino metereologico da leggere in classe.

Discussion/Composition/Activities

35. Discussione

1. Pensi che gli animali domestici siano importanti? Giustifica la tua risposta.
2. Prima di comprare un animale domestico, è importante ≪desiderarlo veramente≫?
3. Hai un animale domestico? Se sì, per quale motivo? Se no, per quale motivo non ne hai uno?

36. Sondaggio!

La classe si divide in tre gruppi – A, B e C. Ciascun gruppo dovrà preparare un questionario contenente da 10 a 15 domande sugli argomenti indicati dallo schema seguente. Tutti e tre i questionari dovranno poi essere compilati da un rappresentante della classe, dopodiché i risultati dovranno essere analizzati e discussi in classe.

Questionario A: Il mondo della Natura	*Questionario B: Animali*	*Questionario C: Tempo*
Quali mari, fiumi, ecc. ogni studente vorrebbe visitare.	Che tipo di animale ogni studente vorrebbe avere in casa come compagno.	Quale clima ama di più.
Perché?	Perché?	Perché?
Quali aspetti sono i più interessanti (il paesaggio, l'avventura di vedere il posto, ecc.).	Come tratterebbe l'animale.	Quale stagione preferisce di più.
ecc.	ecc.	ecc.

37. Scrivi un componimento di circa 250 parole su uno dei seguenti temi. Poi, leggilo in classe.

1. Il tempo che fa nella mia città durante ciascuna delle quattro stagioni.
2. Il tipo di tempo che amo.
3. Il paesaggio più bello del mondo.

Unit 3

The body

Level 1

General

l'arteria	*artery*
l'articolazione (f)	*joint*
l'arto	*limb*
la carne	*flesh*
la digestione	*digestion*
il disco	*disc*
espirare	*to exhale*
fare male a	*to hurt*
la fatica	*tiredness, fatigue*
il gruppo sanguigno	*blood group*
inspirare	*to inhale*
malato	*sick*
la medicina	*medicine*
la membrana	*membrane*
il muscolo	*muscle*
il nervo	*nerve*
l'organo	*organ*
l'ossatura	*bone structure*
l'osso (le ossa, f, pl)	*bone*
la pelle	*skin*
il pelo	*(body) hair*
il poro	*pore*
respirare	*to breathe*
la respirazione	*breathing*
il respiro	*breath*
il sangue	*blood*
sano	*healthy*
lo scheletro	*skeleton*
sentirsi bene	*to feel well*
sentirsi male	*to feel bad*
senza fiato	*without breath*

soffocare	*to suffocate*
il tallone di Achille	*Achilles tendon*
il tendine	*tendon*
il tessuto	*tissue*
il vaso sanguigno	*blood vessel*
la vena	*vein*

The head and the senses

i baffi	*mustache*
la barba	*beard*
la bocca	*mouth*
il bulbo oculare	*eyeball*
i capelli	*hair (of the head)*
la carnagione	*complexion*
il cervello	*brain*
il ciglio (le ciglia, f, pl)	*eyelash*
il cranio	*skull*
il cuoio capelluto	*scalp*
la faccia	*face*
il follicolo	*follicle*
la forfora	*dandruff*
il foruncolo	*pimple*
la fronte	*brow, forehead*
la gola	*throat*
la guancia	*cheek*
il gusto	*taste*
il labbro (le labbra, f, pl)	*lip*
la lente (dell'occhio)	*lens (of the eye)*
la lente a contatto	*contact lens*
la lentiggine	*freckle*

la lingua	*tongue*
la mandibola	*jaw*
la mascella	*jawbone*
il mento	*chin*
la narice	*nostril*
il naso	*nose*
gli occhiali	*glasses, spectacles*
l'occhio	*eye*
l'orecchio	*ear*
il palato	*palate*
la palpebra	*eyelid*
la pupilla	*pupil*
la saliva	*saliva*
il sopracciglio (le sopracciglia, f, pl)	*eyebrow*
lo sputo	*spit*
il tatto, il tocco	*touch*
la testa	*head*
l'udito	*hearing*
il viso	*countenance, face*
la vista	*sight*
lo zigomo	*cheekbone*

The body, limbs, and organs

l'anca	*hip*
l'ano	*anus, bottom*
l'avambraccio	*forearm*
il braccio (le braccia, f, pl)	*arm*
il capezzolo	*nipple*
la cartilagine	*cartilage*
la caviglia	*ankle*
il collo	*neck*
il corpo	*body*
la coscia	*thigh*
la costa, la costola	*rib*
il cuore	*heart*
defecare	*to defecate*
il diaframma	*diaphragm*
il dito (le dita, f, pl)	*finger, toe*
il dito anulare	*ring finger*
il dito medio	*middle finger*
il dito mignolo	*little finger*

il fegato	*liver*
la gamba	*leg*
il ginocchio (le ginocchia, f, pl)	*knee*
il gomito	*elbow*
l'indice (m)	*index finger*
l'intestino	*intestine, bowel*
la mano (le mani, pl)	*hand*
la milza	*spleen*
la nocca	*knuckle*
la palma	*palm*
la pancia	*belly*
il petto	*chest*
la pianta del piede	*sole*
il piede	*foot*
il pollice	*thumb*
il polmone	*lung*
il polpaccio	*calf*
il polso	*wrist*
il pugno	*fist*
il rene	*kidney*
la schiena	*back*
il seno	*breast*
la spalla	*shoulder*
la spina dorsale, la colonna vertebrale	*spine*
lo stinco	*shin*
lo stomaco	*stomach*
il tallone, il calcagno	*heel*
il torso	*torso, trunk*
l'unghia	*fingernail*
la vescica	*bladder*
la vita	*waist*

Symptoms, ailments, sicknesses, and bodily states and processes

l'AIDS (m, inv)	*AIDS*
l'anoressia	*anorexia*
l'ansietà	*anxiety*
la bronchite	*bronchitis*
il cancro	*cancer*
il catarro	*catarrh*
il coma (inv)	*coma*
debilitante	*debilitating*

debole	*weak*	la malattia	*disease*
il diabete	*diabetes*	la malattia venerea	*venereal disease*
il dolore	*pain*	il morbo	*disease*
doloroso	*painful*	la polmonite	*pneumonia*
l'epidemia	*epidemic*	prendere freddo,	*to catch a chill*
la febbre	*fever, temperature*	raffreddarsi	
la ferita	*wound*	il pus (inv)	*pus*
forte	*strong*	il raffreddore	*cold*
fratturare un arto	*to break a limb*	rauco	*hoarse*
inconscio	*unconscious*	il reumatismo	*rheumatism*
l'indisposizione (f)	*ailment*	la schizofrenia	*schizophrenia*
l'infezione	*infection*	sieropositivo	*HIV positive*
l'infezione virale	*viral infection*	il sintomo	*symptom*
infiammato	*inflamed*	lo spasimo	*spasm*
l'infiammazione (f)	*inflammation*	starnutire	*to sneeze*
l'influenza	*flu, influenza*	lo starnuto	*sneeze*
l'insonnia	*insomnia*	la stitichezza	*constipation*
la laringite	*laryngitis*	la tosse	*cough*
la leucemia	*leukemia*	tossire	*to cough*
il mal di stomaco, il	*stomach-ache*	il tumore	*tumor*
mal di pancia		il virus (inv)	*virus*

Level 2

The head and the senses

la cecità	*blindness*
cieco	*blind*
il controllo della vista	*sight test*
la corda vocale	*vocal cord*
la cornea	*cornea*
la fossetta	*dimple*
ipermetrope	*far-sighted*
miope	*short-sighted*
l'olfatto, l'odorato	*smell*
percepire	*to perceive*
presbite	*long-sighted*
sentire	*to sense, to feel, to smell*
la sordità	*deafness*
sordo	*deaf*
sordomuto	*seeing-and-hearing-impaired, deaf and dumb*
il timpano	*ear-drum*

The body, limbs, and organs

l'adrenalina	*adrenaline*
il battito del cuore	*heartbeat*
la cellula	*cell*
la cellula del sangue	*blood cell*
il colesterolo	*cholesterol*
l'esofago	*esophagus*
la ghiandola	*gland*
l'inguine (m)	*groin*
il midollo	*bone marrow*
l'ombelico	*navel*
il pancreas (inv)	*pancreas*
la pelvi (inv)	*pelvis*
la pressione del sangue	*blood pressure*
il ritmo del cuore	*heart rate*
la scapola	*shoulder-blade*
il sistema cardiovascolare	*cardiovascular system*
il sistema digerente	*digestive system*

il sistema immunitario	*immune system*	la crisi epilettica	*epileptic fit*
il sistema linfatico	*lymphatic system*	curarsi	*to get cured, to look after oneself*
il sistema nervoso	*nervous system*	deidratato	*dehydrated*
il sistema respiratorio	*respiratory system*	la deidratazione	*dehydration*
il sistema urinario	*urinary system*	la depressione	*depression*
le tonsille	*tonsils*	la dermatite	*dermatitis*
la trachea	*windpipe*	la diarrea	*diarrhea*
l'urina	*urine*	la dipendenza	*addiction*
urinare	*to urinate*	l'ematoma (m)	*hematoma*
le vegetazioni adenoidee	*adenoids*	l'erpete (m) della febbre	*cold sore*
il ventre	*guts*	il giramento di testa	*dizziness*
		gonfiare	*to swell*

Symptoms, ailments, sicknesses, and bodily states and processes

l'acne (f)	*acne*	gonfio	*swollen*
aggravarsi	*to worsen, to deteriorate*	il gonfiore	*swelling*
		il grave stato	*critical condition*
l'allergia	*allergy*	guarire	*to become cured, to cure*
allergico	*allergic*	l'infarto (cardiaco)	*heart attack*
ammalarsi	*to become ill*	l'infezione polmonare	*chest infection*
l'ampolla	*blister*	il mal di schiena	*backache*
l'anemia	*anemia*	malaticcio	*sickly*
anemico	*anemic*	il malessere	*discomfort*
l'appendicite (f)	*appendicitis*	maligno	*malignant*
l'artrite (f)	*arthritis*	la micosi (inv) dei piedi	*athlete's foot*
l'asma	*asthma*	il morbillo, la roseola	*measles, red measles*
l'autismo	*autism*	il morbo di Alzheimer	*Alzheimer's disease*
avere la nausea	*to feel nauseous*	la morsicatura	*bite*
benigno	*benign*	gli orecchioni	*mumps*
la bile	*bile*	la paraplegia	*paraplegia*
la bolla	*boil*	paraplegico	*paraplegic*
il botulismo	*botulism*	rimettersi	*to recover*
il brivido	*chill, shiver*	la sonnolenza	*drowsiness*
il callo	*corn, callus*	la storta alla caviglia	*ankle sprain*
la cisti (inv)	*cyst*	sudare	*to sweat*
il coagulo del sangue	*blood clot*	il sudore	*sweat*
il collasso cardiaco	*heart failure*	lo svenimento	*fainting fit, fainting spell*
il collasso polmonare	*collapsed lung*	svenire	*to faint*
il colpo di sole, l'insolazione (f)	*sun-stroke*	la tonsillite	*tonsillitis*
la commozione cerebrale	*concussion*	la tossicodipendenza	*drug addiction*
		la tubercolosi	*tuberculosis*
la contusione, il livido	*bruise*	la varicella	*chicken-pox*
la convalescenza	*convalescence*	vomitare, rimettere	*to vomit*

Level 3

The body, limbs, and organs

affannarsi	to gasp
l'affanno	gasping
l'apparato urinario	urinary tract
l'ascella	armpit
la cervice	cervix
la cistifellea	gall bladder
la flatulenza	flatulence
il nervo sciatico	sciatic nerve
il nodo linfatico	lymph node
la nuca	nape
ruttare	to burp, to belch
il rutto	burp, belch
strozzarsi	to choke
il tubo digestivo	alimentary canal

Symptoms, ailments, illnesses, and bodily states and processes

l'aborto	abortion
l'aborto spontaneo	miscarriage
l'afasia	aphasia
l'antrace (m)	anthrax
l'aritmia	arrhythmia
l'arteriosclerosi (f, inv)	arteriosclerosis
avere la febbre	to have a temperature
avere mal di gola	to have a sore throat
avere mal di schiena	to have a backache
avere mal di stomaco	to have a sore/upset stomach
avere mal di testa	to have a headache
il bacillo	bacillus, bacterium
il bruciore di stomaco	heartburn
i calcoli biliari	gallstones
il calcolo	stone
il calcolo renale	kidney stone
la cateratta	cataract
la cellulite	cellulite
la cicatrice	scar
la colite	colitis
il colpo di tosse	coughing fit
la distorsione, la storta	sprain

l'effetto ritardato	after-effect
l'embolia, l'embolismo	embolism
l'emofilia	hemophilia
l'emorragia	hemorrhage, bleeding
l'ernia	hernia
l'ernia discale	slipped disc
l'erpete (m)	herpes
l'eruzione cutanea	rash
la frattura	fracture
il fuoco di Sant'Antonio	shingles
gonfiare	to swell
la gonorrea	gonorrhea
la gravidanza	pregnancy
guarirsi	to heal
l'ictus cerebrale	stroke
incinta	pregnant
l'incontinenza	incontinence
l'indigestione (f)	indigestion
l'infortunio	injury
l'intossicazione (f) alimentare	food poisoning
l'ipertensione (f)	high blood pressure
l'ittero, l'itterizia	jaundice
la lebbra	leprosy
la lesione	lesion
la malaria	malaria
la menopausa	menopause
la mestruazione	menstruation
migliorarsi	to get better
il morbo di Parkinson	Parkinson's disease
la nausea	nausea
l'otite (f)	ear infection
l'ovulazione (f)	ovulation
pallido	pale
la paralisi	paralysis
la pertosse	whooping cough
il polipo	polyp
prudere	to itch
il prurito	itchiness
psicosomatico	psychosomatic
il punto	stitch

la rigidezza	*stiffness*	la slogatura	*dislocation*
il rossore	*redness*	lo strabismo	*squint*
la scarlattina	*scarlet fever*	lo stress, la tensione	*stress*
lo scorbuto	*scurvy*	il tetano	*tetanus*
la setticemia	*septicemia*	il tifo	*typhus*
la sifilide	*syphilis*	il torcicollo	*stiff neck*
la sindrome del Down	*Down's syndrome*	la trombosi (inv)	*thrombosis*
		l'ulcera	*ulcer*
il sintomo	*symptom*	la vena varicosa	*varicose vein*
la sinusite	*sinusitis*	la verruca	*wart*
slogato	*dislocated*	il vomito	*vomit*

Health services

Level 1

Personnel and the medical profession

l'ammalato/ l'ammalata	*sick person, patient*
l'appuntamento	*appointment*
il/la chiroterapeuta	*chiropractor*
la chiroterapia	*chirotherapy, chiropractice*
la chirurgia	*surgery*
la chirurgia estetica	*plastic surgery*
il chirurgo/la chirurga	*surgeon*
il chirurgo estetico/la chirurga estetica	*plastic surgeon*
il/la consulente	*consultant*
la dermatologia	*dermatology*
il dermatologo/la dermatologa	*dermatologist*
l'esame medico	*medical examination*
essere di turno	*to be on call*
il/la farmacista	*chemist, pharmacist*
fissare un appuntamento	*to make an appointment*
il gabinetto medico	*doctor's office*
il/la geriatra	*geriatric*
la geriatria	*geriatrics*
la ginecologia	*gynecology*
il ginecologo/la ginecologa	*gynecologist*
l'infermiere (m)/ l'infermiera (f)	*nurse*

la laringologia	*laryngology*
il laringologo/la laringologa	*throat specialist*
la logopedia	*speech therapy*
il/la logopedista	*speech therapist*
il medico	*(medical) doctor*
il medico di famiglia	*family doctor*
la neurologia	*neurology*
il neurologo/la neurologa	*neurologist*
l'oculista (m and f)	*oculist, eye specialist*
l'oncologia	*oncology*
l'oncologo/ l'oncologa	*oncologist*
l'optometria	*optometry*
l'optometrista (m and f)	*optometrist*
le ore di visita	*visiting hours*
il paramedico	*paramedic*
il/la paziente	*patient*
il/la pediatra	*pediatrician*
la pediatria	*pediatrics*
la radiologia	*radiology*
il radiologo/la radiologa	*radiologist*
la terapia	*therapy*
il/la terapista	*therapist*

Diagnosis and treatment

ammettere	to admit (to hospital)
amputare	to amputate
l'amputazione	amputation
l'analisi del sangue	blood test
l'anestesia	anesthesia
l'anestetico	anesthetic
l'antibiotico, il sulfamidico	antibiotic
l'aspirina	aspirin
il barbiturico	barbiturate
la benda	covering, bandage
bendare, fasciare	to bandage
il bicarbonato di sodio	sodium bicarbonate
la borsa degli strumenti	doctor's medical kit/bag
il cerotto	adhesive bandage
il citrato di magnesio	magnesium citrate
il contracettivo	contraceptive
il cortisone	cortisone
la crema	cream
curare	to cure, to look after
la diagnosi (inv)	diagnosis
diagnosticare	to diagnose
diagnostico	diagnostic
la dieta	diet
diuretico	diuretic
esaminare, visitare	to examine
la fascia	dressing
l'iniezione (f), la puntura (colloquial)	injection, needle, jab
mettere in dieta	to put on a diet

misurare la febbre	to take someone's temperature
la pillola anticoncezionale	contraceptive pill
la pinza chirurgica	clamp
il polso	pulse
la posologia	dosage
prescrivere	to prescribe
il preservativo	condom
la prognosi (inv)	prognosis
prognostico	prognostic
il pronto soccorso	first aid
la respirazione bocca a bocca	mouth-to-mouth (breathing)
la ricetta medica	prescription
lo sciroppo contro la tosse	cough syrup
la stampella	crutch
sterile	sterile
la sterilizzazione	sterilization
lo stetoscopio	stethoscope
il termometro	thermometer
la tintura di iodio	tincture of iodine
la trasfusione del sangue	blood transfusion
la vitamina	vitamin

Dentistry

l'assistente (m and f)	dental assistant
il dente	tooth
la dentiera	false teeth, denture
il/la dentista	dentist
impiombare un dente	to fill a tooth
il medico dentista	dental surgeon
la piombatura, l'impiombatura	filling

Level 2

Personnel and the medical profession

la banca del sangue	blood bank
la banca del seme	sperm bank
il chirurgo ortopedico	orthopaedic surgeon
il medico di servizio	duty-doctor

l'orario di visita, le ore di visita	visiting hours
l'ortopedia	orthopedics
la patologia	pathology
il patologo/la patologa	pathologist

il pronto soccorso	*emergency ward, first aid, "casualty"*	emetico	*emetic*
la psicanalisi	*psychoanalysis*	l'espettorante (m)	*expectorant*
lo/la psicanalista	*psychoanalyst*	farsi operare	*to have an operation*
lo/la psichiatra	*psychiatrist*	la fiala	*phial*
la psichiatria	*psychiatry*	l'ingessatura	*plaster*
la psicologia	*psychology*	l'intervento chirurgico	*operation*
lo psicologo/ la psicologa	*psychologist*	operare	*to operate*
la psicoterapia	*psychotherapy*	la padella per ammalati	*bedpan*
lo/la psicoterapista	*psychotherapist*	la pasticca	*lozenge, pastille*
la sala d'aspetto	*waiting room*	la penicillina	*penicillin*
la sala di rianimazione	*intensive care unit*	la pillola	*pill*
la sala operatoria	*operating theater, operating room*	la pomata	*ointment*
		la radiografia	*radiography*
		la radioterapia	*radiotherapy*

Diagnosis and treatment

l'agopuntura	*acupuncture*	rianimare	*to resuscitate*
l'analgesico	*pain-killer*	il sedativo	*sedative*
il bendaggio	*sling*	il sonnifero	*sleeping pill*
il calmante	*tranquilizer*	lo stimolatore cardiaco, il pacemaker (inv)	*pacemaker*
la compressa	*tablet*	il trapianto	*transplant*
l'elettrocardiogramma (m)	*electrocardiogram*	la vasectomia	*vasectomy*

Level 3

Personnel and the medical profession

l'apparecchio acustico	*hearing aid*	il respiratore artificiale	*life-support machine*
la barella	*stretcher*	la reumatologia	*rheumatology*
il laccio emostatico	*tourniquet*	il reumatologo	*rheumatologist*
il massaggiatore/ la massagiatrice	*masseur*	lo scalpello	*scalpel*
l'oftalmologia	*ophthalmology*	la sedia a rotelle	*wheelchair*
l'oftalmologo/ l'oftalmologa	*ophthalmologist*	la siringa	*syringe*
l'ostetricia	*obstetrics*	sondare	*to probe*
l'ostetrico/l'ostetrica	*obstetrician*	la stecca	*splint*
la protesi (inv)	*surgical appliance*	il tampone	*swab*
		l'urologia	*urology*
		l'urologo	*urologist*
		la virologia	*virology*
		il virologo	*virologist*

Diagnosis and treatment

l'autopalpazione	*self-examination*
il collirio	*eye-drop*
il cuore artificiale	*artificial heart*
il donatore di sangue	*blood donor*
l'ecografia	*ultrasound*
l'estrogeno	*estrogen*
il farmaco	*pharmaceutical*
la fascia gessata	*plaster cast*
gargarizzare, fare gargarismi	*to gargle*
la goccia	*drop*
i guanti di gomma	*rubber gloves*
indurre	*to induce*
l'insulina	*insulin*
l'intervento a cuore aperto	*open-heart surgery*
olistico	*holistic*
l'omeopatia	*homeopathy*
l'ormone (m)	*hormone*
il palliativo	*palliative*
la purga	*laxative*
la rianimazione bocca a bocca	*mouth-to-mouth resuscitation*
la supposta	*suppository*
il testosterone	*testosterone*
il tonico	*tonic*
vaccinare	*to vaccinate*

il vaccino	*vaccination*
la visita di controllo	*medical checkup*
la visita domiciliare	*house call*

Dentistry

l'apparecchio ortodontico	*brace*
avere mal di denti	*to have a toothache*
il canino	*canine (tooth)*
la carie	*cavity, tooth decay*
il dente del giudizio	*wisdom tooth*
estrarre un dente	*to pull a tooth*
l'estrazione (f)	*tooth extraction*
il gabinetto dentistico	*dentist's office*
le gengive	*gums*
l'incisore	*incisor (tooth)*
il molare	*molar (tooth)*
l'ortodontista (m and f)	*orthodontist*
l'ortodonzia	*orthodontics*
la placca dentaria	*plaque*
la radice	*root*
i raggi X	*X-rays*
sciacquarsi la bocca	*to rinse*
il tartaro	*tartar*
il trapano	*drill*

Exercises

Level 1

1. Accoppia le parole/espressioni nella colonna a sinistra con i loro significati nella colonna a destra.*

1. il sangue
2. il respiro
3. l'arto
4. la pelle

5. la forfora

   a. *Espulsione di saliva.*
   b. *L'insieme dei peli che crescono lungo il labbro.*
   c. *Il cristallino dell'occhio che serve per mettere a fuoco le immagini.*
   d. *Membrana muscolare posta anteriormente al globo oculare, con funzione di proteggerlo dai corpi estranei e dalla luce.*
   e. *Orifizio, in genere microscopico, presente sulla superficie di un organo.*

6. il poro	f. *Serie di piccole squame chiare che provengono dal cuoio capelluto.*
7. la palpebra	g. *Membrana che riveste il corpo esternamente.*
8. la lente (dell'occhio)	h. *Ciascuna delle parti articolate del corpo che si inseriscono sul tronco.*
9. i baffi	i. *Movimento ritmico di assunzione e di emissione dell'aria per mezzo del quale si realizza il processo della respirazione.*
10. lo sputo	j. *Liquido di colore rosso che, su impulso del cuore, circola nel corpo dei vertebrati attraverso vene, capillari e arterie.*
11. la caviglia	k. *Parte del corpo tra la testa e il torace.*
12. l'ano	l. *Residuo del cordone tagliato alla nascita.*
13. la schiena	m. *Mano chiusa.*
14. la pancia	n. *Parte terminale di un dito.*
15. il gomito	o. *Parte sporgente del braccio.*
16. l'unghia	p. *L'addome.*
17. il pugno	q. *Regione posteriore del corpo umano.*
18. l'ombelico	r. *Orifizio terminale dell'intestino.*
19. il collo	s. *Parte della gamba immediatamente sopra al piede.*
20. il capezzolo	t. *Parte della gamba tra l'anca e il ginocchio.*
21. la costa	u. *Osso che fa parte del torace.*
22. la coscia	v. *Parte prominente del seno.*

2. In che modo sono differenti le seguenti cose o nozioni?

Modello   l'arteria e la vena

> *L'arteria è un vaso sanguigno lungo il quale il sangue scorre dal cuore verso la periferia; la vena, invece, è un vaso sanguigno che porta il sangue dalla periferia al cuore.*

1. un tessuto e un organo
2. la carne e le ossa
3. lo scheletro e l'ossatura
4. espirare e inspirare
5. un'articolazione e un muscolo
6. gli occhiali e le lenti a contatto
7. i foruncoli e le lentiggini
8. le ciglia e le sopracciglia
9. la bocca e il palato
10. il cranio e la testa
11. i capelli e il pelo
12. il pollice e il dito anulare
13. l'indice e il dito mignolo
14. il petto e il seno
15. il polso e la palma
16. la spina dorsale e la spalla
17. la gamba e il piede
18. il calcagno e l'anca
19. le ginocchia e le dita
20. la mano e la nocca
21. il bulbo oculare e la pupilla
22. lo zigomo e la mascella
23. il fegato, il rene e la milza
24. il polpaccio e il tallone
25. una costola e la cartilagine
26. un cerotto, una fascia e una benda
27. un medico di famiglia e un paramedico
28. un'aspirina e un barbiturico
29. una diagnosi e una prognosi
30. lo stetoscopio e il termometro

3. Cruciverba*

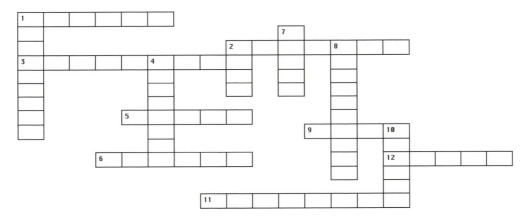

Orizzontali

1. Liquido prodotto nella cavità orale.
2. Parte della faccia.
3. Piccola formazione cava, presente in gran numero in molti organi del corpo umano.
5. Si trova sotto la bocca.
6. Si trova tra gli occhi e la testa.
9. Faccia.
11. Organo dell'udito.
12. È capelluto.

Verticali

1. Rendere difficile la respirazione.
2. Può diventare rossa e far male quando si ha un raffreddore.
4. Può essere anche «elettronico.»
7. Insieme di peli che crescono sulla guancia.
8. Colore della pelle del viso umano.
10. È necessario per la vista.

4. Traduci o in italiano o in inglese, secondo il caso.

Italian	English
Uno dei miei vasi sanguigni si è rotto l'altro giorno.	
	My breathing is irregular. I can only breathe easily while I sleep.
Soffro di mancanza di fiato. Forse questo è dovuto al fatto che ho spesso problemi di digestione.	
	Yesterday I pulled a nerve. And the day before, I was told that a membrane of mine was ruptured. I am clearly unlucky.
Mi fanno male i denti. E poi sembra che una delle mie narici sia otturata.	

Italian	English
	She has a beautiful face, with a small jaw, full lips, and a classic nose.
Spesso ho dolori allo stomaco. Il problema è che forse non riesco a mangiare regolarmente.	
	I have a pain in my middle finger. I believe it is due to the pain I also have in the lower part of my arm.
Quando sono le ore di visita di quel medico? Voglio che visiti mia figlia.	
	That patient was admitted yesterday. They decided not to amputate his leg. Amputation is a truly drastic measure.
Non c'è bisogno di anestesia nel Suo caso. L'intervento non è doloroso.	
	I had a blood test. My doctor is trying to diagnose me for all kinds of possible ailments.

5. Usa ciascuna delle seguenti parole/espressioni in altrettante frasi che ne rendano chiaro il significato.

Modello   sentirsi bene
    Non mi sento bene oggi; ho un forte mal di gola e di testa.

il disco	fare male a	la fatica	il gruppo sanguigno
malato	la medicina	sano	sentirsi male
il tendine	il gusto	il diaframma	il tallone di Achille
il tocco	l'avambraccio	il cuore	l'intestino
la pianta del piede	la colonna vertebrale	il polmone	lo stinco
il torso	la vita	l'ampolla	la vescica
debole	fratturare un arto	raffreddarsi	il virus
il tumore	lo spasimo	rauco	il pus
il farmacista	essere di turno	il gabinetto medico	l'infermiera
l'oculista	l'impiombatura	l'anestetico	il sulfamidico
bendare	il bicarbonato di sodio	la borsa degli strumenti	il contracettivo
curare	diagnostico	prognostico	sterile

6. Identifica il medico e la sua specializzazione.*

Modello   Specialista di malattie della pelle.
    il dermatalogo – la dermatologia

1. Specialista che allevia o elimina dolori alla colonna vertebrale con le mani.
2. Medico che compie interventi operatori sul corpo umano.
3. Medico che interviene per eliminare difetti del viso o del corpo.

4. Medico che si occupa delle malattie della vecchiaia.
5. Medico che si occupa dell'apparato reproduttivo femminile.
6. Medico specializzato per curare le malattie della gola e la laringe.
7. Specialista che si occupa dei disturbi del linguaggio.
8. Medico specializzato nella cura delle malattie del sistema nervoso.
9. Medico specialista nella cura dei tumori.
10. Persona autorizzata legalmente a misurare la vista e a prescrivere lenti correttive.
11. Medico che si occupa delle malattie dei bambini.
12. Medico specializzato nell'uso delle radiazioni elettromagnetiche.
13. Specialista del trattamento sistematico di una patologia.

7. Completa la seguente tabella in modo appropriato.

Ailment, sickness, condition, etc.	*Description, characteristics, symptoms, etc.*
l'influenza	
	Mancanza patologica di appetito.
un'infiammazione	
	Infiammazione che colpisce l'abilità di parlare.
la bronchite	
	Condizione di incertezza, trepidazione, apprensione.
il reumatismo	
	Stato caratterizzato dalla perdita totale o parziale della coscienza.
un'infezione virale	
	Malattia causata da un'insufficiente produzione di insulina.
l'AIDS	
	Infiammazione delle vie respiratorie, spesso caratterizzata da vari sintomi come i dolori ai muscoli, febbre, starnuti e tosse.
il cancro	
	Malessere generalmente lieve e passeggero.
la leucemia	
	Disturbo del sonno.
una malattia venerea	
	Infiammazione acuta che colpisce i polmoni.
la schizofrenia	

8. Completa ciascuna frase con la parola adatta nella sua forma appropriata.*

Parole da usare:

morbo, epidemia, infiammato, catarro, forte, stomaco, debilitante, inconscio, tossire, ammalato, consulente, appuntamento, sieropositivo, starnutire, doloroso, misurare, assistente, prescrivere, termometro, esame

  1. Il _____ spesso caratterizza la bronchite.
  2. Quel tipo di lavoro è _____; è molto faticoso.
  3. La mia ferita è molto _____; mi sta tormentando.
  4. Quest'anno tutti hanno l'influenza; c'è una vera _____.
  5. Ho un _____ mal di gola; sembra che la mia gola sia veramente _____.
  6. È rimasta _____ per due giorni; non riconosceva nessuno.
  7. Hai mangiato troppo; ecco perché ora hai il mal di _____.
  8. Mio zio ha il _____ di Parkinson.
  9. Quando ho il raffreddore, non smetto mai di _____ e _____.
10. Per fortuna, il mio amico non è _____; non c'è malattia più spaventosa dell'AIDS.
11. Mi pare che tu abbia la febbre. Dov'è il _____? Te la voglio _____.
12. Ci sono tanti _____ in quella casa: hanno tutti lo stesso virus.
13. Non ho ancora fissato un _____ col medico; lo farò dopo.
14. Non sono un _____; non so cosa dirti; devi andare dal medico per _____.
15. Quale antibiotico ti ha _____ il medico?
16. L'_____ di quel dentista è molto brava.

9. Che cos'è? Spiega ciascuna delle seguenti cose o nozioni con le tue parole. Usa un dizionario, se necessario.

Modello   il cortisone
            È l'ormone che si produce nella corteccia della ghiandola surrenale.

1. il citrato di magnesio 2. la crema 3. la dieta 4. diuretico 5. l'iniezione 6. la pillola anticoncezionale 7. la pinza chirurgica 8. il polso 9. la posologia 10. il preservativo 11. il pronto soccorso 12. la respirazione bocca a bocca 13. la ricetta medica 14. lo sciroppo contro la tosse 15. le stampelle 16. la sterilizzazione 17. lo stetoscopio 18. la tintura di iodio 19. la trasfusione del sangue 20. una vitamina 21. la dentiera 22. impiombare un dente

Level 2

10. Accoppia il sintomo o la condizione nella colonna a sinistra logicamente con un organo, arto, parte del corpo, ecc. nella colonna a destra.*

1. l'acne	a. il sangue	7. l'erpete della febbre	g. la pelle
2. il morbo di Alzheimer	b. la caviglia	8. l'autismo	h. i muscoli
3. l'artrite	c. i polmoni	9. l'asma	i. la memoria
4. la micosi	d. il sistema respiratorio	10. una storta	j. il cervello
5. la dermatite	e. la faccia	11. l'anemia	k. i piedi
6. la bronchite	f. il labbro	12. i giramenti	l. la testa

11. Accoppia i sinonimi e i quasi-sinonimi.*

1. vomitare   a. il livido   5. l'olfatto   e. il morbillo
2. la roseola   b. l'indisposizione   6. l'insolazione   f. le ore di visita
3. la contusione   c. rimettere   7. il malessere   g. il colpo di sole
4. l'orario di visita d. l'odorato

12. Indica se la parola/l'espressione si riferisce a una malattia o a una condizione medica, oppure se indica un sintomo.

dipendenza	botulismo	nausea	collasso cardiaco
allergico	allergia	anemico	collasso polmonare
anoressia	appendicite	mal di schiena	deidratazione
morsicatura	ampolla	coagulo del sangue	ematoma
bolla	contusione	callo	gonfiore
cancro	catarro	varicella	infarto cardiaco
brivido	raffreddore	anemico	infezione polmonare
commozione cerebrale	tosse	cisti	orecchioni
deidratato	depressione	callo	paraplegia
diarrea	sonnolenza	crisi epilettica	sudore
svenimento	varicella	tossicodipendenza	tonsillite
tubercolosi	morbillo	contusione	vomito

Malattia / Condizione medica	Sintomo

13. Traduci in inglese o in italiano, secondo il caso.*

Italiano	Inglese
guarire	
	to become ill
benigno	
	bile
prendere freddo	
	convalescence
aggravarsi	
	to get cured, to look after oneself
cieco	
	blindness
sordo	
	far-sighted
la sordità	
	long-sighted
percepire	
	to sense, to feel
miope	
	eye-sight
il controllo della vista	
	adenoids
l'adrenalina	
	guts
la cellula del sangue	
	blood pressure
gonfiare	
	swollen
un grave stato	
	sickly
maligno	
	paraplegic
rimettersi	
	to sweat
svenire	

14. Usa ciascuna delle seguenti parole/espressioni in altrettante frasi che ne rendano chiaro il significato.

Modello il colesterolo
Il mio colesterolo è molto alto; devo ovviamente cercare di mangiare meno grassi e dolci.

il sistema cardiovascolare	la cellula	il sistema digerente
l'esofago	la ghiandola	il cuore
il ritmo del cuore	il battito del cuore	il sistema immunitario
la cornea	il fegato	il midollo
il sistema linfatico	il sistema nervoso	il sistema respiratorio
le tonsille	il sistema urinario	urinare
l'urina	la trachea	la corda vocale
il sistema digerente	la scapola	la pelvi
il pancreas	l'inguine	il timpano
la fossetta	sordomuto	il medico di servizio
emetico	la penicillina	la radioterapia
rianimare	il chirurgo ortopedico	l'ortopedia
la patologia	il patologo	il pronto soccorso
l'analgesico	l'ombelico	l'autismo

15. In che modo sono differenti le seguenti cose o nozioni?

Modello la pillola, la pasticca e la compressa
La pillola ha una forma di sfera; la pasticca, invece, ha una forma compressa; la compressa è un sinonimo per pasticca.

1. la banca del sangue e la banca del seme
2. uno psicanalista, uno psicologo, uno psicoterapista e uno psichiatra
3. la psicologia, la psicanalisi, la psicoterapia e la psichiatria
4. la sala d'aspetto, la sala di rianimazione e la sala operatoria
5. il bendaggio e l'ingessatura
6. una pomata e un espettorante
7. un calmante, un sedativo e un sonnifero
8. una fiala e una padella per ammalati
9. una radiografia, uno stimolatore cardiaco e un elettrocardiogramma
10. un trapianto e una vasectomia
11. operare e farsi operare
12. l'intervento chirurgico e l'agopuntura

Level 3

16. Indica se la parola/l'espressione si riferisce a una malattia o a una condizione medica, oppure se indica un sintomo.

afasia	ictus cerebrale	ipertensione
affanno	sifilide	gonfiatura
vantrace	incontinenza	indigestione
bruciore di stomaco	nausea	paralisi
calcoli renali	laringite	lesione

otite	mal di testa	calcoli biliari
cateratta	cicatrice	eruzione cutanea
distorsione	embolismo	emofilia
ematoma	infezione	aritmia
emorragia	ernia	ernia discale
erpete	gonorrea	fuoco di Sant'Antonio
infiammazione	frattura	intossicazione alimentare
itterizia	colpo di tosse	colite
mal di schiena	emorragia	bruciore di stomaco
mal di testa	mal di gola	morbo di Alzheimer
morbillo	arteriosclerosi	rossore
prurito	flatulenza	morbo di Parkinson
rutto	vomito	lebbra
tonsillite	fatica	tetano
ulcera	cellulite	tubercolosi

Malattia / condizione medica	*Sintomo*

17. Accoppia le parole/le espressioni nella colonna a sinistra con i loro significati nella colonna a destra.*

1. bacillo
2. gravidanza
3. infortunio
4. malaria
5. menopausa
6. mestruazione
7. ovulazione
8. pertosse
9. polipo

10. scarlattina
11. scorbuto
12. setticemia
13. sindrome del Down
14. sinusite
15. tensione
16. torcicollo
17. trombosi

a. *Incidente involontario.*
b. *Malattia tropicale.*
c. *Microorganismo.*
d. *Cessazione delle mestruazioni.*
e. *Secrezione mensile di sangue nella donna in età feconda.*
f. *Malattia delle vie respiratorie.*
g. *Distacco mensile dell'ovulo maturo nella donna.*
h. *Periodo della gestazione.*
i. *I suoi sintomi sono l'eruzione cutanea, la febbre alta, il mal di gola e il vomito.*
j. *Malattia causata dalla mancanza della vitamina C.*
k. *Malattia infettiva provocata da germi o tossine nel sangue.*
l. *Stress.*
m. *Formazione patologica benigna.*
n. *Malattia congenita caratterizzata da debilità mentale.*
o. *Infiammazione nel naso.*
p. *Dolore nel collo.*
q. *Ostruzione patologica della normale circolazione del sangue.*

18. Usa ciascuna delle seguenti parole/espressioni in altrettante frasi che ne rendano chiaro il significato.

Modello   la nuca
      La nuca si trova tra la base e la volta del cranio.

l'effetto ritardato	gonfiare	guarirsi
incinta	migliorarsi	pallido
prudere	psicosomatico	il punto
la rigidezza	slogato	la slogatura
lo strabismo	il tifo	la vena varicosa
la verruca	affannarsi	l'apparato urinario
l'ascella	la cervice	la cistifellea
il nervo sciatico	il nodo linfatico	la nuca
ruttare	strozzarsi	il tubo digestivo
l'aborto	l'aborto spontaneo	la barella
l'oftalmologo	l'ostetrico	il massaggiatore
il reumatologo	l'urologo	il virologo
l'ortodontista	l'apparecchio acustico	il laccio emostatico

19. Traduci in italiano o in inglese, secondo il caso.*

Italian	Inglese
l'oftalmologia	
	obstetrics
la protesi	
	life-support machine
la reumatologia	
	scalpel
la sedia a rotelle	
	syringe
sondare	
	splint
il tampone	
	urology
la virologia	
	self-examination
il collirio	
	artificial heart
il donatore di sangue	
	ultrasound
l'estrogeno	
	pharmaceutical
la fascia gessata	
	to gargle
la goccia	
	rubber gloves
indurre	
	insulin
l'intervento a cuore aperto	
	holistic

l'omeopatia	
	hormone
il palliativo	
	laxative
la rianimazione bocca a bocca	
	suppository
il testosterone	
	tonic
vaccinare	
	vaccination
la visita di controllo	
	house call
l'apparecchio ortodontico	
	to have a toothache
il canino	
	cavity, tooth decay
il dente del giudizio	
	to pull a tooth
l'estrazione	
	dentist's office
le gengive	
	incisor (tooth)
il molare	
	orthodontics
la placca dentaria	
	root
i raggi X	
	to rinse
il tartaro	
	drill

Synthesis

20. Quante parole/espressioni ricordi? Completa la seguente tabella nel modo indicato. *(Add as many cells to the chart as you may need.)*

Head	Dentistry	Senses	Body, limbs, organs	Symptoms, ailments, bodily states	Medical personnel	Diagnosis and treatment
la bocca	la dentiera	il gusto	il braccio	il catarro	il terapista	l'analisi del sangue

21. Sai quali sono i cibi che possono far bene o male alla salute? Indica se le affermazioni sono vere (V) o false (F). Discuti le tue risposte in classe.

Chi ha il diabete...

_____ 1.   può mangiare zucchero

_____ 2.   può bere aranciata

_____ 3.   può mangiare carne

Chi ha l'ulcera...

_____ 4.   non può mangiare uova sode

_____ 5.   può mangiare riso

_____ 6.   può mangiare pesce ben cotto

Chi soffre di ipertensione...

_____ 7.   può mangiare cibo contenente sale

_____ 8.   non può mangiare frutta fresca

Chi soffre di stitichezza...

_____ 9.   non può bere né caffè né tè

_____ 10.   non può mangiare cioccolato

22. Organizza le seguenti parole/espressioni correttamente nelle categorie indicate.

adrenalina	vescica	cellula sanguigna	pressione del sangue	intestini
cellula	colesterolo	esofago	ghiandola	cuore
battito del cuore	sistema immunitario	rene	fegato	polmone
tonsille	urina	trachea	ipermetrope	udito
presbite	vista	olfatto	tatto	dipendenza
indisposizione	allergia	anemia	anoressia	appendicite
artrite	micosi	bile	ampolla	bolla
contusione	brivido	dermatite	diabete	diarrea
malessere	sonnolenza	svenimento	influenza	frattura
calcoli biliari	gonorrea	infarto cardiaco	bruciore di stomaco	emorragia
indigestione	infiammazione	prurito	morbillo	gli orecchioni
polmonite	rossore	cicatrice	sifilide	fatica

Corpo/arti	Organi/sistemi	Sensi	Sintomi	Malattie/condizioni

23. Indica se le seguenti affermazioni sono vere (V) o false (F).*

_____ 1. I barbiturici si usano per i raffreddori.

_____ 2. Il chirurgo estetico si occupa di malattie veneree.

_____ 3. Il farmacista prepara medicinali.

_____ 4. Un paziente è una persona affetta da qualche malattia.

_____ 5. Il pediatra è specializzato nelle malattie dei bambini.

_____ 6. Un patologo è specializzato nel diagnosticare malattie virali.

_____ 7. L'anestetico è un utensile medico.

_____ 8. Gli antibiotici si prendono per l'insonnia.

_____ 9. L'appuntamento è sempre necessario al pronto soccorso di un ospedale.

_____ 10. Le aspirine si prendono per il mal di testa.

_____ 11. L'ausiliare medico assiste il medico.

_____ 12. L'oncologo è specializzato nel diagnosticare malattie dei polmoni.

_____ 13. L'optometrista misura la vista e prescrive lenti correttive.

_____ 14. L'ortopedico è specializzato nel diagnosticare malattie delle ossa.

_____ 15. La chiroterapia è una tecnica terapeutica, praticata con le mani o con speciali apparecchi, con cui si allevia o si elimina il dolore dovuto a patologie della colonna vertebrale.

24. Traduci in italiano.

1. Put these drops in your eye every evening. Take your temperature regularly. Then come in for a checkup next week.
2. You must take your medicine, even if it is penicillin. All pharmaceuticals must be taken according to prescription.
3. My doctor prescribed an injection. What was her prognosis?
4. Do you know how to do mouth-to-mouth resuscitation?
5. She had plastic surgery recently.
6. Does he wear a hearing aid? It's hard to tell.
7. He's in a plaster cast. He broke his leg a week ago.
8. Alexander will study pediatrics when he goes to university.

Text work

Text A

> TESTA
>
> di
>
> Libero de Libero (1906–)
>
> Narrata e bruna all'aria che cela
> tutta negli occhi, quella testa, e un fuoco
> stretto di labbra suo segreto brucia
> per guancia che rapida matura
> entro notte bella dei capelli:
> sulla fronte una luna si ricorda.

25. Le seguenti «definizioni» si riferiscono a parole nella poesia che descrivono qualche aspetto del corpo umano. Quali sono le parole?*

1. Diventano rosse quando si sente vergogna o grande emozione.
2. Possono essere rossi, biondi o castani.

3. Parte del corpo che contiene il cervello.
4. Parte della testa tra gli occhi e i capelli.
5. Si leccano quando si mangia una cosa veramente buona o saporita.
6. Sono gli organi della vista.

26. Discussione

1. Che cosa simboleggia la testa per il poeta?
2. Come si potrebbe parafrasare questa poesia in prosa?

Text B

UN DOTTORE FATTO IN CASA
(*libera riduzione*)

di

Nantas Salvalaggio (1924–)

Il dottore dilettante può essere un qualunque geometra estroso o un ragioniere appassionato: non è mai un laureato in medicina.

Qualche settimana fa, in una balera emiliana, si è messo in luce uno di questi guaritori volontari. Al termine di un faticoso shake, una giovinetta aveva bevuto una bibita ghiacciata e s'era sentita male all'improvviso. Perduti i sensi, fu allungata per terra, ai bordi della pista da ballo, mentre il fidanzato supplicava tra i curiosi «un dottore prego, c'è qui un dottore?» Poco dopo si avvicinò un signore in occhiali, sui trentacinque anni, stempiato e vestito di blu. Si chinò sulla fanciulla, le tastò il polso, pose delicatamente l'orecchio sul cuore, infine operò la respirazione bocca-bocca, come si è visto fare tante volte in TV.

Ma a questo punto si fece largo il medico del quartiere, con la borsa degli strumenti. Con molta urbanità chiese all'uomo in blu, che soffiava nella bocca della ragazza: «Scusi, lei è dottore?» L'altro interruppe finalmente l'operazione e asciugandosi il sudore della fronte rispose: «Sì. Sono dottore in economia e commercio.»

Forse la passione del guaritore si prende come un virus, una malattia. Ne restano contagiati soprattutto coloro che vivono nell'ambiente delle Case di cura, degli ospedali, delle fabbriche medicinali. Un contabile del Policlinico, per fare un esempio, resisterà difficilmente alla tentazione di consigliare un farmaco se il nipotino ha buscato un febbrone. Non diversamente si comportano, pare, gli impiegati, i commessi viaggiatori, gli uscieri delle Case farmaceutiche di prestigio. «Cavaliere bello, dia retta a me che ho esperienza da vendere, questo sciroppo è un toccasana, ce n'è rimasta una bottiglia intera dall'ultima volta che mia suocera ha avuto la bronchite».

27. Discussione

1. Che ne pensi dei dottori dilettanti? Ce ne sono nella tua famiglia?
2. Quali attributi definiscono il «vero medico» secondo te?

Role-playing

28. Diversi gruppi di studenti dovranno mettere in scena la seguente situazione.

Ad una festa, qualcuno si sente male. Uno degli invitati è «un dottore dilettante.» S'avvicina e fa una sua «diagnosi.» Per fortuna, un altro invitato/un'altra invitata è veramente un medico. Questa persona fa la vera diagnosi.

29. Dal medico!

Diverse coppie di studenti dovranno svolgere un dialogo adatto per ciascuna delle seguenti malattie/condizioni fisiche. Un membro della coppia dovrà interpretare il ruolo del paziente e l'altro del medico/del dentista.

1. l'influenza
2. un piede rotto
3. la carie
4. il morbillo
5. la tonsillite
6. l'anemia
7. l'appendicite
8. una storta
9. la bronchite
10. un infarto
11. la laringite
12. la polmonite
13. i reumatismi
14. l'ulcera

Discussion/Composition/Activities

30. Rispondi liberamente alle seguenti domande, discutendo le tue risposte con gli altri membri della classe.

1. Secondo te, sono necessari lunghi periodi di relax? Perché sì/no?
2. Quali sono le attività che ti rilassano di più?
3. Quando non riesci a dormire, cosa fai per addormentarti?
4. Secondo te, è vero che il ritmo della vita moderna ci costringe spesso ad abusare delle nostre energie? Giustifica la tua risposta.

31. Com'è la tua salute? Metti un visto (√) nelle caselle che per te sono vere. Discuti le tue risposte con altri compagni.

☐ non ho quasi mai mal di testa
☐ non ho quasi mai mal di pancia
☐ non ho quasi mai raffreddore
☐ non sono sovrappeso
☐ la mia pressione del sangue è quasi sempre normale
☐ faccio almeno un controllo medico all'anno
☐ faccio ginnastica tutti i giorni
☐ mangio regolarmente e adeguatamente
☐ ho cura della mia igiene personale

☐ vesto in modo opportuno quando fa freddo
☐ mangio troppi dolci
☐ bevo troppi alcolici
☐ fumo
☐ bevo troppi caffè
☐ prendo troppe medicine non necessarie
☐ dopo cena mi siedo subito davanti alla TV o vado subito a letto
☐ spesso lavoro più di dieci ore al giorno
☐ dormo poco
☐ non prendo mai una vacanza
☐ salto spesso i pasti
☐ non trovo mai un minuto per rilassarmi

32. Scrivi un componimento sulla strategia migliore per mantenersi sempre in buona salute. Poi leggilo e discuti la strategia in classe.

Unit 4

Physical appearance

Level 1

Age and sex

l'adolescente (m and f)	*adolescent, teenager*
l'adolescenza	*adolescence*
l'adulto/l'adulta	*adult*
l'anzianità	*old age*
l'anziano/l'anziana	*older person/senior*
avere...anni	*to be...years old*
il bambino/la bambina	*little child*
una bell'età/un'età avanzata	*advanced age*
compiere gli anni	*to reach, to become a certain age*
il compleanno	*birthday*
la donna	*woman*
l'età	*age*
l'età critica	*critical age*
l'età della maggioranza	*age of majority*
l'età dello sviluppo	*developmental age*
la fanciullezza	*childhood*
il fanciullo/la fanciulla	*child*
la femmina	*female*
femminile	*feminine*
il/la giovane	*young person*
giovanile	*youthful*
il giovanotto	*young man*
la gioventù, la giovinezza	*youth*
grande	*big (comparative age, as in "he's my big brother")*

infantile	*infantile*
l'infanzia	*infancy*
maggiore/più grande	*older*
maschile	*masculine*
il maschio	*male*
la maturità	*adulthood, maturity*
la mezza età	*middle age*
minore/più piccolo	*younger*
la nascita	*birth*
nel verde dell'età	*at a young age, in one's salad days*
il neonato/la neonata	*new-born baby*
la persona matura	*mature person*
piccolo	*small (in the sense of young)*
la prima età	*(early) childhood*
la pubertà	*puberty*
pubescente	*pubescent*
il ragazzo/la ragazza	*boy/girl*
senile	*senile*
la senilità	*senility*
il sesso	*sex*
il signore/la signora	*gentleman/lady*
la signorina	*young lady*
la tenera età	*young/tender age*
la terza età	*old age (the third age)*
l'uomo (gli uomini, pl)	*man*
la vecchiaia	*old age*
vecchio	*old*
il vecchio/la vecchia	*older person*

Build and posture

agile	agile
aitante	husky, manly
l'altezza, la statura	height
l'altezza media, la statura media	average height
alto	tall
atletico	athletic
avere un fisico debole	to be slightly built
avere un fisico forte	to be strongly built
avere una vita snella	have a slim waistline
basso	short
carnoso	fleshy
col seno piatto	flat-chested
con le spalle larghe	broad-shouldered
la corporatura, il fisico	build
corpulento	corpulent
curvo	hunched
delicato	delicate, frail
dimagrire	to lose weight
emaciato, sparuto	emaciated
energico	energetic
le gambe arcuate, le gambe storte	bow legs
le gambe belle	good/beautiful legs
le gambe brutte	bad/ugly legs
le gambe corte	short legs
le gambe grosse	fat legs
le gambe lunghe	long legs
le gambe magre	thin legs
gracile	frail, slender
grande	big, tall
la grandezza	bigness
grasso	fat
grosso	big, huge
ingrassare	to become fat
obeso	obese
paffuto, grassottello	chubby
la pancia, la trippa	paunch
panciuto	pot-bellied
pasciuto, rotondetto	plump
pesante	heavy
poderoso	brawny
popputa	busty
robusto, pesante	hefty
rotondo	rotund
scarno	lean
smunto	frail
virile	virile

The face and hair

l'acconciatura (dei capelli)	hairstyle
arrossire	to blush
attraente	attractive
la barba	beard
il barbiere	barber
la barbieria (colloquial), il negozio del barbiere	barber shop
la bellezza	beauty
bello	beautiful
biondo	blond
bruno	dark-haired
la bruttezza	ugliness
brutto	ugly
la calvizie (inv)	baldness
calvo	bald
cambiare espressione	to change expression
i capelli al carré	bobbed hair
i capelli biondi	blond hair
i capelli corti	short hair
i capelli crespi	frizzy/fuzzy hair
i capelli fini	fine hair
i capelli lisci	straight hair
i capelli lunghi	long hair
i capelli neri	dark hair
i capelli ricci	curly hair
i capelli rossi	red hair
la carnagione bella	good complexion
diventare calvo	to become bald
il doppio mento	double chin
l'estetista (m or f)	beautician
la faccia, il viso	face
la fossetta (del mento)	dimple
la frangetta	fringe
la fronte alta	high forehead
la fronte bassa	low forehead
la fronte spaziosa	broad/spacious forehead

le guance smunte	*gaunt cheeks*	il viso contento	*merry, happy face*
l'espressione	*expression*	il viso cupo	*dark face*
la lentiggine	*freckle*	il viso delicato	*delicate face*
lentigginoso	*freckled*	il viso espressivo	*expressive face*
il mento largo	*broad chin*	il viso livido	*purplish-red face*
il naso camuso	*flat/snub nose*	il viso magro	*thin face*
il naso greco	*Greek nose*	il viso ossuto	*bony face*
il naso storto	*crooked nose*	il viso paffuto	*chubby face*
gli occhi azzurri	*blue eyes*	il viso pallido	*pale face*
gli occhi bovini	*bulging eyes*	il viso raggiante	*radiant face*
gli occhi castani	*brown eyes*	il viso rotondo	*round face*
gli occhi neri	*dark eyes*	il viso sveglio	*alert face*
il parrucchiere/la parrucchiera	*hairdresser*		
la pelle bruna	*brown skin*	**Look**	
la pelle chiara	*clear skin*	adorabile	*adorable*
la pelle delicata	*delicate skin*	affascinante	*fascinating*
la pelle nera	*dark skin*	antipatico, brutto	*unattractive*
la pelle secca	*dry skin*	attraente	*attractive*
pettinarsi	*to comb one's hair*	bella figura	*good figure, shapely*
riccio	*curly*	ben proporzionato	*well-proportioned*
sporco	*dirty*	carino	*pretty*
tagliarsi i capelli	*to cut one's hair*	grazioso	*charming, gracious*
tingersi i capelli	*to color one's hair*	odioso	*hideous*
il viso	*face/countenance*	peloso	*hairy*
il viso antipatico	*unfriendly, unpleasant face*	seducente	*seductive*
		sgradevole (alla vista)	*unsightly*
il viso arrossato	*flushed face*	simpatico	*cute*

Level 2

Build and posture		rotondo	*plump/chubby*
ben fatto, ben formato	*well built*	scheletrico	*scrawny/skin and bones*
debole	*weak*	slanciato	*lanky/long-legged*
la debolezza	*weakness*	snello	*slim, lean*
forte	*strong*	le spalle esili	*small shoulders*
le gambe ben tornite	*shapely legs*	le spalle quadre	*square shoulders*
magro	*skinny*	le spalle robuste	*strong shoulders*
muscoloso	*muscular*	le spalle rotonde	*round shoulders*
passivo	*passive*	le spalle strette	*narrow shoulders*
perdere peso	*to lose weight*	sparuto, smunto	*puny*
il peso	*weight*	vigoroso	*vigorous*
piccolo	*small*	la vita	*waistline*
robusto	*hefty, strong, robust*		

The face and hair

i baffi	*mustache*
la bocca grande	*large mouth*
la bocca piccola	*small mouth*
i capelli grezzi	*coarse hair*
i capelli grigi	*grey hair*
i capelli nitidi	*tidy hair*
i capelli ondulati	*wavy hair*
i capelli sfatti	*untidy/disheveled hair*
la capigliatura folta, la chioma folta	*thick head of hair*
la carnagione giallastra	*sallow complexion*
la chioma	*mane/mop of hair*
la faccia lunga	*long face*
fare una smorfia	*to make a bad face, to grimace*
farsi la permanente	*to have one's hair permed*
farsi una messa in piega	*to have one's hair set*
il foruncolo	*pimple*
il ghigno	*sneer*
le guance accese	*red cheeks*
le guance pallide	*pale cheeks*
le guance rosee	*rosy cheeks*
le guance scavate	*hollow cheeks*
impallidire	*to turn pale*
l'acconciatura dei capelli	*hairstyle/hairset*
le labbra sensuali	*sensuous lips*
le labbra sottili	*thin lips*
le labbra tumide	*large/swollen lips*
lavarsi i capelli	*to wash one's hair*
il mento prominente	*protuberant chin*
il mento volitivo	*strong chin*
la messa in piega	*hair set*

morbido	*soft*
il naso a patata	*pudgy (potato) nose*
il naso all'insù	*pug noise (pointing upwards)*
il naso aquilino	*hooked/aquiline nose*
il naso diritto	*straight nose*
il naso lungo	*long nose*
gli occhi a mandorla	*slant eyes*
gli occhi arrossati	*red/blood-shot eyes*
gli occhi assonnati	*tired/sleepy eyes*
gli occhi rotondi	*round eyes*
gli occhi stanchi	*tired eyes*
la pelle abbronzata	*tanned skin*
la pelle grassa, la pelle oleosa	*oily skin*
la pelle liscia	*smooth skin*
la pelle olivastra	*olive skin*
la pelle ruvida	*rough skin*
perdere i capelli	*to lose one's hair*
la permanente	*permanent wave, perm*
le rughe	*wrinkles*
sdentato	*toothless*
la smorfia	*grimace*
sorridente	*smiley*
il sorriso	*smile*
tarchiato	*stocky*
il viso abbronzato	*tanned face*
il viso allegro	*happy face*
il viso imbronciato	*unpleasant face*
il viso melanconico	*melancholy face*
il viso riposato	*rested face*
il viso serio	*serious face*
il viso simpatico	*pleasant/friendly face*
il viso sorridente	*smiling face*
il viso triste	*unhappy/sad face*

Level 3

Build

le dita affusolate	*slender fingers*
le dita tozze	*pudgy fingers*
le gambe storte	*crooked legs*

il gigante	*giant*
le mani screpolate	*chapped hands*
il nano/la nana	*midget*
tozzo	*pudgy*

The face and hair

ben sbarbato, ben rasato	*clean shaven*
i capelli con la riga, la scriminatura	*parted hair*
i capelli striati	*streaked hair*
la carnagione scura	*swarthy skin*
il ciuffo	*tuft of hair*
la coda di cavallo	*pony-tail*
fare il broncio	*to pout, to sulk*

farsi la treccia/le trecce	*to plait one's hair*
il naso appuntito	*pointed nose*
la parrucca	*wig*
la pelle floscia, la pelle flaccida	*loose skin*
la pelle venata	*veiny skin*
il viso contratto	*tense/drawn face*
il viso stravolto	*haggard face*

Body language

Level 1

General

agitare, muovere	*to stir*
allontanarsi da	*to move away from*
andare in giro, andare intorno	*to go around*
l'andatura	*gait*
attraversare	*to go across*
avvicinarsi a	*to approach*
bighellonare	*to fidget*
cambiare posto	*to change places*
camminare	*to walk*
il cammino	*walk*
circolare	*to circulate*
la circolazione	*circulation*
cominciare	*to get going*
darsi da fare	*to bustle about*
essere in moto perpetuo	*to be in constant motion*
essere irrequieto	*to be restless*
evitare, scansare	*to avoid*
fare un passo avanti	*to step forward*
la frizione	*friction*
girarsi	*to turn around*
l'irrequietezza	*restlessness*
mettersi in cammino	*to set out*
il movimento	*movement*
muovere, muoversi	*to move*
passare davanti	*to pass by*
passare vicino a	*to pass near*

il passo	*pace*
la postura, la positura	*posture*
precedere	*to precede*
seguire	*to follow*
la traversa	*crossing*

Specific types of movements

alzarsi	*to stand up, to get up*
andare avanti	*to go forward*
andare indietro	*to go backwards*
andare verso	*to go toward, towards*
arrampicarsi	*to climb*
l'ascensione (f)	*climbing*
avanti e indietro	*back and forth*
avanzare, progredire	*to advance, to make headway*
cadere, cascare	*to fall*
la caduta	*fall*
curvarsi, piegarsi	*to stoop*
la discesa	*descent*
girare/voltare a destra	*to turn right*
girare/voltare a sinistra	*to turn left*
giù	*down*
inginocchiarsi	*to kneel*
raggiungere	*to reach*
ritirarsi	*to withdraw*
il ritiro	*withdrawal, retreat*

salire	to climb, to go up
la salita, l'ascesa	ascent
saltare	to jump
scendere	to descend, to go down
scivolare	to slide, to slip
scivoloso	slippery
lo scontro	collision
sdraiarsi	to lie down, to stretch out
sedersi	to sit down
spingere	to push
stare a cavalcioni	to straddle
su	up
tenersi in equilibrio	to keep one's balance
tirare	to pull
toccare	to touch
il viavai (inv), l'andirivieni (m, inv)	comings and goings

Body language and actions

accarezzare	to caress
accelerare	to accelerate
afferrare, acchiappare	to catch
affrettarsi, sbrigarsi	to hurry
appoggiarsi a	to lean against
l'atteggiamento (del corpo)	attitude (of the body)
balzare	to leap
battere le mani, applaudire	to clap
bussare	to knock
cadere per terra	to fall down
capovolgere	to overturn
colpire, picchiare	to hit
correre	to run
crollare	to collapse
dare la mano	to shake hands
dare un calcio, prendere a calci	to kick
errare, gironzolare, girovagare	to wander
fare un gesto	to make a gesture
fare un segno con la mano	to wave

gesticolare	to gesticulate
la gesticolazione	gesticulation
il gesto	gesture
gettare	to throw
ghermire, afferrare, agguantare	to grab
imbattersi in	to bump into, to knock against
insinuarsi	to creep into
marciare	to march
mirare	to aim
passeggiare, fare una passeggiata	to stroll
pendere	to lean
piegare	to bend
precipitarsi	to dash
prendere a schiaffi, schiaffeggiare	to slap
rallentarsi	to slow down
salutare	to greet
scuotere, agitare	to shake
sedersi a gambe accavallate	to sit with one's legs crossed
spargere	to scatter
stendere la mano	to hold one's hand out to someone
stirare	to stretch
strofinare, sfregare	to rub
tenersi per mano	to hold hands
trottare	to trot

Head and facial movements

abbassare la testa	to lower one's head
alzare la testa	to raise one's head
battere le ciglia	to bat one's eyelids
battere le palpebre	to blink
fare l'occhiolino, strizzare l'occhio	to wink
fare le smorfie	to grimace
fare un cenno	to nod
girare la testa	to turn one's head
inchinarsi, chinarsi, fare un inchino	to bow
l'inchino	bow
scuotere la testa	to shake one's head

Level 2

Specific types of movements, actions, and activities

accoccolarsi, rannicchiarsi	*to squat*
affondare	*to sink*
affrettarsi	*to hurry up*
allungarsi	*to sprawl*
camminare in punta di piedi	*to tiptoe*
capovolgere, ribaltare	*to topple*
ciondolare	*to mill about*
dondolarsi	*to sway*
fare capriole	*to somersault*
fare la spaccata	*to do the splits*
fracassare	*to crash*
frantumare	*to smash*
inciampare, incespicare	*to stumble*
innalzare, sollevare	*to raise*
inseguire, correre dietro, rincorrere	*to chase*
oziare	*to loiter*
prendere su, raccogliere	*to pick up*
rimanere fermo/sicuro	*to be steady*
rotolare, capitombolare	*to tumble*
scagliare	*to hurtle*
scappare	*to run away*
schivare	*to dodge*
strisciare carponi	*to crawl*
sgattaiolare	*to sneak away, to scamper*
tentennare, dondolare	*to be unsteady*
traballare, vacillare	*to stagger*
trascinare i piedi	*to shuffle*
zoppicare	*to limp, to hobble*

Body language and actions

abbracciare	*to embrace, to hug*
accogliere a braccia aperte	*to welcome with open arms*
afferrare, tenere stretto, ghermire	*to grip, to hold tight*
appiccicarsi, stringersi	*to cling on*
dare un buffetto	*to pat*
maneggiare	*to feel (with the hands), to handle*
picchiettare	*to tap*
pizzicare	*to pinch*
tamburellare con le dita	*to drum one's fingers*
tenere a distanza	*to keep at arm's length*
torcere	*to twist*

Level 3

Specific types of movements

aprirsi un varco in mezzo alla folla	*to force one's way through a crowd*
cacciare da, buttare fuori	*to kick out*
cavarsela	*to wriggle out of something*
formare, plasmare	*to mold, to shape*
lanciare	*to fling*
lisciare	*to stroke*
massaggiare	*to massage*
mollare, cedere	*to release*
muoversi a zigzag	*to zigzag*
pedalare	*to pedal*
pestare, calcare	*to stamp*
saltellare	*to hop*
sfilare	*to parade*
sfiorare	*to brush against, to graze*
sfuggire	*to slip away*

spingersi avanti	*to thrust forward*		camminare	*to waddle*
urtarsi contro	*to collide with*		ondeggiando	
			dimenarsi	*to wiggle*
Body language and actions			dondolare	*to dangle*
acciuffare	*to seize, to grab*		salterellare	*to cavort*
camminare impettito	*to strut*		tirarsi indietro	*to flinch*

Exercises

Level 1

1. Classifica le seguenti parole/espressioni in modo appropriato nella tabella riportata sotto.

critica	arcuate	al carré	grosse
belle	corti	brutte	fini
biondi	azzurri	crespi	storte
dello sviluppo	antipatico	corte	lunghi
magre	contento	alta	lisci
ricci	cupo	spaziosa	rossi
camuso	della maggioranza	delicato	espressivo
arrossato	lunghe	greco	castani
neri	vecchio	livido	ossuto
bovini	bassa	magro	storto
paffuto	sveglio	chiara	pallido
secca	bruna	nera	delicata
raggiante	rotondo	grande	piccolo

Età	*Gambe*	*Capelli*	*Fronte*	*Naso*	*Occhi*	*Pelle*	*Viso*

2. Accoppia i sinonimi e i quasi-sinonimi.*

1. una bell'età
2. la gioventù
3. maggiore
4. minore
5. la prima età
6. il giovane
7. la vecchiaia
8. l'adulto
9. la donna
10. l'uomo
11. l'altezza media
12. la corporatura
13. emaciato
14. delicato
15. corpulento
16. paffuto
17. la pancia
18. pasciuto
19. robusto
20. la faccia
21. antipatico
22. inchinarsi

i. acchiappare
ii. afferrare
iii. agitato
iv. andare intorno
v. applaudire
vi. brutto
vii. cascare
viii. fare un inchino
ix. fare una
    passeggiata
x. girare a sinistra
xi. gironzolare
xii. gracile
xiii. grasso
xiv. grassottello
xv. il fisico
xvi. il giovanotto
xvii. il maschio
xviii. il viso
xix. l'andirivieni
xx. l'ascesa
xxi. l'infanzia
xxii. la femmina

23. fare l'occhiolino
24. agitare
25. andare in giro
26. evitare
27. irrequieto
28. la postura
29. avanzare
30. cadere
31. curvarsi
32. girare a destra
33. voltare a sinistra
34. la salita
35. il viavai
36. afferrare
37. affrettarsi
38. battere le mani
39. colpire
40. dare un calcio
41. errare
42. ghermire
43. passeggiare
44. prendere a schiaffi
45. strofinare

xxiii. la giovinezza
xxiv. la persona matura
xxv. la positura
xxvi. la statura media
xxvii. la terza età
xxviii. la trippa
xxix. muovere
xxx. pesante
xxxi. picchiare
xxxii. piegarsi
xxxiii. più grande
xxxiv. più piccolo
xxxv. prendere a calci
xxxvi. progredire
xxxvii. rotondetto
xxxviii. sbrigarsi
xxxix. scansare
xl. schiaffeggiare
xli. sfregare
xlii. sparuto
xliii. strizzare l'occhio
xliv. un'età avanzata
xlv. voltare a destra

3. In che modo sono differenti le seguenti caratteristiche/qualità/nozioni/ecc.?

Modello   l'adolescente e l'adulto

        L'adolescente è un individuo che si trova nell'età della gioventù (tra i 13 e i 19 anni),
        mentre l'adulto è un individuo che ha raggiunto la maturità e il pieno sviluppo.

1. il cammino e l'andatura
2. allontanarsi e avvicinarsi
3. passare davanti e passare vicino
4. precedere e seguire
5. andare avanti, andare indietro e andare
   verso
6. scendere e scivolare
7. saltare e balzare
8. accelerare e rallentarsi
9. abbassare la testa e alzare la testa
10. battere le ciglia e battere le palpebre
11. fare le smorfie e fare un cenno
12. girare la testa e scuotere la testa
13. l'adolescenza e l'anzianità
14. una persona che ha 20 anni e una persona
    che ha 80 anni
15. un anziano e un bambino
16. la maturità e la fanciullezza
17. un neonato e un fanciullo
18. la nascita e la pubertà
19. la mezz'età e la senilità
20. tingersi i capelli e tagliarsi
    i capelli
21. toccare e accarezzare
22. il gesto e la gesticolazione
23. crollare e precipitarsi
24. marciare e camminare
25. pendere e piegare
26. scuotere e spargere
27. mirare e salutare

4. Identifica un artista del cinema che ha, secondo te, la qualità/l'attributo fisico indicato.

Modello   simpatico (simpatica–*understood*)
            Pierce Brosnan/Nicole Kidman/ecc.

1. femminile   2. giovanile   3. maschile   4. adorabile   5. affascinante   6. attraente   7. ben proporzionato   8. carino   9. grazioso   10. odioso   11. peloso   12. sgradevole (alla vista) 13. seducente   14. antipatico   15. popputa   16. rotondo   17. scarno   18. smunto   19. virile 20. bello   21. biondo   22. bruno   23. brutto   24. calvo   25. lentigginoso   26. riccio

5. Usare le seguenti parole/espressioni in altrettante frasi che ne rendano chiaro il significato.

Modello   agile
            Mio fratello è molto agile; si muove con elasticità e sveltezza.

bella figura	avere un fisico debole	avere un fisico forte	avere una vita snella	col seno piatto
con le spalle larghe	dimagrire	la grandezza	ingrassare	l'acconciatura
la barba	il barbiere	la barbieria	la bellezza	la bruttezza
la calvizie	cambiare espressione	la carnagione bella	diventare calvo	il doppio mento
l'estetista	la fossetta	la frangetta	le guance smunte	l'espressione
la lentiggine	il mento largo	il parrucchiere	pettinarsi	cambiare posto
la circolazione	darsi da fare	essere in moto perpetuo	essere irrequieto	fare un passo avanti
la frizione	l'irrequietezza	mettersi in cammino	il movimento	muoversi
il passo	la traversa	l'ascensione	avanti e indietro	la caduta
la discesa	giù	il ritiro	lo scontro	sdraiarsi
sedersi	spingere	stare a cavalcioni	su	tenersi in equilibrio
tirare	l'atteggiamento (del corpo)	cadere per terra	dare la mano	fare un gesto
fare un segno con la mano	stirare	tenersi per mano	trottare	agitare
girarsi	appoggiarsi	imbattersi	insinuarsi	sedersi a gambe accavallate
stendere la mano	compiere gli anni	nel verde dell'età	pubescente	la signorina
la tenera età	infantile	il signore	la signora	il sesso

6. Accoppia le parole/le espressioni con le loro definizioni.*

1. girovagare   a. *Andare a piedi.*
2. attraversare   b. *Andare da una parte all'altra.*
3. bighellonare   c. *Andare indietro.*
4. camminare   d. *Arrivare.*

5. circolare   e. *Buttare.*
6. cominciare   f. *Camminare velocemente.*
7. alzarsi   g. *Fare gesti.*
8. arrampicarsi   h. *Ghermire.*

9. inginocchiarsi	i. *Gironzolare.*	15. capovolgere	o. *Muoversi senza scopo.*
10. raggiungere	j. *Il contrario di finire.*	16. correre	p. *Picchiare su una porta.*
11. ritirarsi	k. *Il contrario di scendere.*	17. gesticolare	q. *Ribaltare.*
12. salire	l. *Il contrario di sedersi.*	18. gettare	r. *Salire con le mani*
13. scivoloso	m. *Mettersi in ginocchio.*		*e i piedi.*
14. bussare	n. *Muoversi in qualsiasi*	19. agguantare	s. *Sdruccioloso.*
	direzione.		

7. Cruciverba*

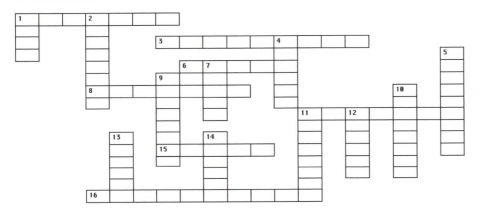

Orizzontali
1. *husky, manly*
3. *to blush*
6. *obese*
8. *fleshy*
11. *brawny*
15. *hunched*
16. *birthday*

Verticali
1. *tall*
2. *athletic*
4. *dirty*
5. *attractive*
7. *short*
9. *energetic*
10. *pot-bellied*
11. *powerful*
12. *senile*
13. *huge*
14. *big*

Level 2

8. Classifica le seguenti parole/espressioni in modo appropriato nella tabella riportata sotto.

ben tornite	esili	grande	grigi
quadre	grezzi	robuste	nitidi
rotonde	ondulati	piccola	strette
sfatti	sensuali	scavate	sottili
pallide	tumide	rosee	accese
a patata	a mandorla	all'insù	assonnati
aquilino	arrossati	diritto	rotondi
lungo	stanchi	volitivo	abbronzato

prominente	allegro	sorridente	riposato
grassa	simpatico	triste	abbronzata
paffuto	liscia	oleosa	serio
melanconico	olivastra	imbronciato	ruvida

Spalle	Gambe	Capelli	Bocca	Guance	Labbra	Mento	Occhi	Viso	Pelle	Naso

9. Identifica una persona che ha la caratteristica/il tratto fisico/ecc. indicato.

Modello   ben fatto (ben fatta–*understood*)
          La mia ragazza

1. ben formato   2. debole   3. magro   4. muscoloso   5. obeso   6. passivo
7. piccolo   8. robusto   9. rotondo   10. scheletrico   11. slanciato   12. snello   13. sparuto
14. vigoroso   15. smunto   16. sorridente   17. sdentato   18. tarchiato

10. Usa ciascuna delle seguentiparole/espressioni in altrettante frasi che ne rendano chiaro il significato.

Modello   la vita
          Mia sorella ha una vita molto stretta e sottile.

perdere peso	il peso	i baffi	la capigliatura folta
la carnagione giallastra	la chioma	la faccia lunga	fare una smorfia
farsi la permanente	farsi una messa in piega	il foruncolo	il ghigno
impallidire	l'acconciatura dei capelli	lavarsi i capelli	la messa in piega
morbido	perdere i capelli	la permanente	le rughe
la chioma folta	la smorfia	la debolezza	il sorriso

11. Accoppia i sinonimi e i quasi-sinonimi.*

1. accoccolarsi   a. capitombolare   8. rotolare   h. rimanere sicuro
2. capovolgere   b. dondolare   9. tentennare   i. rincorrere
3. inciampare   c. incespicare   10. traballare   j. sollevare
4. innalzare   d. manipolare   11. afferrare   k. stringersi
5. inseguire   e. raccogliere   12. appiccicarsi   l. tenere stretto
6. prendere su   f. rannicchiarsi   13. maneggiare   m. vacillare
7. rimanere fermo   g. ribaltare

12. Traduci in inglese o in italiano, secondo il caso.*

correre dietro	
	to sink
affrettarsi	
	to sprawl
camminare in punta di piedi	
	to mill about
dondolarsi	
	to somersault
fare la spaccata	
	to crash
frantumare	
	to loiter
scagliare	
	to run away
schivare	
	to crawl
sgattaiolare	
	to shuffle
zoppicare	
	to embrace, to hug
accogliere a braccia aperte	
	to pat
maneggiare	
	to tap
pizzicare	
	to drum one's fingers
tenere a distanza	
	to twist

Level 3

13. Accoppia i sinonimi e i quasi-sinonimi.*

1. avviarsi
2. cacciare
3. formare
4. mollare

a. ben rasato
b. buttare fuori
c. calcare
d. cedere

5. pestare
6. ben sbarbato
7. i capelli con la riga
8. la pelle floscia

e. decollare
f. la pelle flaccida
g. la scriminatura
h. plasmare

14. Per ogni caratteristica/abitudine/ecc. identifica una persona qualsiasi che la riflette in qualche modo.

Modello   Sa cavarsela.
          L'ex presidente degli Stati Uniti, Bill Clinton.
1. Si spinge sempre avanti. 2. Cammina impettito (impettita). 3. Cammina ondeggiando.
4. Si dimena in modo curioso. 5. Ha le dita affusolate. 6. Ha le dita tozze. 7. Ha le gambe storte. 8. È un gigante. 9. Ha le mani screpolate. 10. È un nano (una nana). 11. È panciuto (panciuta). 12. È tozzo (tozza). 13. Ha i capelli striati. 14. Ha la carnagione scura. 15. Ha un ciuffo sulla fronte. 16. Porta la coda di cavallo. 17. Fa spesso il broncio. 18. Ha il naso appuntito. 19. Porta la parrucca. 20. Ha il viso contratto. 21. Ha il viso stravolto.

15. Usa ciascuna delle seguenti parole/espressioni in altrettante frasi che ne rendano chiaro il significato.

Modello   farsi la permanente
          Mia sorella ha dei capelli ricci bellissimi, eppure si fa sempre la permanente anche
          se non ne ha bisogno.

aprirsi un varco in mezzo alla folla	lanciare	lisciare
massaggiare	muoversi a zigzag	pedalare
saltellare	sfilare	sfiorare
sfuggire	urtarsi contro	acciuffare
dondolare	salterellare	tirarsi indietro
farsi la messa in piega	farsi la treccia/le trecce	accogliere a braccia aperte

Synthesis

16. Quante parole ricordi? Completa la seguente tabella nel modo indicato.
(Add as many cells to the chart as you may need.)

Age descriptors	Sex descriptors	Build descriptors	Facial descriptors	Hair descriptors	Look descriptors
l'adolescente	la femmina	alto	la barba	i capelli biondi	attraente

17. Adesso, completa la seguente tabella nel modo indicato con tutte le parole/espressioni che ricordi. *(Add as many cells to the chart as you may need.)*

General movement descriptors	Specific movement descriptors	Body language	Head and facial movements
attraversare	andare avanti	accarezzare	abbassare la testa

18. Descrivi l'apparenza fisica delle seguenti persone.

1. la tua migliore amica
2. tuo fratello/tua sorella
3. i tuoi genitori
4. il tuo attore preferito/la tua attrice preferita
5. il tuo cane
6. il tuo gatto

19. Descrivi l'uomo/la donna dei tuoi sogni, utilizzando le seguenti categorie.

Corporatura: alto, basso, tarchiato, magro, grasso, snello...
Capelli: neri, castani, rossi, biondi lisci, ricci,...
Naso: regolare, aquilino...
Bocca: larga, stretta...
Labbra: sottili, carnose...
Orecchie: strette, larghe, sporgenti...

20. Traduci in italiano.

1. He has a large waistline, although his weight is still fairly low.
2. She is well built. Her skin is delicate as is her face. And her dark hair is gorgeous.
3. Baldness is a common condition in males.
4. His beard is always too long. I think he lets it grow to hide his double chin and his freckles.
5. Her face is always alert, although she easily changes expression.
6. He is afraid to become bald at a young age. His hair is curly. He should cut his hair more frequently and comb his hair less often.

7. Each time she blushes, her brown eyes somehow match her flushed face.
8. My sister is cute. She has a dimple, fine hair, and a snub nose.
9. I generally do not like bulging eyes, but in her case, they match her dark-skinned face.
10. You should color your hair to brighten you dark-looking face and give texture to your dry skin.

21. Nel seguente «puzzle» ci sono 24 parole che si riferiscono all'apparenza fisica. Dove sono? Le parole si potranno leggere sia orizzontalmente che verticalmente.*

```
A G I L E Q Q P A S S I U O Q Q U E C C H I O Q M
F E R T E R T E E R T E R T G H J L L O P O R T U
F E R T Y U I S A P I C C O L O E R T Y U I A S S
A T T I U O S O E R T E R T G H J L L O P O R T C
S E R T E R T G H J L L O P O R T A N E R U O S O
C A L M O E R T E R T G H J L L O P O R T A S A L
I E R T Y U I E R T Y U I C M E R T Y U I D A C O
N C D B A B S A D E L I C A T O S A P I G R O O S
A T T R A E N T E S O G T U G U B O O A S O A S O
N A S U H L A S B S O G T U R U B O O A S B U B O
T A S T H L A S O A S F A S O U B O E A S U U B O
E A S T H O A S L A S O A S H U B O R A S S U B O
H H H O H H H E N E R G I C O H H O A S T U B O
S O G T U S O G T U H T S O G T U H S A S O U B O
H H H S E D U C E N T E H S O F G H O O C A S L M
S O G N E R T E R T G H J L L O P O R T A S O C L
S O G E E R T E R T G H J L L O P O R T A S O C L
S O G L S O G S O G S T A T U R A H H H A S O C L
S O G L E R T E R T G H J L L O P O R T A S O C L
U I G O R O S O F S L A N C I A T O A S A S O C L
```

Text work

Text A

> ### SI PARVA LICET
> *(Part 1)*
>
> di
>
> Cesare Pavese (1908–1950)
>
> È alto mattino. Adamo, giovane aitante, di gambe pelose e petto largo. Esce dalla grotta in fondo a destra e si china a raccogliere una manciata di ciottoli. Li getta a uno a uno con cura contro il tronco di una palma a sinistra. Qualche volta sbaglia la mira.
>
> ADAMO   *(dice a un tratto riscuotendosi)* Io vado a pescare
> EVA   *(voce dalla grotta)* Vacci. Che bisogno hai di dirlo?
> ADAMO   Il fatto è che non ho voglia di andare a pescare.

EVA	Stupido.
ADAMO	*(guarda intorno, con aria svagata)* Questa la metto con tutte le altre, Eva. *(Silenzio)* Che cosa hai guadagnato quando m'hai detto stupido? *(Silenzio)*. *(Fremente)* Il fatto è che se continui a trattarmi in questo modo, un bel giorno me ne vado e non mi vedi mai più. Non si può dirti una parola, che tu scatti. È un bisogno, no, che abbiamo, tutti e due, di parlare? Tu non sai quel che voglia dire esser solo. Non sei mai stata sola. E dimentichi troppo sovente che sei stata fatta per tenermi compagnia...
EVA	Sì, caro, ma perché dirmi che vai a pescare?
ADAMO	*(Si china a raccogliere ciottoli e storce la bocca sorridendo)* Ho detto per dire, Eva.
EVA	Sei più caro quando non dici per dire.
ADAMO	*(Scaglia con rabbia i ciottoli)* Ebbene, vado a pescare. *(Si sente una risatina di Eva. Adamo se ne va. Nella radura si diffonde la fresca calma del mattino. Passa un capriolo che saltella e annusa i petali di varie piante, poi schizza via a sinistra. Rientra Adamo, con la solita aria e, ciondolato un po' a sinistra, si siede nel centro sopra a un sasso, volgendo le spalle al fondo. Parla guardando innanzi a sé.)* Questa foresta è tutto Eva. Se potesse parlare, mi tratterebbe come lei. Tronchi e tronchi, foglie e foglie, angoli scuri che asciugano al sole, altri che non asciugano, piena di vita, piena di voci, ma di me, Adamo, s'infischia. È la verità. Mi dà l'ombra, mi dà il riparo, mi dà il cibo e l'aria buona, ma confidenza nessuna. Ah Signore. Signore, mi domando se capisci che cosa vuol dire esser solo.
EVA	*(Eva si è fatta sulla soglia della grotta e il sole giallo la illumina dai piedi fino al collo. È bruna e muscolosa, e la faccia appare seminascosta dall'ombra e dai rametti di convolvolo che pendono sull'ingresso. Adamo si volta e la guarda rasserenato. Pausa.)* Son queste adesso le tue orazioni?
ADAMO	Non pregavo, parlavo tra me.
EVA	*(Sospettosa)* Però chiedevi qualcosa al Signore.
ADAMO	Non oso più parlare al Signore. I suoi benefici sono a doppio taglio.
EVA	*(Avanzando: porta dei fiori infilati nei capelli)* Come sarebbe a dire?
ADAMO	*(Con forzata gaiezza)* L'ultima volta che mi sono lagnato ch'ero solo, mi ha mandato te. *(Fa per abbracciarla e sedersela sulle ginocchia)*.
EVA	*(Si scosta e dice seccamente)* Diventi volgare.
ADAMO	E tu impertinente.
EVA	Tutto perché al mattino non esco fuori come una bestia dalla tana, e mi pettino invece di scrollarmi come fai tu.
ADAMO	Non hai da piacere che a me.
EVA	Per quel che te ne intendi...

22. **Traduci il testo in inglese.**

Text B

SI PARVA LICET
(Part 2)

ADAMO *(Con voce mutata)* Oh Eva, perché non smettiamo quest'ostilità che a me mi fa ammattire, e a te serve a che cosa? Siamo soli a questo mondo e una mala parola nessuno ce la può risarcire. Che bisogno abbiamo di maltrattarci a questo modo? Se ci fosse un'altra Eva o un altro Adamo, capirei.

EVA Ci pensi troppo a quest'altra Eva. Me ne parli sempre. *(Beffarda)* Te l'ha forse promessa il Signore?

ADAMO Sciocca. Lo sai bene che siamo soli.

EVA Un'altra Eva... Siamo soli... Capisco. Dimmi una cosa, unico uomo: se invece di me il Signore avesse creato un'altra Eva, con gli stessi capelli, con lo stesso corpo, con la stessa voce, tu l'avresti accettata come hai fatto di me? E ti vanteresti di volerle lo stesso bene e faresti le stesse smorfie, e andresti a pescare per lei, insomma sarebbe la tua Eva? Sì o no?

ADAMO Come... un'altra come te? Con gli stessi capelli? Che si chiamasse Eva? Ma saresti tu.

EVA Ecco. Sarei io. E poi ti lamenti. Buffone.

ADAMO Ma no, non hai capito. Se fosse un'altra, non saresti tu. Ma allora anch'io non sarei Adamo. *(Si ferma sorridendo)* Sciocchezze, io sono Adamo e tu sei Eva.

EVA *(Lo guarda commiserando)* E se il Signore ne avesse fatte due di Eve e ti avesse dato la scelta, quale avresti scelto?

ADAMO Due?... Non so... Ma te, certo... Due Eve?

EVA E perché me?

ADAMO Perché... Così... Ma ragiona, Eva...

EVA Te lo dico io quello che avresti fatto: ci avresti prese tutte e due e costrette a stare nella stessa grotta. E poi ti lamenti che non ti do confidenza. Ci mancherebbe altro. Tu non mi capisci e non mi meriti. Ti sono caduta addosso come una mela matura e hai creduto di raccogliermi senza fatica. E te la prendi ancora col Signore. Ma stai fresco. E può star fresco anche il Signore, se crede che abbia bisogno di te, o di lui *(Esce a sinistra, lasciando Adamo esterrefatto)*.

ADAMO *(Balza in piedi)* Basta! Hai sentito, Signore? *(Tende l'orecchio)* Silenzio. Non ha sentito. Non sente mai. *(Si riabbandona sul sasso, col capo tra le mani)*.

23. Descrivi sia Adamo che Eva fisicamente. Poi descrivi il temperamento e il carattere dei due protagonisti.

Adamo		Eva	
Apparenza fisica	*Temperamento/carattere*	*Apparenza fisica*	*Temperamento/carattere*

24. Discussione.

1. Che cosa significa il titolo? In che lingua è? Perché, pensi, che Pavese abbia usato un titolo così? Sapresti dare alla commedia un titolo italiano?
2. Che tipo di ≪rapporto≫ hanno ≪il primo uomo e la prima donna?≫ Ti pare tipico o no? Perché?
3. Qual è, secondo te, il tema del testo?

25. Role-playing

Due studenti dovranno mettere in scena un dialogo tra Adamo e il Signore dopo che Adamo ha detto ≪Hai sentito, Signore?≫ La scena terminerà quando entra Eva, interpretata da una studentessa. Eva ha sentito tutto, e perció risponde a quello che è stato detto.

Game-playing

26. La classe si divide in coppie. Ciascun membro di ogni coppia dovrà preparare una descrizione dell'apparenza fisica del suo partner su una scheda. Poi...

1. Ogni scheda dev'essere firmata dal suo autore.
2. Le schede saranno poi mischiate.
3. Ognuna sarà letta ad alta voce da qualcuno.
4. All'autore della scheda non è permesso rispondere.
5. L'obiettivo è di indovinare chi è la persona descritta.
6. La persona vincente sarà quella col numero superiore di risposte corrette.

Discussion/Composition/Activities

27. Rispondi a piacere alle seguenti domande, discutendo le tue risposte con gli altri membri della classe.

1. Secondo te, i maschi sono egoisti e ossessionati dal sesso? Perché sì/no?
2. Secondo te, le donne sono troppo sensibili circa la loro apparenza fisica? Perché sì/no?

3. Secondo te, quali sarebbero le caratteristiche ideali per una donna?
4. Secondo te, quali sarebbero le caratteristiche ideali per un uomo?

28. La classe si divide in gruppi diversi consistenti di solo studenti (maschi) e di solo studentesse rispettivamente. Poi, ogni gruppo dovrà fare le seguenti cose...

1. preparare un questionario per determinare quali sono le qualità ideali di un sesso o l'altro (qualità fisiche, sociali, ecc.);
2. distribuire il questionario a tutta la classe (e tutti i membri della classe dovranno rispondere onestamente al questionario);
3. compilare i risultati;
4. paragonare i risultati del proprio questionario con i questionari degli altri;
5. determinare, assieme a tutta la classe, se ci sono degli ≪atteggiamenti generali≫ e poi discuterli a piacere.

29. Scrivi un breve componimento su uno dei seguenti temi. Poi, leggilo e discutilo in classe.

1. La condizione delle donne che vivono in paesi industrializzati è cambiata molto negli ultimi 20 anni, ma il cammino dell'emancipazione resta ancora in parte da compiere. Sei d'accordo? Perché sì/no?
2. Il femminismo italiano nasce tra il 1966 e il 1968 sull'onda del movimento degli studenti. Durante gli anni settanta andarono in vigore molte leggi a favore dei diritti delle donne. Oggi l'immagine di un femminismo politico tende ad essere sostituita da un'immagine vincente delle donne in carriera. Sei d'accordo? Perché sì/no?
3. Esistono ancora delle ≪discrepanze≫ sociopolitiche e socioeconomiche tra uomini e donne nella nostra società? Se sì, quali?

Unit 5

Personality

Level 1

Personality and social traits

adattabile	*adaptable*	cauto	*careful*
affabile	*affable*	codardo, vigliacco	*cowardly*
affascinante	*charming, fascinating*	colto	*cultured*
affettuoso	*affectionate*	competente	*competent, skilled*
affluente, benestante	*affluent*	conformista	*conformist*
aggressivo	*aggressive*	conscienzioso	*conscientious*
allegro	*happy, cheerful*	contento	*happy, content*
altezzoso	*snobbish*	coraggioso	*courageous*
altruista	*altruist*	cortese	*courteous*
ambizioso	*ambitious*	creativo	*creative*
amichevole	*friendly*	critico	*critical*
amoroso	*loving*	curioso, buffo	*funny*
ansioso	*anxious*	debole	*weak*
anticonformista	*nonconformist*	depresso	*depressed*
antipatico	*annoying, unpleasant*	di buon umore	*in a good mood*
apprensivo	*apprehensive*	di malumore, di	*in a bad mood*
ardito	*dauntless, daring*	cattivo umore	
arrogante	*arrogant*	diligente	*diligent, hardworking*
artistico	*artistic*	dinamico	*dynamic*
astuto	*astute, bright*	diplomatico	*diplomatic*
attento	*attentive*	disonesto	*dishonest*
attivo	*active*	disordinato	*untidy*
audace	*audacious*	disorganizzato	*sloppy, disorganized*
autosufficiente	*self-sufficient*	disperato	*desperate*
avaro	*greedy*	dolce	*sweet*
avvilito	*downtrodden*	educato	*well-mannered*
bravo	*good (at something), good-natured*	egoista	*egoist, self-centered*
		elegante	*elegant*
buono	*good (at heart)*	eloquente	*eloquent*
calmo	*calm*	energico	*energetic*
capriccioso	*mischievous*	estroverso	*extroverted*
cattivo	*bad, mean*	fedele	*faithful*
		felice	*happy*

fiero	*proud*	pacifico	*carefree, unworried*
flessibile	*flexible*	paziente	*patient*
forte	*strong*	pazzo, matto	*crazy*
furbo	*wily, sly*	perfezionista	*perfectionist*
geloso	*jealous*	pessimista	*pessimistic*
generoso	*generous*	piacevole	*likable*
gentile	*kind*	pignolo	*picky, fastidious*
grazioso	*graceful*	pigro	*lazy*
idealista	*idealistic*	possessivo	*possessive*
ignorante	*ignorant*	povero	*poor*
immaginativo	*imaginative*	preoccupato	*worried*
impaziente	*impatient*	presuntuoso	*presumptuous*
imprudente	*imprudent*	pretenzioso	*pretentious*
impudente	*impudent*	prudente	*careful, prudent*
impulsivo	*impulsive*	rabbioso	*prone to anger*
incompetente	*incompetent*	raffinato	*refined*
indeciso	*indecisive*	realista	*realistic*
indifferente	*indifferent*	ribelle	*rebellious*
indigente	*poor, needy, indigent*	ricco	*rich*
individualista	*individualist*	riservato	*reserved*
ingegnoso	*ingenious*	romantico	*romantic*
ingenuo	*ingenuous, naïve*	rozzo	*rough*
insensibile	*insensitive*	rude	*coarse, rough*
insoddisfatto	*unsatisfied*	sapiente, saggio	*wise*
insolente	*insolent*	sarcastico	*sarcastic*
intelligente	*intelligent*	sciocco	*silly*
introverso	*introverted*	scontento	*unhappy*
invidioso	*envious*	scortese	*impolite, discourteous*
irascibile	*irascible*	seducente	*seductive*
ironico	*ironic*	semplice	*simple*
l'umore	*mood*	sensibile	*sensitive*
maleducato	*ill-mannered*	sentimentale	*sentimental*
malinconico	*melancholic*	serio	*serious*
malizioso	*malicious*	sfacciato	*brash, cheeky*
meschino	*mean*	sfarzoso	*showy*
meticoloso	*meticulous*	sicuro	*self-confident, sure*
nervoso	*nervous, highly strung, excitable, irritable*	simpatico	*pleasant, nice*
		soddisfatto	*satisfied*
noioso	*bothersome, irksome*	spensierato	*carefree*
odiabile	*hateful*	spericolato	*carefree, reckless*
onesto	*honest*	spiritoso	*lively*
ordinato	*neat*	stanco	*tired*
orgoglioso	*proud, haughty*	straordinario	*extraordinary*
originale	*original*	stupido	*stupid*
ostinato	*obstinate*	superstizioso	*superstitious*
ottimista	*optimistic*	testardo	*stubborn*

timido	*shy, timid*	la doppia cittadinanza	*double citizenship*
tradizionale	*traditional*	Dottore/Dottoressa	*Doctor (title)*
tranquillo	*tranquil, calm, serene*	le esperienze	*work experience*
triste	*sad*	lavorative	
umile	*humble*	essere d'origine...	*to be of... (national or*
vanitoso, superbo	*vain*		*geographical) origin*
versatile	*versatile*	la firma	*signature*
		Geometra	*Draftsman/*

Identity and personal information

			Draftswoman (title)
abitare in via/	*to live on... Street/*	l'identità	*identity*
corso.../	*Avenue/*	l'indirizzo	*address*
numero...	*number...*	Ingegnere	*Engineer (title)*
abitare/vivere con i	*to live with one's*	gli interessi	*interests, hobbies*
genitori	*parents*	laureato	*graduated from*
abitare/vivere in	*to live in the*		*university*
campagna	*country(side)*	il luogo di nascita	*place of birth*
abitare/vivere in	*to live in town*	il matrimonio	*marriage*
centro	*(downtown)*	il mestiere	*job*
abitare/vivere in città	*to live in the city*	la nascita	*birth*
abitare/vivere in	*to live in the suburbs*	la nazionalità	*nationality*
periferia		il nome	*name (first name)*
abitare/vivere presso	*to live with friends*	il nominativo	*complete name*
amici		il numero di	*phone number*
avere figli	*to have children*	telefono/il numero	
Avvocato	*Lawyer (title: in Italy*	telefonico	
	professional people	l'origine (f)	*origin*
	are often addressed	il prefisso	*area code*
	or referred to in this	la professione	*profession*
	way. There is no	Professore/	*Professor (title)*
	exact English	Professoressa	
	equivalent)	Ragioniere/	*Accountant (title)*
la carriera	*career*	Ragioniera	
celibe (m)/nubile (f)	*single (male/female)*	il recapito	*forwarding*
chiamarsi (Mi	*be called (My name*		*address/address*
chiamo...)	*is...)*	le referenze	*references*
cittadinanza	*citizenship*	la residenza/il	*residence*
il cognome	*surname (family*	domicilio	
	name)	risiedere	*to reside*
la data di nascita	*date of birth*	scapolo/scapola	*single (colloquial)*
i dati anagrafici	*personal information*	separato	*separated*
diplomato	*with A level*	la separazione	*separation*
	qualifications,	il servizio militare/il	*military service*
	graduated from high	servizio di leva	
	school	Signore/Signora	*Mr./Mrs.*
divorziato	*divorced*	Signorina	*Miss/Ms.*
il divorzio	*divorce*		

il soprannome, il nomignolo	*nickname*	il titolo	*title*
sposato/sposata	*married*	il titolo di studio	*education (level)*
lo stato civile	*marital status*	il vedovo/la vedova	*widower/widow*

Level 2

Personality and social traits

l'avarizia	*greed, avarice*	il merito	*merit, worth*
avere la coscienza tranquilla	*to have a clear conscience*	l'onestà	*honesty*
		onesto, integro	*honest*
balbuziente	*stuttering*	la personalità	*personality*
bigotto	*bigoted*	pudico	*prudish, prim*
la bontà	*goodness*	la purezza	*purity*
il briccone	*scoundrel*	puro	*pure*
bugiardo	*lying, liar*	quieto	*quiet*
il carattere	*character*	razionale	*rational*
la cattiveria	*badness, wickedness*	sereno	*serene*
crudele	*cruel*	la severità	*severity*
delicato	*delicate*	severo	*severe*
di vedute ampie	*broad-minded*	sfrenato	*reckless, rash*
di vedute ristrette	*narrow-minded*	spietato	*ruthless*
il difetto di carattere	*character defect*	l'umanità	*humanity*
		la virtù	*virtue*
disgustato	*disgusted*	virtuoso	*virtuous*
disinteressato	*disinterested*	il vizio	*vice*
la durezza	*toughness*	vizioso, corrotto	*corrupt*
duro	*tough*		
facilone	*easy-going*	### Relations between people	
fallibile	*fallible*	affabile	*affable*
la forza morale	*moral force*	l'amante (m and f)	*lover*
impressionabile	*impressionable*		
imprudente	*unwise, imprudent*	l'amicizia	*friendship*
incorruttibile	*incorruptible*	l'amico	*friend, pal*
indipendente	*independent*	l'amico intimo	*close friend*
infallibile	*infallible*	il/la collega	*colleague, work acquaintance*
insistente	*insistent, unrelenting*		
l'integrità	*integrity*	il compagno/la compagna	*companion, chum*
irrazionale	*irrational*		
irresponsabile	*irresponsible*	la conoscenza	*acquaintance*
irritante	*irksome*	la cortesia	*politeness, courtesy*
irriverente	*irreverent*	l'educazione (f)	*good manners*
laborioso	*hard-working*	estroverso	*extroverted*
meritevole	*meritorious*	il fidanzato/la fidanzata	*fiancé/fiancée*

la fratellanza	brotherhood	introverso	introverted
la gentilezza	kindness	litigioso	quarrelsome
l'inimicizia	enmity	il nemico	enemy

Level 3

Personality and social traits		astuto, furbesco	crafty
acuto, perspicace	shrewd	negligente	negligent
audace	audacious, bold	ottuso	obtuse
avere giudizio	to be judicious	preciso	precise
avere precauzione	to be cautious	puntiglioso	punctilious
brusco	brusque	ragionevole	reasonable
capriccioso	whimsical	scontroso	morose
coscienzioso	conscientious	scorbutico,	grumpy
cupo	sullen	bisbetico	
disgraziato	inept, unfortunate,	sensato	sensible
	hapless	spensierato	carefree
distratto, sbadato	absent-minded	spiritoso	witty, spirited
erudito	erudite	taciturno	quiet, taciturn
fastidioso	fussy	temerario	reckless
frivolo	frivolous	tenero	tender
gioioso	joyous	timoroso	fearful
gioviale	jovial	vendicativo	vengeful
impetuoso	impetuous	vivace	lively, vivacious
implacabile	implacable	volubile	voluble
incosciente	inconsiderate	vulnerabile	vulnerable
intellettuale	intellectual	zelante	zealous
malinconico	gloomy		

Behavior

Level 1

Qualities of behavior		la cordialità	cordiality
l'affetto	affection	decente	decent
l'altruismo	altruism	la decenza	decency
l'amicizia	friendship	degenerato	degenerate
arrabbiato	angry	depravato	depraved
il benefattore	benefactor	dissoluto	dissolute
benpensante	right-thinking	l'egoismo	egoism,
la carità	charity		self-centeredness
cauto	cautious	la filantropia	philanthropy
chiassoso	noisy	filantropico	philanthropic
il contatto	contact	la generosità	generosity

immorale	*immoral*
indecente	*indecent*
l'inferiorità	*inferiority*
licenzioso	*licentious, debauched*
la magnanimità	*magnanimity*
magnanimo	*magnanimous*
mediocre	*mediocre*
la mediocrità	*mediocrity*
la passione	*passion*
pervertito	*perverted*
la qualità	*quality*
la relazione (d'amore)	*relationship, affair, liaison*

la rozzezza, l'asprezza	*brusqueness*
la rudezza, la ruvidezza	*roughness, rudeness*
scrupoloso	*scrupulous*
senza scrupoli, privo di scrupoli	*unscrupulous*
la simpatia	*liking*
la tenerezza	*tenderness*
la viltà, la bassezza	*vileness, baseness*
volgare	*vulgar*
la volgarità	*vulgarity*

Level 2

Qualities of behavior

apatico	*apathetic*
l'attaccabrighe (m and f, inv)	*troublemaker*
cerimonioso	*ceremonious*
cocciuto	*stubborn, pig-headed*
cordiale	*cordial*
deferente	*deferential*
desideroso	*eager*
devoto	*devout*
diretto	*direct*
disciplinato	*well-disciplined*
disonorevole	*dishonorable*
docile	*docile*
efficace, efficiente	*effective, efficient*
elogiare	*to praise*
erotico	*erotic*
fanatico	*fanatic*
frenetico	*frantic*
furioso	*furious, hasty*
indolente	*indolent*
intrepido	*intrepid*
lascivo	*lascivious*
letargico	*lethargic*
libertino	*libertine*
libidinoso	*libidinous*
lodevole, encomiabile	*laudable*
lunatico	*moody*
lussurioso	*lusty*
maniaco	*maniacal*

meritorio	*worthy*
modesto	*modest*
moralistico	*moralistic*
onorevole	*honorable*
osare	*to dare*
ossequioso	*obsequious*
ozioso	*idle*
pacato	*unflustered*
la paura	*fear*
pauroso	*fearful*
perfido	*treacherous*
pomposo	*pompous*
preoccupato	*worried*
provocante	*provocative*
restio	*reluctant, hesitant*
rispettoso	*respectful*
scellerato	*wicked*
sensuale	*sensuous, sensual*
servizievole	*servile*
severo	*strict*
sexy	*sexy*
sincero	*sincere*
sleale	*unfaithful*
sobrio	*sober*
socievole	*sociable*
spilorcio	*spendthrift*
la spontaneità	*spontaneity*
spontaneo	*spontaneous*
stimabile	*estimable*

tenace	*tenacious*	la vergogna	*shame, embarrassment*
tetro, scontroso	*sulky*	vergognoso	*shameful*
ubbidiente	*obedient*	vorace	*voracious*

Level 3

Qualities of behavior

accattivante, affascinante	*captivating*	irascibile	*bad-tempered*
		ironico	*ironic*
adirato	*upset, angry*	irrequieto	*restless*
allegro	*light-hearted*	litigioso	*litigious*
altero, altezzoso	*haughty*	malleabile	*malleable*
beffardo	*mocking, derisive*	mutevole	*volatile*
bizzarro	*oddball*	pentito, contrito	*repentant, regretful, contrite*
borioso, pieno di sé	*conceited*		
compiaciuto	*smug*	permaloso	*touchy, over-sensitive*
corretto, composto	*correct, proper*	pietoso, compassionevole	*merciful*
costante	*steadfast*		
il decoro	*decorum*	presentabile	*presentable*
disattento	*lax*	presuntuoso	*presumptuous*
equilibrato	*level-headed*	il protocollo	*protocol*
evasivo	*evasive*	sarcastico	*sarcastic*
falso, insincero, ipocrita	*hypocritical*	sardonico	*sardonic*
		sciocco	*silly*
il fannullone	*slouch, "do-nothing"*	semplice	*simple*
fantasioso, estroso	*whimsical*	sfacciato	*cheeky, cocky*
ficcanaso, impiccione	*nosy*	sgradevole	*unpleasant*
focoso	*fiery*	lo spaccone	*braggart*
giocoso	*playful*	spietato	*merciless*
incantevole	*enchanting*	spinto, sconcio	*naughty, saucy*
indecente	*indecent, lewd*	svergognato	*shameless*
ingegnoso	*artful, ingenious*	tetro	*sullen*
ingenuo	*ingenuous, artless, gullible*	tonto	*mindless*
		il vagabondo	*vagabond, tramp*
		vanaglorioso	*boastful*
insopportabile	*unbearable*	violento, feroce	*violent, fierce*
intrigante	*scheming*	volgare, osceno	*bawdy*
ipocrita	*hypocritical*		

Exercises

Level 1

1. Compila l'≪identikit≫ di ciascuna delle seguenti persone.

1. un tuo qualsiasi parente   2. un tuo amico/una tua amica   3. il tuo/la tua insegnante
4. una persona famosa   5. te stesso/a

Dati anagrafici

Nome	_____
Cognome	_____
Titolo	_____
Indirizzo	_____
Numero di telefono	_____
Prefisso	_____
Religione	_____
Origine	_____
Cittadinanza	_____
Luogo di nascita	_____
Data di nascita	_____
Titolo di studio	_____
Professione	_____
Interessi	_____
Stato civile	_____
Servizio militare	_____
Nazionalità	_____
Esperienze lavorative	_____

2. Accoppia le parole/domande/ecc. nella colonna a sinistra con le definizioni/riposte/ecc. nella colonna a destra.*

1. Dove abita, Lei?	a. Vivo nel centro di una città.
2. Con chi abiti?	b. Vivono in periferia.
3. Vivi in città o in campagna?	c. Abito in via Verdi, numero 345.
4. Dove vivono i tuoi genitori?	d. Vive presso amici.
5. E tua sorella dove vive?	e. Abito con i miei genitori.
6. Professore, quanti figli ha?	f. Specialità scelta per il lavoro.
7. Avvocato, qual'è il suo numero telefonico?	g. Mi chiamo Alessandro.
8. la carriera	h. Ne ho due.
9. Come ti chiami?	i. 1–456
10. nubile	j. Uomo non sposato.
11. diplomato	k. Chi ha conseguito un diploma.
12. celibe	l. Donna non sposata.
13. il divorzio	m. Sono di Torino.
14. divorziato	n. Napoli.
15. Geometra, di dov'è?	o. Unione tra uomo e donna.
16. Qual è il suo luogo di nascita?	p. Sono un elettricista.
17. il matrimonio	q. Persona che ha ottenuto il divorzio.
18. Qual è il Suo mestiere?	r. Scioglimento del matrimonio.
19. il nominativo	s. Indirizzo.
20. il recapito	t. In questo momento sono disoccupato.
21. il soprannome	u. Quello che siamo.
22. il vedovo	v. Appartenenza a due stati.

23. Ingegnere, per quale ditta lavora?   w. Uomo a cui è morta la moglie.
24. l'identità   x. Nomignolo.
25. la doppia cittadinanza   y. Nome e cognome.

3. Con le tue parole, spiega ciascuna delle seguenti nozioni.

Modello   un laureato
              È una persona che ha conseguito la laurea come titolo di studio.

la firma	la nascita	la residenza
la separazione	le referenze	il domicilio
sposato	scapolo	separato
l'affetto	l'altruismo	l'amicizia
un benefattore	la carità	il contatto
la cordialità	la decenza	l'egoismo
la filantropia	la generosità	la mediocrità
l'inferiorità	la magnanimità	una relazione d'amore
la passione	l'asprezza	la volgarità
la simpatia	la tenerezza	un vigliacco
la ruvidezza	la bassezza	arrabbiato

4. Qual è la qualità contraria?*

Modello   passivo
              attivo

Qualità	Qualità contraria
1. felice	
2. antipatico	
3. energico	
4. arrogante	
5. conformista	
6. coraggioso	
7. cauto	
8. buono	
9. competente	
10. sensibile	
11. ricco	
12. di buon umore	
13. onesto	
14. contento	

15. cortese	
16. introverso	
17. altruista	
18. furbo	
19. avaro	
20. sfacciato	
21. ignorante	
22. ottimista	
23. debole	
24. idealista	
25. rozzo	
26. educato	
27. indeciso	
28. preoccupato	
29. paziente	
30. buffo	
31. soddisfatto	
32. prudente	
33. rude	
34. tradizionale	
35. ordinato	

5. In che modo sono differenti le persone che hanno le qualità indicate?

Modello   una persona ansiosa e una persona pacifica
Una persona ansiosa è generalmente inquieta e apprensiva; una persona pacifica, invece, una persona tranquilla e serena.

1. una persona allegra e una persona di cattivo umore
2. una persona affabile e una persona affettuosa
3. una persona impulsiva e una persona calma
4. una persona gelosa e una persona invidiosa
5. una persona benestante e una persona indigente
6. una persona brava e una persona maliziosa
7. una persona che è sempre stanca e una persona che è sempre dinamica
8. una persona testarda e una persona flessibile
9. una persona elegante e una persona eloquente
10. una persona immaginativa e una persona socialmente stupida
11. una persona nervosa e una persona tranquilla
12. una persona riservata e una persona sfarzosa

13. una persona meticolosa e una persona indifferente
14. una persona perfezionista e una persona disorganizzata
15. una persona presuntuosa e una persona pretenziosa
16. una persona fiera e una persona orgogliosa
17. una persona piacevole e una persona odiabile
18. una persona vanitosa e una persona semplice
19. una persona irascibile e una persona spiritosa
20. una persona malinconica e una persona sentimentale
21. una persona seducente e una persona romantica

6. Usa ciascuna delle seguenti parole in altrettante frasi che ne rendano chiaro il significato.

Modello   affascinante
               Il nostro professore è intellettualmente affascinante; ci seduce con le sue idee.

adattabile	affluente	elegante	individualista
l'umore	audace	meschino	ingegnoso
artistico	attento	colto	rabbioso
avvilito	aggressivo	altezzoso	sarcastico
ambizioso	amichevole	apprensivo	sciocco
curioso	depresso	diligente	straordinario
creativo	critico	dolce	superstizioso
matto	ardito	astuto	versatile
saggio	superbo	capriccioso	la viltà
la rozzezza	la rudezza	privo di scrupoli	impulsivo

7. Nel seguente «puzzle» ci sono 16 parole che si riferiscono a qualità. Le parole si potranno leggere sia orizzontalmente che verticalmente.*

```
d i p l o m a t i c o x x s w g w e r r c t a
t y y u o o p p a s s a d r d i f f o g m
h h j f e d e l e j k k l p l a z n z x s c o
c u v b b n n m m q w e r i t z u s o p c a r
i s d n o i o s o f g h j e k i l o z x i c o
m v b n m q w e r t y u o n p o p l p p e p s
p o s s e s s i v o p i p t p s p e p p n p o
u s s a a d d c c m m r l e l o d n d s z a c
d d s a p a z z o q e o r t r t r t e w i e w
e s d s d a c a c m l n d l d l a e e a o e r
n b n r i b e l l e n i b u c x z a s d s q w
t t y r e w s x c v f c q o s t i n a t o v b
e n m k l p i g n o l o s d f g h j u y t r e
q w e a s d z x c v b g t y h n m j u k l o p
a p p a u t o s u f f i c i e n t e c a s d a
```

8. Identifica i personaggi storici che tu pensi abbiano le seguenti qualità. Spiega perché hai scelto il personaggio indicato.

Modello   corrotto
                 Il papa Alessandro VI era corrotto perche sempre favoriva i membri della sua
                 famiglia.

1. benpensante   2. chiassoso   3. decente   4. degenerato   5. depravato   6. dissoluto
7. filantropico   8. immorale   9. indecente   10. licenzioso   11. magnanimo
12. mediocre   13. pervertito   14. scrupoloso   15. senza scrupoli   16. volgare

Level 2

9. Qual è la qualità o la nozione contraria?*

1. amico   _____
2. amicizia   _____
3. introverso   _____
4. bugiardo   _____
5. onorevole   _____
6. intrepido   _____
7. la bontà   _____
8. razionale   _____
9. fallibile   _____

10. Identifica un artista del cinema o della televisione che ha, secondo te, la qualità indicata.

Modello   colto
                 Sean Connery / Vanessa Redgrave / ecc.

1. vergognoso   2. spontaneo   3. erotico   4. tetro   5. socievole   6. sleale   7. sexy   8. sensuale
9. provocante   10. pomposo   11. lussurioso   12. lunatico   13. diretto   14. cerimonioso
15. desideroso   16. vorace   17. scontroso   18. libidinoso   19. lascivo   20. litigioso   21. quieto
22. laborioso   23. sfrenato   24. spietato   25. irriverente

11. In che modo sono differenti le persone che hanno le qualità indicate?

Modello   una persona pacata e una persona furiosa
                 Una persona pacata è generalmente molto calma, mentre una persona furiosa
                 è tipicamente eccitabile.

1. una persona bigotta e una persona sincera
2. una persona di vedute ampie e una persona di vedute ristrette
3. una persona efficace e una persona efficiente
4. un facilone e uno scellerato
5. una persona crudele e una persona virtuosa

6. una persona fanatica e una persona maniaca
7. una persona pudica e una persona imprudente
8. una persona docile e una persona cocciuta
9. una persona libertina e una persona incorruttibile
10. una persona frenetica e una persona letargica

12. Usa ciascuna delle seguenti parole/espressioni in altrettante frasi che ne rendano chiaro il significato.

Modello   avere la coscienza tranquilla
              Non ho fatto niente di male, anche se mi accusano. Ho la coscienza perfettamente
              tranquilla.

l'avarizia	un difetto di carattere	la durezza	la forza morale
l'integrità	l'onestà	la personalità	la purezza
la severità	l'umanità	un vizio	la virtù
il merito	un amante	un amico intimo	un collega
un compagno	una conoscenza	la cortesia	l'educazione
un fidanzato	un attaccabrighe	un briccone	il carattere
la fratellanza	la gentilezza	la paura	la spontaneità
la vergogna	corrotto	encomiabile	evasivo

13. Traduci in inglese o in italiano, secondo il caso.*

affabile	
	apathetic
cordiale	
	corrupt
deferente	
	delicate
devoto	
	disgusted
disinteressato	
	estimable
restio	
	honest
ozioso	
	impressionable
indipendente	
	indolent

insistente	
	irksome
irresponsabile	
	laudable
meritevole	
	modest
moralistico	
	obedient
ossequioso	
	perfidious
puro	
	respectful
sereno	
	servile
severo	
	sober
spilorcio	
	strict
balbuziente	
	tenacious
osare	
	to praise
duro	
	well-disciplined
preoccupato	
	worthy

Level 3

14. Accoppia i sinonimi e i quasi-sinonimi.*

1. accattivante	a. bisbetico	7. ficcanaso	g. impiccione
2. altero	b. composto	8. pentito	h. insincero
3. borioso	c. contrito	9. compassionevole	i. osceno
4. corretto	d. estroso	10. sgradevole	j. perspicace
5. falso	e. feroce	11. spinto	k. pieno di sé
6. fantasioso	f. furbesco	12. violento	l. pietoso

13. volgare	m. sbadato	20. avere precauzione	t. la dignità
14. acuto	n. sconcio	21. avere giudizio	u. l'etichetta
15. distratto	o. affascinante	22. lo spaccone	v. una persona presuntuosa
16. astuto	p. altezzoso	23. il protocollo	w. essere capace di giudicare correttamente le cose
17. scorbutico	q. antipatico		
18. adirato	r. il vagabondo	24. il decoro	x. essere cauto
19. il fannullone	s. arrabbiato		

15. Scegli l'aggettivo che meglio riflette la qualità indicata.*

1. Un comportamento non usuale
   a. bizzarro
   b. beffardo
   c. costante
   d. presentabile
2. Rumoroso
   a. chiassoso
   b. irrequieto
   c. focoso
   d. permaloso
3. Ambiguo o elusivo
   a. intrigante
   b. evasivo
   c. ipocrita
   d. mutevole
4. Distratto e sbadato
   a. allegro
   b. compiaciuto
   c. disattento
   d. meschino
5. Scherzoso
   a. equilibrato
   b. giocoso
   c. incantevole
   d. malleabile

6. Candido e semplice
   a. indecente
   b. ingegnoso
   c. ingenuo
   d. malizioso
7. È la qualità di un attaccabrighe
   a. insopportabile
   b. irascibile
   c. ironico
   d. litigioso
8. Insipido
   a. presuntuoso
   b. sarcastico
   c. sardonico
   d. sciocco
9. Senza vergogna, sfacciato
   a. svergognato
   b. spietato
   c. semplice
   d. tetro
10. Coraggioso
   a. audace
   b. tonto
   c. vanaglorioso
   d. brusco

16. Descrivi la persona che ha la qualità indicata.

Modello   cupo
      Una persona cupa è una persona che non è mai contenta o felice.
1. capriccioso 2. coscienzioso 3. depresso 4. disgraziato 5. erudito 6. fastidioso
7. frivolo 8. gioioso 9. gioviale 10. impetuoso 11. implacabile 12. incosciente
13. intellettuale 14. malinconico 15. negligente 16. ottuso 17. preciso 18. puntiglioso
19. ragionevole 20. scontroso 21. sensato 22. spensierato 23. taciturno 24. spiritoso
25. temerario 26. tenero 27. timoroso 28. vendicativo 29. vivace 30. volubile
31. vulnerabile 32. zelante

Synthesis

17. Quante parole ricordi? Completa la seguente tabella nel modo indicato.
(Add as many cells to the chart as you may need.)

Personality and social traits	Identity and personal information	Relations between people	Qualities of behavior
affabile	celibe	l'amicizia	erotico

18. Descrivi la tua personalità, secondo le categorie indicate.
La mia personalità

Character	Social qualities	Behavior	Relations with others	Qualities lacking

19. Traduci le seguenti frasi in italiano.

1. My best friend is of Jamaican origin; she is very tall, beautiful, and has no enemies as far as I know.
2. Old age is not a problem; one can maintain one's health and mental abilities throughout life, from infancy to an advanced age.
3. During middle age it is essential to continue maturing; the true sign of maturity is, in fact, knowing this very fact.
4. I have a dual citizenship, Italian and British, but my place of birth is really Australia and thus I'm of Australian origin.
5. I'm not sure that I know my area code; it changes all the time.
6. Doctor Mirri is of Swiss origin. He became a widower several years ago.
7. I live downtown, but I prefer the suburbs; my best friend, on the other hand, is a "city person."
8. Your name is your identity, in a real sense. Your surname identifies your family origins and nationality, and your first name imparts a sense of Self.
9. Where do you come from? I'm from the United States.

Text work

Text A (è di C. Cerati)

Un giorno disperatamente piansi prendendo la decisione di restare sola. Era paura: la paura di chi ha vissuto continuamente in bilico tra il bisogno di libertà e il bisogno di sicurezza, la paura di diventare adulta per sempre.

Ora sono qui, avendo da poco compiuto trent'anni e assolutamente trepidante per il mio avvenire come un'adolescente; non tanto perché io per questo domani abbia speranze o timori, quanto perché ritengo che questo mio domani sia già l'oggi di molte donne nate dopo di me e che la libertà l'hanno avuta in dono dal tempo in cui viviamo. Mia figlia crescerà in un mondo che ha camminato, a dispetto del mio isolamento e della mia infelicità; a lei vorrei lasciare qualcosa perché non si smarrisca come è accaduto a me per pregiudizio e paura. Voglio che viva libera in luoghi dove si possa essere liberi, conoscendo il significato di questa parola.

Per anni ho sentito parole agitarsi dentro di me, parole che non potevo afferrare perché la mia vita era simile alla morte, perché ogni giorno mi sforzavo di ascoltare altre parole: ubbidienza, sacrificio, gratitudine, lavoro, onestà, castità, maldicenza, verginità, educazione, prestigio, carriera, autorità, religione, dovere, dovere, dovere......mentre io sempre pensavo a una parola sola, importante: amore.

Amore materno, amore filiale, amore spirituale, amore casto, amore legittimo, amore carnale, amore sbagliato, amore malato, amore perverso, amore coniugale, amore adolescente, amore responsabile, amore distruttivo, amore costruttivo, amore posseduto e subito perduto, amore impossibile.
....

Ora questa montagna di parole si è condensata ed è esplosa: non sarò mai più la stessa, ma voglio essere me stessa.

20.

Fa' una ricerca sulla narratrice: Chi è? Cosa ha scritto? ecc. Poi, riporta in classe quello che hai trovato su di lei.

21.

Rispondi alle seguenti domande.
1. Di che cosa ha paura la narratrice?
2. Quanti anni ha appena compiuto?
3. Perché la vita della narratrice era ≪simile alla morte?≫
4. A quale parola pensava sempre? Perché?
5. Come vuole essere ora la narratrice?

22.

Trova e definisci tutte le qualità riportate dall'autrice nel brano.

Modello   ubbidienza
          Atteggiamento proprio di chi esegue gli ordini, di chi ha rispetto per i superiori.

Qualità	Definizioni

Text B

LA PIGRIZIA

di

Natalia Ginzburg (1916–1991)

Nel '44, nel mese di ottobre, venni a Roma per trovare lavoro. Mio marito era morto nell'inverno. A Roma aveva sede una casa editrice, dove mio marito aveva lavorato per anni. L'editore si trovava allora in Svizzera; ma la casa editrice, subito dopo la liberazione di Roma, aveva ripreso la sua attività. Pensavo che se avessi chiesto di lavorare in quella casa editrice, m'avrebbero dato lavoro; e tuttavia il chiederlo mi pesava, perché pensavo che mi sarebbe stato dato un posto per compassione, essendo io vedova, e con figli da mantenere; avrei voluto che qualcuno mi desse un posto senza conoscermi e per mie competenze.

Il male era che io competenze non ne avevo. Avevo intrattenuto questi pensieri nei mesi dell'occupazione tedesca. Ero allora con i miei bambini nella campagna toscana. Di là era passata la guerra, poi era sopravvenuto il silenzio che succede alla guerra, e infine, nella campagna immota e sui villaggi sconvolti erano arrivati gli americani. Noi ci trasferimmo a Firenze; lasciai i bambini a Firenze con i miei genitori e venni a Roma. Volevo lavorare perché non avevo soldi; tuttavia, se fossi rimasta con i miei genitori, avrei ugualmente potuto vivere. Ma l'idea d'essere mantenuta dai miei genitori mi pesava moltissimo; inoltre volevo che i miei bambini riavessero una casa con me.

Da tempo, noi non avevamo più casa. Avevamo vissuto in quei mesi di guerra o da parenti o da amici, o in conventi o alberghi. Viaggiando verso Roma in una macchina che ogni mezz'ora si fermava, carezzavo sogni di lavori avventurosi, come fare la bambinaia, o fare la cronaca nera in un quotidiano. L'ostacolo principale ai miei propositi di lavoro, consisteva nel fatto che non sapevo far niente. Non avevo mai preso la laurea, essendomi fermata davanti a una bocciatura in latino (materia in cui, in quegli anni, non veniva mai bocciato nessuno). Non sapevo lingue straniere, a parte un po' il francese, e non sapevo scrivere a macchina. Nella mia vita, salvo allevare i miei propri bambini, fare le faccende domestiche con estrema lentezza e inettitudine e scrivere dei romanzi, non avevo mai fatto niente.

Inoltre ero stata sempre molto pigra. La mia pigrizia non consisteva nel dormire tardi al mattino (mi sono sempre svegliata all'alba e alzarmi non m'è mai costato nulla) ma nel perdere un tempo infinito oziando e fantasticando. Questo aveva fatto sì che io non riuscissi a portare a termine alcuno studio o fatica. Mi dissi che era venuta l'ora per me di strapparmi a questo difetto. L'idea di rivolgermi a quella casa editrice, dove mi avrebbero accolto per pietà e comprensione, mi parve a un tratto la più logica e attuabile, benché mi fossero pesanti i motivi per cui mi avrebbero ascoltata.

23. Le seguenti «definizioni» si riferiscono a parole nel testo. Quali sono?*

1. Abilità di compiere una data attività o diverse attività.
2. Atteggiamento di sofferenza per i dolori degli altri.
3. Donna a cui è morto il marito.
4. I nati, maschi e femmine.
5. La madre e il padre.
6. Persone con le quali si ha un rapporto favorevole.
7. Privo di vitalità.
8. Titolo di studio.

24. Vero o falso? Se la frase è falsa, correggila in modo appropriato.*

_____ 1. Nel '44 l'autrice andò a cercare lavoro a Roma.
_____ 2. Suo marito era lì che lavorava per una casa editrice.
_____ 3. La casa editrice le avrebbe dato lavoro perché la conosceva molto bene.
_____ 4. Dopo la guerra si era trasferita con i figli a Firenze.
_____ 5. Non aveva bisogno di soldi.
_____ 6. Era contenta che i genitori la mantenessero.
_____ 7. Mentre viaggiava verso Roma spesso immaginava di fare lavori avventurosi.
_____ 8. Aveva preso la laurea in latino.
_____ 9. Non sapeva parlare il francese.
_____ 10. Non aveva mai scritto un romanzo.
_____ 11. Secondo se stessa, non è mai stata pigra.

25. Lavoro in gruppo

Diverse coppie di studenti dovranno mettere in scena la seguente situazione.
La Ginzburg viene intervistata dal direttore della casa editrice, presso la quale ha fatto domanda.
L'intervistatore fa le solite domande. L'intervista però prende improvvisamente una piega inaspettata.

26. Discussione

1. Pensi che la Ginzburg fosse veramente pigra? Perché sì/no?
2. Quali sono, secondo te, le caratteristiche di una persona veramente pigra?
3. Quali sono, secondo te, le competenze che potrebbero essere utili quando si va in cerca di un lavoro?
4. Che tipo di persona era, probabilmente, l'autrice? Che tipo di personalità possedeva?

Text C

LA MAGA

di

Dino Buzzati (1906–1972)

Mia nonna raccontava, era una donna straordinaria; a soli ventisette anni dirigeva un laboratorio di tessitrici di damaschi alle porte di Vicenza.

Un giorno una delle ragazze arriva da lei tutta in lacrime. ≪Cosa è successo, Rita, per agitarti così?≫ E quella le confessa di aspettare un bambino.

≪Ah sì? E chi è stato?≫ domanda mia nonna. ≪È stato Duilio, il nipote del farmacista.≫

≪Lascia fare a me≫ dice mia nonna. Chiama tutte le ottanta ragazze, gli spiega il fatto e le prega di aiutare la Rita.

Te le immagini ottanta ragazze, scatenate tutte insieme alle spese di un povero disgraziato? Dopo neanche un mese si fanno le nozze. Dopo sette mesi nasce un bel bambino.

Un matrimonio che sembra riuscito, nei primi tempi tutto bene. Poi lui diventa taciturno e cupo, fa scenate, beve, sta fuori fin tardi nella notte. Però lei zitta, come se non si accorgesse di niente.

Senonché una sera, tornato dal lavoro, lui domanda: ≪Cosa hai preparato per cena?≫ E lei: ≪Ho buttato appena adesso gli spaghetti.≫ ≪Niente spaghetti,≫ fa lui ≪stasera di spaghetti non ho voglia. Fammi invece del riso in bianco.≫ Lei dice: ≪Riso in casa non ce n'è più.≫ E lui: ≪Allora vai fuori a comprarlo.≫

Lei esce, starà fuori neanche mezz'ora, quando ritorna il marito è scomparso. Per tutta la notte lei in piedi ad aspettarlo. Ma neppure il giorno dopo Duilio si fa vedere. Lei chiede in giro, nessuno ne sa niente. Un giorno, due giorni, l'uomo non si fa vivo. Che sia successa una disgrazia? Dai carabinieri Rita fa denuncia. Passano ancora giorni su giorni e la moglie si consuma nei pianti. Finalmente i carabinieri la chiamano: ≪Abbiamo appurato che tuo marito è partito il giorno cinque per il Brasile, leggi qui il fonogramma da Genova.≫

Fuggito, dunque, partito per sempre. La Rita non riesce a rassegnarsi, senza un soldo, senza un lavoro. Per fortuna c'era mia nonna.

Altri sei mesi e mia nonna va a trovarla. ≪Niente notizie?≫ ≪No, ancora niente.≫ Allora mia nonna: ≪Sai cosa facciamo? Qui bisogna interpellare la maga Baù. Su, vestiti, che andiamo.≫

Vanno da questa vecchia maga vicentina e le raccontano tutta la storia. La maga Baù si concentra poi dice alla Rita: ≪Va' di là, ti prego, e da' un'occhiata allo specchio.≫ Nella stanza vicina c'è un grande specchio, e dentro nello specchio la Rita cosa vede? Vede suo marito Duilio sotto una pergola che pacifico e contento sta giocando alle bocce. La Rita grida: ≪Duilio mio dove sei? Io son qui disperata e tu giochi a bocce?≫ ≪Sta' tranquilla,≫ dice la maga Baù ≪vedrai che entro due mesi tuo marito ritorna.≫

E dopo due mesi precisi eccolo infatti che rincasa. E subito chiede alla moglie, prima ancora di abbracciarla: ≪Dimmi, Rita, che cosa mi hai fatto?≫

≪Io? Niente ti ho fatto. Perché?≫

≪Perché me ne stavo beato laggiù dalle parti di Pernambuvo, avevo trovato un buon lavoro e un giorno sotto una bella pergola stavo giocando alle bocce con degli altri italiani, quando all'improvviso ho sentito una cosa qui nel petto, come un rimorso, un tormento, un fuoco. E da quel momento non ho avuto più pace, non ho pensato altro che a tornare. Si può sapere, Rita, che cosa mi hai fatto? Si può sapere che cosa mi hai combinato?≫

≪Io?≫ rispose lei tranquilla. ≪Cosa potevo farti io, con l'oceano di mezzo, povera moglie abbandonata?≫

E lui: ≪Cosa mi hai fatto, Rita?≫

E lei: ≪Niente, ti giuro, niente.≫

27. Ricordi quello che hai letto? Ciascuna delle seguenti affermazioni è falsa. Correggila.

Modello   La nonna raccontava che Rita era una donna comune.
              No, la nonna raccontava che Rita era una donna straordinaria.

1. A soli ventisette anni Rita dirigeva un laboratorio di tessitrici di damaschi alle porte di Venezia.
2. Rita confessò alla nonna che non voleva bambini.
3. Il padre del bambino si chiamava Giorgio.
4. La nonna chiamò tutte le ottanta ragazze, gli spiegò il fatto e le pregò di non parlare a Rita.
5. Le ragazze erano scatenate tutte insieme alle spese di un uomo ricco.
6. Le nozze non si fecero, e il bambino non nacque.
7. Nei primi tempi, il matrimonio non andava bene.
8. Duilio era vivace e felice, e non usciva mai di casa.
9. Una sera Rita fece gli gnocchi.
10. Lui voleva invece le lasagne.
11. Ma Rita non lo ascoltò.
12. Quando Rita tornò a casa quella sera il marito era seduto davanti alla TV.
13. Quando si accorse che il marito era andato via, Rita andò a dormire.
14. A lei non importava niente che il marito fosse scomparso.
15. Passarono ancora giorni su giorni, ma Rita non si preoccupava.
16. Finalmente i carabinieri la chiamarono: «Abbiamo appurato che tuo marito è partito il giorno cinque per la Francia.»
17. La maga Baù mandò la nonna a darsi un'occhiata allo specchio.
18. Nello specchio Rita vide Duilio sotto una pergola che pacifico e contento stava prendendo il sole.
19. La maga Baù le assicurò che Duilio sarebbe rincasato entro un anno.
20. Duilio le confessò di essere ritornato perché non aveva più soldi.

28. Attività

Riassumi la lettura con le tue parole. Poi confronta il tuo riassunto con quello di un tuo compagno/una tua compagna. Chi è riuscito a fornire il riassunto più preciso, più dettagliato?

29. Da' un sinonimo o un contrario per ciascuna delle seguenti parole/espressioni che si trovano nel testo.

Modello   pacifico
             preoccupato

1. straordinario
2. in lacrime
3. confessare
4. un povero disgraziato
5. matrimonio fallito
6. taciturno

7. cupo
8. contento
9. disperato
10. un rimorso
11. un tormento
12. tranquillo

30. Discussione

1. Discuti il comportamento di Rita verso suo marito.
2. Credi nella magia? Perché sì/no?
3. Hai mai avuto esperienza di un caso «telepatico» o «magico» simile? Se sì, raccontalo.
4. Secondo te, qual è il tema di questa storiella?

Role-playing and game-playing

31. Intervista!

Diverse coppie di studenti dovranno mettere in scena una delle seguenti due interviste.
1. Intervista ad una persona famosa in cui gli/le si chiede quali qualità cerca nel suo partner.
2. Intervista di lavoro.

32. Gioco dell'identità!

La classe si divide in due gruppi. A vicenda, i diversi membri di ciascun gruppo dovranno costruire domande riguardanti il tema dell'identità che i membri dell'altro gruppo dovranno indovinare.

Modello	Famoso uomo politico, d'origine americana, è nato nel 1946, ha i capelli bianchi.... Chi è?
Risposta	Bill Clinton.

Il gruppo vincente sarà quello col numero superiore di risposte corrette (ciascuna delle quali si dovrà indovinare entro un determinato periodo di tempo).

Discussion/Composition/Activities

33. Secondo te, quali qualità dovrebbero avere e non avere le seguenti persone? Discuti le tue scelte con gli altri membri della classe.

Qualità positive da avere						
Professori	*Avvocati*	*Medici*	*Genitori*	*Attori*	*Amici*	*Studenti*

Qualità negative da evitare						
Professori	*Avvocati*	*Medici*	*Genitori*	*Attori*	*Amici*	*Studenti*

34. Rispondi alle domande scegliendo una delle alternative proposte, e poi discuti le tue risposte con gli altri membri della classe.

1. Se c'è una persona che non conosci e vorresti conoscere, cosa fai?
    a. chiedi ad un amico/un'amica di presentartela
    b. ti presenti da solo/sola
    c. aspetti fino a quando lui/lei si fa avanti per parlarti
2. Se un estraneo ti ferma per strada per parlarti, cosa fai?
    a. lo ignori
    b. ti fermi a parlargli
    c. fai finta di non parlare la sua lingua

35. Ecco dei proverbi che riguardano qualità personali e sociali. Secondo te, cosa significa ciascun proverbio?

1. Chi si contenta, gode.
2. Chi cerca, trova.
3. Sbagliando, s'impara.
4. Non bisogna fare il passo più lungo della gamba.

Ora racconta una storia, successa a te oppure a qualche tuo amico, che illustra uno dei proverbi soprammenzionati.

36. Scrivi un breve componimento sul seguente tema. Poi, leggilo e discutilo in classe.

Le qualità che cerco in una persona dell'altro sesso.

Unit 6

Clothing, footwear, and accessories

Level 1

Garments

l'abbigliamento	*clothing*
il berretto	*cap*
i calzoni	*knickers*
la camicetta, la blusa	*blouse*
la camicia	*shirt*
la camicia da notte	*night-dress*
la canottiera, la maglietta	*vest, undershirt*
i capi di vestiario	*clothing items*
la cappa	*night gown*
il collant (inv)	*pantyhose/tights*
il costume a due pezzi	*two-piece swimming suit, bikini*
la giacca	*jacket*
la giacca a doppio petto	*double-breasted jacket*
la giacca a vento	*wind-breaker*
il gilè, il panciotto	*vest*
la gonna	*skirt*
l'impermeabile (m)	*raincoat*
l'indumento	*garment*
mettersi	*to put on (clothes)*
le mutande	*underpants (underwear)*
i panni	*clothes (in general)*
i pantaloni	*trousers, pants*
portare, indossare	*to wear*
lo smoking	*dinner-jacket*
il soprabito	*overcoat*
la sottana	*petticoat*
la sottoveste	*underskirt*
la tuta	*tracksuit*

la vestaglia	*dressing gown, bathrobe*
vestirsi	*to dress*
il vestito, l'abito	*dress, suit*
il vestito da sposa	*wedding dress*

Footwear

la calza	*stocking*
il calzatoio, il calzante, il calzascarpe	*shoe horn*
la calzatura	*footwear*
il calzino	*sock*
il calzolaio	*shoemaker*
la calzoleria	*shoe shop*
con tacco a spillo	*stiletto-heeled*
con tacco alto	*high-heeled*
con tacco basso	*low-heeled*
con tacco piatto	*flat-heeled*
mettersi (le scarpe), incalzare	*to put on (shoes)*
il numero (di scarpa)	*shoe size*
la pantofola, la ciabatta	*slipper*
il sandalo	*sandal*
la scarpa	*shoe*
le scarpe da corsa	*running shoes*
le scarpe da donna	*women's shoes*
le scarpe da ginnastica	*gym shoes*
le scarpe da tennis	*tennis shoes*

le scarpe da uomo	*men's shoes*	la farfalla	*bow-tie*
le scarpe di camoscio	*suede shoes*	il fermaglio	*hairpin*
le scarpe di cuoio	*leather shoes*	la gioielleria, l'orefice (m)	*jewelry store, jeweler*
le scarpe di gomma	*rubber shoes*	il gioiello	*jewel*
lo stivale	*boot*	la lacca per i capelli	*hair lacquer/hairspray*
gli stivali da pioggia	*rain boots*	la lametta per barba	*blade*
gli stivali da equitazione	*riding boots*	il mascara (inv)	*eye-shadow*
gli stivali da caccia	*hunting boots*	la matita per gli occhi	*eye-liner*
gli stivali da pesca	*fishing boots, waders*	la medaglia	*locket/medal*
		l'olio da bagno	*bath oil*
la stringa	*shoelace*	l'ombrello, il parapioggia	*umbrella*
la suola	*sole*	l'orecchino	*earring*
il tacco	*heel*	l'orologiaio	*watchmaker*
togliersi (le scarpe)	*to take off (shoes)*	l'orologio	*watch*
		l'orologio da donna	*women's watch*
		l'orologio da polso	*wrist watch*
		l'orologio da uomo	*men's watch*
		la parrucca	*wig/hair piece*

Jewelry, accessories, toiletries, and cosmetics

l'asciugamano	*towel*	le pinzette	*tweezers*
il braccialetto	*bracelet*	il rasoio	*razor*
la brillantina	*hair cream*	il rasoio elettrico	*electric razor*
caricare	*to wind, to wind up*	il rossetto	*lipstick*
il ciondolo	*pendant*	i sali da bagno	*bath salts*
il cosmetico	*cosmetic*	la spilla	*brooch*
la cravatta	*tie*	lo spray, la bombola/ bomboletta spray	*can of hairspray*
la crema	*cream, lotion*	tingersi i capelli	*to dye one's hair*
la crema antirughe	*anti-wrinkle cream*	la tinta	*hair-dye*
la crema da barba	*shaving cream*		
la crema per il viso	*facial cream*		
la crema per le mani	*hand cream*		
il deodorante	*deodorant*		

Level 2

Garments

l'abito/il vestito da cerimonia	*ceremonial dress*	l'abito/il vestito su misura	*made-to-measure suit*
l'abito/il vestito da donna	*women's suit*	la biancheria (intima)	*lingerie, underclothing*
l'abito/il vestito da sera	*evening attire*	la combinazione, la sottoveste	*slip*
l'abito/il vestito da sposo	*wedding suit (men)*	il costume da bagno	*swimsuit*
l'abito/il vestito da uomo	*men's suit*	la giacca a un petto	*single-breasted jacket*
		la giacca sportiva	*sports jacket*
		la gonna a pieghe	*pleated skirt*

la gonna avviluppabile	wrap-around skirt	le forbici	scissors
		la lozione	lotion
la gonna pantalone	pant skirt, culottes	l'orologio al quarzo	quartz watch
il grembiule	apron	l'orologio digitale	digital watch
la maglietta a forma di t	t-shirt	il pendente	pendant
		il pettine	comb
il mantello	wrap-around/ cloak/shawl	il sapone	soap
		lo shampoo (inv)	shampoo
la maxigonna	maxi skirt	lo smeraldo	emerald
la minigonna	mini skirt	il talco	talc
i pantaloncini, i pantaloni corti	shorts	il trucco	make-up
il tailleur (inv)	women's suit (made up of skirt and jacket)		

Miscellaneous

a righe	striped
a scacchi	checkered
aderente, attillato	tight-fitting
il bavero	lapel
il bottone	button

Jewelry, accessories, toiletries, and cosmetics

l'acqua da toilette	toilet water	la cerniera	fly/zipper
l'anello	ring	la cinghietta	band
l'anello con pietre preziose	ring with precious stones	il colletto	collar
		cucire	to sew
l'anello d'argento	silver ring	delicato	delicate/soft
l'anello d'oro	gold ring	di brillanti	studded/diamond
l'anello di fidanzamento	engagement ring	di cotone	cotton
		di flanella	flannel
l'anello nuziale, la fede	wedding ring	di lana	woolen
		di lino	linen
gli articoli da toilette	toiletries	di nailon	nylon
il carato (e.g. oro a ventiquattro carati)	carat (twenty-four carat gold)	di pizzo	lace
		la fibbia	buckle
		il filo	thread
la catena	chain	i gemelli	cuff-links
la cintura	belt	provarsi	to try on
la cipria	face powder	il quadrante	(watch) dial
la collana	necklace	spogliarsi	to undress
il corallo	coral	sporco	dirty
il dentifricio	toothpaste	stretto	tight
il diamante	diamond	la tasca	pocket
		trasparente	transparent

Level 3

Garments

		il berretto da nuoto	swimming cap
l'accappatoio	bathrobe	la camicia sportiva	sports shirt
il berretto da ciclista	biking cap	il cappello	hat

il cappello a cencio	*floppy hat*	il profumo	*perfume*
il cappello di feltro	*felt hat*	la retina	*hair net*
il cappello di paglia	*straw hat*	il rubino	*ruby*
il cappello di pelliccia	*fur hat*	la sciarpa	*scarf*
il cappotto	*coat*	lo smalto	*nail polish*
il cappuccio	*hood*	la spazzola	*hair brush*
il completo/l'abito integrale	*two- or three-piece suit (waistcoat, jacket, trousers); twinset, dress and jacket*	lo spazzolino per denti	*toothbrush*
		il topazio	*topaz*
		lo zaffiro	*sapphire*
il copricapo	*headgear*	lo zaino	*knapsack/backpack*
la gonna diritta	*straight skirt*		
la maglia, il maglione	*sweater*	***Miscellaneous***	
i pantaloncini da nuoto	*swimming trunks*	il buco	*hole*
		il cencio	*rag*
i pantaloni da sci	*ski pants*	corto	*short*
la pelliccia	*fur coat*	d'oro	*(of) gold, golden*
il pigiama (inv)	*pajamas, pyjamas*	di moda	*in fashion, fashionable*
il reggiseno	*bra*	elegante	*elegant*
lo scialle	*shawl*	la fibra	*fiber*
spogliarsi	*to get undressed, to take off one's clothes*	in voga	*in vogue/in style*
		la lancetta	*hand (of a watch)*
		largo	*loose-fitting*
		leggero	*light*
Jewelry, accessories, toiletries, and cosmetics		liscio	*smooth*
		lungo	*long*
l'acqua di Colonia	*cologne*	la manica	*sleeve*
l'argento	*silver*	la molla	*spring*
l'asciugacapelli (m, inv)	*hair dryer*	il paio (le paia, f, pl)	*pair*
		pesante	*heavy*
il bigodino	*hair curler*	piccolo	*small*
la borsa	*purse*	il poliestere	*polyester*
la borsetta	*handbag*	il punto	*stitch*
le bretelle	*suspenders*	rammendare	*to mend*
il brillante, il cristallo	*gemstone*	rozzo	*rough*
		sportivo	*sporty*
la crema depilatoria	*hair remover*	stirato	*ironed/stiff*
la crema idratante	*moisturizer*	la stoffa	*material*
il fazzoletto	*handkerchief*	la taglia	*size (of clothes)*
il guanto	*glove*	il tessuto	*fabric*
la lima per unghie	*nail file*		
l'opale (m)	*opal*	***Laundry***	
l'oro	*gold*	l'amido	*starch*
l'orologio solare	*solar watch*	il buco	*hole*
la perla	*pearl*	la cesta/il cestino del bucato	*clothes basket*
il platino	*platinum*		

cucire	to sew	il punto	stitch
il ferro da stiro	(clothes) iron	rammendare	to mend
la lavanderia	laundry	il sapone da bucato	clothes-washing soap
la lavanderia a secco	dry cleaner	il sapone in polvere	soap powder
la macchia	spot, stain	stirare	to iron
la molletta	clothes peg		

Food and drink

Level 1

General		la ciliegia	cherry
alimentare	of food	il dattero	date
l'alimentazione (f)	nourishment	dolce	sweet
l'antipasto	appetizer	il fico	fig
il banchetto	feast/banquet	la fragola	strawberry
la cena	dinner	la frutta	fruit
cenare	to dine, to have dinner	il lampone	raspberry
il cibo	food	il limone	lemon
la colazione, la prima colazione	breakfast	la macedonia di frutta	fruit salad
		il mandarino	mandarin orange
il contorno	side dish	marcio	rotten
la cucina	cooking/cuisine	maturo	ripe
fare colazione	to have breakfast	la mela	apple
il menù, la lista	menu	il melone	melon
il pasto	meal	il mirtillo	blueberry
il piatto	course/dish	la buccia	skin
il piatto misto	platter, mixed hors d'oeuvre, selection of foods	la pera	pear
		la pesca	peach
		il pompelmo	grapefruit
la porzione	portion/helping	la prugna	plum, prune
pranzare	to have lunch	succoso	juicy
il pranzo	lunch, meal	la susina	plum
il primo piatto	first course	l'uva	grapes
il secondo piatto	second course		
lo spuntino	snack	*Meat*	
		gli affettati	cold cuts
Fruit		l'agnello	lamb
l'albicocca	apricot	l'anatra	duck
amaro	sour	l'arrosto	roast
l'ananas (m, inv)	pineapple	la bistecca	steak
l'anguria, il cocomero	watermelon	la carne	meat
l'arancia	orange	la coscia	leg
la banana	banana	la cotoletta	chop/cutlet

il fegato	*liver*	l'aragosta	*lobster*
il filetto	*fillet*	l'aringa	*herring*
il maiale	*pork*	il baccalà (inv)	*dried cod*
il manzo	*beef*	i calamari	*squid*
la mortadella	*Bologna sausage, mortadella*	le cozze	*mussels*
		i crostacei	*shellfish*
la pancetta	*bacon*	il frutto di mare	*seafood*
il petto	*breast*	il gambero	*shrimp*
il pollo	*chicken*	il merluzzo	*cod*
il prosciutto	*ham*	l'ostrica	*oyster*
il rosbif (m, inv)	*roast beef*	il pesce	*fish*
il salame	*salami sausage*	il salmone	*salmon*
la salsiccia	*sausage*	la sardina	*sardine*
il tacchino	*turkey*	lo scampo	*prawn*
il vitello	*veal*	la sogliola	*sole*
		il tonno	*tuna*

Fish and seafood

l'acciuga	*anchovy*	la trota	*trout*
l'anguilla	*eel*	la vongola	*clam*

Level 2

Vegetables and greens

gli asparagi	*asparagus*	le patatine fritte	*French fries*
la barbabietola	*beet*	il peperone	*green pepper*
i broccoli	*broccoli*	il pisello	*pea*
il carciofo	*artichoke*	il pomodoro	*tomato*
la carota	*carrot*	il rabarbaro	*rhubarb*
il cavolfiore	*cauliflower*	il ravanello	*radish*
il cavolo	*cabbage*	il sedano	*celery*
i ceci	*chick peas*	gli spinaci	*spinach*
il cetriolo	*cucumber*	la verdura	*vegetables, greens*
la cipolla	*onion*	la zucca	*pumpkin*
il fagiolino	*string bean*	le zucchine, gli zucchini	*zucchini, baby marrows*
il fagiolo	*bean*		
la fava	*lima bean*		
il finocchio	*fennel*	### Nuts	
il fungo	*mushroom*	l'arachide	*peanut (in general)*
l'insalata	*salad*	la castagna	*chestnut*
l'insalata mista	*mixed salad*	la nocciolina americana	*peanut (as sold in the US)*
la lattuga	*lettuce*		
la lenticchia	*lentil*	la nocciolina del Brasile	*Brazil nut*
la melanzana	*eggplant, aubergine*		
l'oliva	*olive*	la noce	*walnut*
la patata	*potato*	il pistacchio	*pistachio*

Beverages

l'acqua	*water*
l'acqua minerale	*mineral water*
l'aperitivo	*aperitif*
l'aranciata	*orangeade*
la bevanda	*drink, beverage*
la bevanda alcolica	*alcoholic beverage*
la bibita	*beverage/soft drink*
la birra	*beer*
la birra alla spina	*draft beer*
il caffè (inv)	*coffee*
il caffè corretto	*"corrected" coffee (with a drop of alcohol)*
il caffè espresso	*espresso coffee*
il caffè lungo	*"long" coffee (less concentrated)*
il caffè macchiato	*coffee with a drop of milk*
il caffè ristretto	*"short" coffee (concentrated)*
la camomilla	*chamomile tea*
il cappuccino	*cappuccino*
col ghiaccio	*with ice/on the rocks*
gassato, frizzante	*fizzy, sparkling, carbonated*
la limonata	*lemonade*
il liquore	*liqueur*
liscio	*still, non-carbonated*
il succo	*juice*
il tè	*tea*
il vino	*wine*

Pasta, soups, and rice

il brodo	*clear soup, broth*
i cannelloni	*cannelloni*
le fettuccine	*fettuccine*
gli gnocchi	*dumplings*
le lasagne	*lasagna*
i maccheroni	*macaroni*
la minestra	*soup*
il minestrone	*minestrone soup*
la pasta	*pasta*
i ravioli	*ravioli*
il riso	*rice*
il risotto	*risotto*
gli spaghetti	*spaghetti*
il sugo, la salsa	*sauce*
la zuppa	*soup (thick)*

Dairy products

il burro	*butter*
la crema	*cream*
il formaggio	*cheese*
la frittata	*omelette*
il gelato	*ice cream*
il latte	*milk*
il latticino	*dairy product*
la panna montata	*whipping cream*
l'uovo (le uova, f, pl)	*egg*
lo yogurt	*yogurt*

Level 3

Bread, grains, pastries and sweets

l'avena	*oat*
il biscotto	*biscuit, cookie*
il budino	*custard pudding*
la caramella	*candy*
il cioccolatino	*chocolate*
il cracker	*cracker*
il dessert	*dessert*
la farina	*flour*
il grano	*grain*
il granturco, il mais	*corn*
il grissino	*breadstick*
la marmellata	*marmalade/jam*
il miele	*honey*
l'orzo	*barley*
il pane	*bread*
il pane integrale	*whole-wheat bread*
il panino	*roll, bun*
la torta	*cake/pie*
il tramezzino	*sandwich (flat)*
lo zucchero	*sugar*

Spices and condiments

l'aceto	vinegar
l'aglio	garlic
l'anice (m)	aniseed
il basilico	basil
la cannella	cinnamon
l'erba	herb
la menta	mint
l'olio	oil
l'origano	oregano
il pepe	pepper
il prezzemolo	parsley
il rosmarino	rosemary
il sale	salt
la spezia	spice
la vaniglia	vanilla
lo zafferano	saffron
lo zenzero	ginger

Cooking and preparation

affettare	to slice
ai ferri	broiled, grilled
al dente	rare; "al dente" (pasta)
al forno	baked
al sangue	rare
al sugo	with sauce
alla griglia	grilled
amaro	bitter/sour
ben cotto	well done
bollire	to boil
cucinare, cuocere	to cook
dolce	sweet
farcire	to stuff
friggere	to fry
fritto	fried
girare	to stir/mix
lesso	boiled
la miscela	mixture
piccante	spicy/hot
sbucciare	to peel
tagliare	to cut
tiepido	lukewarm
versare	to pour

Tableware

il bicchiere	drinking glass
il bicchiere a calice	chalice-shaped glass
il bicchiere a coppa	cup-shaped glass
il bicchiere da acqua	water glass
il bicchiere da cocktail	cocktail glass
il bicchiere da cognac	cognac glass
il bicchiere da spumante	sparkling-wine glass
il bicchiere da vino	wine glass
il bicchiere di carta	paper cup
il bicchiere di cristallo	crystal glass
la bottiglia	bottle
la bottiglia da vino	wine bottle
la bottiglia da acqua	water bottle
la bottiglia da birra	beer bottle
il coltello	knife
il coltello a serramanico	foldable knife
il coltello da formaggio	cheese knife
il coltello da pane	bread knife
il coltello da pesce	fish knife
il coltello elettrico	electric knife
il cucchiaino	teaspoon
il cucchiaio	spoon
il cucchiaio d'acciaio inossidabile	stainless steel knife
il cucchiaio d'argento	silver knife
la forchetta	fork
il piattino	saucer
il piatto	plate
il piatto di ceramica	ceramic plate
il piatto di porcellana	porcelain plate
le posate	tableware
la scodella	bowl
lo stuzzicadenti (inv)	toothpick
il tavolo/la tavola	table
la tazza	cup
la tovaglia	tablecloth
il tovagliolo	napkin
il vassoio	tray

Dining out

il/la barista	*barman/barlady,*
	barmaid, bartender
il cameriere/la	*waiter/waitress*
cameriera	
il conto	*bill, check*
la lista, il menù	*menu*
la mancia	*tip*

la prenotazione	*reservation*
il prezzo fisso	*fixed price*
riservato	*reserved*
il ristorante	*restaurant*
lo snack bar	*snack bar*
la tavola calda, il self	*cafeteria*
service	
la trattoria	*restaurant (informal)*

Exercises

Level 1

1. Classifica le seguenti parole/espressioni in modo appropriato nella tabella riportata sotto. Nota che alcune di esse sono ripetute.

a spillo	da pesca	da uomo	di gomma
a doppio petto	da corsa	di camoscio	da barba
da tennis	antirughe	da donna	da donna
con tacco alto	per il viso	da polso	da ginnastica
da pioggia	a vento	di cuoio	da equitazione
per le mani	da caccia	da uomo	alto

Giacca	*Tacco*	*Scarpe*	*Stivali*	*Crema*	*Orologio*

2. Accoppia i sinonimi e i quasi-sinonimi.*

1. la camicetta	a. il calzante	9. la gioielleria	i. la bomboletta spray
2. la canottiera	b. il panciotto	10. l'ombrello	j. la ciabatta
3. il gilè	c. il parapioggia	11. lo spray	k. la lista
4. portare	d. il vestito	12. la colazione	l. la maglietta
5. l'abito	e. indossare	13. il menù	m. la prima colazione
6. il calzatoio	f. l'anguria	14. il cocomero	n. mettersi (le scarpe)
7. incalzare	g. l'orefice	15. il calzolaio	o. gli indumenti
8. la pantofola	h. la blusa	16. i panni	p. la calzoleria

3. In che modo sono differenti gli indumenti e le calzature indicati?

Modello   una camicia e una cappa
        La camicia è un indumento femminile che copre il busto, mentre la cappa è un
        tipo di mantello con cappuccio, usato come abito da cerimonia.

1. una camicia da notte e una vestaglia
2. le calze e il collant
3. la sottana e la sottoveste
4. i calzoni e le mutande
5. un calzino e un calzascarpe
6. i pantaloni e una camicia da notte
7. una camicia da notte e uno smoking
8. una stringa e una suola
9. una cravatta e una farfalla
10. una gonna e un vestito da sposa
11. un impermeabile, una tuta e un soprabito

4. Classifica le seguenti parole/espressioni secondo le categorie riportate dalla tabella.

l'asciugamano	il ciondolo	il deodorante	il fermaglio
la brillantina	la lacca per i capelli	la lametta per barba	il braccialetto
il mascara	la matita per gli occhi	la medaglia	l'orecchino
la tinta	l'olio da bagno	la parrucca	le pinzette
il rasoio	il rossetto	i sali da bagno	il rasoio elettrico

Gioielli	*Accessori*	*Attrezzature da bagno*	*Cosmetici*

5. Scegli la parola/l'espressione adatta.*

Modello   Un copricapo indossato, per esempio, da ciclisti.
               Un berretto

1. Calzatura leggera per la stagione estiva,
   e di alcuni ordini religiosi mendicanti.
   a. il sandalo
   b. il gioiello
2. Insieme di vivande servito prima o all'inizio
   del pasto per stuzzicare l'appetito.
   a. l'antipasto
   b. il banchetto
3. Pasto serale.
   a. il cibo
   b. la cena
4. Piatto di verdura o legumi che si
   accompagna con un piatto principale.
   a. la cucina
   b. il contorno
5. Il pasto che viene consumato verso
   mezzogiorno.
   a. il pranzo
   b. il piatto misto

6. Pasto leggero e rapido consumato tra i pasti
   principali.
   a. lo spuntino
   b. la macedonia di frutta
7. Carne tagliata a fette.
   a. il frutto di mare
   b. gli affettati
8. Pesce che vive in acqua dolce.
   a. le vongole
   b. la trota
9. Sono conservate in scatola, sott'olio.
   a. le sardine
   b. le sogliole
10. Crostacei marini.
    a. gli scampi
    b. il tonno

6. Usa ciascuna delle seguenti parole/espressioni in altrettante frasi che ne rendano chiaro il significato.

Modello   il numero (di scarpe)
               Mio fratello porta un numero grande di scarpe – il 12.

il costume a due pezzi	mettersi	vestirsi	togliersi (le scarpe)
caricare	il cosmetico	l'orologiaio	tingersi i capelli
alimentare	l'alimentazione	cenare	fare colazione
pranzare	la porzione	il primo piatto	il secondo piatto
amaro	dolce	marcio	maturo
la buccia	succoso	il rosbif	la salsiccia
il filetto	la coscia	la cotoletta	la bistecca
il baccalà	il prosciutto	il vitello	i calamari
il merluzzo	il salmone	l'abbigliamento	il caffè macchiato

7. Descrivi ciascuna delle seguenti frutte.

Modello   l'albicocca
               È il frutto dell'albicocco, di un colore tra il giallo dorato e l'arancione.

1. l'ananas 2. l'arancia 3. la banana 4. la ciliegia 5. il dattero 6. il fico 7. la fragola
8. il lampone 9. il limone 10. il mandarino 11. la mela 12. il melone 13. il mirtillo
14. la pera 15. la pesca 16. il pompelmo 17. la prugna 18. la susina 19. l'uva

8. Cruciverba.*

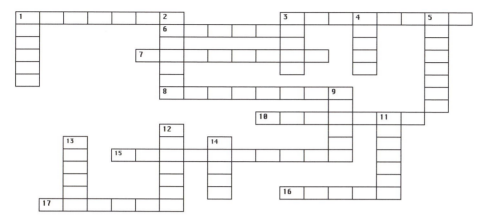

Orizzontali

1. Nato della pecora.

3. *Bacon.*
6. Un affettato molto popolare in Italia.
7. *Lobster.*
8. Pesce che assomiglia a un serpente.

10. È buona sulla pizza perché ha un gusto salato.
15. Tipo di affettato che rima con ≪padella.≫
16. *Poultry.*

17. *Liver.*

Verticali

1. Uccello acquatico con becco largo e piatto e piedi palmati.
2. *Oyster.*
3. *Breast.*
4. Molluschi neri.
5. Negli Stati Uniti si mangia per la festa del *Thanksgiving.*
9. Pesce consumato affumicato.

11. *Shrimp.*

12. Cottura particolarmente adatta per mangiare il pollo.
13. Porco.
14. Sono buone le bistecche di questa carne.

Level 2

9. Classifica le seguenti parole/espressioni in modo appropriato nella tabella riportata sotto. Nota che alcune di esse sono ripetute.

a doppio petto	a un petto	da donna	avviluppabile
maxi	pantalone	d'argento	d'oro
da sposa	da cerimonia	su misura	da sposo
a due pezzi	da bagno	da uomo	nuziale
sportiva	a vento	di fidanzamento	digitale
mini	con pietre preziose	al quarzo	a doppio petto

Tipi di abito	Tipi di giacca	Tipi di gonna	Tipi di costume	Tipi di anello	Tipi di orologio

10. Scegli la parole/l'espressione adatta.*

Modello   Si chiama anche sottoveste.
              la combinazione

la biancheria	la maglietta	i pantaloncini	il tailleur
il grembiule	il mantello	il soprabito	la catena
la cintura	la collana	la cipria	la fede

1. C'è anche quella a forma di T.
2. Si chiamano anche «pantaloni corti.»
3. Si chiama anche «cinturino.»
4. Si mette sulla faccia.
5. È spesso «intima.»
6. Si indossa intorno alla vita, mentre si fanno le faccende di casa.
7. Avvolge le spalle.
8. Si porta intorno al collo.
9. È bella quella d'oro.
10. Simboleggia fedeltà matrimoniale.

11. Traduci o in inglese o in italiano, secondo il caso.*

l'acqua da toilette	
	toiletries
il carato	
	coral
il dentifricio	
	diamond
le forbici	
	lotion

il pendente	
	comb
il sapone	
	shampoo
lo smeraldo	
	talc
il trucco	
	buckle
il filo	
	cuff-links
provarsi	
	(watch) dial
spogliarsi	
	dirty
stretto	
	pocket
trasparente	
	to sew
delicato	

12. Per ciascuno «stile,» ciascun «accessorio,» ecc. indica un indumento accessorio appropriato come esempio.

Modello   a righe

         una gonna / i pantaloni / ecc.

1. a scacchi   2. indossabile in modo aderente o attillato   3. il bavero   4. i bottoni   5. una cerniera   6. una cinghietta   7. un colletto   8. di brillanti   9. di cotone   10. di flanella
11. di lana   12. di lino   13. di nailon   14. di pizzo

13. Classifica le seguenti parole/espressioni secondo le categorie indicate.

la melanzana	la lattuga	l'arachide	il pistacchio
la castagna	il succo	l'oliva	l'aperitivo
la lenticchia	il liquore	la camomilla	lo yogurt
il vino	il finocchio	la barbabietola	l'insalata mista
la noce	la limonata	l'aranciata	il latte
il fungo	gli asparagi	la cipolla	la fava
la panna montata	la frittata	la nocciolina del Brasile	il burro
il fagiolo	il fagiolino	il cetriolo	i broccoli
il formaggio	la crema	il gelato	il cavolfiore
il carciofo	i ceci	la carota	il cavolo

Legumi/verdure	Nocciole	Bevande	Pasta, minestre, riso	Latticini, uova, ecc.

14. Piatti di pasta/minestra. Accoppia le parole/espressioni nella colonna a sinistra con le descrizioni nella colonna a destra.*

1. i cannelloni

2. gli gnocchi
3. le fettuccine
4. le lasagne
5. i maccheroni

6. il minestrone

7. i ravioli

8. l'insalata di riso
9. il risotto
10. la minestra

11. la zuppa

12. gli spaghetti

a. *Tipo di pasta tagliata in strisce sottili. Si chiamano anche «tagliatelle.»*
b. *Pasta all'uovo tagliata in strisce larghe.*
c. *Minestra a base di verdure e legumi.*
d. *Pietanza a base di riso bollito, verdure e condimenti vari.*
e. *Vivanda a base di pasta o riso, legumi e verdure, cotti in brodo o in acqua.*
f. *Tipo di pasta asciutta in forma di fili lunghi, caratteristica della gastronomia italiana.*
g. *Minestra in brodo che può avere le più diverse composizioni e che generalmente si consuma con pezzi di pane.*
h. *Piatto di riso asciutto, cotto con ingredienti diversi.*
i. *Pasta fatta in quadrati ripieni di carne, ricotta o verdura.*
j. *Tipo di pasta tagliata a forma di cannello piuttosto lungo, vuoto o pieno.*
k. *Cilindretti di pasta ripieni, cosparsi di sugo e cotti al forno.*
l. *Pezzettini di pasta fatta con farina, patate lesse, uova e sale.*

15. Confezioni di caffè. Accoppia le parole/espressioni nella colonna a sinistra con le corrispondenti descrizioni nella colonna a destra.*

1. il cappuccino
2. il caffè macchiato
3. il caffè corretto

4. il caffè espresso
5. il caffè lungo
6. il caffè ristretto

a. *Caffè espresso con l'aggiunta di un po' di liquore.*
b. *Caffè tipico italiano.*
c. *Bevanda a base di caffè espresso e latte aggiunto nella forma di «schiuma.»*
d. *Caffè espresso che contiene più acqua del normale.*
e. *Caffè espresso concentrato.*
f. *Caffè espresso con l'aggiunta di un po' di latte.*

16. Identifica la persona (da te conosciuta) alla quale piace, in modo particolare, il cibo indicato.

Modello   le patate
                Mio fratello

1. le patatine fritte   2. i peperoni   3. i piselli   4. i pomodori   5. i rabarbari   6. i ravanelli
7. il sedano   8. gli spinaci   9. la verdura in generale   10. le zucche   11. le zucchine   12. le
noccioline americane   13. l'acqua minerale liscia   14. l'acqua minerale gassata (o frizzante)
15. le bevande alcoliche   16. le bibite col ghiaccio   17. gli aperitivi   18. la birra alla spina
19. il tè

Level 3

17. Classifica le seguenti parole/espressioni in modo appropriato nella tabella riportata sotto. Nota che alcune di esse sono ripetute.

da bucato	il rubino	l'oro	di pelliccia
la perla	il platino	lo zaffiro	a calice
a cencio	l'opale	il topazio	a coppa
di feltro	l'argento	in polvere	da vino
da acqua	di paglia	da nuoto	di carta
di cristallo	da spumante	da cognac	da pane
da acqua	a serramanico	da formaggio	d'argento
elettrico	il cucchiaino	da birra	d'acciaio inossidabile
da pesce			

Tipi di berretto	Tipi di sapone	Brillanti e gioielli	Tipi di cappello	Tipi di bicchiere	Tipi di bottiglia	Tipi di coltello	Tipi di cucchiaio

18. In che modo sono differenti i seguenti indumenti, accessori e cosmetici?

Modello   la maglia e lo scialle
                La maglia è un indumento che, come la camicia, copre il tronco ed ha maniche
                e apertura sul davanti; lo scialle si indossa ripiegato sulle spalle e
                incrociato sul petto, per ornamento o per protezione dal freddo.

1. l'accappatoio e il maglione
2. il cappotto e il cappuccio
3. un copricapo qualsiasi e un fazzoletto
4. una camicia sportiva e una gonna diritta
5. una borsa e una borsetta

6. i pantaloncini da nuoto e i pantaloni da sci
7. l'acqua di Colonia e il profumo
8. la sciarpa e i guanti
9. la crema depilatoria e la crema idratante

19. Usa ciascuna delle seguenti parole/espressioni in altrettante frasi che ne rendano chiaro il significato.

Modello   il completo

               Mia sorella ha comprato un bellisimo completo, consistente di gonna blu e
                     giacca a quadretti rossa.

la pelliccia	il pigiama	il reggiseno	spogliarsi
lo smalto	l'abito integrale	l'asciugacapelli	il bigodino
le bretelle	la lima per unghie	l'orologio solare	la retina
la spazzola	lo spazzolino per denti	lo zaino	il buco
il cencio	la lancetta	la fibra	la macchia
la manica	la molla	il poliestere	il punto
rammendare	la stoffa di moda	la taglia	il tessuto
d'oro	in voga	il paio	la cesta del bucato

20. Anagrammi*

Modello   rcoot—*short*

                corto

1. eganelte—*elegant*   2. lgaro—*loose-fitting*   3. gerlego—*light*   4. scilio—*smooth*
5. unglo—*long*   6. ntepesa—*heavy*   7. pccolio—*small*   8. zrozo—*rough*   9. sortivpo—*sporty*
10. atstiro—*ironed/stiff*   11. midao—*starch*   12. cbuo—*hole*   13. ucicre—*to sew*
14. cchimaa—*spot, stain*   15. ttamolle—*clothes peg*   16. arestir—*to iron*

21. Classifica le seguenti parole/espressioni secondo le categorie riportate dalla tabella.

affettare	ai ferri	al dente	al forno
al sangue	al sugo	alla griglia	amaro
ben cotto	bollire	cuocere	dolce
farcire	friggere	fritto	girare
il basilico	il biscotto	il budino	il cioccolatino
il cracker	il dessert	il grano	il granturco, il mais
il grissino	il miele	il pane	il pane integrale
il panino	il pepe	il piattino	il piatto di ceramica
il piatto di porcellana	il prezzemolo	il rosmarino	il sale
il tavolo	il tovagliolo	il tramezzino	il vassoio
l'aceto	l'aglio	l'anice (m)	l'avena

l'erba	l'olio	l'origano	l'orzo
la cannella	la caramella	la farina	la forchetta
la marmellata	la menta	la miscela	la scodella
la spezia	la tazza	la torta	la tovaglia
la vaniglia	lesso	lo stuzzicadenti	lo zafferano
lo zenzero	lo zucchero	piccante	sbucciare

Bread, grains, pastries, and sweets	Spices and condiments	Cooking and preparation	Tableware

22. Mangiare fuori casa! Che/Chi è?*

Modello   Persona che serve i clienti al banco di un bar.
               Il barista

1. Persona che serve i clienti a tavola.   2. Si deve pagare alla fine del pranzo.   3. Si dice anche ≪menù.≫   4. Si dà al cameriere se ci ha servito bene.   5. Si deve fare per essere sicuri di avere un tavolo in un ristorante.   6. Prezzo non variabile.   7. Si dice del tavolo quando abbiamo fatto la prenotazione.   8. Tavola calda col nome inglese.   9. Si dice anche ≪self-service.≫
10. Locale simile al ristorante, ma meno raffinato.

Synthesis

23. Quante parole/espressioni che riguardano l'abbigliamento ricordi? Completa la seguente tabella nel modo indicato. *(Add as many cells to the chart as you may need.)*

Garments	Footwear	Accessories	Toiletries and cosmetics	Jewelry
la camicia	gli stivali	i guanti	la crema	il ciondolo

24. Adesso quante parole/espressioni che riguardano il cibo ricordi? Completa la seguente tabella nel modo indicato. *(Add as many cells to the chart as you may need.)*

Pasta, soups, and rice	Fruit and nuts	Bread, grains, pastries, spices, and sweets	Tableware	Meat	Fish and seafood	Vegetables and greens	Beverages and dairy products
il brodo	la pesca	il pane integrale	il cucchiaio	il vitello	l'aragosta	la lattuga	il burro

25. Leggi il seguente brano. Poi, svolgi le attività riportate sotto.

> Chi non conosce i nomi di Benetton, Armani, Ferrè, Krizia, Fendi, Valentino, Gucci, Versace nel settore della moda? Gli stilisti italiani sono tra i più rinomati e ricercati del mondo. Questo settore è economicamente cruciale per l'Italia: garantisce milioni di posti di lavoro e ha un ruolo importante nelle esportazioni. Il «made in Italy» è desiderato in tutto il mondo.
>
> È interessante notare che Napoli vanta antiche tradizioni per l'industria dei guanti; i bottoni di Bergamo sono famosi; Treviso è rinomata per la sua maglieria; e Varese è conosciuta per le scarpe. L'azienda del settore più «polemica» oggi è indubbiamente Benetton, con sede a Treviso. Quest'azienda vende capi di abbigliamento in oltre 60 paesi, ma è conosciuta soprattutto per i suoi manifesti pubblicitari molto polemici che espongono cause sociali celebri.

1. Traduci il brano in inglese.
2. Per che cosa è famosa...
   a. Napoli?
   b. Bergamo?
   c. Treviso?
   d. Varese?
3. Quali altri stilisti italiani conosci?

26. Traduci in inglese.

1. Tutte le botteghe di abbigliamento sono chiuse la domenica in quella città.
2. Vado spesso dal calzolaio per farmi riparare le calzature.
3. Quanto devo ancora camminare per giungere al negozio di abbigliamento femminile?
4. Quando vai in quel negozio chiedi sempre di quel commesso simpatico, il cui nome adesso mi sfugge.
5. Questa camicia è troppo grande per te. A te stanno bene solo le camicie attillate, le quali purtroppo non sono in vendita in questo negozio.
6. Questa vestaglia ti sta troppo larga; ti conviene mettertene una un po' più stretta.
7. Porta sempre i pantaloni troppo lunghi, che gli stanno sotto i piedi.
8. Perché cammini sempre scalza? Mettiti subito questo paio di scarpe, anche se sono un po' piccole e senza stringhe.
9. Vorrei comprare un anello di fidanzamento e un braccialetto. L'anello lo vorrei o di argento o di oro; il braccialetto può essere di corallo o di perla.
10. Quale brillante prezioso preferisce per il suo anello, diamante, opale, rubino, smeraldo, topazio o zaffiro?

27. Traduci in italiano.

1. He always wears a cap when he puts on a wind-breaker.
2. She always wears petticoats, and dresses up quite nicely, always wearing new dresses.
3. He was a picture of true elegance: he wore a bow-tie, a double-breasted jacket, and a new pair of trousers.

4. Underneath her raincoat she wore a beautiful jacket and pleated skirt.
5. She always puts on high-heeled and even stiletto-heeled shoes, but occasionally wears low-heeled or flat-heeled ones when her feet are in pain.
6. Once in a while he wears running shoes, but takes them off if he thinks that people are looking at him.
7. What shoe size do you wear? I think they have your size in that shoe shop over there.
8. Why do you always put on suede shoes when it rains?
9. My sister always wears stylish bras, straight skirts, and bright sports shirts.
10. I do not like to take off my clothes in a public place when I go swimming, so I always wear my swimsuit underneath.
11. It is always useful to carry a toothbrush and other things (such as perfume) when staying in hotels, for these items are generally not provided.
12. What size dress do you wear? It's a small size, isn't it?
13. This material has a hole in it. It is not made of a very good fabric. I will have to mend it right away.
14. My brother always wears elegant clothes. His shirt is always well ironed. There is never a spot on it. And, of course, he never buys polyester things. And he wears gold jewelry.
15. The other day I bought a very sporty outfit. It was long and very smooth.
16. How many carats does your gold watch have?
17. What kind of chain would you prefer, a silver or a gold one?
18. What is the jewel that you have on your pendant and necklace? Is it diamond or crystal?
19. How much thread do you need to sew that undergarment?
20. Do you like long or short sleeves?
21. I need to mend my sweater.
22. The dial of my watch has a scratch on it; I must have it changed.
23. I bought a leather purse the other day; but I have lost its buckle.
24. I truly need pantyhose and stockings; I prefer that they be very transparent and made of a good fabric.
25. This suit is very tight on me, but I still like it.

28. Leggi il seguente brano. Poi, svolgi le attività riportate sotto.

La cucina italiana è conosciuta in tutto il mondo. Tuttavia non esiste veramente una cucina comune a tutti, ma molte cucine che riflettono le diverse tradizioni delle regioni italiane. I piatti tipici, perciò, vengono indicati come toscani, lombardi, emiliani, e così via.

Per esempio, tra molte altre cose, la Lombardia è famosa per il *panettone* (pane dolce con frutta candita e uva secca), la Liguria per la *pasta al pesto* (salsa a base di aglio, olio e basilico), l'Emilia Romagna per i *tortellini* (piccoli ravioli), le *tagliatelle* e le *lasagne*, la Toscana per il *castagnaccio* (torta fatta con farina di castagne), la Campania per la *pizza* e la Sicilia per i *timballi* (paste al forno).

Studi recenti condotti sia negli Stati Uniti che in Italia hanno dimostrato che una delle diete più «sane e corrette» è quella «mediterranea». Con la parola «dieta mediterranea» ci si riferisce in modo particolare agli alimenti consumati tradizionalmente dagli italiani: pane, pasta, olio d'oliva,

> vino, legumi secchi, verdura e frutta fresca, pesce e piccole quantità di carne.
>
> A parte la cucina tradizionale, oggi c'è il fenomeno del fast-food e dei locali corrispondenti, molto popolari tra i giovani: *Burger King, McDonald's, Wendy*, ecc. Oltre ai ristoranti e alle trattorie, ci sono anche locali come le paninoteche (dove si vendono i panini), le pizzerie, i self-service, le rosticcerie, ecc.

1. Vero o falso? Correggi le affermazioni false in modo appropriato.*
   _____ a. Chi segue la dieta mediterranea mangia molta carne.
   _____ b. Burghy, McDonald's e Wendy non sono popolari tra i giovani.
   _____ c. Nelle paninoteche si vendono panini.
   _____ d. Le rosticcerie sono ristoranti di lusso.
   _____ e. La Lombardia è famosa per i timballi.
   _____ f. La Sicilia è famosa per il panettone.
   _____ g. La Toscana è famosa per il castagnaccio.
   _____ h. Il castagnaccio consiste di paste al forno.
   _____ i. La Liguria è famosa per la pasta al pesto.
   _____ j. Il pesto è una salsa a base di formaggio.
   _____ k. L'Emilia Romagna è famosa per la pizza.
   _____ l. In Italia, ogni regione ha la sua cucina.
2. Traduci il brano in inglese.
3. Cerca le seguenti ricette in un libro di ricette e poi descrivile agli altri membri della classe.
   a. gli spaghetti alla carbonara
   b. gli spaghetti alla matriciana
   c. le penne all'arrabbiata
   d. il risotto alla milanese

Text work

Text A

> *Da:*
>
> ### DEMETRIO VENDE L'OROLOGIO
>
> di
>
> #### Emilio De Marchi (1851–1901)
>
> Era un vecchio orologio d'argento, di quelli grossi così. Papà Vincenzo l'aveva avuto da suo padre, che l'aveva avuto da un ufficiale, il quale a sua volta..., insomma era un meraviglioso orologio che, dopo aver contato le ore belle e brutte dei vecchi di casa, continuava a indicare al nuovo e ultimo padrone un tempo inutile.

Dopo aver tentato due volte di venderlo come orologio, preso dalla paura del poco o nulla che gli offrivano nelle botteghe, provò a darlo via come oggetto antico. E fu più fortunato. Un tipo che sta di casa in San Vito, una vecchia strada milanese, e che forse cercava proprio un oggetto simile, si decise a dare trentacinque lire; molto più di quanto gli offrivano gli altri.

Demetrio nel venire via provò un senso di dispiacere e di dolore. Gli sembrò di essere come il suo orologio di Vienna e si accorse che anche lui era un oggetto fuori uso, con la differenza – sempre qualche differenza! – che per trentacinque lire nessuno l'avrebbe voluto.

Più volte senza pensarci la sua mano andava a cercare al solito posto e rimaneva quasi sorpresa di non trovare l'orologio; poi di notte – e adesso capitava spesso di non poter dormire – gli dispiaceva di non sentire più il solito ≪tic,≫ ≪tac≫ del vecchio amico che prima gli teneva compagnia.

Non è il caso di dire che in quel ≪tic≫ ≪tac≫ egli sentisse la voce dei vecchi che avevano riscaldato l'orologio con il caldo del loro corpo e che avevano da un pezzo finito di batter il loro tempo. Ma è certo che egli, guardando nel buio della notte molte pagine della sua vita passata, aveva quasi il senso d'un tempo vissuto in un altro mondo.

29. Attività

1. Traduci questo testo in inglese.
2. Scrivi una parafrasi del brano.
3. Scrivi un brano simile col seguente titolo: *L'anello che ho ricevuto due anni fa.*

Text B

Libera riduzione da:

MARCOVALDO VA AL SUPERMERCATO

di

Italo Calvino (1923–1985)

Una di queste sere Marcovaldo stava portando a spasso la famiglia. Essendo senza soldi, il loro spasso era guardare gli altri fare spese. Il supermarket funzionava col ≪self-service.≫ C'erano quei carrelli, ogni cliente spingeva il suo carrello e lo riempiva di ogni bendiddio. Anche Marcovaldo prese un carrello, uno sua moglie e uno ciascuno i suoi quattro bambini.

Cosa succcede?

A un punto in cui le corsie di molti reparti convergevano, da ogni sbocco veniva fuori un bambino di Marcovaldo, tutti spingendo carrelli carichi come bastimenti mercantili. Ognuno aveva avuto la stessa idea.

30. Immagina che cosa c'era nel carrello di Marcovaldo. Dalla seguente lista, solo 10 parole si riferiscono a cibo e, quindi, a cose che Marcovaldo avrebbe potuto mettere nel suo carrello. Quali sono?

l'antipasto	un piatto	una cena	due mele
dei datteri	dei fichi	degli affettati	la colazione
la cucina	una macedonia di frutta	del fegato	delle vongole
del tonno	degli asparagi	l'avena	lo spuntino
il pranzo	dell'insalata	dei fagiolini	il banchetto

31. Discussione

1. È ironico questo brano? Perché sì/no?
2. Quali sono, secondo te, i motivi per cui in un supermercato si compra di più?
3. La nostra società ci crea dei bisogni non essenziali. Sai indicarne alcuni?

Role-playing

32. Dibattiti!

Diverse coppie di studenti dovranno mettere in scena un dibattito in cui si discuterà la seguente questione:

≪Per essere accettate socialmente nel mondo di oggi è necessario che le donne si trucchino alla moda.≫

33. In un negozio di abbigliamento!

Diverse coppie di studenti dovranno mettere in scena la seguente situazione, risolvendola a piacere.

Ruolo A: il commesso/la commessa

Un commesso/una commessa in un negozio di abbigliamento vuole vendere un abito che non piace a nessuno.

Ruolo B: il/la cliente

Un cliente/una cliente, a cui non piace nemmeno, si è però innamorato/innamorata del commesso/della commessa. Non vuole comprare l'abito, ma, d'altra parte, non vuole perdere l'occasione di formare ≪un legame affettivo≫ col commesso/con la commessa.

34. Al ristorante!

La classe si divide in due gruppi, ciascuno dei quali sceglierà un rappresentante per interpretare il Ruolo A e l'altro il Ruolo B.

Ruolo A: il cameriere

È preoccupato perché un particolare piatto costosissimo non lo ordina mai nessuno. Se non lo serve a qualche cliente oggi, rischia di perdere il lavoro.

Ruolo B: il/la cliente

Non gli/le piace il piatto in questione, ma perché è accompagnato/accompagnata da una ≪persona amata,≫ non vuole dimostrare di essere ≪maleducato/a.≫

Discussion/Composition/Activities

35. Leggi il seguente menù. Poi, svolgi le attività riportate sotto.

Antipasti
Prosciutto e melone
Affettati vari
Frutti di mare sott'olio
Primi piatti
Gli spaghetti alle vongole
Le lasagne al forno ripiene di ricotta
Minestrone con spinaci
Risotto alla milanese
Secondi piatti
La bistecca alla fiorentina
La trota ai ferri
La cotoletta alla viennese
Contorni
Patatine fritte
Insalata mista
Legumi vari
Dolci vari, frutta e formaggio

1. Descrivi ciascuna vivanda nelle tue parole.
2. Fa' un elenco dei tuoi antipasti, primi piatti, secondi piatti e dolci preferiti.
3. Prepara un menù diverso.

36. Completa le due tabelle nel modo indicato. Poi presenta le tue liste alla classe e discutetele insieme.

Il vestiario femminile formale ideale	
Capi	*Aspetti di stile*

Il vestiario femminile informale ideale	
Capi	Aspetti di stile

Il vestiario maschile formale ideale	
Capi	Aspetti di stile

Il vestiario maschile informale ideale	
Capi	Aspetti di stile

37. Rispondi alle seguenti domande.

1. Che tipo di abito ti metteresti per un'intervista di lavoro?
2. Quanti pasti fai al giorno? A quale pasto mangi di più, di meno?
3. Fai colazione al mattino? A che ora fai di solito colazione? Che cosa mangi per colazione? La colazione del mattino è importante per te? Perché sì/no?
4. A che ora pranzi di solito? Che tipo di pranzo preferisci, leggero, pesante, ecc.? Descrivi il tuo pranzo ideale.
5. A che ora ceni di solito? Che tipo di cena preferisci? Descrivi una cena che, secondo te, è da considerarsi ben equilibrata.
6. Fai gli spuntini? Se sì, quando? Che cosa mangi? Che cosa bevi?

Unit 7

Perception, moods, and the mind

Level 1

Sensory perception

annusare	*to sniff*
ascoltare	*to listen to*
la cecità	*blindness*
cieco	*blind*
muto	*mute*
odorare	*to smell*
l'odore (m)	*odor, smell*
l'olfatto	*sense of smell*
percepire	*to perceive*
la percezione	*perception*
il rumore	*noise*
rumoroso	*noisy*
il sapore, il gusto	*flavor*
il senso	*sense*
sentire	*to hear, to feel, to sense*
la sordità	*deafness*
sordo	*deaf*
il suono	*sound*
toccare	*to touch*
il tocco, il tatto	*touch*
udire	*to hear*
l'udito	*hearing*
vedere	*to see*
la vista	*sight*

Vision, visual perception, visual phenomena, and looking patterns

l'alba	*dawn*
battere le palpebre	*to blink*
brillante	*bright*
brillare, splendere	*to shine*

la chiarezza	*clearness*
chiaro	*bright, clear*
il crepuscolo	*twilight*
dare un'occhiata	*to glance over, to glance at*
dare un'occhiata fugace a qualcuno	*to glance at someone*
fissare lo sguardo, fissare, squadrare	*to stare*
fissare qualcuno con aria di sfida	*to glare at someone*
gettare uno sguardo	*to cast a glance*
guardare	*to look at, to watch*
guardare con ira	*to glower*
guardare da vicino	*to look closely at something*
guardare di sbieco	*to look (at someone) askance*
guardare in giro	*to look around, to glance around*
l'illuminazione (f)	*illumination, lighting up*
luccicare	*to twinkle*
notare	*to note, to notice*
l'occhiata fugace	*glimpse*
l'oscurità (f)	*darkness*
osservare	*to observe*
rivolgere lo sguardo verso qualcuno	*to cast a glance at someone*
sbiadire	*to fade*
sbirciare	*to peep, to peer*
scambiare sguardi	*to exchange glances*

scintillare	to sparkle
scrutare	to scrutinize
scuro	dark
seguire con gli occhi	to follow with one's eyes
sfolgorare	to flash
lo sfolgorio	flash
lo sguardo, l'occhiata	glance
lo splendore	shine
il tramonto	sunset

Basic colors and color concepts

acceso, brillante	bright
arancione (inv)	orange
argento (inv)	silver
azzurro	blue
bianco	white
blu (inv)	dark blue
celeste	light blue, sky blue
chiaro	light
il colore	color
cupo	dark, dull (color)
giallo	yellow
grigio	grey
marrone (inv)	brown
nero	black
opaco	opaque
oro (inv)	gold
puro	pure
rosa (inv)	pink
rosso	red
scuro	dark
spento, sbiadito	dull
tingere	to tint
la tinta	tint
trasparente	transparent
turchino	turquoise
verde	green
vibrante	vibrant
viola (inv)	purple, violet
vivace	lively

Sounds, sound-making, and sound perception

cigolare	to creak
il cigolio	creak
il colpo	bang
fischiare, sibilare	to whistle
frizzare	to fizz
sbattere	to slam (a door)
scricchiolare	to crackle, to squeak
scoppiare	to explode, to blast
squillare	to shriek
strillare	to squeal
suonare	to ring
tonfare	to thump
il tonfo	thump, thud
turarsi le orecchie	to close one's ears

Smells and olfactory perception

l'aroma (m)	aroma
delicato	delicate
fetido	fetid
il fiuto	sense of smell
la fragranza	fragrance
fresco	fresh
penetrante	pervasive
persistente	persistent, lasting
profumato	scented
il profumo	sweet/good smell, perfume
putrido	putrid
puzzare	to stink
il puzzo	stink
puzzolente	stinky

Tastes and taste perception

acro	acrid
amaro	bitter
aspro	sour
dolce	sweet
insipido	insipid
piccante	spicy
rancido	rancid
salato	salty
sciocco, sciapo	tasteless
squisito	delicious

Touch and touch perception

appiccicoso	*sticky*	scaglioso, squamoso	*scaly*
liscio	*smooth*	scivoloso,	*slippery*
morbido, soffice	*soft*	sdrucciolevole	
nodoso	*knobby*	soffice	*soft*
prudere	*to itch*	spinoso, pungente	*prickly*
pruriginoso	*itchy*	sulle spine	*on pins and needles*
rigido	*stiff*	viscoso	*viscous*
rozzo, ruvido	*rough*		

Level 2

Moods, dispositions, attitudes, etc.

l'affetto	*affection*	essere giù	*to be / feel down (emotionally)*
annoiarsi	*to become bored*		
annoiato	*bored*	essere su	*to be / feel up (emotionally)*
l'ansia	*anxiety*		
ansioso	*anxious*	felice, allegro	*happy*
l'antipatia	*dislike*	la felicità, la	*happiness*
arrabbiato, irato	*angry*	contentezza	
assicurare	*to assure, to secure*	fidarsi (di)	*to trust*
l'atteggiamento	*attitude*	la fiducia	*trust, faith*
avere paura (di)	*to fear, to be afraid (of)*	la gioia	*joy*
		la gratitudine	*thankfulness*
avere pazienza	*to have patience, to be patient*	grato	*grateful*
		incoraggiare	*to encourage*
il buon umore	*good mood*	incoraggiato	*encouraged*
il cattivo umore	*bad mood*	indifferente	*indifferent*
la comprensione	*sympathy, understanding*	l'indifferenza	*indifference*
		ingrato	*ungrateful*
comprensivo	*sympathetic*	insoddisfatto	*dissatisfied*
contento	*pleased, happy, content*	l'insoddisfazione (f)	*dissatisfaction*
curioso	*curious, funny*	l'ira, la rabbia	*anger*
deludere	*to disappoint*	lamentarsi	*to complain*
deluso	*disappointed*	la lamentela	*complaint*
la depressione	*depression*	lunatico	*moody*
depresso	*depressed*	la lusinga	*flattery*
disgustare	*to disgust*	lusingare	*to flatter*
il disgusto	*disgust*	la noia	*boredom*
disperato	*desperate*	l'odio	*hatred*
la disperazione	*desperation*	la paura	*fear*
il divertimento	*fun, enjoyment*	la pazienza	*patience*
divertirsi	*to enjoy oneself, to have fun*	piangere	*to cry*
		il pianto	*crying*
il dolore	*sorrow*	ridere	*to laugh*

la risata	laughter
sensibile	sensitive
la sensibilità	sensitivity
sfogarsi	to let off steam
sicuro	sure, certain
la simpatia	liking
soddisfatto	satisfied
la soddisfazione	satisfaction
il sollievo	relief
sorprendere	to surprise
la sorpresa	surprise
sorpreso	surprised
sorridere	to smile
il sorriso	smile
la speranza	hope
sperare	to hope
tollerante	tolerant
la tolleranza	tolerance
l'umore (m)	mood
l'umorismo	humor
umoristico	funny, humorous
la vergogna	shame
vergognarsi	to be ashamed
la voglia	strong desire

The mind

avere ragione	to be right
avere torto	to be wrong
ben informato	knowledgeable
capire	to understand
il concetto	concept
la conoscenza	knowledge
convincere	to convince
la coscienza	conscience
coscienzioso	conscientious
la creatività	creativity
creativo	creative
dimenticare	to forget
dissuadere	to dissuade
il dubbio	doubt
dubbioso	doubtful
la fantasia	imagination, phantasy
il giudizio	judgment, wisdom
l'idea	idea

ignorante	ignorant
l'ignoranza	ignorance
l'immaginazione (f), la fantasia	imagination, fantasy
imparare	to learn
l'ingegno	wit, brains
ingegnoso	ingenious
intelligente	intelligent
l'intelligenza	intelligence
interessarsi di	to be involved in
l'interesse (m)	interest
l'ipotesi (f, inv)	hypothesis
la logica	logic
la memoria	memory
la mente	mind
l'opinione (f)	opinion
il pensiero	thought
persuadere	to persuade
ragionare	to reason
la ragione	reason
ricordare	to remember
la riflessione	reflection
riflettere	to reflect
la sapienza	knowledge, wisdom
sensato	sensible
smemorato	forgetful
sognare	to dream
il sogno	dream
studiare	to study
il torto	wrong

Vision, visual perception, and looking patterns

abbagliare	to dazzle
accecare	to blind
cupo, opaco	dull
guardare qualcuno con la coda dell'occhio	to look at someone out of the corner of one's eye
guardare qualcuno in faccia	to look someone in the face
guardare qualcuno negli occhi	to look someone in the eye
il lustro	gloss, sheen
raggiare	to beam

il raggio	*beam*	grattugiare	*to grate*
il riflesso	*reflection*	mormorare	*to hum*
risplendere, luccicare	*to glow*	rimbombare	*to ring out*
vivo	*bright, lively*	risuonare	*to resonate*
		riverberare	*to reverberate*
		sgretolare	*to grind*

Sounds and sound perception

		il sonaglio	*rattle*
cozzare	*to clash*	spruzzare	*to splash*
echeggiare	*to echo*	suonare il clacson,	*to honk*
fare le fusa	*to purr*	suonare	
fracassare	*to smash, to crash*	la tromba	
		tintinnare	*to jingle, to clink, to jangle*
frusciare	*to rustle*		
gargarizzare, fare gargarismi	*to gargle*		

Level 3

Color concepts

		diventare rosso	*to become embarrassed*
arrossire	*to blush*		
avorio (inv)	*ivory*	essere verde dalla rabbia	*to be extremely angry*
cioccolato (inv)	*chocolate*		
grigio fumo (inv)	*smoky grey*	un film a luci rosse	*pornographic movie*
grigio perla (inv)	*pearl grey*		
limone (inv)	*lemon*	un giallo	*mystery story*
malva (inv)	*mauve*	giallo dalla rabbia	*extremely angry*
nero come il carbone	*black as coal*		
nero come l'inchiostro	*inky black*	una mosca bianca	*rare thing*
nero come la pece	*pitch black*	una notte bianca	*sleepless night*
prugna (inv)	*plum*	il numero verde	*1–800 number, call-free number*
verde acqua (inv)	*marine green*		
verde mela (inv)	*apple green*	l'onda verde	*traffic report radio*
verde militare (inv)	*military green*	le pagine gialle	*yellow pages*
verde oliva (inv)	*olive green*	il Principe Azzurro	*Prince Charming*
verde tenero (inv)	*light green*	una squadra azzurra	*national Italian team*

Color idioms

		il telefono azzurro	*helpline*
a luci rosse	*red light*	l'umore nero	*dark mood*
all'acqua di rose	*mild, superficial*	verde di paura	*terrified*
		una vita grigia	*dull life*
al verde	*(financially) broke*	il volto verde dallo spavento	*terrified look*
Bianca Neve	*Snow White*		
carta bianca	*carte blanche*		

Materials and textures

Level 1

General concepts and notions of matter

l'acido	acid
l'acqua	water
l'aria	air
l'atomo	atom
il calore	heat
la carica	charge (electric, explosive, etc.,)
il composto	compound
l'elettricità	electricity
elettrico	electrical
l'energia	energy
la fibra	fiber
il fossile	fossil
il fumo	smoke
il fuoco	fire
inorganico	inorganic
il liquido	liquid
la materia	matter
minerale	mineral
la molecola	molecule
organico	organic
il solido	solid
la sostanza	substance
il vapore	vapor

Common textures

artificiale	artificial
debole	weak
duro	hard
elastico	elastic
finto	fake
forte	strong
leggero	light
liscio	smooth
malleabile	malleable
molle, morbido	soft
pesante	heavy
plastico	plastic
resistente	resistant
ruvido	rough

sintetico	synthetic
stabile	stable
il tessuto	texture, textile

Cloth

l'acrilico	acrylic
il cotone	cotton
il crespo	crepe
il feltro	felt
la flanella	flannel
il fustagno	corduroy
la garza	gauze
la lana	wool
il lino	linen
il nastro	ribbon
il panno, la stoffa	cloth
il pizzo	lace
la rete	net
la roba	stuff
la seta	silk
la stoffa di lana	woolens
il velluto	velvet

Metals

l'acciaio	steel
il bronzo	bronze
il ferro	iron
il ferro battuto	wrought iron
la lamiera stagnata	tinfoil
la latta, lo stagno	tin
l'ottone (m)	brass
il piombo	lead
il rame	copper

Miscellaneous

l'argilla	clay
l'asfalto	asphalt
il camoscio	suede
la carta	paper
il cartone	cardboard
il catrame	tar

il cemento	*cement*	il marmo	*marble*
il cemento armato	*concrete*	il mattone	*brick*
la cera	*wax*	murare	*to lay bricks*
la corda	*rope*	il muratore	*bricklayer*
il gesso	*chalk*	il nastro	*tape*
la ghiaia, la breccia	*gravel*	la paglia	*straw*
la gomma	*rubber*	la pece	*pitch*
il granito	*granite*	la pelle, il cuoio	*leather*
intonacare	*to plaster*	la pergamena	*parchment*
l'intonaco	*plaster*	la plastica	*plastic*
l'intonacatore, lo stuccatore	*plasterer*	ricoprire di ghiaia	*to gravel*
		lo spago	*string*
la lacca	*varnish*	il vetro	*glass*
il legno	*wood*	il vinile	*vinyl*
il legno duro	*hardwood*		

Level 2

Cloth

il calicò (inv)	*calico*	l'ebano	*ebony*
il popeline (inv)	*poplin*	il legno compensato	*plywood*
il satin (inv)	*satin*	il mogano	*mahogany*
la tela indiana	*seersucker*	la porcellana	*porcelain*
		il sughero	*cork*
		la terraglia	*earthenware*
Miscellaneous		il vimine	*wicker*
il bambù (inv)	*bamboo*		
la canna	*cane*		

Level 3

Cloth

		la ghisa	*cast iron*
il damasco	*damask*	il laminato	*sheet metal*
la felpa	*plush*	il lingotto d'acciaio	*pig iron*
la lana vergine	*virgin wool, new wool*	la maglia	*mesh*
la pelle di cinghiale	*pigskin*	il metallo duttile	*ductile metal*
la pelle finta	*imitation leather*	il nichelio	*nickel*
il pelo di cammello	*camel-hair*	la placcatura	*plating*
la tela cerata	*tarpaulin*	il rottame	*scrap iron*
la tela da vele	*sailcloth*	la scoria	*slag*
la tela di sacco	*burlap*	lo smalto	*enamel*

Metals

l'acciaio inossidabile	*stainless steel*	**Miscellaneous**	
il filo di rame	*copper wire*	la balsa	*balsa wood*
		granuloso	*grainy*

l'intarsio	*inlay*	la pomice	*pumice*
la lana di vetro	*fiber-glass*	la scheggia	*splinter, chip*
il legno di nocciolo	*hazel wood*	la selce	*flint*
il nodo	*knot*	la venatura	*grain (of wood)*
nodoso	*knotty*		

Exercises

Level 1

1. Scegli l'aggettivo che meglio descrive la cosa indicata.*

1. Una caratteristica dei liquidi è che sono...
   a. viscosi
   b. rigidi
   c. rancidi
   d. nodosi
   e. muti
   f. elastici
2. La colla è una sostanza...
   a. aspra
   b. rumorosa
   c. pruriginosa
   d. appiccicosa
   e. ruvida
   f. malleabile
3. La seta e il velluto sono tessuti...
   a. lisci
   b. insipidi
   c. dolci
   d. amari
   e. pesanti
   f. plastici
4. Il gusto delle acciughe è più che altro...
   a. squisito
   b. salato
   c. piccante
   d. acro

   e. sintetico
   f. finto
5. L'odore che emette la puzzola è soprattutto...
   a. putrido
   b. profumato
   c. persistente
   d. fresco
   e. duro
   f. leggero
6. L'odore delle rose è spesso chiamato...
   a. puzzolente
   b. penetrante
   c. fetido
   d. delicato
   e. artificiale
   f. resistente
7. I gialli della pittura di Van Gogh vengono spesso caratterizzati come...
   a. vivaci
   b. vibranti
   c. puri
   d. brillanti
   e. deboli
   f. stabili

2. Accoppia i sinonimi e i quasi-sinonimi.*

1. spinoso	a. annusare	5. scivoloso	e. il tatto
2. morbido	b. brillante	6. sciocco	f. l'occhiata
3. rozzo	c. il cuoio	7. fischiare	g. la breccia
4. scaglioso	d. il gusto	8. spento	h. la pece

9. odorare	i. la stoffa	17. molle	q. sciapo
10. il sapore	j. lo stagno	18. la pelle	r. sdrucciolevole
11. il tocco	k. lo stuccatore	19. l'intonacatore	s. sibilare
12. brillare	l. morbido	20. la ghiaia	t. soffice
13. fissare	m. pungente	21. il catrame	u. splendere
14. notare	n. osservare	22. la latta	v. squadrare
15. lo sguardo	o. ruvido	23. il panno	w. squamoso
16. acceso	p. sbiadito		

3. Cruciverba*

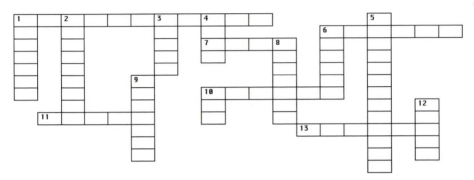

Orizzontali
1. Non opaco.
2. Condizione che descrive chi è cieco.
7. È il colore di un fiore «romantico.»
10. Il contrario di nero.
11. Il colore dell'erba.
13. Il colore del sole.

Verticali
1. Venire a contatto con qualcosa.
2. Il colore dell'arancia.
3. Il colore del sangue.
4. Il contrario di bianco.
5. Produrre rumori secchi e leggeri.
6. Il contrario di scuro.
8. Il colore che simboleggia un matrimonio che è durato 25 anni.
9. Azzurro chiaro.
10. Azzurro scuro.
12. Colore che sta tra il rosso cupo e il turchino.

4. Che cos'è?*

Modello   Un odore cattivo o sgradevole.
         Il puzzo
1. Un odore gradevole.
2. L'ha molto buono il cane.
3. Rumore o colpo sordo prodotto da un corpo che cade a terra o in acqua.
4. Suono forte, acuto e stridente.
5. Il colore assunto da un oggetto dopo che è stato colorato.

6. Il colore che viene usato per descrivere un matrimonio che è durato 50 anni.
7. Il colore delle castagne.
8. Il colore intermedio tra il bianco e il nero.
9. Descrive la luce intensa e continua.
10. Il contrario della chiarezza.
11. L'alba.
12. Un modo di sentire.
13. La condizione che descrive chi è sordo.
14. Cordicella sottile e resistente.
15. Elemento usato dai dentisti per otturare un dente colpito dalla carie.

5. Usa ciascuna delle seguenti parole/espressioni in altrettante frasi che ne rendano chiaro il significato.

Modello   l'atomo
          L'atomo è la particella più piccola di ogni elemento.

prudere	sulle spine	puzzare	la fragranza
l'aroma	turarsi le orecchie	tonfare	suonare
frizzare	sbattere	scoppiare	squillare
strillare	cigolare	tingere	lo splendore
sfolgorare	seguire con gli occhi	scrutare	scintillare
scambiare sguardi	sbirciare	sbiadire	rivolgere lo sguardo
osservare	un'occhiata fugace	luccicare	l'illuminazione
guardare in giro	guardare con ira	battere le palpebre	percepire
ascoltare	la lana	il cemento armato	la molecola

6. In che modo sono differenti le seguenti cose?

Modello   il fumo e il fuoco
          Il fuoco è una conseguenza della combustione, e il fumo è una conseguenza del fuoco.

1. una molecola e un composto
2. una materia organica e una materia inorganica
3. un vapore e un solido
4. l'acrilico e il cotone
5. il crespo e il feltro
6. la flanella e il fustagno
7. il lino e la lana
8. l'acciaio e il bronzo
9. il ferro e il ferro battuto
10. la lamiera stagnata e l'ottone
11. l'argilla e l'asfalto
12. la carta e il cartone
13. la plastica e il vetro
14. l'olfatto, l'udito e la vista
15. dare un'occhiata fugace a qualcuno e fissare qualcuno con aria di sfida
16. guardare da vicino e guardare di sbieco
17. l'alba e il tramonto
18. dare un'occhiata, fissare lo sguardo e gettare uno sguardo
19. senso e percezione
20. l'aria e l'acqua
21. la paglia e la pergamena
22. il granito e la rame

7. Traduci in inglese o italiano, secondo il caso.*

l'acido	
	heat
la carica	
	electricity
elettrico	
	energy
la fibra	
	fossil
minerale	
	gauze
organico	
	lace
la rete	
	stuff
il camoscio	
	cement
la cera	
	rope
il gesso	
	rubber
intonacare	
	plaster
la lacca	
	hardwood
il marmo	
	brick
murare	
	bricklayer
il nastro	
	to gravel
il vinile	

Level 2

8. Accoppia i sinonimi e i quasi-sinonimi.*

1. suonare il clacson
2. gargarizzare
3. risplendere
4. l'immaginazione
5. arrabbiato

a. allegro
b. fare gargarismi
c. irato
d. la contentezza
e. la fantasia

6. curioso
7. felice
8. l'ira
9. la felicità
10. cupo

f. luccicare
g. suonare la tromba
h. la rabbia
i. umoristico
j. opaco

9. Adesso accoppia i contrari e i quasi-contrari.*

1. l'affetto
2. annoiarsi
3. avere ragione
4. il divertimento
5. la simpatia
6. il buon umore
7. la paura
8. soddisfatto
9. grato
10. la disperazione

a. avere torto
b. divertirsi
c. essere su
d. il cattivo umore
e. il sorriso
f. ingrato
g. insoddisfatto
h. l'antipatia
i. l'intelligenza
j. l'odio

11. essere giù
12. il dolore
13. la lamentela
14. piangere
15. il pianto
16. l'insoddisfazione
17. il torto
18. dissuadere
19. dimenticare
20. l'ignoranza

k. la fiducia
l. la gioia
m. la lusinga
n. la noia
o. la ragione
p. la soddisfazione
q. la speranza
r. persuadere
s. ricordare
t. ridere

10. Indica qualcuno che tu conosci che riflette la qualità data.

Modello   annoiato
         Mia sorella è quasi sempre annoiata.
1. ansioso   2. comprensivo   3. deluso   4. disperato   5. contento   6. depresso
7. lunatico   8. indifferente   9. incoraggiato   10. sensibile   11. sicuro   12. tollerante
13. ben informato   14. coscienzioso   15. creativo   16. dubbioso   17. ignorante   18. sensato
19. si vergogna   20. ha tanta pazienza   21. si fida facilmente di tutti   22. si lamenta spesso
23. tende a lusingare la gente   24. tende a incoraggiare la gente   25. si sfoga davanti a tutti
26. sorride sempre   27. manca di senso dell'umorismo   28. ha poca pazienza   29. non sa
dimostrare la gratitudine   30. ha un atteggiamento duro   31. intelligente   32. smemorato
33. ha poco giudizio   34. ha tanta fantasia   35. ha poca vergogna   36. ingegnoso   37. ha una
buona mente   38. sogna tante cose   39. studia molto

11. Quali sono possibili cause delle seguenti condizioni psicologiche?

Modello   l'ansia
         Gli esami possono provocare grande ansia negli studenti.
1. la depressione   2. il disgusto   3. la gratitudine   4. l'indifferenza   5. la sensibilità
6. le risate   7. un sollievo   8. le sorprese   9. i sogni

12. Come si dice...?*

1. *conscience,* 2. *creativity,* 3. *doubt,* 4. *hypothesis,* 5. *idea,* 6. *wit,* 7. *interest,* 8. *knowledge,*
9. *logic,* 10. *memory,* 11. *mood,* 12. *opinion,* 13. *reflection,* 14. *knowledge, wisdom,*
15. *strong desire,* 16. *surprised,* 17. *sympathy, understanding,* 18. *concept,* 19. *thought,*
20. *to assure, to secure,* 21. *to be interested in,* 22. *to convince,* 23. *to disappoint,* 24. *to disgust,*
25. *to hope,* 26. *to learn,* 27. *to reason,* 28. *to reflect,* 29. *to surprise,* 30. *to understand,*
31. *tolerance*

13. Usa ciascuna delle seguenti parole/espressioni in altrettante frasi che ne rendano chiaro il significato.

Modello   abbagliare
              Quella luce ci abbaglia; è veramente intensa.

accecare	guardare qualcuno con la coda dell'occhio	guardare qualcuno in faccia	guardare qualcuno negli occhi
il lustro	raggiare	il raggio	il riflesso
vivo	cozzare	echeggiare	fare le fusa
fracassare	frusciare	grattugiare	mormorare
rimbombare	risuonare	riverberare	sgretolare
il sonaglio	spruzzare	tintinnare	il calicò
il popeline	il satin	la tela indiana	il bambù
la canna	l'ebano	il legno compensato	il mogano
la porcellana	il sughero	la terraglia	il vimine

Level 3

14. Scegli la risposta giusta.*

1. È il colore delle zanne di un elefante.
   a. cioccolato
   b. avorio
   c. grigio perla
   d. verde mela
   e. prugna
   f. verde oliva
   g. verde acqua

2. Descrive un film o una rivista a carattere erotico.
   a. arrossisce
   b. nero come l'inchiostro
   c. grigio fumo
   d. a luci rosse
   e. l'onda verde
   f. all'acqua di rose

3. Colore che indica spavento sul volto.
   a. il bianco
   b. il verde
   c. il malva
   d. il limone
   e. il rosso
   f. nero come il carbone
   g. nero come la pece

4. È una cosa rara.
   a. il grigio fumo
   b. il verde tenero
   c. le notti bianche
   d. una mosca bianca
   e. l'umore nero
   f. il numero verde
   g. una vita grigia

5. È il colore della rabbia e della paura.
   a. il verde
   b. il celeste
   c. il marrone
   d. il grigio
   e. il blu
   f. il verde militare
   g. il viola
6. Quando si è al verde...
   a. dobbiamo diventare rossi
   b. dobbiamo evitare il telefono azzurro
   c. dovremmo cercare un lavoro
   d. dobbiamo buttare via le pagine gialle
   e. dovremmo leggere subito un giallo
   f. dobbiamo indossare una maglia di lana vergine
   g. dobbiamo essere gialli dalla rabbia
7. Il fidanzato di Bianca Neve.
   a. il Principe Azzurro
   b. il cavaliere con lo scudo di ghisa
   c. un giocatore di una squadra azzurra
   d. il cavaliere che ha carta bianca di fare quello che vuole
   e. il cavaliere con un cappello azzurro
   f. il cavaliere con una spada lunga

15. Con le tue parole, spiega o esemplifica ciascuna delle seguenti cose.

Modello   il damasco
               Spiegazione:
               È un tessuto di seta di un solo colore in cui il disegno risalta sul fondo.
               Esemplificazione:
               Era un tempo usato per di abiti più prestigiosi.

la venatura	la selce	il damasco	la felpa
la pelle di cinghiale	la pelle finta	il pelo di cammello	la tela cerata
la tela da vele	la tela di sacco	l'acciaio inossidabile	il filo di rame
il laminato	il lingotto d'acciaio	la maglia	il metallo duttile
la placcatura	il rottame	la scoria	lo smalto
la balsa	granuloso	l'intarsio	la lana di vetro
il legno di nocciolo	il nodo	nodoso	la pomice

Synthesis

16. Quante parole/espressioni ricordi? Completa la seguente tabella nel modo indicato. *(Add as many cells to the chart as you may need.)*

Vision concepts	Sound concepts	Smell concepts	Taste concepts	Touch concepts	Colours and colour concepts	Moods and mental concepts
guardare	fischiare	l'aroma	dolce	soffice	verde	l'umorismo

17. Adesso, quante parole/espressioni che riguardano materiali, tessuti, ecc. ricordi? Completa la seguente tabella nel modo indicato. *(Add as many cells to the chart as you may need.)*

Common textures	Cloth	Metal	Miscellaneous notions
molle	il cotone	il ferro	il gesso

18. Identifica un uso o una funzione per ciascuna delle seguenti cose.

Modello   lo smalto
          Lo smalto può essere utilizzato come decorazione per conferire agli oggetti lucentezza.

la lana di vetro	la tela cerata	la paglia	la cera
il rottame	la tela da vele	il nastro	il catrame
la placcatura	il legno compensato	il marmo	il rame
il filo di rame	il mogano	la lacca	la lamiera stagnata
la ghisa	il vinile	l'intonaco	il pizzo
l'acciaio inossidabile	lo spago	il granito	il lino
la pelle di cinghiale	la plastica	la ghiaia	il damasco

19. Traduci in italiano.

1. My sweater is made of virgin wool, even though it looks as if it were made of camel-hair.
2. I recently bought a set of porcelain dishes. But, given their colour, they seem to be made of ebony.
3. My life is dull. I have spent many sleepless nights because I am financially broke.
4. My new suit is pearl grey, while my overcoat is light green.
5. Why do you grind your teeth? It makes such a harsh sound.
6. I never look at someone I do not know in the eye. I always try to look, instead, out of the corner of my eye.
7. I am so forgetful. I never remember anything.

8. Logic is important in solving problems of all kinds. It can be defined as the balanced use of reason and imagination.
9. A sense of humor and tolerance are important qualities, as are sensitivity and patience. Anger and boredom, on the other hand, are to be avoided.

20. Indica se l'affermazione è vera o falsa.*

_____ 1. Il carbone è di colore nero.
_____ 2. I cani fanno le fusa.
_____ 3. Si possono fare i gargarismi per il mal di gola.
_____ 4. Il satin è un tessuto spinoso e scaglioso.
_____ 5. Lo «scotch tape» è un nastro appiccicoso.
_____ 6. I «baci perugini» sono aspri.
_____ 7. I cani, generalmente, hanno un ottimo fiuto.
_____ 8. L'alba avviene di sera.
_____ 9. L'udito è il senso che ci permette di sentire i suoni.
_____ 10. Il tramonto avviene la mattina.

Text work

Text A

NEL BLU DIPINTO DI BLU

di

Domenico Modugno (1928–1994)

Penso che un sogno così non ritorni mai più:
Mi dipingevo le mani e la faccia di blu, poi d'improvviso
venivo dal vento rapito, e incominciavo a volare
nel cielo infinito . .

Volare. . . .oh, oh!
cantare. . . .oh, oh, oh, oh!
nel blu dipinto di blu
felice di stare lassù!

E volavo, volavo felice più in alto del sole ed ancora più su,
mentre il mondo pian piano spariva lontano laggiù,
una musica dolce suonava soltanto per me.

Volare. . . .oh, oh!
cantare. . . .oh, oh, oh, oh!
nel blu dipinto di blu
felice di stare lassù!

Ma tutti i sogni nell'alba svaniscon perché, quando tramonta,
la luna li porta con sé. Ma io continuo a sognare negli occhi
tuoi belli, che sono blu come il cielo trapunto di stelle.

> *Volare....oh, oh!*
> *cantare....oh, oh, oh, oh!*
> *nel blu dipinto di blu*
> *felice di stare quaggiù!*
>
> E continuo a volare felice più in alto del sole ed ancora
> più su, mentre il mondo pian piano scompare negli occhi tuoi blu;
> la tua voce è una musica dolce che suona per me.
>
> *Volare....oh, oh!*
> *cantare....oh, oh, oh, oh!*
> *nel blu, dipinto di blu,*
> *felice di stare lassù....*
> *Nel blu degli occhi tuoi blu,*
> *felice di stare quaggiù, con te!*

21. Rispondi alle seguenti domande.

1. Che cosa è ≪il blu≫ della canzone?
2. Che tipo di occhi ha la donna che Modugno ama?
3. Che tipo di occhi ha il ragazzo/la ragazza che ami tu?
4. Che differenza c'è tra un cielo blu e un cielo celeste?
5. Secondo te, perché il cantante usa ≪blu≫ invece di ≪celeste≫?

22. Discussione

Uno studente dovrà trovare una registrazione della canzone di Modugno. La classe ascolterà la canzone. In seguito, ciascuno dovrà rispondere alle seguenti domande.

1. Ti è piaciuta la canzone? Perché sì/no?
2. Tu sogni spesso? Come sono i tuoi sogni?
3. Racconta un sogno tuo particolarmente memorabile.
4. Conosci altre canzoni italiane? Quali? Chi le canta? Come sono?

Text B

COLORI

di

Luigi Bartolini (1892–1963)

Nero: sei il nero Inferno, le oscure sue porte,
l'arco di Stige sei, l'ombra di sera, il fiato di notte,
la coltre triste, che in ultimo ti ricopre;
nero, colore di spensiero di Morte.

Rosso, oh tu, fra i colori, il più giovane,
per te si dilegua, in fuga si pone malinconia,
colore delle corolle fragranti, di labbra accese,
tu l'anima sei dei sensi, oh colore terrestre!

Azzurro, mite, puro che i cieli dischiudi;
vestigia di angeli, letto del mare: la tua nobiltà
sorride serena nelle stelle dei fiordalisi
(tu, caro, ad Enrico d'Ofterdingen, emblema).

Verde, color di pace pei campi, di mattina;
sopra te riposarmi, verde speranza, vorrei;
errare ancora una volta alle tue luci, alle tue ombre,
cupo verde dei boschi, di saggine chiaro verde.

Viola, trapasso di ore, seduzione dell'infinito;
di doppia vita partecipi, alle albe, ed ai tramonti;
colore delle nuvole, e di Roma, da Monte Mario,
colore delle distanze e degli attutiti clamori.

Giallo, allegria, infedeltà, colore dell'Oriente,
stole trapunte d'oro, vesti d'odalische, raggi di sole;
esuberanti distese di grani maturi fra i tulipani;
ma la tua vita è breve, oh colore senza soste!

Bianco, e tu solitario, e tu amico,
tutto nascondi dietro l'immobile viso,
colore della Sfinge; celata dalle tue ali la sorte
nostra ultima tu già conosci, silenzioso, impenetrabile.

23. Con le tue parole, indica cosa simboleggia ciascun colore per il poeta.

il bianco	il nero	il viola	il verde	l'azzurro	il rosso	il giallo

24. Ricerche

Fa' delle ricerche sulle seguenti cose/persone/ecc. menzionate dal poeta. Poi, leggi in classe
quello che hai trovato.

1. lo Stige
2. la coltre
3. le corolle
4. Enrico d'Ofterdingen

5. la saggina
6. Monte Mario
7. la stola
8. la Sfinge

Game-playing

25. Gioco!

La classe si divide in due gruppi. A vicenda, i diversi membri di ciascun gruppo dovranno
costruire domande riguardanti il tema della percezione o dei materiali che i membri dell'altro
gruppo dovranno indovinare.

Modello   È un colore che viene usato per descrivere, per esempio, le pagine di un elenco
                telefonico, un genere di narrazione . . .
Risposta   il giallo

Il gruppo vincente sarà quello col numero superiore di risposte corrette (ciascuna delle quali si
dovrà indovinare entro un determinato periodo di tempo.)

Discussion/Composition/Activities

26. Ricerche

1. Coll'ausilio di un dizionario o un'enciclopedia ricerca i significati delle seguenti espressioni
   idiomatiche. In seguito, riporta quello che hai trovato alla classe.

Fonte fisica delle espressioni	*Espressioni*	*Significati*
acqua	1. acqua in bocca	1.
	2. avere l'acqua alla gola	2.
	3. fare un buco nell'acqua	3.
	4. essere un pesce fuor d'acqua	4.
	5. gettare acqua sul fuoco	5.
	6. pestare l'acqua nel mortaio	6.
	7. acqua passata non macina più	7.
	8. trovarsi in cattive acque	8.
	9. tirare l'acqua al proprio mulino	9.
aria	1. darsi delle arie	1.
	2. fare castelli in aria	2.
	3. capire quello che è nell'aria	3.
	4. aver paura dell'aria	4.
	5. camminare col naso in aria	5.
	6. mandare all'aria qualcosa	6.
	7. prendere una boccata d'aria	7.
	8. discorsi campati in aria	8.
	9. esserci qualcosa nell'aria	9.
carica	1. dare la carica	1.
	2. la carica erotica	2.
	3. la carica drammatica di un film	3.
	4. una carica affettiva	4.
	5. passo di carica	5.
	6. tornare alla carica	6.

fumo	1. sapere di fumo	1.
	2. mandare in fumo	2.
	3. andarsene in fumo	3.
	4. venditore di fumo	4.
	5. gettar fumo negli occhi	5.
	6. molto fumo e poco arrosto	6.
	7. colore fumo di Londra	7.
fuoco	1. fuoco sacro	1.
	2. prova del fuoco	2.
	3. il fuoco eterno	3.
	4. il fuoco di paglia	4.
	5. mettere a ferro e fuoco	5.
	6. soffiare sul fuoco	6.
	7. buttare acqua sul fuoco	7.
	8. avere il fuoco in bocca	8.
	9. sentirsi il fuoco addosso	9.

2. Adesso, coll'ausilio di un dizionario o un'enciclopedia elenca le espressioni idiomatiche (e i loro significati) che sono derivabili dalle seguenti fonti fisiche. Poi, riporta quello che hai trovato alla classe.

1. la tela   2. la cera   3. il vetro   4. lo spago   5. la paglia   6. il marmo   7. il legno   8. la corda   9. la pelle   10. il cemento   11. la carta   12. il ferro   13. l'acciaio   14. la seta   15. la lana   16. il vapore   17. la molecola   18. l'atomo

27. Prima inchiesta in classe!

La classe si divide in due gruppi. Ciascun gruppo preparerà un elenco dei significati simbolici che i colori evocano per loro (come indicato dalla tabella riportata sotto.)

Colori	Significati simbolici evocati
il verde	speranza, paura, rabbia, gioventù, impegno ecologico, ecc.
il grigio	
l'azzurro	
il giallo	
il rosso	
il nero	
il marrone	
il bianco	
il viola	
il rosa	
il celeste	

Alla fine, un rappresentante dei due gruppi dovrà:
1. compilare i risultati;
2. paragonare i risultati dei due gruppi;
3. determinare, assieme a tutta la classe, se ci sono degli ≪atteggiamenti generali≫ riguardo alla percezione dei colori.

28. Seconda inchiesta in classe!

La classe si divide ancora una volta in due gruppi. Ciascun gruppo preparerà un elenco dei significati simbolici che i diversi suoni, odori ecc. evocano per loro (come indicato dalla tabella riportata sotto.)

Suoni / odori / ecc.	Significati simbolici evocati
le fusa di un gatto	contentezza, tenerezza, amicizia, benessere, amore, ecc.
spruzzare	
sgretolare	
rimbombare	
frusciare	
cozzare	
un puzzo putrido	
un profumo delicato	
il cigolio	
un colore acceso	

Alla fine, un rappresentante dei due gruppi dovrà (anche in questo caso):
1. compilare i risultati;
2. paragonare i risultati dei due gruppi;
3. determinare, assieme a tutta la classe, se ci sono degli ≪atteggiamenti generali≫ riguardo alla percezione delle varie modalità sensoriali.

29. Rispondi liberamente alle seguenti domande.
1. Secondo te, quali sono le qualità mentali più importanti? Perché?
2. Secondo te, cosa significa la parola *fantasia* nei due film classici di Disney intitolati *Fantasia* e *Fantasia 2000*?
3. Secondo te, che ruolo svolge l'umorismo nella vita umana?
4. Che cos'è la speranza? Pensi che sia importante o no?
5. Che cos'è la tolleranza? Pensi che sia importante o no?

30. Opinioni personali

Descrivi le cose, le situazioni, ecc. che . . .
  1. ti danno soddisfazione

2. ti fanno vergognare
3. ti fanno ridere
4. ti permettono di sfogarti
5. ti fanno piangere
6. ti fanno paura
7. ti fanno arrabbiare
8. ti danno grande gioia
9. ti disgustano
10. ti annoiano

31. Tema da svolgere. Scrivi un breve componimento su uno dei due seguenti temi. Poi, leggilo e discutilo in classe.

1. Nella vita ci vuole tanta pazienza.
2. Bisogna essere sempre comprensivi.

Unit 8

Quantity, shape, measurement, and size

Level 1

Shapes and lines

l'anello	*ring*
l'arco	*arc*
il cerchio	*circle, hoop*
cilindrico	*cylindrical*
il cilindro	*cylinder*
circolare, rotondo	*circular, round*
la circonferenza	*circumference*
circoscritto, racchiuso	*enclosed, surrounded*
circoscrivere	*to surround*
il circuito	*circuit*
concavo	*concave*
la configurazione	*configuration*
il confine	*boundary*
conico	*conical*
il cono	*cone*
convesso	*convex*
la cornice	*frame*
la croce	*cross*
la curva	*curve*
la deviazione	*detour*
diagonale	*diagonal*
il diametro	*diameter*
il disco	*disk*
disuguale	*uneven*
la fetta	*slice*
la forma	*form*
il grafico	*graph*
irregolare	*irregular*
il labirinto	*labyrinth, maze*
il lato	*side*
la linea	*line*

la linea retta	*straight line*
il margine	*margin*
ondulato	*wavy, undulating*
l'orbita	*orbit*
l'orlo	*edge*
la parabola	*parabola*
parallelo	*parallel*
la periferia	*periphery, outskirts*
il perimetro	*perimeter*
piramidale	*pyramidal*
la piramide	*pyramid*
il profilo, il contorno	*outline, profile*
la proporzione	*proportion, ratio*
il quadrato	*square*
quadrato	*square*
il raggio	*radius*
il recinto	*enclosure*
rettangolare	*rectangular*
il rettangolo	*rectangle*
il rilievo	*relief*
la sagoma	*silhouette*
lo schema	*schema*
la sfera	*sphere*
sferico	*spherical*
spirale	*spiral*
la stella	*star*
la stesura, la struttura	*layout*
storcere	*to twist*
la storta	*twist*
tortuoso	*winding, tortuous*
il tratto	*stroke*
triangolare	*triangular*
il triangolo	*triangle*

uguale	*even*	compatto	*compact*
zigzag	*zigzag*	corto	*short*
		crescere	*to grow*
		la crescita	*growth*
Patterns		davanti	*in front*
a quadretti	*check, squared*	la densità	*density*
a righe	*lined*	denso	*dense*
appaiare, abbinare	*to match*	dentro	*inside*
la colonna	*column*	di fronte	*opposite*
la decorazione	*decoration*	dietro	*behind*
il disegno	*design*	diffondere	*to spread, to circulate*
l'emblema (m)	*emblem*	la diffusione	*diffusion, spread*
la fila	*row*	la dimensione	*dimension*
modellare	*to pattern*	diminuire	*to diminish, to decrease*
modellato	*patterned*	la diminuzione	*decrease, reduction*
il modello	*pattern*	la distanza	*distance*
il motivo	*motif*	il doppio	*double*
l'ornamento	*ornament*	espandere	*to expand*
plasmare	*to shape*	l'espansione (f)	*expansion*
il punto	*dot*	l'estensione (f)	*extension*
il quadretto	*check*	l'ettaro	*hectare*
la striscia	*stripe, streak*	l'ettogrammo/l'etto	*hectogram*
strisciato	*striped*	fino	*thin, fine*
		il fondo	*bottom*
		il formato	*format*
Quantity, size, weights, measures,		frammentare	*to fragment*
and locations		il frammento	*fragment*
abbastanza	*enough*	la frazione	*fraction*
accorciare	*to shorten*	fuori	*outside*
aggrandire	*to make bigger*	gonfiare	*to swell, to inflate*
allungare	*to lengthen*	il grammo	*gram*
l'altezza	*height*	grande	*big*
alto	*high, tall*	grosso	*large, thick, heavy*
ambedue, tutti/tutte	*both*	in cima	*on top*
e due		in fondo	*at the bottom*
approssimativamente	*approximately*	in mezzo (nel mezzo)	*in the middle*
l'area, la superficie	*area, surface area*	l'incremento	*increase*
attraverso	*across*	ingrandire,	*to grow, to get big*
aumentare	*to increase*	ingrossare	
l'aumento	*increase*	intero	*entire*
la capienza	*capacity*	la larghezza	*width*
il centimetro	*centimeter*	largo	*wide, broad*
il chilogrammo/il	*kilogram*	leggero	*light*
chilo		la libbra	*pound*
il chilometro	*kilometer*	il litro	*liter*
la cima	*top*		
circa	*about, approximately*		

il livello	*level*	la porzione	*portion*
lontano	*far*	la profondità	*depth*
la lunghezza	*length*	la quantità	*quantity*
lungo	*long*	il quarto	*quarter, quart*
la massa	*mass*	quasi	*nearly*
massiccio	*massive*	raddoppiare	*to double*
massimo	*maximum*	ridurre	*to reduce*
la metà	*half*	la riduzione	*reduction*
il metro	*meter*	riempire	*to fill*
mezzo	*half*	la sezione	*section*
il miglio (le miglia, f, pl)	*mile*	sopra	*above*
		sotto	*under*
il millimetro	*millimeter*	spargere	*to spread (out)*
minimo	*minimum*	lo spazio	*space*
la misura	*size*	spazioso	*spacious*
misurare	*to measure*	lo spessore	*thickness*
molto, tanto	*much, a lot*	stretto	*narrow*
il mucchio, la catasta	*pile*	sufficiente	*sufficient*
nulla, niente	*nothing*	la superficie	*surface*
ogni	*each, every*	supplementare	*to supplement*
parecchio	*several*	il supplemento	*supplement*
la parte	*part*	la tonnellata	*ton*
parziale	*partial*	il totale	*total*
la percentuale	*percentage*	troppo	*too much*
pesante	*heavy*	tutto	*everything, all*
pesare	*to weigh*	la velocità	*velocity*
il peso	*weight*	vicino	*near*
il pezzo	*piece*	il volume	*volume*
piccolo	*small*	vuoto	*empty*
il piede	*foot*	la zona	*area, zone*
il pollice	*inch*		

Level 2

Quantity, size, and shape

ampiamente	*amply, fully*	l'eccesso	*excess*
l'ampiezza	*fullness, roominess*	fitto	*thick*
ampio	*roomy, extensive*	in miniatura	*in miniature*
la bilancia	*scales, balance scale*	infittire	*to thicken*
copioso	*copious*	ingombrante	*bulky*
cubico	*cubic*	la manata, la manciata	*handful*
il cubo	*cube*	restringere, rimpicciolire	*to shrink*
dilatare	*to dilate*		
la dilatazione	*dilation*	il vuoto	*gap*

Time

a breve scadenza, a breve termine	*in the short term*
a lunga scadenza, a lungo termine	*in the long term*
a lungo andare	*in the long run*
al minuto	*per minute*
al secondo	*per second*
all'ora	*per hour*
anteriore	*before, in front*
appena	*just, as soon as*
attualmente	*at present, at the moment*
breve	*brief*
d'ora in poi	*from now on*
di tanto in tanto	*every so often, every once in a while*
dopo	*after*
durante	*during*
durare	*to last*
la durata	*duration*
l'equinozio	*equinox*
frequente	*frequent*
già	*already*
intanto, nel frattempo	*in the meanwhile*
mai	*never*
il minuto	*minute*
il momento	*moment*
l'ora	*hour*
ormai	*by now*
posteriore	*after, behind*
presto	*early*
prima	*before*
provvisorio	*temporary*
quasi mai	*almost never*
quasi sempre	*almost always*
raro	*rare*
il secondo	*second*
sempre	*always*
il solstizio	*solstice*
tardi	*late*
il tempo	*time*
tra poco	*soon*
la volta (una volta, due volte, ecc.)	*time (once, twice, etc.)*

Level 3

Miscellaneous

arcato	*arched*
avvolgente	*twisting, winding*
calibrare	*to gauge, to calibrate*
la calibratura	*calibration*
cruciforme	*cruciform*
gonfio, sporgente	*bulging*
macchiato, chiazzato	*spotted*
marmorizzato	*marbled*
solcato	*furrowed*
il solco	*furrow*
stimare	*to estimate, to gauge*
la topografia	*surveying*
il topografo	*surveyor*
venato	*veined, grainy*
vergato	*streaked*

Containers

Level 1

General

contenere	*to contain*
il contenitore	*container*
il contenuto	*contents*
il recipiente	*receptacle*

Dishes and pots

il bicchiere da birra	*beer glass*
il bicchiere di carta	*paper cup*
il boccale	*mug*
la casseruola	*saucepan*

la coppa	*beaker, tumbler*
la coppa di plastica	*plastic tumbler*
la pentola	*cooking pot*
la tazza del caffè	*coffee cup*
la tazza del tè	*teacup*
il vaso	*vase*

Miscellaneous containers and devices

il barattolo	*jar, tin*
il barile	*cask*
la borsa	*bag*
la borsetta	*handbag*
la botte	*barrel*
la bottiglia	*bottle*
la brocca	*jug*
la brocca del latte	*milk jug*
la brocca dell'acqua	*water jug*
la caraffa	*carafe, decanter*
la cartella	*briefcase*
la cesta, il cesto, il cestino	*basket*
il cilindro	*cylinder*
la cisterna	*tank, reservoir*
la cisterna dell'acqua	*water tank*
il fiasco	*flask*
la fossa biologica, la fossa settica	*septic tank*

imbottigliato	*bottled*
il manico	*handle*
il mastello	*washtub*
la paletta per la spazzatura	*dust pan*
la pattumiera	*dustbin*
il portabagagli (inv)	*luggage rack*
il portafoglio	*wallet*
il ripiano, il palchetto di uno scaffale	*shelf*
il sacchetto della spesa	*shopping bag*
il sacco	*bag, sack*
il sacco a pelo	*sleeping bag*
il sacco da montagna	*climbing pack, rucksack*
il sacco della posta	*mailbag*
lo scaffale	*bookcase*
il secchio	*bucket*
il tappo di sughero	*cork, stopper*
la tasca	*pocket*
il tino	*tub*
la vasca	*tub, tank*
il vassoio	*tray*
la vetrina	*display cabinet*

Level 2

Boxes and other kinds of containers and receptacles

il baule	*trunk*
la cassa	*case*
la cassa d'imballaggio	*packing crate*
la cassaforte	*safe, strongbox*
la cassetta degli arnesi	*toolbox*
il recipiente del latte	*milk carton*
la scatola	*box*
la scatola di cartone	*cardboard box*
la scatola di latta	*tin box*
la scatola di legno	*wood box*
la scatola quadrata	*square box*
la scatola rotonda	*round box*
il serbatoio	*tank*

il serbatoio del gas	*gas tank*
il serbatoio dell'acqua	*water tank*
la valigia	*suitcase*

Miscellaneous receptacles, containers, and devices

il biberon (inv)	*baby bottle*
la cartella	*school bag*
la cassetta della posta	*letterbox*
la coppa da dessert	*dessert dish*
la coppa da frutta	*fruit dish*
la lattina	*can (of drink)*
la paniera, la cesta del pane	*bread basket*
la cassa dei giocattoli	*toy box*

Level 3

Miscellaneous containers, receptacles, and devices

la bisaccia	*shoulder bag*
il canestro	*basket with a handle*
il canestro di fiori	*flower basket*
il canestro di frutta	*fruit basket*
la cesta del bucato	*laundry basket*
il collo della bottiglia	*neck of a bottle*
la sacca da ginnastica	*gym bag*
la sacca da viaggio	*travel bag*

Exercises

Level 1

1. Classifica le seguenti parole/espressioni in modo appropriato nella tabella riportata sotto.

del latte	del tè	dell'acqua	della posta
da montagna	di carta	da vino	di plastica
a pelo	del caffè	da birra	da viaggio

Tipi di bicchiere	Tipi di tazza	Tipi di brocca	Tipi di sacco/a

2. Accoppia i sinonimi e i quasi-sinonimi.*

1. ingrandire	a. il cestino	9. circolare	i. la struttura
2. l'ettogrammo	b. il chilo	10. il ripiano	j. la superficie
3. il chilogrammo	c. il contorno	11. la fossa biologica	k. niente
4. l'area	d. il palchetto di uno scaffale	12. la cesta	l. racchiuso
5. ambedue	e. ingrossare	13. molto	m. rotondo
6. la stesura	f. l'etto	14. il mucchio	n. tanto
7. il profilo	g. la catasta	15. nulla	o. tutti/tutte e due
8. circoscritto	h. la fossa settica	16. appaiare	p. abbinare

3. Nel seguente «puzzle» troverai 27 contenitori, recipienti, ecc. Trovale. Le parole si possono leggere sia orizzontalmente che verticalmente.*

```
q  a  s  d  d  a  a  u  s  s  a  a  c  c  d  d  l  l  d  d  p  a  a  a  u
w  u  e  t  r  i  n  a  e  d  p  o  r  t  a  f  o  g  l  i  o  h  j  k  a
e  a  u  i  n  j  u  s  c  x  z  a  q  a  q  e  r  f  t  h  r  h  c  u  s
f  s  n  n  a  s  c  c  a  a  s  s  d  d  c  c  e  m  a  s  t  e  l  l  o
u  s  b  o  s  f  t  a  s  c  a  a  s  b  o  r  s  a  o  o  a  o  o  o  o
c  o  u  a  d  x  c  a  e  c  d  a  s  q  e  e  e  n  e  e  b  e  e  t
x  i  c  s  a  a  a  a  c  c  c  d  d  s  s  s  s  i  d  s  a  s  c  a  e
b  o  t  t  e  s  d  s  c  a  f  f  a  l  e  s  s  c  a  a  g  d  i  d  g
n  u  a  a  a  a  s  h  a  a  a  a  g  a  s  a  o  a  s  a  e  s  e  a
b  t  e  s  s  s  s  a  i  s  b  a  r  i  l  e  d  c  a  s  g  o  t  o  m
u  s  a  f  i  a  s  c  o  a  a  a  a  g  a  s  a  c  a  s  l  u  e  u  e
c  e  s  c  d  d  s  s  a  a  a  a  c  g  p  a  t  t  u  m  i  e  r  a  e
x  c  i  l  i  n  d  r  o  c  d  q  a  e  a  s  a  c  a  s  c  e  n  e  p
z  e  c  c  d  d  s  s  c  d  c  a  r  t  e  l  l  a  c  a  s  o  a  o  i
a  r  d  c  d  d  s  s  a  a  a  a  g  a  s  a  c  a  s  d  u  a  u  a
b  o  r  s  e  t  t  a  a  a  a  f  g  s  c  o  d  e  l  l  a  a  s  t
c  t  c  c  d  d  s  s  a  a  a  a  f  e  a  s  a  c  a  s  e  e  a  s  t
u  t  a  a  b  o  t  t  i  g  l  i  a  e  b  a  r  a  t  t  o  l  o  e  o
```

4. Che cos'è...? La cifra indica il numero delle lettere nella parola.*

1. Si usa per la spazzatura (7)
2. Ci si mette la spesa (9)
3. È un tipo di tappo (7)
4. È un contenitore dell'acqua (8)
5. Significa letteralmente «messo in bottiglia» (12)
6. Ci si cuociono le vivande (7)
7. C'è anche quella di plastica (5)
8. Recipiente che può contenere varie vivande, come la pasta (10)
9. Bicchiere alto e largo (7)

5. Scegli la risposta giusta.*

1. Il numero 125 esprime... di un cubo con dimensioni 5 × 5 × 5.
   a. lo spessore
   b. la superficie
   c. il supplemento
   d. la tonnellata
   e. il totale
   f. la velocità
   g. il volume
   h. la zona
2. Un contenitore in cui non c'è niente, è un contenitore...
   a. vuoto
   b. vicino
   c. tutto
   d. troppo

   e. supplementare
   f. sufficiente
   g. stretto
   h. spazioso
3. È equivalente a circa 2,54 centimetri.
   a. lo spazio
   b. la sezione
   c. la riduzione
   d. il quarto
   e. la quantità
   f. la profondità
   g. la porzione
   h. il pollice
4. Fare il pieno.
   a. spargere
   b. riempire

c. ridurre
d. raddoppiare
e. pesare
f. misurare
g. ingrandire
h. gonfiare

5. Non grande.
   a. sotto
   b. sopra
   c. quasi
   d. piccolo
   e. pesante
   f. parziale
   g. parecchio
   h. ogni

6. Il millesimo di un metro.
   a. il piede

b. il pezzo
c. il peso
d. la percentuale
e. la parte
f. la misura
g. il millimetro
h. il miglio

7. Rendere a pezzi.
   a. espandere
   b. diminuire
   c. diffondere
   d. crescere
   e. aumentare
   f. allungare
   g. accorciare
   h. frammentare

6. Che cos'è…?

Modello   _____
                 _____
                 Linee parallele

1.

2.

3.

4.

5.

6.

7.

8.

9.

10.

7. Da' un esempio per ciascuna delle cose nominate, oppure illustrala o spiegala in qualche modo.

Modello   un circuito
                 un circuito elettrico

1. un anello   2. un arco   3. un cilindro   4. un confine   5. un cono   6. una cornice
7. una curva   8. un disco   9. un labirinto   10. una parabola   11. una piramide

12. un recinto   13. una sagoma   14. una sfera   15. un disegno a quadretti   16. un disegno a righe   17. un emblema   18. un ornamento

8. Usa ciascuna delle seguenti parole/espressioni in altrettante frasi che ne rendano chiaro il significato.

Modello   cilindrico
          I pistoni di un motore hanno una forma cilindrica.

circoscrivere	concavo	la configurazione	conico	convesso
la deviazione	disuguale	la fetta	irregolare	il lato
la linea retta	il margine	ondulato	l'orlo	la periferia
il perimetro	piramidale	la proporzione	quadrato	il raggio
rettangolare	il rilievo	lo schema	sferico	spirale
storcere	la storta	tortuoso	il tratto	triangolare
uguale	zigzag	la colonna	la decorazione	la fila
modellare	il motivo	plasmare	il punto	strisciato
in mezzo	largo	la libbra	il livello	la massa
massiccio	mezzo	il metro	davanti	cilindrico

9. Traduci in italiano o in inglese secondo il caso.*

abbastanza	
	to make bigger
alto	
	approximately
attraverso	
	increase
il centimetro	
	kilometer
la cima	
	circular
compatto	
	short
la crescita	
	density
denso	
	inside
di fronte	
	behind
la diffusione	
	dimension
la diminuzione	

	distance
il doppio	
	expansion
l'estensione	
	hectare
il fondo	
	format
il frammento	

10. Indovina di che cosa si tratta.*

1. Il contrario di dentro.   2. Lo è, per esempio, $^5/_6$.   3. L'unità di misura più piccola per i pesi del sistema metrico.   4. Il contrario di piccolo.   5. Il contrario di fino.   6. Il contrario di ≪in cima.≫   7. Il contrario di diminuzione.   8. Quando si mettono insieme due metà si ottiene.   9. La misura di un contenuto.   10. Una delle tre dimensioni di un triangolo, oltre alla lunghezza e all'altezza.   11. Il contrario di pesante.   12. Il contrario di minimo. 13. Il contrario di vicino.   14. Il contrario di corto. 10. Nel sistema metrico, l'unità di base di misura del volume.

Level 2

11. Classifica le seguenti parole/espressioni in modo appropriato nella tabella riportata sotto.

rotonda	il secondo	al secondo	la cassaforte
di legno	dell'acqua	al minuto	la cassetta degli arnesi
del gas	all'ora	la cassa d'imballaggio	il recipiente del latte
quadrata	il minuto	la cassetta della posta	la lattina
di latta	l'ora	la cassa dei giocattoli	la durata
da frutta	da dessert	il biberon	il baule
di cartone	il momento	la valigia	la cartella

Tipi di coppa	Tipi di serbatoio	Tipi di scatola	Misure di tempo	Contenitori con la forma di un quadrato o rettangolo	Contenitori di bevande	Contenitori/ recipienti non rigidi

12. Accoppia i sinonimi, i quasi-sinonimi, i contrari o i quasi-contrari, secondo il caso.*

1. prima	a. a breve scadenza	8. intanto	h. mai
2. presto	b. a lungo andare	9. a lungo termine	i. nel frattempo
3. posteriore	c. anteriore	10. a breve termine	j. quasi sempre
4. quasi mai	d. dopo	11. il solstizio	k. raro
5. di tanto in tanto	e. infittire	12. restringere	l. rimpicciolire
6. sempre	f. l'equinozio	13. la manata	m. spesso
7. frequente	g. la manciata	14. dilatare	n. tardi

13. Usa ciascuna delle seguenti parole/espressioni in altrettante frasi che ne rendano chiaro il significato.

Modello   la volta
            È già la quinta volta che ho letto quel libro sulla storia dell'enigmistica.

tra poco	provvisorio	durante	d'ora in poi
ormai	durare	il vuoto	attualmente
breve	appena	fitto	l'eccesso
in miniatura	ingombrante	il cubo	la dilatazione
ampiamente	l'ampiezza	ampio	la bilancia

Level 3

14. Scegli la risposta giusta.*

1. Il canestro può essere...
   a. di fiori
   b. da viaggio
   c. calibrato
   d. stimato
2. La sacca può essere...
   a. di frutta
   b. da ginnastica
   c. solcata
   d. chiazzata
3. La parte superiore della bottiglia si chiama...
   a. collo
   b. arcato
   c. macchiato
   d. calibratura

4. La cesta può essere...
   a. del bucato
   b. marmorizzata
   c. avvolgente
   d. topografica
5. Gonfio
   a. sporgente
   b. del pane
   c. venato
   d. vergato
6. La bisaccia...
   a. è cruciforme
   b. si porta sulle spalle
   c. si usa per andare nei solchi
   d. è un utensile del topografo

Synthesis

15. Quante parole/espressioni ricordi? Completa la seguente tabella nel modo indicato. *(Add as many cells to the chart as you may need.)*

Shapes and lines	Patterns	Quantity, size, weights, measures, and locations	Time	Containers
il cerchio	la colonna	il centimetro	il minuto	il vaso

16. Identifica un uso o una funzione per ciascuna delle seguenti cose.

Modello   la sacca da viaggio
       Questa sacca permette di trasportare effetti personali quando si viaggia.

la sacca da ginnastica	la scatola di latta	i tappi	il mastello
la cesta del pane	la cassetta degli arnesi	il sacco a pelo	il fiasco
la cesta del bucato	il baule	gli scaffali	le cisterne
il canestro di frutta	le vetrine	i sacchi a mano	i cilindri
la bisaccia	i vassoi	il portafoglio	le brocche
la cartella (di scuola)	le vasche	il portabagagli	le borse
il biberon	i tini	la pattumiera	i vasi

17. Traduci in italiano.

1. We bought new fruit and dessert dishes, which hold a lot of food. They are wide and deep.
2. What can you put into a round box? I have never seen one. Is it made of tin or cardboard?
3. How are you going to make that passageway arched?
4. That floor is marbled and spotted in a mosaic style.
5. Time flies! Soon it will be Easter. The hours seem like minutes, and the minutes like seconds.
6. In the long run, it is better to be cautious. However, every once in a while, it might be necessary to take a chance.
7. That piece is quite thick and bulky. Can you shrink it?

18. Indica se l'affermazione è vera o falsa.* Correggi le affermazioni false.

_____ 1. Le lattine vengono usate come contenitori di bibite.

_____ 2. I serbatoi del gas sono identici ai serbatoi dell'acqua.

_____ 3. La cassaforte è usata, principalmente, per custodirci valori.

_____ 4. La velocità della luce è il limite della velocità fisica.

_____ 5. Una tonnellata è meno di un chilogramma.

_____ 6. Un miglio è più lungo di un chilometro.

_____ 7. Due metri sono equivalenti a tre piedi (*feet*).

_____ 8. Due quarti sono equivalenti a un litro.

_____ 9. Cento grammi sono equivalenti a un ettogramma.

_____10. 2,54 centimetri sono equivalenti a un pollice.

Text work

Text A

> *Da:*
> ### I FIGLI DI BABBO NATALE
> di
>
> Italo Calvino (1923–1985)
>
> La governante aperse una porta a vetri. Entrarono in una sala dal soffitto alto alto, tanto che ci stava dentro un grande abete. Era un albero di Natale illuminato da bolle di vetro di tutti i colori, e ai suoi rami erano appesi regali e dolci di tutte le fogge. Al soffitto erano pesanti lampadari di cristallo, e i rami più alti dell'abete s'impigliavano nei pendagli scintillanti. Sopra un gran tavolo erano disposte cristallerie, argenterie, scatole di canditi e cassette di bottiglie. I giocattoli, sparsi su di un grande tappeto, erano tanti come in un negozio di giocattoli, soprattutto congegni elettronici e modelli di astronavi. Su quel tappeto, in un angolo sgombro, c'era un bambino, sdraiato bocconi, di circa nove anni, con un'aria imbronciata e annoiata. Sfogliava un libro illustrato, come se tutto quel che era lì intorno non lo riguardasse.
>
> – Gianfranco, su, Gianfranco – disse la governante , – hai visto che è tornato Babbo Natale con un altro regalo?
>
> – Trecentododici, – sospirò il bambino, senz'alzare gli occhi dal libro. Metta lì.
>
> – È il trecentododicesimo regalo che arriva – disse la governante. Gianfranco è così bravo, tiene il conto, non ne perde uno, la sua gran passione è contare.
>
> In punta di piedi Marcovaldo e Michelino lasciarono la casa.
>
> – Papà, quel bambino è un bambino povero? – chiese Michelino.
>
> Marcovaldo era intento a riordinare il carico nel furgoncino e non rispose subito. Ma, dopo un momento s'affrettò a protestare: Povero? Che dici? Sai chi è suo padre? È il presidente dell'Unione Incremento Vendite Natalizie!

19. Traduci il testo in inglese.

20. Studio del vocabolario

Per ciascuna delle seguenti parole/espressioni ritrovabili nel brano trova un sinonimo, quasi-sinonimo o contrario adatto.

Modello il carico
     un mucchio

1. una porta a vetri _____
2. un soffitto alto _____
3. starci dentro _____
4. le bolle di vetro _____
5. le fogge _____
6. pendagli scintillanti _____
7. scatole di canditi _____
8. cassette di bottiglie _____
9. contare _____

21. Discussione

La classe dovrà discutere o dibattere il tema di questo testo.

Text B

LA TORRE

di

Dino Buzzati (1906–1972)

Ben di rado ormai, io capito nella città dove non abbiamo più casa. Quando ci vado, sono ospite di una lontana cugina zitella, che abita, sola, in un antico malinconico palazzo dalle parti di Mura Pallamaio.

Questo palazzo ha un'ala interna che dà sul giardino, dove a memoria d'uomo nessuno ha mai abitato, neppure nelle lontane stagioni felici. Chissà perché viene chiamata la Torre.

Ora è leggenda familiare che in quelle stanze deserte si aggiri nottetempo un fantasma: una certa mitica contessa Diomira morta in epoca remota dopo una vita di peccati.

Bene, l'ultima volta, tre anni fa, forse ero anche un po' bevuto, fatto è che mi sentivo in forma e ho chiesto a Emilia di farmi dormire in una delle camere stregate. Lei a ridere: ≪Cosa ti salta in mente?≫ ≪Da ragazzo,≫ dico io, ≪non mi sarei certo fidato, ma con l'età certe paure scompaiono. È un capriccio, se vuoi, ma accontentami, ti prego. Solo mi dispiace del disturbo.≫

≪Se è per questo,≫ lei risponde ≪nessun disturbo. Ce ne sono quattro, nella Torre, di camere da letto e fin dai tempi dei miei bisnonni, sono sempre tenute in ordine coi letti fatti e tutto quanto; unico inconveniente sarà un po' di polvere.≫

Lei no e io sì, lei no e io sì, alla fine Emilia si decide: ≪Fa' come vuoi, che Dio ti benedica.≫ E lei stessa mi accompagna laggiù, al lume di candele, perché nella Torre non è mai stata messa la luce.

Era una grande stanza con mobili impero e qualche antico ritratto che non ricordo; sopra il letto il fatidico baldacchino.

La cugina se ne va e dopo qualche minuto, nel grande silenzio della casa, sento un passo nel corridoio. Bussano alla porta. Io dico: ≪avanti.≫ È una vecchietta sorridente vestita di bianco come le infermiere; e sopra un vassoio mi porta una caraffa di acqua e un bicchiere.

≪Sono venuta a vedere se il signore ha bisogno di qualche cosa.≫ ≪No, niente, molto gentile≫ rispondo. La ringrazio dell'acqua. E lei: ≪Come mai l'hanno messa a dormire quaggiù con tante stanze più comode che ci sono nel palazzo?≫ ≪Una mia curiosità. Perché in questa Torre dicono che ci abiti un fantasma e mi piacerebbe di incontrarlo.≫

La vecchietta scuote la testa: ≪Non ci pensi neppure, signore. Una volta forse, chissà, ma oggi non sono più tempi di fantasmi. Si immagini poi adesso qui sotto, all'angolo, hanno costruito un garage. No, no, può stare tranquillo, signore, lei si farà un sonno solo.≫

E così è stato difatti. Mi sono addormentato quasi subito, mi son svegliato che il sole era già alto.

Mentre mi vesto, però, girando gli occhi, mi accorgo che non ci sono più né il vassoio né la bottiglia né il bicchiere.

Mi vesto, scendo, trovo mia cugina: ≪Scusa, sai, si può sapere chi, mentre dormivo, è entrato in stanza a prendere la bottiglia e il bicchiere dell'acqua?≫

≪Che bottiglia?≫ fa lei. ≪Che bicchiere?≫

≪Ma sì, quelli che ieri mi ha portato una gentile vecchietta, per tuo ordine immagino, poco dopo che tu eri andata via.≫

Lei mi fissa: ≪Guarda che devi essertelo sognato. Le mie persone di servizio le conosci. Qui in casa di vecchiette non ne esistono.≫

22. Scrivi una parafrasi del testo, utilizzando i seguenti suggerimenti per ciascun capoverso.

Raramente, il protagonista visitava la città ...

_____

_____

Il palazzo aveva un'ala interna che ...

_____

_____

La leggenda familiare era che un fantasma ...

_____

_____

Dopo aver chiesto a Emilia di farlo dormire in una delle stanze stregate ...

_____

_____

La stanza era grande e ...

_____

_____

Il protagonista sentì qualcuno che bussò alla porta...

_____

_____

Mentre cominciò a vestirsi, il protagonista s'accorse che...

_____

_____

Egli chiese alla cugina dove erano scomparsi la bottiglia e il bicchiere...

_____

_____

23. Studio del vocabolario

Usa ciascuna delle seguenti parole/espressioni ritrovabili nel testo in altrettante frasi che ne rendano chiaro il significato.

Modello   una gentile vecchietta

L'autore del testo fu visitato da una gentile vecchietta e cioè, una piccola e gentile donna anziana che era, in realtà, un fantasma.

1. un'ala interna
2. l'ultima volta
3. un po' di polvere
4. una grande stanza
5. il baldacchino

6. il vassoio
7. una caraffa di acqua
8. un bicchiere
9. quasi subito

24. Discussione

La classe dovrà discutere o dibattere il tema di questo testo.

Game-playing

25. Quiz d'intelligenza!

Questo gioco dovrà svolgersi in modo seguente:
1. Uno studente/una studentessa interpreterà il ruolo di «host.»
2. Lui/lei dovrà preparare dieci domande che hanno a che fare con misure, quantità, contenitori, ecc.
3. Poi, farà cinque delle domande a un altro studente/un'altra studentessa.
4. Le altre cinque le farà subito dopo a un secondo studente/una seconda studentessa.
5. Lo studente/la studentessa con il numero superiore di risposte vince il «round.»
6. Un altro studente/un'altra studentessa assumerà il ruolo di «host» per il secondo «round» e il gioco procederà come sopra.
7. Quando tutti avranno avuto la possibilità di partecipare al gioco, esso terminerà.
8. Ovviamente, la persona con il numero più alto di risposte corrette sarà il vincitore.
9. Nel caso di pareggio, il gioco continuerà (come sopra), fino a quando solo uno studente/una studentessa emergerà come il «campione.»

Esempi di domande:
1. È un contenitore in cui ci si mettono soldi, gioielli ed altre cose di valore. (= la cassaforte).
2. Ha la forma di un cubo (= una scatola).
      ecc.

Discussion/Composition/Activities

26. Ricerche

1. Coll'ausilio di un dizionario o un'enciclopedia ricerca i significati delle seguenti espressioni idiomatiche. Poi, riporta quello che hai trovato alla classe.

Contenitore che costituisce la fonte dell'espressione	Espressioni	Significati
sacco	1. fuori sacco	1.
	2. sembrare un sacco	2.
	3. avere la testa nel sacco	3.
	4. colmare il sacco	4.
	5. linea a sacco	5.
	6. mettere nel sacco	6.
	7. vuotare il sacco	7.
	8. non è farina del tuo sacco	8.
	9. sacco di quattrini	9.
cassa	1. cassa d'assetto	1.
	2. tenere la cassa sotto il letto	2.
	3. scappare con la cassa	3
	4. vuoto di cassa	4.
	5. libro di cassa	5.
	6. pagamento a cassa	6.
	7. battere cassa	7.
	8. mettere in cassa	8.
scatola	1. comprare a scatola chiusa	1.
	2. rompere le scatole	2.
	3. levarsi dalle scatole	3.
	4. avere piene le scatole	4.
	5. lettere di scatola	5.
botte	1. essere in una botte di ferro	1.
	2. dare un colpo al cerchio e uno alla botte	2.
	3. volere la botte piena e la moglie ubriaca	3.
	4. nella botte piccola sta il vino buono	4.
	5. ogni botte dà il vino che ha	5.
vaso	1. vaso da notte	1.
	2. vasi comunicanti	2.
	3. vasi a Samo	3.
	4. vaso all'inglese	4.
	5. vaso di capitello	5.

2. Adesso, coll'ausilio di un dizionario o un'enciclopedia elenca le espressioni idiomatiche (e i loro significati) che sono state formate in base alle caratteristiche dei contenitori indicati. Poi, riporta quello che hai trovato alla classe.

1. il bicchiere   2. la casseruola   3. la pentola   4. il piatto   5. la tazza   6. il tegame
7. la borsa   8. il barile   9. la brocca   10. il fiasco   11. il portafoglio   12. il secchio
13. la tasca   14. la cesta   15. il vassoio

27. Inchiesta in classe!

La classe si divide in due gruppi. Ciascun gruppo preparerà un elenco dei significati simbolici o psicologici che diverse forme evocano per loro (come indicato dalla tabella riportata sotto).

Forme	Estensioni simboliche o psicologiche
il cerchio	perfezione, infinito, idealismo, bellezza, incommensurabilità, ecc.
l'anello	
l'arco	
il cilindro	
il circuito	
la forma concava	
il confine	
la forma convessa	
la croce	
la curva	
il diametro	
il labirinto	
il margine	
la forma ondulata	
cose parallele	
la periferia	
la piramide	
il quadrato	
la sfera	
il triangolo	

Alla fine, un rappresentante dei due gruppi dovrà:

1. compilare i risultati;
2. paragonare i risultati dei due gruppi;
3. determinare, assieme a tutta la classe, se ci sono degli «atteggiamenti generali» riguardo alla percezione delle forme.

28. Idealismo!

Indica quali, secondo te, sono le misure, le quantità, ecc. ideali per ciascuna delle seguenti cose/persone. Discuti le tue opinioni con altri membri della classe.

1. l'altezza di un uomo e di una donna
2. l'area totale del proprio alloggio
3. la grandezza della macchina
4. la distanza tra casa e lavoro
5. la durata della vita
6. il peso di una persona

29. Tema da svolgere. Scrivi un breve componimento sul significato di uno dei due seguenti proverbi. Poi, leggilo e discutilo in classe.

1. Chi va piano, va sano e va lontano.
2. Chi tardi arriva, male alloggia.

Unit 9

The arts

Level 1

Music

l'accordo	chord
l'armonia	harmony
il baritono	baritone
il basso	bass
i blues (inv)	blues
il/la cantante	singer
la canzone	song
la chiave	key
il compact disc (inv)	compact disc, CD
il compositore/la compositrice	composer
la composizione	composition
il concerto	concert, concerto
il conservatorio	conservatory, music academy
il contralto	contralto
il coro	choir
il direttore/la direttrice (d'orchestra)	orchestra conductor
eseguire un pezzo	to execute a piece
il gruppo, il complesso, la banda	band
il jazz	jazz
la melodia	melody
la musica classica	classical music
la musica da ballo	dance music
la musica da camera	chamber music
la musica folcloristica	folklorist music
la musica folk	folk music
la musica leggera	light music
la musica popolare	popular music

la musica rock	rock music
il/la musicista	musician
la nota	note
l'opera lirica, l'opera	opera
l'orchestra	orchestra
il rap (inv)	rap
il ritmo	rhythm
la sinfonia	symphony
il/la solista	soloist
il soprano	soprano
stonare	to play out of tune
il suonatore/la suonatrice	player, musician
il tenore	tenor
il tono	tone

Dance

ballare	to dance
il ballerino/la ballerina	dancer
il balletto	ballet
il ballo, la danza	dance
il ballo in maschera	masked ball
la discoteca	disco
il fandango	fandango
la polca	polka
la prova	rehearsal
la quadriglia	quadrille, square dance, reel
la rumba	rumba
la sala da ballo	ballroom
la scarpetta da ballo, da ballerina	dancing shoe, ballet shoe

lo swing	*swing*	la stella	*star*
il tango	*tango*	il suggeritore/la	*prompter*
la tarantella	*tarantella*	suggeritrice	
il tip tap	*tap dancing*	il teatro	*theater*
il valzer	*waltz*	la tenda	*curtain*
		la tragedia	*tragedy*
		il trucco	*make-up*

Theater

l'a parte (m, inv)	*aside*
alzare il sipario	*to raise/lift the curtain (to start the play)*
l'atto	*act*
l'attore/l'attrice	*actor/actress*
la battuta	*line (verbal)*
chiudere il sipario	*to close, bring down the curtain (to end the play)*
il comico	*comic*
la commedia	*comedy, play*
il copione	*script*
il costume	*costume*
il dialogo	*dialogue*
la didascalia	*stage direction*
la maschera, la lucciola	*usher*
la messa in scena, la regia	*direction*
il mimo	*mime*
il monologo	*monologue*
il palcoscenico	*stage*
la pantomima	*pantomime*
i personaggi	*cast of characters*
il personaggio	*character*
il/la protagonista	*main character, protagonist*
la recita, la rappresentazione	*play, performance*
recitare	*to act*
il/la regista	*director*
il ruolo	*role*
il ruolo principale	*main, leading role*
la scena	*scene*
lo scenario	*scenario, background*
la sceneggiatura	*scenery*
il sipario	*curtain*
il soliloquio	*soliloquy*
lo spettacolo	*show*

Cinema and film

l'animazione	*animation*
l'attore/l'attrice	*actor/actress*
il botteghino	*box office*
la camera (cinematografica)	*film camera*
il cinema (inv)	*cinema*
il cinematografo, il cinema (inv)	*movie theater, cinema*
la cinepresa	*movie camera*
la colonna sonora	*sound track*
il corridoio	*aisle*
il cortometraggio	*short (film)*
il direttore della fotografia	*photo director*
il disegno animato	*cartoon*
il documentario, il filmato	*documentary*
il doppiaggio	*dubbing*
doppiato	*dubbed*
la fila	*row*
il film (inv)	*film, movie*
il film d'amore	*romance movie*
il film d'animazione, il cartone animato	*cartoon*
il film d'avventura	*adventure film*
il film dell'orrore	*horror film*
il film di fantascienza	*science fiction movie*
il film di spionaggio	*spy movie*
il film giallo	*mystery/detective movie*
il film in bianco e nero	*black and white movie*
il film musicale	*musical (film)*
il film muto	*silent film*
il film poliziesco	*detective movie*
il film pornografico	*pornographic movie*
il film western	*cowboy movie, western*

la galleria	*balcony (of a movie theater)*	il disegno a mano libera	*freehand drawing*
girare un film	*to shoot a movie*	il disegno a matita	*pencil drawing*
il lungometraggio	*feature (film)*	il disegno geometrico	*geometric design*
il montaggio	*editing*	l'esposizione di sculture	*sculpture exhibition*
la platea	*stalls (ground floor)*	la galleria d'arte, la pinacoteca	*art gallery*
la prima visione	*premiere showing*	l'impressionismo	*Impressionism*
il/la regista	*director*	la mostra	*exhibition*
il realizzatore, il produttore/la produttrice	*producer*	la mostra d'arte	*art exhibition*
		il museo d'arte	*art museum*
la realizzazione, la produzione	*production*	il museo delle cere	*wax (work) museum*
		nudo	*nude*
il ridotto, il lobby	*lobby*	l'ombra	*shade*
la ripresa (cinematografica)	*shot*	ombrare	*to shade*
		l'opera d'arte	*work of art*
le riprese in esterni	*shooting on location*	il paesaggio	*landscape*
la sceneggiatura	*scenery*	il pennello	*brush*
lo schermo	*screen*	il pittore/la pittrice	*painter*
il sottotitolo	*subtitle*	la pittura	*painting*
la stella del cinema	*film star*	la pittura a olio	*oil painting*
il tecnico del suono	*sound technician*	la pittura ad acquerello	*watercolor*
il thriller	*thriller*		
vietato ai minori/minorenni	*restricted (not for children)*	la pittura murale	*mural painting*
		la pittura su tela	*painting or canvas*
		il pop art (inv)	*Pop art*

Visual arts

l'acquerello	*watercolor*	la posa	*pose*
l'affresco	*fresco*	il realismo	*Realism*
l'acquerellista (m and f)	*watercolor painter*	il ritratto	*portrait*
		il ritratto a figura intera	*full portrait*
l'architettura	*architecture*		
l'arte (f)	*art*	il ritratto a mezzo busto	*half portrait*
le arti figurative	*visual arts*		
l'artista (m and f)	*artist*	il ritratto di profilo	*profile portrait*
astratto	*abstract*	il rococò	*Rococo*
il barocco	*Baroque*	il romanticismo	*Romanticism*
le belle arti	*fine arts*	scolpire	*to sculpt*
il capolavoro	*masterpiece*	lo scultore/la scultrice	*sculptor/sculptress*
il cavalletto da pittore	*easel*		
il chiaroscuro	*chiaroscuro*	la scultura	*sculpture*
il classicismo	*Classicism*	la scultura in bronzo	*bronze sculpture*
la copia cianografica	*blueprint*	la scultura in legno	*wood sculpture, wood carving*
dipingere	*to paint*		
il dipinto, la pittura, il quadro	*painting*	la scultura in marmo	*marble sculpture*
		la tavolozza	*palette*
il disegno	*drawing*	la tela	*canvas*

Level 2

Photography

la camera oscura	*dark room*
la diapositiva	*slide*
la foto (inv), la fotografia	*photograph*
la foto elettronica	*electronic photograph*
la fotografia digitale	*digital photography, digital photograph*
il fotografo/la fotografa	*photographer*
fotosensibile	*photosensitive*
il fuoco	*focus*
l'immagine (f)	*image*
inquadrare	*to frame*
la lente	*lens*
la macchina fotografica, la fotocamera	*camera*
la macchina fotografica digitale	*digital camera*
mettere a fuoco	*to focus*
il mirino	*viewer (of a camera)*
il negativo	*negative*
l'obiettivo	*lens*
la pellicola	*film*
puntare l'obiettivo	*to aim the lens*
la ripresa fotografica	*photographic shot*
il rullino	*roll of film*
lo scatto	*push button (on a camera)*
sfocato	*unfocussed*
il treppiede (inv)	*tripod*
il videodisc	*videodisk*
lo zoom	*zoom*

Musical instruments and musicians

l'arco	*bow*
l'arpa	*harp*
l'arpista (m and f)	*harpist*
il bassotuba	*tuba*
la batteria	*set of drums*
il/la batterista	*drummer*
la chitarra	*guitar*

il/la chitarrista	*guitarist*
il/la clarinista	*clarinetist*
il clarino, il clarinetto	*clarinet*
il clavicembalo	*harpsichord*
il/la contrabbassista	*double bass player*
il contrabbasso	*double bass*
la corda	*string*
il/la cornista	*horn player*
il corno	*horn*
il/la fagottista	*bassoonist*
il fagotto	*bassoon*
la fisarmonica	*accordion*
il/la fisarmonicista	*accordionist*
il/la flautista	*flautist*
il flauto	*flute*
la grancassa	*bass drum*
il/la mandolinista	*mandolin player*
il mandolino	*mandolin*
l'oboe (m)	*oboe*
l'oboista (m and f)	*oboist*
l'organista (m and f)	*organist*
l'organo	*organ*
il/la pianista	*pianist*
il piano a coda	*grand piano*
il piano elettrico	*electric piano*
il piano verticale	*upright piano*
il pianoforte, il piano	*piano*
il piatto d'ottone, il cembalo	*cymbal*
il/la sassofonista	*saxophonist*
il sassofono	*saxophone*
lo strumento	*instrument*
lo strumento a fiato	*wind instrument*
lo strumento a ottone, lo strumento a bocchino	*brass instrument*
lo strumento a percussione	*percussion instrument*
lo strumento ad arco	*string instrument*
il tamburo	*drum, tambourine*
il timpano	*timpani*
la tromba	*trumpet*
il/la trombettista	*trumpeter*

il trombone	trombone	il/la violista	viola player
la viola	viola	il/la violoncellista	cellist
il/la violinista	violinist	il violoncello	cello
il violino	violin	la zampogna	bagpipe

Level 3

Music, musicians, and musical instruments

accordare	to tune	in presa diretta	on location
l'aria	tune, aria	l'interprete (m and f)	performer
l'assolo	solo	il metraggio	footage
la bacchetta	baton	la videocamera	video camera
battere il tempo	to beat time	la videocassetta	videocassette
il canto	chant	il videodisco	video disc
il duetto	duet	il videoregistratore	video recorder
esercitarsi	to practice		
l'inno	hymn		
il madrigale	madrigal	**Visual arts**	
il musicologo	musicologist	l'abbozzo	draft
la ninna nanna	lullaby	il background (inv), lo sfondo	background
la partitura, lo spartito	score	calcare	to trace
il portamusica	music stand	cesellare	to chisel
il quartetto	quartet	il cesello	chisel
il quintetto	quintet	dar rilievo a	to highlight
la romanza	romance, aria	il disegno a matita	pencil drawing
la scala	scale	incidere	to etch
il sestetto	sextet	l'incisione (f) all'acquaforte	etching
il trio	trio	il modello	model
		la pennellata	(brush) stroke
		il pennello	brush
Theater		il piedistallo	pedestal
il bis (inv)	encore	il primo piano	foreground
fischiare	to boo (literally: to whistle)	il rilievo	relief
le luci di ribalta	footlights	lo schizzo, l'abbozzo, lo schema	sketch
le quinte	wings (of a stage)	la sfumatura	shade, nuance
i riflettori	spotlights	smorzare	to tone down
lo sketch (inv) comico	comedy sketch	la stampa	print, mold
		lo stampino	stencil
		la statua	statue
Cinema and film		lo strato	layer
al rallentatore	in slow motion	la terracotta	terracotta
il commentario	voice-over		
il DVD (inv), il disco laser	DVD		

The media

Level 1

Print

l'agenzia di stampa	press service, press agency
l'articolo di fondo	editorial
la censura	censorship
censurare	to censor
il collaboratore/la collaboratrice	contributor
il comunicato stampa	press release
la conferenza stampa	press conference
il critico	critic
il critico del cinema	film critic
il critico del teatro	theater critic
il critico dell'arte	art critic
il critico della moda	fashion critic
il critico della televisione	television critic
la cronaca	news, news section, report
il/la cronista	columnist, reporter
il/la cronista sportivo	sports reporter
il giornale	newspaper
il giornale del mattino	morning paper
il giornale della sera	evening newspaper
il giornale di partito	political (party) newspaper
il giornale economico	financial newspaper
il giornale indipendente	independent newspaper
il giornale sportivo	sports newspaper
il giornalino, il giornaletto	kids' magazine
il/la giornalista	journalist
l'intervista	interview
l'inviato speciale	special correspondent
i lettori	readers, readership
la libertà di stampa	freedom of the press
il mensile	monthly
il periodico	periodical
il quotidiano	daily newspaper
il redattore/la redattrice, il direttore/la direttrice	editor

il redattore artistico/la redattrice artistica	art director
il redattore capo, il caporedattore	editor-in-chief
il redattore pubblicitario	copywriter
la redazione	editorial offices, editing, editorial staff
redigere	to edit
redigere una rivista	to edit a magazine
la rivista	magazine
la rivista a fumetti	comic book
la rivista di moda	fashion magazine
la rivista femminile	women's magazine
la rivista illustrata	illustrated magazine
la rivista per gli adolescenti	teen magazine
la rivista pornografica	pornographic magazine
la sala di redazione	newsroom
la sala stampa	press room
scrivere sul giornale	to write for the newspaper
il servizio	report, reporting
il settimanale	weekly
la stampa	press, print media
la stampa cattolica	Catholic press
la stampa di destra	right-wing press
la stampa di sinistra	left-wing press
la stampa nazionale	national press
la stampa regionale	regional press
stampare	to print
la scadenza	deadline

Radio and television

accendere la radio/la televisione	turn on the radio/the TV
andare in onda	to go on the air
l'annunciatore (m)/l'annunciatrice (f)	announcer

l'antenna	antenna	la televisione a circuito chiuso	closed-circuit television
il bollettino meteorologico	weather report	la televisione ad alta definizione	high-definition television
la cabina di regia	TV direction booth	la televisione digitale	digital television
il cameraman (inv)	cameraman	la televisione per	subscription television
il canale	channel	abbonamento	
il canale commerciale	commercial channel	la televisione privata	private television
il canale locale	local channel	la televisione pubblica	public television
il canale privato	private channel	la televisione	garbage television
il canale pubblico	public channel	spazzatura	
il disc jockey	disc jockey	la televisione verità	reality television
essere in onda	to be on the air	la televisione via cavo	cable television
il giornale radio	radio news	la televisione via satellite	satellite television
il programma	program	il televisore	television set
il programma a puntate	serial, series	la trasmissione	broadcast
il programma dal vivo	live program	la trasmissione in diretta	live broadcast
il programma di spettacolo	show	via satellite	via satellite, by satellite
il programma di sport	sports program		
il programma per i bambini	children's program	**Advertising**	
la radio (inv)	radio	l'agenzia di pubblicità	advertising agency
la radio clandestina	underground radio	la campagna pubblicitaria	advertising campaign
la radio portatile	portable radio	il cartellone pubblicitario	poster
la radiodiffusione	radio broadcasting	l'insegna pubblicitaria	advertising sign
la rete radiofonica	radio network	il logo	logo
la rete televisiva	TV network	la marca, il marchio	brand
spegnere la radio/la televisione	to turn off the radio/the TV	il messaggio pubblicitario, la réclame	advertisement
lo spot, l'annuncio pubblicitario	commercial	la pubblicità	advertising
la stazione radio	radio station	la pubblicità radiofonica	radio advertising
lo studio televisivo	television studio	la pubblicità televisiva	television advertising
il talk show	talk show	lo slogan (inv)	slogan
la telecronaca	TV report	lo sponsor (inv)	sponsor
la telecamera	TV camera	la sponsorizzazione	sponsoring
il/la telecronista	TV reporter	la trasmissione pubblicitaria	advertising transmission, commercial
la telediffusione	TV broadcasting		
il telefilm	TV movie		
il telegiornale	television news		
il telespettatore/la telespettatrice	viewer		
la televisione	television		

Level 2

Print

l'abbonamento	*subscription*
abbonarsi	*to subscribe*
ad alta tiratura	*with a large circulation*
annullare l'abbonamento	*to cancel a subscription*
l'archivio	*cuttings library*
la cronaca	*news item, article, report*
la cronaca cittadina	*local news*
la cronaca nera	*crime report*
diffamare	*to defame, to libel*
l'enigmistica	*puzzle section*
l'errore tipografico, il refuso	*typographical error, misprint*

il fotoromanzo	*photo-romance*
in esclusiva	*scoop*
la necrologia	*obituary*
le parole crociate, il cruciverba (inv)	*crossword*
la piccola cronaca	*announcements*
le prove	*proofs*
la recensione	*review*
la rubrica	*column*
la rubrica locale	*local column*
la tiratura	*print run, circulation*
il titolo	*headline*
il titolo principale	*main story*

Level 3

Radio and television

l'antenna parabolica	*satellite dish*
la banda a modulazione di frequenza	*radio frequency, FM radio*
la notizia flash	*news flash*
l'onda radiofonica	*radio wave*
le onde corte	*short-wave*
il programma di varietà	*variety program*
il sondaggio	*poll, rating*
il telecomando	*remote control*
il telequiz	*television game show*

Advertising

il buono	*coupon, voucher*
il buono omaggio	*free coupon, free voucher*
il campione	*sample*
il campione omaggio, l'esemplare omaggio	*free sample*
il dépliant	*flier*
gratis	*free*
il jingle (inv)	*jingle*
la leggenda	*caption*
l'opuscolo	*brochure*
il tagliando	*cut-out coupon*

Exercises

Level 1

1. Classifica le seguenti parole/espressioni in modo appropriato nella tabella riportata sotto.

in bronzo	geometrico	murale	d'arte
a olio	western	a figura intera	su tela

a mezzo busto	poliziesco	ad acquerello	in marmo
a mano libera	muto	in legno	musicale
pornografico	in bianco e nero	giallo	di spionaggio
di profilo	dell'orrore	a matita	di fantascienza
delle cere	d'avventura	d'animazione	rock
popolare	d'amore	leggera	folk
classica	da ballo	da camera	folcloristica
televisiva	via satellite	cartellone pubblicitario	privata
spazzatura	spot pubblicitario	di spettacolo	digitale
verità	di sport	pubblica	a puntate
clandestina	radiofonica	privato	locale
ad alta definizione	pubblico	regionale	di sinistra
portatile	dal vivo	nazionale	via cavo
a circuito chiuso	per abbonamento	commerciale	per i bambini
illustrata	sportivo	per gli adolescenti	di moda
artistico	settimanale	indipendente	femminile
a fumetti	mensile	cattolica	di destra
pornografica	capo	dell'arte	economico
di partito	della sera	pubblicitario	giornalino
della televisione	della moda	del mattino	del cinema

Tipi di scultura	Tipi di ritratto	Tipi di pittura	Tipi di museo	Tipi di disegno	Tipi di film	Tipi di musica	Tipi di pubblicità

Tipi di televisione	Tipi di radio	Tipi di programma	Tipi di canale	Tipi di stampa	Tipi di rivista	Redattori e critici	Tipi di giornale

2. Accoppia i sinonimi e i quasi-sinonimi.*

1. la recita   a. il ballo
2. la maschera   b. il cinematografo
3. la danza   c. il documentario
4. l'opera lirica   d. il gruppo
5. il complesso   e. il messaggio pubblicitario
6. il cinema   f. il produttore
7. il filmato   g. il quadro

8. il realizzatore   h. il «deadline»
9. la realizzazione   i. l'opera
10. il dipinto   j. la galleria d'arte
11. la pinacoteca   k. la lucciola
12. la scadenza   l. la produzione
13. la réclame   m. la rappresentazione
14. il ridotto   n. il lobby

3. Cruciverba*

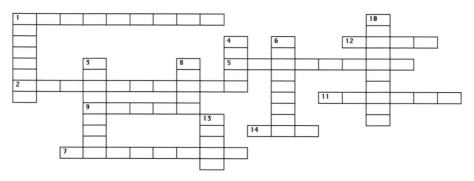

Orizzontali
1. Donna che balla.
2. Danza folcloristica italiana.
5. Il ballo in . . . è anche il titolo di un'opera di Verdi.
7. Danza al suono di chitarra e nacchere.
9. È necessaria prima di andare in palcoscenico.
11. Sono famosi quelli di Strauss.
14. Ballo chiamato tip . . .

Verticali
1. Un ballo classico.
3. Si la mette una ballerina.
4. Ballo di origine afro-cubana.
6. Locale dove si balla.
8. Si può scrivere anche «polka.»
10. Danza folcloristica.
12. Può essere da ballo.
13. Danza di origine argentina.

4. Scegli la risposta giusta.*

1. Emissione di più suoni secondo i principi dell'armonia.
   a. l'accordo
   b. l'armonia
   c. il basso
   d. il baritono
   e. la cantante
   f. recitare
   g. il regista
   h. l'animazione

2. Un tipo di canto.
   a. i blues
   b. la canzone
   c. la chiave
   d. il compact disc
   e. la composizione
   f. il ruolo principale
   g. la scena
   h. la cinepresa

3. Scuola di musica.
   a. il compositore
   b. il concerto
   c. il conservatorio
   d. il contralto
   e. il coro
   f. lo scenario
   g. la sceneggiatura
   h. la colonna sonora
4. Genere di musica di origine afro-americana.
   a. il direttore d'orchestra
   b. il musicista
   c. eseguire un pezzo
   d. il jazz
   e. la melodia
   f. il sipario
   g. il soliloquio
   h. la tragedia
5. Genere di musica classica.
   a. la nota
   b. l'orchestra
   c. il rap
   d. il ritmo
   e. la sinfonia
   f. lo spettacolo
   g. la stella
   h. il doppiaggio
6. Suonatore singolo.
   a. il solista
   b. il soprano
   c. stonare
   d. il suonatore
   e. il tenore
   f. il suggeritore
   g. il teatro
   h. il corridoio

7. Cosa detta direttamente al pubblico da un attore.
   a. il tono
   b. l'a parte
   c. alzare il sipario
   d. l'atto
   e. l'attore
   f. la tenda
   g. il trucco
   h. la ripresa
8. Attore buffo.
   a. la battuta
   b. chiudere il sipario
   c. il comico
   d. la commedia
   e. il copione
   f. il botteghino
   g. la stella del cinema
   h. il montaggio
9. La recita.
   a. il costume
   b. il dialogo
   c. la didascalia
   d. la messa in scena
   e. il mimo
   f. il sottotitolo
   g. la sceneggiatura
   h. vietata ai minorenni
10. È l'attore principale.
   a. il monologo
   b. il palcoscenico
   c. la pantomima
   d. i personaggi
   e. il protagonista
   f. il tecnico del suono
   g. lo schermo
   h. il regista

5. Usa ciascuna delle seguenti parole in altrettante frasi che ne rendano chiaro il significato.

Modello   la camera (cinematografica)
              La camera è la macchina usata per le riprese.

il cortometraggio	la tela	il disegno animato	doppiato
la fila	la galleria	la platea	girare un film
il lungometraggio	la prima visione	le riprese in esterni	l'acquerello
l'affresco	l'acquerellista	l'architettura	le arti figurative

astratto	il barocco	le belle arti	il capolavoro
il cavalletto da pittore	il chiaroscuro	il classicismo	la copia cianografica
dipingere	la tavolozza	l'impressionismo	la mostra
la mostra d'arte	nudo	ombrare	il paesaggio
il pennello	il pittore	il pop art	la posa
il realismo	il rococò	il romanticismo	scolpire
lo scultore	l'esposizione di sculture	il direttore della fotografia	la banda

6. Sei in grado di dare un esempio per ciascuno/ciascuna dei generi, delle nozioni, delle personalità, ecc. indicati/indicate?

Modello   un'agenzia di stampa
               UPI / Reuters / ecc.

1. un cronista sportivo   2. un/una giornalista   3. un inviato speciale   4. un periodico
5. un quotidiano   6. un annunciatore/un'annunciatrice   7. un disc jockey   8. un giornale
radio   9. una rete radiofonica   10. una rete televisiva   11. una stazione radio   12. un talk
show   13. un programma di telecronaca   14. un telefilm   15. un'agenzia di pubblicità   16. un
telegiornale   17. una trasmissione in diretta   18. una trasmissione pubblicitaria   19. una
trasmissione via satellite   20. una campagna pubblicitaria   21. un logo conosciuto in tutto il
mondo   22. una marca di abbigliamento famosa   23. uno slogan   24. uno sponsor

7. Traduci o in inglese o in italiano, secondo il caso.*

l'articolo di fondo	
	censorship
censurare	
	contributor
la conferenza stampa	
	press release
l'intervista	
	report, news item, feature
la libertà di stampa	
	readers, readership
redigere una rivista	
	editorial offices, editing, editorial staff
la sala stampa	
	newsroom
il servizio	
	to write for the newspaper
accendere la radio/la televisione	
	to print
andare in onda	

	antenna
il bollettino meteorologico	
	TV direction booth
il cameraman	
	to be on the air
la radiodiffusione	
	to turn off the radio/the TV
lo studio televisivo	
	TV camera
il/la telecronista	
	TV broadcasting
il telespettatore/la telespettatrice	
	television set
l'insegna pubblicitaria	
	sponsoring

Level 2

8. Te ne intendi di fotografia?

Spiega nelle tue parole ciascuna delle seguenti cose, persone, o nozioni che riguardano l'arte della fotografia.

Modello   la camera oscura
           È il laboratorio fotografico.

1. la cinepresa   2. la diapositiva   3. la foto elettronica   4. la fotografia digitale
5. il fotografo/la fotografa   6. fotosensibile   7. il fuoco   8. l'immagine   9. inquadrare
10. il mirino   11. il negativo   12. il rullino   13. il treppiede   14. il videodisc
15. l'obiettivo   16. la lente   17. la macchina fotografica digitale   18. la pellicola
19. la ripresa fotografica   20. lo scatto   21. lo zoom   22. mettere a fuoco   23. puntare l'obiettivo   24. sfocato

9. Te ne intendi di strumenti? Scegli la risposta giusta.*

1. Uno strumento a corda
   a. l'arco
   b. l'arpa
   c. il bassotuba
   d. la batteria
   e. il cembalo
2. Uno strumento a fiato
   a. la chitarra
   b. il clarino

   c. il clavicembalo
   d. il contrabbasso
   e. il piano verticale
3. Uno strumento ad arco
   a. il corno
   b. il tamburo
   c. la viola
   d. il flauto
   e. il piatto d'ottone

4. Uno strumento a percussione
   a. la grancassa
   b. il mandolino
   c. l'oboe
   d. la zampogna
   e. il fagotto

5. Uno strumento a bocchino
   a. il piano elettrico
   b. il trombone
   c. il timpano
   d. il piano a coda
   e. il violino

10. Chi è?*

Modello   Suona l'arpa
                l'arpista

1. suona il sassofono,   2. suona la fisarmonica,   3. suona il violoncello,   4. suona il contrabbasso,   5. suona la batteria,   6. suona la chitarra,   7. suona il clarino,   8. suona la viola,   9. suona il corno,   10. suona il fagotto,   11. suona il flauto,   12. suona il mandolino,   13. suona l'oboe,   14. suona il pianoforte,   15. suona l'organo,   16. suona la tromba,   17. suona il violino

11. Usa ciascuna delle seguenti parole/espressioni in attrettante frasi che ne rendano chiaro il significato.

Modello   l'abbonato
                È una persona che si è abbonata a una rivista, un quotidiano, ecc.

ad alta tiratura	annullare l'abbonamento	l'archivio
la cronaca cittadina	la cronaca nera	diffamare
l'enigmistica	l'errore tipografico	il fotoromanzo
in esclusiva	la necrologia	le parole crociate
la piccola cronaca	le prove	la recensione
la rubrica locale	la tiratura	il titolo principale

Level 3

12. Accoppia i sinonimi e i quasi-sinonimi.*

1. lo schizzo	a. il DVD	5. il campione omaggio	e. l'esemplare omaggio
2. il background	b. il quartetto	6. composizione per quattro	f. lo sfondo
3. il disco laser	c. il quintetto	7. composizione per cinque	g. lo spartito
4. la partitura	d. l'abbozzo	8. il dépliant	h. l'opuscolo

13. Che cos'è…?*

1. Un'antenna necessaria per ricevere le trasmissioni a lunga distanza.
2. Un'indagine, un'inchiesta.
3. Dispositivo che permette di cambiare canali televisivi a distanza.
4. Buono gratis.
5. Un esemplare.
6. Buono che si può staccare, tagliandolo.
7. La usa il direttore d'orchestra per battere o indicare il tempo.
8. Esperto di musica.
9. Si canta ai bambini per farli dormire.

10. Regge la musica.
11. Si dice quando vogliamo sentire o vedere qualcosa una seconda volta.
12. Si fa quando si è scontenti di una recita, un'esecuzione musicale, ecc.

14. Come si dice…?*

1. *radio frequency*   2. *news flash*   3. *radio wave*   4. *short wave*   5. *variety program*   6. *television game show*   7. *free*   8. *jingle*   9. *caption*   10. *to tune*   11. *tune*   12. *solo*   13. *chant* 14. *duet*   15. *to practice*   16. *hymn*   17. *madrigal*   18. *ballad*   19. *scale*   20. *sextet*   21. *trio* 22. *footlights*   23. *skit*   24. *in slow motion*   25. *on location*

15. Con le tue parole, spiega ciascuna delle seguenti nozioni o cose.

Modello   le quinte
              Parte del palcoscenico dove un attore si può nascondere.

i riflettori	il commentario	l'interprete
il metraggio	la videocamera	la videocassetta
il videodisco	il videoregistratore	calcare
il cesello	dar rilievo	il disegno a matita
l'incisione all'acquaforte	il modello	il pennello
il piedistallo	il primo piano	il rilievo
la sfumatura	smorzare	la stampa
lo stampino	la statua	lo strato

Synthesis

16. Quante parole/espressioni ricordi? Completa la seguente tabella nel modo indicato. *(Add as many cells to the chart as you may need.)*

Photography	Visual arts	Musical notions	Instruments	Types of music and dance	Musicians and dancers	Theater notions	Cinema notions
la lente	il dipinto	l'accordo	il violoncello	la polca	il pianista	l'atto	l'attore

17. Adesso, quante parole/espressioni che riguardano i mass media ricordi? Completa la seguente tabella nel modo indicato. *(Add as many cells to the chart as you may need.)*

Print media notions	Radio notions	Television notions	Advertising notions
il giornale	la rete radiofonica	il telefilm	il marchio

18. Primo quiz! Sei esperto/esperta di musica classica? Scegli la risposta giusta.*

1. L'opera *Don Giovanni* è stata composta da:
   a. Wolfgang Amadeus Mozart
   b. Ludwig van Beethoven
   c. Antonio Salieri
2. L'opera *La Traviata* è stata composta da:
   a. Giuseppe Verdi
   b. Giovanni Battista Lulli
   c. Gioacchino Rossini
3. *Lo schiaccianoce*, opera di Piotr Illich Tchaikovsky, è:
   a. un balletto
   b. una canzone
   c. un'opera
4. Niccolò Paganini era un grande...
   a. oboista
   b. violinista
   c. pianista
5. *Le quattro stagioni* è un'opera strumentale composta da:
   a. Joseph Haydn
   b. Antonio Vivaldi
   c. Johann Sebastian Bach

6. Fryderyk François Chopin era un grande compositore di musica per:
   a. flauto
   b. violino
   c. pianoforte
7. Il compositore di *Madama Butterfly* è:
   a. Felix Mendelssohn
   b. Giacomo Puccini
   c. Pietro Mascagni
8. La sinfonia è un'opera...
   a. vocale
   b. lirica
   c. strumentale
9. L'opera *I Pagliacci* è stata composta da:
   a. Arturo Toscanini
   b. Gaetano Donizetti
   c. Ruggero Leoncavallo
10. Mauro Giuliano era un grande:
    a. cantante
    b. chitarrista
    c. flautista

19. Secondo quiz! Sei esperto/esperta di arti figurative? Scegli la risposta giusta.[*]

1. Il *David* è stato scolpito da:
   a. Donatello
   b. Michelangelo Buonarroti
   c. Canova
2. Il primo pittore ad usare la tecnica della prospettiva in modo sistematico è:
   a. Fra Lippo Lippi
   b. Giotto
   c. Uccello
3. *L'Ultima cena* è l'opera di:
   a. Raffaello
   b. Leonardo da Vinci
   c. Veronese
4. L'opera detta la *Gioconda*, di Leonardo da Vinci, in inglese viene chiamata:
   a. *Jocund*
   b. *Venus*
   c. *Mona Lisa*
5. L'affresco è:
   a. la raffigurazione di un volto attraverso la pittura
   b. una tecnica di pittura consistente nell'impiegare colori diluiti in acqua su una superficie
   c. un tipo di pigmento

6. La scultura detta *Il bacio* è l'opera di:
   a. Auguste Rodin
   b. Marc Chagall
   c. Jean-Auguste Renoir
7. I pittori Cézanne, Degas, Monet, Renoir e Pissarro, per esempio, sono esponenti:
   a. del modernismo
   b. dell'impressionismo
   c. del classicismo
8. Lo stile gotico è un movimento artistico che nasce:
   a. nella Francia medioevale
   b. nell'Antica Grecia
   c. nell' Inghilterra premoderna
9. Un grande esponente della tecnica del chiaroscuro è:
   a. il Caravaggio
   b. il Toulouse-Lautrec
   c. il Tiziano
10. Un grande esponente del cubismo è:
   a. Joan Miró
   b. Maurits Escher
   c. Pablo Picasso

20. Terzo quiz! Sei un esperto di cinema italiano? In alcuni casi tutte e due le risposte possono essere corrette.[*]

1. Roberto Rossellini è il regista del film . . .
   a. *Il postino*
   b. *La dolce vita*
   c. *Roma città aperta*
2. Il nome del regista italiano De Sica era . . .
   a. Giuseppe
   b. Vittorio
   c. Samuele
3. Il regista del film *La terra trema* è . . .
   a. Luchino Visconti
   b. Franco Zeffirelli
   c. Pier Paolo Pasolini
4. Franco Zeffirelli ha fatto un film sulla vita di . . .
   a. Mosè
   b. Gesù di Nazareth
   c. San Francesco

5. Michelangelo Antonioni è il regista del film . . .
   a. *Ben Hur*
   b. *Blow Up*
   c. *Blade Runner*
6. Pier Paolo Pasolini è il regista del film . . .
   a. *Il Vangelo secondo Matteo*
   b. *8-*
   c. *Divorzio all'italiana*
7. Il nome del regista italiano Fellini era . . .
   a. Federico
   b. Marcello
   c. Antonio
8. Fellini è il regista del film . . .
   a. *La strada*
   b. *Ginger e Fred*
   c. *Romeo and Juliet*

9. Sofia Loren e Marcello Mastroianni
recitarono insieme nel film...
    a. *Matrimonio all'italiana*
    b. *I girasoli*
    c. *Madame Bovary*

10. Giuseppe Tornatore vinse l'Oscar con il
film...
    a. *Stanno tutti bene*
    b. *Nuovo cinema paradiso*
    c. *L'anno scorso in Marienbad*

21. Sei al passo con la tecnologia? Fa' il seguente test. Metti un visto (√) nella casella che è appropriata per te.

1. Per ascoltare della musica, quali dei seguenti mezzi usi di più?
    ☐ la cassetta musicale
    ☐ il compact disc (CD)
    ☐ la radio
    ☐ le videocassette/i DVD musicali?
3. Certe persone usano il videoregistratore ilegalmente per...
    ☐ vedere film noleggiati/comprati
    ☐ registrare un programma
    ☐ copiare un'altra videocassetta
4. Sai usare...? (È possibile avere più di un visto.)
    ☐ il computer per il «downloading» della musica
    ☐ il lettore di CD
    ☐ il lettore di dischi laser

Text work

Text A

> *Da:*
> ## LA MAMMINA
> di
> ### Luigi Capuana (1839–1915)
>
> Anni addietro era venuto in paese un fotografo che faceva ritratti a buon mercato. Massaio Nasaccio conservava in una cornicetta di carta dorata, appeso alla parete, sul cassettone, quello della moglie, già ingiallito e che minacciava di sparire. Ma per Maruzzedda che lo guardava per ore ed ore nella giornata, che gli diceva avemmarie e paternostri come a un'immagine sacra, quella figura sbiadita era cosa viva. Nel fissarla intenta, la vedeva colorirsi, come se il sangue scorresse sotto la bruna pelle del viso della sua povera mamma, e le pareva che quelle labbra si movessero per parlare, per dirle qualcosa, che il suo orecchio non riusciva ad afferrare.
>   Soltanto alcuni giorni dopo, massaio Nasaccio si accorse che il ritratto non era più infisso al muro; ma non osò di domandare a Maruzzedda che ne avesse fatto, giacché era stata certamente lei a toglierlo dal suo posto, pensava. Si accorse anche che, da quella sera in poi, Maruzzedda era così

cambiata da non riconoscerla. Una ruga tra le sopracciglia ne rendeva duro il viso, una volta fresco, gioviale, e ne infoschiva lo sguardo; il sorriso era sparito dalle labbra dove prima sembrava fissato. La calandrella non cantava più!

22. Traduci il testo in inglese.

23. Studio del vocabolario

Per ciascuna delle seguenti parole/espressioni, ritrovabili nel brano, trova un sinonimo, quasi-sinonimo o contrario adatto.

1. ritratti
2. una cornicetta
3. ingiallito
4. un'immagine sacra
5. una figura sbiadita

6. fissare intenta
7. vederla colorirsi
8. infisso al muro
9. la calandrella

24. Discussione

1. Perché sono importanti i ritratti nella vita umana?
2. Quali aspetti della faccia umana sono «simbolici» nei ritratti?
3. Che cosa simboleggia, in genere, il volto dipinto?

Text B

Da:
LUI E IO

di

Natalia Ginzburg (1916–1991)

Così, al cinematografo, non vuol mai che la maschera lo accompagni al posto. Gli dà subito la mancia, ma fugge in posti sempre diversi da quelli che la maschera, col lume, gli viene indicando.

Al cinematografo, vuole stare vicinissimo allo schermo. Se andiamo con amici, e questi cercano, come la maggior parte della gente, un posto lontano dallo schermo, lui si rifugia, solo, in una delle prime file. Io ci vedo bene, indifferentemente, da vicino e da lontano; ma essendo con amici, resto insieme a loro, per gentilezza; e tuttavia soffro, perché può essere che lui, nel suo posto a due palmi dallo schermo, siccome non mi son seduta al suo fianco, sia offeso con me.

Tutt'e due amiamo il cinematografo; e siamo disposti a vedere, in qualsiasi momento della giornata, qualsiasi specie di film. Ma lui conosce la storia del cinematografo in ogni minimo particolare; ricorda registi e attori, anche i più antichi, da gran tempo dimenticati e scomparsi; ed è pronto a fare chilometri per andare, a cercare, nelle più lontane periferie, vecchissimi film del tempo del muto, dove comparirà magari per pochi secondi un attore caro alle sue più remote memorie d'infanzia. Ricordo, a

Londra, il pomeriggio d'una domenica; davano in un lontano sobborgo sui limiti della campagna un film sulla Rivoluzione francese, un film del '30, che lui aveva visto da bambino, e dove appariva per qualche attimo un'attrice famosa a quel tempo. Siamo andati in macchina alla ricerca di quella lontanissima strada; pioveva, c'era nebbia, abbiamo vagato per ore e ore per sobborghi tutti uguali, tra schiere grige di piccole case, grondaie, lampioni e cancelli; avevo sulle ginocchia la pianta topografica, non riuscivo a leggerla e lui s'arrabbiava; infine, abbiamo trovato il cinematografo, ci siamo seduti in una sala del tutto deserta. Ma dopo un quarto d'ora, lui già voleva andar via, subito dopo la breve comparsa dell'attrice che gli stava a cuore; io invece volevo, dopo tanta strada, vedere come finiva il film. Non ricordo se sia prevalsa la sua o la mia volontà; forse la sua, e ce ne siamo andati dopo un quarto d'ora; anche perché era tardi, e benché fossimo usciti nel primo pomeriggio, ormai era venuta l'ora di cena. Ma pregandolo io di raccontarmi come si concludeva la storia, non ottenevo nessuna risposta che m'appagasse; perché, lui diceva, la storia non aveva nessuna importanza, e la sola cosa che contava erano quei pochi istanti, il profilo, il gesto, i riccioli di quell'attrice.

Io non mi ricordo mai i nomi degli attori; e siccome sono poco fisionomista, riconosco a volte con difficoltà anche i più famosi. Questo lo irrita moltissimo; gli chiedo chi sia quello o quell'altro, suscitando il suo sdegno; ≪non mi dirai—dice—non mi dirai che non hai riconosciuto William Holden!≫

Effettivamente, non ho riconosciuto William Holden. E tuttavia, amo anch'io il cinematografo; ma pur andandoci da tanti anni, non ho saputo farmene una cultura. Lui se ne è fatto, invece, una cultura: si è fatto una cultura di tutto quello che ha attratto la sua curiosità; e io non ho saputo farmi una cultura di nulla, nemmeno delle cose che ho più amato nella mia vita: esse sono rimaste in me come immagini sparse, alimentando sí la mia vita di memorie e di commozione ma senza colmare il vuoto, il deserto della mia cultura.

25. Tutte le seguenti affermazioni sono false. Correggile in modo appropriato.

1. Al cinematografo, il partner della Ginzburg voleva sempre che la maschera lo accompagnasse al posto.
2. Lui voleva sempre stare lontano dallo schermo.
3. Se andavano al cinema con amici, e questi cercavano un posto vicino allo schermo, lui si recava, solo, in una delle ultime file.
4. La Ginzburg ci vedeva bene solo da vicino.
5. I due amavano solo un particolare genere di film.
6. La Ginzburg ricordava registi e attori, anche i più antichi, da gran tempo dimenticati e scomparsi.
7. Il partner della Ginzburg voleva andare solo a cinematografi che erano vicini a casa sua.
8. Il pomeriggio d'una domenica, davano un film sul Risorgimento italiano degli anni '40.
9. Il tempo, durante il loro tragitto, era molto bello.
10. La sala del cinema era gremita di gente.
11. Se ne andarono dopo la fine del film.
12. La Ginzburg conosceva molto bene gli attori del cinema.
13. La Ginzburg si era fatta una cultura profonda del cinema.

26. Studio del vocabolario

Usa ciascuna delle seguenti parole/espressioni, ritrovabili nel testo, in altrettante frasi che ne rendano chiaro il significato.

Modello   al cinematografo
    *Il partner della Ginzburg non voleva mai che, al cinematografo, la maschera
        lo accompagnasse al posto.*

1. la maschera
2. lo schermo
3. la prima fila
4. registi

5. un'attrice famosa
6. film muti
7. William Holden
8. farsi una cultura del cinema

27. Rispondi alle seguenti domande.

1. Quali attori/attrici del cinema italiano conosci?
2. Quali dei loro film hai visto?

3. Qual è il genere di film che preferisci? Perché?
4. Quale genere non sopporti? Perché?

Role-playing

28. Diversi gruppi di studenti dovranno mettere in scena una delle seguenti interviste.

1. Intervista a Joanna Johnson: attrice per caso. Joanna Johnson è una attrice statunitense che interpreta il ruolo di *Caroline* nel popolare teleromanzo *Beautiful*, la versione italiana della *soap opera* americana *The Bold and the Beautiful*.
2. Nell'ambito del programma televisivo intitolato «Tornare indietro nel tempo!», l'intervistatore/l'intervistatrice (interpretato da uno studente/una studentessa) intervisterà uno dei seguenti artisti/compositori (interpretato da un altro studente) e gli chiederà di interpretare una delle sue opere. Cercherà poi di convincerlo che il mondo è cambiato. Ma l'artista/il compositore non ci crede. L'intervista termina quando l'artista/il compositore dice qualcosa di veramente inaspettato.
   a. Michelangelo
   b. Raffaello
   c. Giotto
   d. Picasso
   e. Rodin

   f. Niccolò Paganini
   g. Giuseppe Verdi
   h. Antonio Vivaldi
   i. Gioacchino Rossini
   j. Giacomo Puccini

29. Diverse coppie di studenti dovranno mettere in scena uno degli spot televisivi seguenti.

1. «Con il cellulare Sony, potrete chiamare chiunque, quando volete, in secondi!»
2. «Con il DVD interattivo Philips, potrete fare delle cose straordinarie!»

Discussion/Composition/Activities

30. I film italiani famosi!

Noleggia e guarda un videodisc/una videocassetta di un film famoso italiano (e.g. *Divorzio all'italiana*, *Nuovo cinema paradiso*, ecc.). Poi, rispondi alle seguenti domande per iscritto. In seguito, leggi le tue risposte in classe.

1. Di quale anno è il film?
2. Chi è il regista del film?
3. Chi sono gli interpreti principali?
4. Chi è l'autore del copione?
5. Chi ha curato la sceneggiatura del film?

6. Quanto tempo è durato il film?
7. Che genere di film è?
8. Qual è la trama del film?
9. Ha rilevanza il film oggi?

31. Leggi il seguente brano e poi rispondi alle domande riportate sotto.

> Durante il Medioevo, l'Italia svolse un ruolo primario nel campo della musica sacra (da chiesa) col cosiddetto *canto gregoriano* attribuito a Papa Gregorio il Grande (circa 540–604 d.C.). Tra i musicisti più conosciuti del Rinascimento e del Barocco sono da menzionare Palestrina, Gabrieli, Monteverdi, Frescobaldi, Corelli, Vivaldi e Scarlatti.
>
> L'opera è sempre stata per gli italiani una delle forme artistiche più importanti. Le opere di Rossini, Bellini, Donizetti, Verdi, Mascagni, Leoncavallo e Puccini sono tutt'oggi popolarissime, e vengono messe in scena frequentemente in tutto il mondo.
>
> Molto popolare in Italia è il Festival di Sanremo, una delle più famose gare canore del mondo. Il festival, iniziato nel 1951, ha luogo nella città ligure nel mese di febbraio e ad esso partecipano non solo i cantanti più famosi del paese, ma anche quelli alle prime armi, i futuri idoli della musica leggera italiana.
>
> L'Italia ha anche una ricca tradizione di canto folcloristico. Particolarmente conosciute sono le canzoni napoletane tradizionali come *Santa Lucia, O sole mio, Torna a Sorrento*, ecc. Ogni regione ha i suoi canti. Tra i giovani oggi va molto di moda il rock e il rap americano, che ascoltano regolarmente attraverso le trasmissioni della MTV in Italia.

1. Che cos'è il canto gregoriano?
2. Quanti compositori italiani famosi conosci? Quali sono le loro opere che ami? Perché?
3. Hai mai assistito di persona al festival di Sanremo? Se no, lo hai mai visto in TV? Ti piace la musica leggera italiana? Perché sì/no?
4. Conosci canti tradizionali italiani? Quali?
5. Perché pensi che la musica americana piaccia ai giovani italiani?

32. Ricerche da svolgere! Ogni studente dovrà svolgere delle ricerche sulle categorie riportate dalla seguente tabella.

Musica		*Teatro*		*Cinema*		*Arti figurative*	
Compositori	*Opere*	*Drammaturgi*	*Opere*	*Registi*	*Film*	*Artisti*	*Opere*

Le diverse tabelle saranno poi compilate da un rappresentante. Infine, la classe discuterà l'importanza delle diverse opere citate.

33. Opinioni! Indica se ti piace o no ciascun mezzo o genere, specificando il perché ti piace o no.

1. i quotidiani
2. le riviste a fumetti
3. le riviste di moda
4. le riviste sportive
5. i canali pubblici
6. i canali privati
7. il telegiornale
8. il giornale radio
9. i programmi a puntate
10. i programmi di sport
11. i programmi di spettacolo
12. i talk show
13. la telecronaca
14. la pubblicità radiofonica
15. la pubblicità televisiva
16. le riviste di enigmistica

34. Rispondi liberamente alle seguenti domande.

1. Chi sono oggi le stelle del cinema?
2. Preferisci un posto in platea o in galleria quando vai al teatro? Perché?
3. Chi è il tuo attore preferito? Perché?
4. Chi è l'attore che non sopporti? Perché?
5. Chi è la tua attrice preferita? Perché?
6. Chi è l'attrice che non sopporti? Perché?
7. Qual è il tuo film preferito? Perché?
8. Che genere di film ti piace? Perché?

35. Tema da svolgere. Scrivi un breve componimento su uno dei due seguenti temi. Poi, leggilo e discutilo in classe.

1. La libertà di stampa è una condizione essenziale della società moderna.
2. La televisione è, da anni, il mezzo che più influisce sugli atteggiamenti e sulle opinioni della gente.

Unit 10

Literature and writing

Level 1

Literacy

l'alfabetismo	*literacy*
l'alfabeto	*alphabet*
l'alfabeto cirillico	*Cyrillic alphabet*
l'analfabetismo	*illiteracy*
l'autore/l'autrice	*author*
la biblioteca	*library*
il carattere	*printed character*
il dattiloscritto	*typescript*
l'editore (m), la casa editrice	*publisher, publishing house*
il geroglifico	*hieroglyphic*
leggere	*to read*
la lettera dell'alfabeto	*letter of the alphabet*
la letteratura	*literature*
il lettore/la lettrice	*reader*
la lettura	*reading*
la libreria	*bookstore*
il manoscritto	*manuscript*
l'ortografia	*spelling*
pittografico	*pictographic*
il pittogramma	*pictogram*
la rilegatura	*book binding*
lo scriba	*scribe*
la scrittura	*writing*
la scrittura Braille	*Braille writing*
la scrittura cuneiforme	*cuneiform writing*
scrivere	*to write*
il segno grafico	*graphic sign*
la stampa	*printing, print, printing press*
la stampa di Gutenberg	*the Gutenberg press*
lo stilo	*stylus*
il testo	*text*
il titolo	*title (of a book)*

Writers, style, and aspects of writing

l'antitesi (f, inv)	*antithesis*
l'appendice (f)	*appendix*
l'atto	*act*
la bozza, l'abbozzo	*draft*
il capitolo	*chapter*
citare	*to quote*
la citazione	*quotation*
il commediografo/la commediografa	*playwright*
il contrasto	*contrast*
il curatore/la curatrice	*compiler, editor of a volume*
dipingere	*to depict*
i diritti d'autore	*royalties*
l'episodio	*episode*
l'eroe/l'eroina	*hero/heroine*
la figura retorica	*rhetorical figure, figure of speech*
l'indice (m)	*index*
l'indice (m) delle materie	*table of contents*
l'ironia	*irony*
la metafora	*metaphor*
la metonimia	*metonymy*
il motivo	*motif*

il narratore/la narratrice	*narrator*
il/la novellista	*short-story writer*
l'onomatopea	*onomatopoeia*
onomatopeico	*onomatopoeic*
l'opera	*work*
il personaggio	*character*
il poeta/la poetessa	*poet*
la prefazione	*preface*
la retorica	*rhetoric*
il romanziere/la romanziera	*novelist*
la scena	*scene*
lo scrittore/la scrittrice	*writer*
segnalare	*to point out*
la sfumatura	*nuance*
sottolineare	*to highlight*
lo stile	*style*
lo stile banale	*trite, banal style*
lo stile monotono	*monotonous style*
lo stile prosaico	*prosaic style*
lo stile ricercato, lo stile raffinato	*refined, elegant style*
sviluppare	*to develop*
il tema	*theme*
la trama	*plot*
trattare	*to deal with*
tratteggiare, profilare	*to outline*
il trovatore	*troubadour*

Genres

l'allegoria	*allegory*
l'aneddoto	*anecdote*
l'antologia	*anthology*
l'autobiografia	*autobiography*
l'avventura	*adventure*
la ballata	*ballad*
il best-seller (inv)	*best-seller*
la biografia	*biography*
la commedia	*comedy, play*
la critica	*criticism*
il diario	*diary*
la dissertazione	*dissertation*
il dizionario, il vocabolario, il lessico	*dictionary, lexicon*

il dramma	*drama*
l'elegia	*elegy*
l'enciclopedia	*encyclopedia*
l'epigramma	*epigram*
la fantascienza	*science fiction*
la favola	*fable*
la fiaba	*fairy tale*
i fumetti	*comics*
il genere	*genre*
il giallo	*mystery, detective novel*
la guida	*guidebook*
la leggenda	*legend*
il libro di testo	*textbook*
il libro tecnico	*technical book*
le memorie	*memoirs*
il mito	*myth*
la mitologia	*mythology*
la narrativa	*narrative, fiction*
la narrazione	*narration*
la novella	*short story*
l'ode (f)	*ode*
la parodia	*parody*
la poesia	*poetry, poem*
la poetica	*poetics*
la prosa	*prose*
la raccolta	*collection*
il racconto	*tale*
la retorica	*rhetoric*
romanzesco	*novelistic*
il romanzo	*novel*
il romanzo rosa	*romantic novel, harlequin romance*
il saggio	*essay*
la saggistica	*essay-writing*
la satira	*satire*
il sonetto	*sonnet*
la stilistica	*stylistics*
la strofa	*verse, stanza*
lo studio	*study*
il thriller (inv)	*thriller*
la tragedia	*tragedy*
il trattato	*treatise*
il verso	*line*

Level 2

Style

accentuare	*to emphasize*
l'allitterazione	*alliteration*
l'analisi (f, inv)	*analysis*
animato	*lively*
conciso	*concise*
confusionario	*confusing*
criticare	*to criticize*
la grammatica	*grammar*
l'immagine (f)	*image*
inquadrare	*to frame*

laconico	*laconic*
l'ottica	*perspective*
pomposo	*pompous*
il quadro	*framework, setting*
la rassegna	*overview*
la recensione	*(critical) review*
recensire	*to review*
la sillaba	*syllable*
spiegare	*to explain*
vivace	*colorful, lively*

Level 3

Style

adorno	*ornate*
elaborato	*elaborate*
inconsueto	*far-fetched, unusual*
lapidario	*terse, succinct*
leggero	*light*
pesante	*heavy*

piccante	*spicy*
polemico	*controversial, polemical*
prolisse, verboso	*wordy*
simbolico	*symbolic*
il simbolismo	*symbolism*
turgido	*turgid*

Expression, interacting, speaking, reading, writing, and phoning

Level 1

General expressions

a meno che	*unless*
a mio parere, nella mia opinione, a mio avviso	*in my opinion*
a proposito	*by the way*
avere bisogno di	*to need*
avere caldo	*to be hot*
avere fame	*to be hungry*
avere freddo	*to be cold*
avere fretta	*to be in a hurry*
avere paura	*to be afraid*
avere ragione	*to be right*
avere sete	*to be thirsty*
avere sonno	*to be sleepy*

avere torto	*to be wrong*
avere voglia di	*to feel like*
cioè, vale a dire	*that is to say*
dunque, quindi, allora	*therefore*
secondo me	*in my own opinion*
tuttavia, comunque	*however*

Exclamations and interjections

Ahi!	*Ouch!*
Anzi!	*On the contrary!*
Attenzione!	*Careful! Be careful!*
Basta!	*Stop it! That's enough!*

Bene!	Good!
Bravo/Brava!	Well done!
Caspita!	Wow! (expressing astonishment) Good heavens! (expressing impatience, annoyance)
Che bella sorpresa!	What a surprise!
Che fortuna!	How lucky!
Che guaio!	What a jam!
Che noia!/Che barba!	What a bore!//What a drag!
Che pasticcio! Che casino! Che imbroglio!	What a mess!
Che peccato!	What a pity (shame)!
Che rabbia!	How infuriating!
Che sciocchezza!	What nonsense!
Che sciocco!	What a fool!
Che seccatura!	What a nuisance (bore, drag)!
Che sfortuna!	What bad luck!
Davvero?	Really?
Dio mio! Mio Dio!	My God!
Ecco!	Yeah! Sure! There! That's it!
Grazie a Dio!	Thank God!
Incredibile!	Incredible!
Interessante!	Interesting!
Ma sei pazzo?	Are you crazy?
Magari!	I wish!
Maledizione!	Curses! Damn (it)!
Mamma mia!	Good heavens! (lit. Oh mother of mine!)
Meraviglioso!/ Stupendo!/ Fantastico!/ Magnifico!	Marvelous!/ Stupendous!/ Fantastic!/ Magnificent!
Non dire sciocchezze!	Don't talk nonsense!
Non è possibile!	It can't be!
Non fare lo stupido!/la stupida!	Don't be stupid/silly!
Non importa!	It doesn't matter!

Peccato!	Too bad! Pity! A shame!
Per amor di Dio!	For the love of God!
Per carità!	Good grief! No way!
Povero me!	Poor me! Too bad! Oh well! (lit.)
Silenzio!	Quiet! Be (keep) quiet!
Sta' (inf)/stia (pol) fermo!	Stay still!
Sta' (inf)/stia (pol) zitto!	(Be) quiet! Shut up!

Greetings, salutations, farewells, introductions, and polite expressions

A più tardi/A stasera	See you later/See you tonight
A presto	See you soon
Addio	Adieu
Arrivederci (inf)/ArrivederLa (pol)	Good-bye
Auguri	Good luck/Best wishes
Avanti/Prego	Come in
Buon giorno (Buongiorno)	Good morning, Good day
Buon pomeriggio	Good afternoon
Buona notte (Buonanotte)	Good night
Buona sera (Buonasera)	Good evening, Good afternoon
Ci vediamo	See you
Ciao (inf)	Hi, Bye
Come ti chiami? (inf)/Come si chiama? (pol)	What's your name?
Come va?	How's it going?
Congratulazioni, Complimenti	Congratulations
È permesso/Posso/ Si può?	May I?
Grazie	Thank you
Grazie, molto gentile	Thank you. It's very kind of you
Il piacere è mio	The pleasure is mine

Lo farò con piacere	*I'll be glad/happy to do it*	

Lo farò con piacere — *I'll be glad/happy to do it*

Mi chiamo... — *My name is...*

Mi dispiace — *I'm sorry*

Molto lieto (m)/ Molto lieta (f) — *Delighted to meet you*

Permesso — *Excuse me (I need to get through)*

Permetti che ti presenti (inf).../ Permette che Le presenti (pol)... — *Allow me to introduce you to...*

Piacere — *A pleasure*

Prego — *You're welcome, Please, go ahead*

Salve — *Greetings, Hello!*

Scusa (inf)/Scusami (inf) — *Excuse me*

Scusi (pol)/Mi scusi (pol) — *Excuse me*

Se non ti dispiace... (inf)/Se non Le dispiace... (pol) — *If you don't mind..., If you please...*

Si accomodi (pol)/ Accomodati (inf) — *Come in, Make yourself comfortable*

Si figuri (pol)/ Figurati (inf) — *Don't mention it*

Ti presento... (inf)/ Le presento... — *Let me introduce you to...*

Titles (many used to address or refer to professional people; no exact English equivalent)

Avvocato — *Lawyer*

Dottore (m)/ Dottoressa (f) — *Dr.*

Geometra — *Draftsperson*

Ingegnere — *Engineer*

Professore (m)/ Professoressa (f) — *Prof.*

Ragioniere — *Accountant*

Reverendo — *Reverend*

Signora — *Mrs., Ms.*

Signore — *Mr.*

Signorina — *Miss, Ms.*

Punctuation, letters, letter writing, and mailing

A chi di competenza/ dovere (pol) — *To whom it may concern*

l'abbreviazione (f) — *abbreviation*

l'affrancatura — *postage*

l'apostrofo — *apostrophe*

l'asterisco — *asterisk*

il capoverso — *paragraph*

Caro/Cara (inf) — *Dear...*

la cartolina — *postcard*

la cassetta postale, la buca (delle lettere) — *mailbox*

il codice postale — *post (postal) code*

Con i più cordiali saluti (pol) — *With cordial greetings*

Cordialmente (pol) — *Yours cordially, Yours truly*

il corriere — *courier*

il corsivo — *italics*

il destinatario — *addressee*

i due punti — *colon*

l'e-mail, la posta elettronica — *e-mail*

all'estero — *abroad*

la firma — *signature*

firmare — *to sign*

il francobollo — *stamp*

la frase — *sentence, phrase*

Gentile Signore/ Signora (pol) — *Dear Sir/Madam*

imbucare — *to put into a mailbox, to post*

l'indirizzo — *address*

inviare, spedire, mandare — *to mail off*

la lettera commerciale — *business letter*

la lettera maiuscola — *capital letter*

la lettera minuscola — *small (lower-case) letter*

la lettera raccomandata — *registered letter*

il margine — *margin*

il/la mittente — *sender*

la parentesi (inv) — *bracket, parenthesis*

la parentesi quadra	*square bracket*	lo sportello	*clerk's window*
il periodo	*sentence*	le stampe	*printed matter*
il portalettere (inv), il postino	*letter carrier, postman*	la tariffa	*(postal) rate*
		il testo	*text*
la punteggiatura	*punctuation*	il trattino	*hyphen*
il punto	*full stop, period*	l'ufficio postale	*post office*
il punto e virgola	*semicolon*	Un abbraccio (inf)	*Hugs...*
il punto esclamativo	*exclamation mark*	Un bacio (inf)	*Kisses...*
il punto interrogativo	*question mark*	il vaglia (inv)	*money order*
la riga	*line (of text)*	la virgola	*comma*
Saluti... (pol, inf)	*Greetings, regards*	la virgoletta	*quotation mark*
la sottolineatura	*underline*		

Level 2

Speech activities, modes of communication, and ways of interacting

accentuare	*to emphasize*	la comunicazione	*communication*
affermare	*to affirm*	concludere	*to conclude*
l'affermazione (f)	*statement*	la conclusione	*conclusion*
alludere	*to allude*	la conferenza	*lecture*
l'analogia	*analogy*	confermare	*to confirm*
annunciare	*to announce*	confrontare, comparare, paragonare	*to compare*
l'annuncio	*announcement*		
articolare	*to articulate*	il confronto, il paragone, la comparazione	*comparison*
asserire	*to state, to affirm, to maintain, to assert*		
assicurare	*to ensure*	congratulare	*to congratulate*
attestare, testimoniare	*to testify, to vouch*	le congratulazioni	*congratulations*
		consigliare	*to give advice*
avvertire, ammonire	*to warn*	il consiglio	*advice*
la barzelletta	*joke*	contestare	*to contest, to dispute*
borbottare	*to mumble*	contraddire	*to contradict*
brindare	*to toast*	conversare	*to converse*
il brindisi (inv)	*toast*	la conversazione	*conversation*
brontolare	*to nag, to grumble*	definire	*to define*
la bugia, la menzogna	*lie*	descrivere	*to describe*
cambiare soggetto	*to change the subject*	la descrizione	*description*
la chiacchiera, la diceria, la voce	*rumor*	dettare	*to dictate*
		il dettato	*dictation*
chiacchierare	*to chat*	il dialogo	*dialogue*
chiarificare	*to clarify, to make clear*	dibattere	*to debate*
		il dibattito	*debate*
chiedere	*to ask for*	dichiarare	*to declare*
comunicare	*to communicate*	il discorso	*talk, speech*
		la discussione	*discussion, argument*

discutere	*to discuss, to argue*	raccontare	*to tell (a story), to recount*
dogmatico	*opinionated, dogmatic*		
la domanda retorica	*rhetorical question*	raccontare una barzelletta	*to tell a joke*
enunciare	*to utter*		
essere d'accordo/non essere d'accordo	*to agree/to disagree*	il resoconto, la relazione	*report*
esitare	*to hesitate*	riassumere	*to summarize*
l'esitazione (f)	*hesitation*	il riassunto	*summary*
l'espressione (f)	*expression*	richiedere	*to request*
esprimere	*to express*	la richiesta	*request*
esprimersi	*to express oneself*	riferire	*to refer*
fare una conferenza	*to give a lecture*	rimproverare	*to reproach*
il fraintendimento	*misunderstanding*	ringraziare	*to thank*
garantire	*to guarantee*	ripetere	*to repeat*
gridare	*to shout*	riportare	*to relate*
identificare	*to identify*	rispondere	*to answer*
indicare	*to indicate*	la risposta	*answer*
l'indicazione (f)	*indication*	sbadigliare	*to yawn*
informare	*to inform*	scherzare	*to jest*
l'informazione (f)	*information*	lo scherzo	*joke (jest, prank)*
interrompere	*to interrupt*	schietto, senza peli sulla lingua	*outspoken*
l'interruzione (f)	*interruption*		
invitare	*to invite*	scusarsi	*to apologise, to excuse oneself*
letterale	*literal*		
la lite, la discussione	*argument*	seminare zizzania	*to spread gossip*
litigare	*to argue, to quarrel*	significare	*to mean*
lodare	*to praise*	il significato	*meaning*
malignare	*to speak badly of*	sostenere	*to uphold, to maintain*
il malinteso	*disagreement*		
mentire, dire una bugia	*to lie*	sottolineare	*to underline, to underscore*
menzionare	*to mention*	spiegare	*to explain*
la minaccia	*threat*	la spiegazione	*explanation*
minacciare	*to threaten*	suggerire	*to suggest*
mormorare	*to murmur*	sussurrare	*to whisper*
negare	*to deny*	tacere, stare zitto	*to keep quiet*
offendere	*to offend*	tradurre	*to translate*
orale	*oral*	la traduzione	*translation*
ordinare	*to order*	urlare	*to yell, to scream*
il pettegolezzo, la zizzania	*gossip*		
predicare	*to preach*	**Reading and writing**	
promettere	*to promise*	l'agenda	*diary, daily planner*
pronunciare	*to pronounce*	l'analfabeta (m and f)	*illiterate person*
proporre	*to propose, to suggest*	la calligrafia	*handwriting*
		la calligrafia bella	*nice handwriting*
raccomandare	*to recommend*	la calligrafia brutta	*bad handwriting*

la calligrafia illeggibile	*unreadable / illegible handwriting*	il foglio	*sheet*
		interpretare	*to interpret*
cancellare	*to rub out, to erase, to cross out*	la legatura	*binding*
		leggere ad alta voce	*to read out loud*
la cancellatura	*deletion, crossing-out, erasure*	leggere tra le righe	*to read between the lines*
il catalogo	*catalogue*	notare	*to note*
consultare	*to consult, to look up*	redigere, stendere (un testo)	*to draft*
la copertina	*book cover, dust jacket*		
decifrare	*to decipher*	sfogliare	*to leaf through*
decodificare	*to decode*	il taccuino	*notebook*
il diario	*diary*		

Level 3

Speech activities, modes of communication, and ways of interacting		la lamentela	*complaint*
		loquace	*loquacious*
acclamare	*to cheer, to acclaim*	maledire	*to curse*
alzare la voce	*to raise one's voice*	obiettare	*to object*
avanzare	*to put forward*	piagnucolare	*to whine*
la battuta	*witticism*	replicare	*to reply*
bestemmiare	*to swear, to curse*	spiritoso	*witty*
denigrare	*to denigrate*		
destare	*to awaken, to stimulate*	***Reading and writing***	
la diceria, la maldicenza	*malicious gossip*	buttar giù, scribacchiare	*to jot down, to doodle*
eloquente	*eloquent*	il libro di ricette	*recipe book*
fischiare	*to jeer*	scarabocchiare	*to scribble*
implicare	*to imply*	lo scarabocchio	*doodle*
insinuare	*to insinuate*	il testo di riferimento	*reference work*
interrogare, esaminare	*to interrogate*	il volume	*volume*
		il volume rilegato	*bound volume*
lamentarsi	*to complain*		

Exercises

---

1. Identifica ciascun segno di punteggiatura.*

Modello   ,
                la virgola

1. " "   4. .
2. —   5. ;
3. ?   6. !

7. ( )
8. [ ]
9. A
10. a

11. *Alessandra De Sanctis*
12. :
13. Fa'
14. *

2. Quali parole/espressioni si possono usare per...*

1. iniziare una lettera formale indirizzata a una persona specifica?
   a. Gentile Signore/Signora
   b. Con i più cordiali saluti
   c. A presto
   d. Scusi
2. terminare una lettera formale?
   a. Un bacio
   b. Cordialmente
   c. Bravo/Brava
   d. Si accomodi
3. iniziare una lettera ad un amico/un'amica?
   a. Un abbraccio
   b. Saluti
   c. Caro/Cara
   d. Buona sera
4. iniziare una lettera formale non indirizzata a una persona specifica?
   a. A chi di competenza/dovere
   b. Auguri
   c. Addio
   d. Si può?

5. rispondere a «Grazie»?
   a. Prego
   b. Ci vediamo
   c. A più tardi
   d. Buona notte
6. salutare qualcuno al mattino?
   a. È permesso?
   b. Avanti
   c. Buon pomeriggio
   d. Buon giorno
7. presentare qualcuno formalmente?
   a. Permette che Le presenti
   b. Permetti che ti presenti
   c. Molto lieto
   d. Piacere
8. presentare qualcuno informalmente?
   a. Arrivederci
   b. Le presento
   c. Ti presento
   d. Ciao

3. Sai cosa dire? Scegli tra le esclamazioni elencate quella adatta ad ogni situazione.*

1. I bambini parlano troppo e ti disturbano.
   a. Silenzio!
   b. Che barba!
   c. Come ti chiami?
   d. Complimenti
2. Il tuo amico ha appena detto che ha intenzione di andare a nuotare nell'acqua gelata di un lago.
   a. Bravo!
   b. Ma sei pazzo?
   c. Congratulazioni
   d. Come va?
3. Stai guardando un film che consideri molto noioso.
   a. Lo farò con piacere

   b. Che noia!
   c. Mi dispiace
   d. Grazie, molto gentile
4. Un bambino continua a muoversi e ti dà fastidio.
   a. Sta' fermo!
   b. Salve
   c. Permesso
   d. Mi chiamo
5. Il tuo amico ha ottenuto un bel voto all'esame.
   a. Fantastico!
   b. Si figuri
   c. Se non ti dispiace
   d. Scusa

6. Ti sei appena bruciato/bruciata con una
   sigaretta.
   a. Attenzione!
   b. Ahi!
   c. Anzi!
   d. Basta!
7. Vedi un bellissimo panorama.
   a. Magnifico!
   b. Bene!
   c. Caspita!
   d. Che guaio!
8. Un caro amico che non vedi da molto
   tempo viene inaspettatamente a
   trovarti.
   a. Che pasticcio!
   b. Che bella sorpresa!
   c. Che imbroglio!
   d. Che casino!
9. Hai visto un film che ti ha quasi fatto
   addormentare.
   a. Che barba!
   b. Che sciocchezza!
   c. Che sciocco!
   d. Che peccato!
10. Un caro amico ti dà la notizia che sta per
    sposarsi. Tu quasi quasi non gli credi e
    vuoi una conferma.
    a. Dio mio!
    b. Davvero?
    c. Che seccatura!
    d. Che rabbia!
11. Un signore ha vinto un milione di dollari
    ad una lotteria.
    a. Grazie a Dio!
    b. Che fortuna!
    c. Maledizione!
    d. Ecco!
12. Durante una gara un atleta sta per arrivare
    primo al traguardo, ma scivola e perde la
    gara.
    a. Che sfortuna!
    b. Non dire schiocchezze!
    c. Non fare lo stupido!/la stupida!
    d. Mamma mia!
13. Per un numero non hai vinto la lotteria; sei
    deluso/delusa.
    a. Meraviglioso!
    b. Magari!
    c. Peccato!
    d. Interessante!
14. Un tuo amico/una tua amica ti dà la
    notizia che sta per andarsene via in un
    altro paese. Tu non ci puoi credere.
    a. Stupendo!
    b. Non importa!
    c. Non è possibile!
    d. Per amor di Dio!
15. Un uomo è riuscito ad alzare una
    macchina con le braccia.
    a. Per carità!
    b. Povero me!
    c. Sta' zitto!
    d. Incredibile!

4. Nel seguente «puzzle» ci sono 10 titoli. Trovali. Essi si possono leggere sia
orizzontalmente che verticalmente.*

```
p r o f e s s o r e s s a q e r t y u o p p l k i
q a z x s e d c u f t g b n h j u y t r r r e s n
r u f g h h h u u t t d b n h j u y t r r r e s g
a u f g h h h u u t t o b n h j u y t r r r e s e
g u f g h h h u u t t t b n h j u y t r r r e s g
i u f g h h h u u t t t e g e o m e t r a e e e n
o u f g h h h u u t t o b n h j u y t r r r e s e
n u f g h h h u u t t r e r r t s b b n j k u g r
i u f g h h h u u t t e o p a a i a a a a a a a e
e u f g h h h u u t t s s s s i g n o r e s s s s
r d d a u u o c a t o d d d d n c c c c c c c a
e q a s e d x s e d f s i g n o r i n a u b n b
x z s a a s s c c d d a a s s d r d c c a s d c e
a s d c r e u e r e n d o e e e a a s d c a s d c
```

5. Traduci in italiano o in inglese, secondo il caso.*

a meno che	
	in my opinion
a proposito	
	to need
avere caldo	
	to be hungry
avere freddo	
	to be in a hurry
avere paura	
	to be right
avere sete	
	to be sleepy
avere torto	
	to feel like
cioè, vale a dire	
	therefore
secondo me	
	however
l'abbreviazione	
	postage
il capoverso	
	postcard
la cassetta postale, la buca (delle lettere)	
	postal code
il corriere	

6. Usa ciascuna delle seguenti parole/espressioni in altrettante frasi che ne rendano chiaro il significato.

Modello   la lettera

> *Non mi piace scrivere lettere, perché poi devo usare anche le buste e comprare i francobolli. Preferisco contattare qualcuno tramite e-mail.*

il corsivo	il destinatario	l'e-mail	l'estero	firmare
il francobollo	la frase	imbucare	l'indirizzo	inviare
la lettera commerciale	la lettera raccomandata	il margine	il mittente	l'ortografia

il periodo	il portalettere	la riga	la sottolineatura	lo sportello
le stampe	la tariffa	il testo	l'ufficio postale	il vaglia
l'alfabetismo	l'analfabetismo	la dissertazione	la guida	il libro tecnico
l'ortografia	pittografico	la rilegatura	il segno grafico	la citazione
il curatore	dipingere	i diritti d'autore	il saggio	la figura retorica
il motivo	onomatopeico	lo stile	la prefazione	segnalare
la sfumatura	sottolineare	il trovatore	la narrazione	tratteggiare
l'alfabeto cirillico	il vaglia	la stampa di Gutenberg	romanzesco	la prosa

7. Sei un lettore/una lettrice? Da' un esempio per ciascuno dei seguenti generi, stili, ecc.

Modello   un thriller
         il romanzo ≪Silence of the Lambs≫

1. un verso qualsiasi   2. un trattato scientifico famoso   3. una tragedia teatrale   4. uno studio psicologico famoso   5. una strofa qualsiasi   6. un sonetto famoso   7. una satira moderna
8. un libro di saggistica conosciuto   9. un probabile titolo per un romanzo rosa   10. un romanzo di avventure famoso   11. un racconto per bambini   12. una raccolta di fiabe   13. una poesia qualsiasi   14. una parodia famosa   15. un'ode qualsiasi   16. un'antologia di novelle
17. un mito conosciuto   18. il titolo di un libro di testo   19. una raccolta famosa di memorie
20. una leggenda   21. uno scrittore/una scrittrice di gialli   22. una raccolta di fumetti
23. un'opera di allegoria   24. un aneddoto qualsiasi   25. un'autobiografia famosa 26. una ballata
27. un best-seller   28. un autore/un'autrice di biografie   29. una commedia   30. una raccolta di critica   31. un diario famoso   32. un dizionario o vocabolario italiano   33. un dramma famoso   34. un'elegia   35. un'enciclopedia   36. un'epigramma qualsiasi   37. un romanzo di fantascienza   38. uno scrittore/una scrittrice di favole

8. In che modo sono differenti le seguenti cose o nozioni?

Modello   l'alfabeto romano e l'alfabeto cirillico
         L'alfabeto romano è quello che si usa, per esempio, per scrivere la lingua italiana, mentre quello cirillico si usa per scrivere certe lingue slave come, per esempio, il russo.

1. una biblioteca e una libreria
2. un carattere dell'alfabeto romano e un geroglifico
3. un pittogramma e una lettera dell'alfabeto
4. un dattiloscritto, un manoscritto, e una bozza
5. la letteratura e la lettura
6. uno scriba e un narratore
7. un atto e un capitolo
8. la scrittura Braille e la scrittura cuneiforme
9. un commediografo e un novellista
10. un'appendice e un indice delle materie
11. un editore e un lettore
12. leggere, scrivere e citare
13. l'antitesi e il contrasto
14. l'ironia, l'onomatopea, la metafora e la metonimia
15. un episodio e una scena
16. lo stile banale e lo stile raffinato
17. lo stile monotono e lo stile prosaico
18. il tema e la trama di un romanzo
19. un poeta e un romanziere
20. la stilistica, la retorica e la poetica
21. trattare e sviluppare un argomento
22. la narrativa e la mitologia
23. l'eroe/l'eroina e un personaggio qualsiasi

Level 2

9. Classifica le seguenti parole/espressioni nel modo indicato dalla tabella riportata sotto.

bella	rimproverare	rispondere	minacciare	
il taccuino	i fogli	vivace	laconico	
ringraziare	gridare	pomposo	confusionario	
ordinare	animato	brutta	l'agenda	
conciso	illeggibile	accentuare	ad alta voce	
tra le righe	affermare	conversare	sbadigliare	

La calligrafia...	Leggere...	Modi di esprimersi	Sono usabili per la scrittura	Stile...

10. Accoppia i sinonimi e i quasi-sinonimi.*

1. redigere un testo
2. decifrare
3. tacere
4. schietto
5. il resoconto
6. il pettegolezzo
7. confrontare

a. attestare
b. avvertire
c. decodificare
d. dire una bugia
e. il paragone
f. la lite
g. la menzogna

8. la comparazione
9. testimoniare
10. ammonire
11. la bugia
12. la discussione
13. mentire

h. la relazione
i. la zizzania
j. paragonare
k. senza peli sulla lingua
l. stare zitto
m. stendere un testo

11. Adesso accoppia i contrari e i quasi-contrari.*

1. urlare
2. negare
3. lodare
4. non essere d'accordo

a. articolare
b. asserire
c. assicurare
d. confermare

5. la diceria
6. contraddire
7. borbottare
8. negare

e. essere d'accordo
f. la chiacchiera
g. offendere
h. sussurrare

12. Identifica qualcuno, che tu consoci, che ha la qualità indicata.

Modello   Tende a criticare la gente.
               Mio cugino

1. Sa dire le barzellette bene.   2. Tende a brontolare molto.   3. Cambia soggetto spesso mentre chiacchiera.   4. Chiede sempre troppe cose.   5. Ti dà sempre buoni consigli. 6. Tende a contestare quello che dici.   7. Tende a seminare zizzania.   8. È molto

dogmatico/ dogmatica. 9. Tende a esitare molto quando esprime un'idea. 10. Interrompe spesso. 11. Tende a mormorare. 12. Tende a predicare troppo. 13. Tende a promettere troppe cose.

13. Scegli la risposta giusta.*

1. Può diventare una vera e propria lite.
   a. una discussione
   b. un dettato
   c. un dialogo
   d. una descrizione
   e. un discorso
   f. una barzelletta
   g. una dibattito
2. Leggere qualcosa a voce alta a qualcuno che deve scriverla.
   a. garantire
   b. enunciare
   c. discutere
   d. dichiarare
   e. dibattere
   f. descrivere
   g. dettare
3. Domanda di cui si conosce già la risposta.
   a. un'espressione
   b. un'esitazione
   c. un'indicazione
   d. un'informazione
   e. una domanda retorica
   f. un fraintendimento
   g. un'interruzione
4. Non dire qualcosa sul serio.
   a. fare una conferenza
   b. identificare
   c. informare
   d. scherzare
   e. litigare
   f. malignare
   g. indicare
5. Un rapporto di somiglianza.
   a. un'analogia
   b. un malinteso
   c. un riassunto

   d. una richiesta
   e. una risposta
   f. una minaccia
   g. un significato
6. Condensare sinteticamente un discorso.
   a. raccomandare
   b. invitare
   c. menzionare
   d. pronunciare
   e. proporre
   f. raccontare
   g. riassumere
7. È il significato preciso di una parola.
   a. letterale
   b. orale
   c. la conversazione
   d. l'affermazione
   e. l'ortografia
   f. l'ottica
   g. la comunicazione
8. Dire la stessa cosa un'altra volta.
   a. richiedere
   b. riferire
   c. ripetere
   d. riportare
   e. scusarsi
   f. sostenere
   g. significare
9. Versione di un testo in un'altra lingua.
   a. una traduzione
   b. uno scherzo
   c. una spiegazione
   d. una cancellatura
   e. un catalogo
   f. una legatura
   g. un annuncio

14. Come si dice...?*

1. *to underline, to underscore*   2. *to explain*   3. *to suggest*   4. *to translate*   5. *illiterate person*
6. *to rub out, to erase, to cross out*   7. *to consult, to look up*   8. *book cover, dust jacket*
9. *to interpret*   10. *to note*   11. *to leaf through*   12. *to allude*   13. *to announce*   14. *to toast*
15. *a toast*   16. *to clarify, to make clear*   17. *to communicate*   18. *to conclude*

15. Usa ciascuna delle seguenti parole/espressioni in altrettante frasi che ne rendano chiaro il significato.

Modello   la conclusione
                 Non so ancora la conclusione di quel romanzo: dovrò leggere ancora un altro
                       capitolo prima di scoprire come finirà.

la conferenza	congratularsi	le congratulazioni
consigliare	definire	accentuare
l'allitterazione	l'analisi	la grammatica
l'immagine	inquadrare	il personaggio
il quadro	la rassegna	la recensione
recensire	la sillaba	spiegare

Level 3

16. Accoppia i sinonimi e i quasi-sinonimi.*

1. interrogare	a. denigrare	5. malignare	e. implicare
2. buttar giù	b. elaborato	6. loquace	f. la maldicenza
3. insinuare	c. eloquente	7. prolisse	g. scribacchiare
4. la diceria	d. esaminare	8. adorno	h. verboso

17. Anagrammi*

Modello   consuineto (= esempio di stile)
                 inconsueto

1. clamacare (*un modo di reagire a qualcuno*),   2. lzaare (*si fa alla voce*),   3. avareanz
(*proporre*),   4. bmiareestem (*dire brutte parole*),   5. stadere (*stimolare*),   6. chiarfise
(*disapprovare*),   7. lbroi (*può essere di ricette*),   8. ettegolpezzo (*diceria*),   9. bolisimsmo (*uso di
simboli*),   10. stote (*può essere di riferimento*),   11. lumvoe (*può essere rilegato*),   12. ttutaba
(*espressione spiritosa*),   13. tarsilamen (*esprimere una lamentela*),   14. ariolapid (*esempio di
stile*),   15. lgerego (*esempio di stile*),   16. aledmire (*dire male*),   17. iettaobre (*essere contrario*),
18. santepe (*esempio di stile*),   19. piagarenucol (*dire qualcosa piangendo*),   20. ntepicca (*esempio
di stile*),   21. pemolico (*esempio di stile*),   22. ricareple (*rifare*),   23. siacrabocchare (*fare
scarabocchi*),   24. mbolsiico (*esempio di stile*),   25. sritospio (*esempio di stile*),   26. tidurgo
(*esempio di stile*)

Synthesis

18. Quante parole/espressioni ricordi? Completa la seguente tabella nel modo indicato. *(Add as many cells to the chart as you may need.)*

Literacy	Writers and writing	Writing techniques and practices	Genres	Aspects of style
l'alfabetismo	il poeta	il capitolo	la commedia	l'allitterazione

19. Adesso, quante parole/espressioni che riguardano la comunicazione linguistica ricordi? Completa la seguente tabella nel modo indicato. *(Add as many cells to the chart as you may need.)*

Exclamations and interjections	Greetings, salutations, farewells, and introductions	Letters and letter writing	Speech activities and modes of communication	Reading and writing
Davvero?	Buongiorno	il francobollo	riportare	il diario

20. Traduci in italiano.

1.

He is a versatile writer and journalist. Even the things he jots down are worthy of being read. He has even written a recipe book that has become a reference work for all cooks. He is popular because, in his writing, he does not preach, complain, or whine; he is always witty and eloquent. He certainly never denigrates anyone, nor does he engage in malicious gossip.

2.

Her handwriting is virtually unreadable. To decipher it, you will first have to decode it as a system of symbols and signs. The other day I started reading her diary out loud. Sheet after sheet, the diary seemed to be a catalogue of pictographs and hieroglyphs. Understanding what she writes is akin to translating it from one language to another.

3.

Alexander, keep quiet. Whisper. You tend to yell when you speak emphatically. Nevertheless, it is interesting to listen to you. You never spread any gossip, but you are wonderfully outspoken. And you sure do know how to tell jokes. Moreover, you never lie, so that I can be sure that what you are saying has some meaningful information in it. I wish I could express myself like you. When I speak I tend to mumble.

4.

Which type of writing do you prefer? I prefer a style that is ornate, elaborate, and wordy whereas you, I believe, prefer a style that is terse, laconic, spicy, and light. Both of us, I think, detest writing that is pompous and confusing.

21. Quiz letterario! Scegli la risposta giusta.*

1. Il romanzo intitolato *Il nome della rosa* è stato scritto da:
    a. Umberto Eco
    b. Alessandro Manzoni
    c. Italo Svevo
2. Natalia Ginzburg era una scrittrice di:
    a. narrativa
    b. commedie
    c. poesia
3. Dante Alighieri scrisse:
    a. *La Divina Commedia*
    b. *Il Canzoniere*
    c. *Il Cortegiano*
4. Luigi Pirandello era un grande:
    a. drammaturgo
    b. biografo
    c. poeta
5. *L'isola di Arturo* è il grande romanzo di:
    a. Elsa Morante
    b. Cesare Pavese
    c. Dario Fo

6. *Le avventure di Pinocchio* è un libro per bambini scritto da:
   a. Italo Calvino
   b. Dino Buzzati
   c. Carlo Collodi

7. *Il Milione*, che è il racconto di un viaggio straordinario, è stato scritto da:
   a. Marco Polo
   b. Cristoforo Colombo
   c. Baldassare Castiglione

8. La metonimia è:
   a. la sostituzione di un suono per un altro
   b. la ripetizione di un suono o di un gruppo di suoni in due o più parole di uno stesso verso o frase, per creare particolari effetti
   c. una figura retorica consistente nel sostituire il termine proprio di un concetto con un altro termine, proprio di un concetto legato al primo da un rapporto di dipendenza

9. La frase ≪Achille è un leone≫ è:
   a. una metafora
   b. una frase satirica
   c. un' allusione classica

10. Il romanzo *Con molto amore* è stato scritto da:
    a. Primo Levi
    b. Italo Calvino
    c. Alba De Cespedes

11. Il film *Two Women* è basato:
    a. su una scena tratta dalla Commedia dell'Arte
    b. sul romanzo *La Ciociara* di Alberto Moravia
    c. su un dramma di William Shakespeare

12. Fu poeta di corte a Vienna e librettista di Mozart:
    a. Lorenzo Da Ponte
    b. Giacomo Leopardi
    c. Alberto Moravia

13. L'ironia socratica è...
    a. il procedimento attraverso cui, dichiarandosi e mostrandosi ignorante, si finisce in realtà per mettere in luce l'ignoranza che si cela sotto il ragionamento di un altro
    b. una tattica retorica per cui si esagera qualcosa per renderla, al contrario, irrilevante
    c. una corrente filosofica derivata dal pensiero greco

14. Il genere letterario che si basa sull'anticipazione di scoperte scientifiche si chiama:
    a. fantascienza
    b. fantasia
    c. futurismo

15. *Il Decamerone* è stato scritto da:
    a. Dante Alighieri
    b. Francesco Petrarca
    c. Giovanni Boccaccio

Text work

Text A

> *Da:*
> POESIE
>
> di
>
> Dino Campana (1885–1932)
>
> Pace non cerco, guerra non sopporto
> Tranquillo e solo vo (= *vado*) pel mondo in sogno
> Pieno di canti soffocati. Agogno
> La nebbia ed il silenzio in un gran porto.
> In un gran porto pien di vele lievi
> Pronte a salpar per l'orizzonte azzurro
> Dolci ondulando, mentre che il sussurro
> Del vento passa con accordi brevi.
>
> E quegli accordi il vento se li porta
> Lontani sopra il mare sconosciuto.
>
> Sogno. La vita è triste ed io sono solo.
> O quando o quando in un mattino ardente
> L'anima mia si sveglierà nel sole
> Nel sole eterno, libera e fremente.

22. Rispondi alle seguenti domande.

1. Cosa non cerca il poeta?
2. Cosa non sopporta?
3. Come va il poeta per il mondo?
4. Come sono i suoi canti?
5. Cosa cerca?
6. Per dove sono pronte a salpare le vele?
7. Che cosa passa con accordi brevi?
8. Dove li porta il vento, questi accordi brevi?
9. Com'è la vita secondo il poeta?
10. Dove si sveglierà la sua anima in un mattino ardente?

23. Discussione

1. Qual è, secondo te, il tema di questa poesia?
2. Sei d'accordo con Campana che...
   a. si è soli nel mondo?
   b. la vita è un sogno?
   c. la vita è come una vela che salpa per l'orizzonte azzurro?
   d. la vita è triste?
Perché sì/no?

Text B

> *Da:*
> ## BARBA
> di
>
> Massimo Bontempelli (1878–1960)
>
> A colazione Federico si calmò, poi si distrasse, e cominciò a ricordare la notte passata come una cosa molto stupida, un comune fenomeno d'insonnia. Andò a trovare i suoi amici, scrisse alcune lettere, si rivestì, pranzò, giocò a biliardo e poi a poker al Circolo: rincasò più tardi del solito. E non ricordava più la notte insonne passata.
>
> E anche quando, fermo in pantofole davanti allo specchio a pettinarsi la barba per la notte, se ne ricordò, la cosa gli parve ridicola e si sentì perfettamente calmo.
>
> – Che sciocchezza!
>
> E con piena naturalezza entrò nel letto, diritto, rapidamente, ficcando la barba e il mento sotto le lenzuola.
>
> – Ohh...
>
> Dopo un minuto di benessere s'accorse che tuttavia quella posizione era incomoda, e certo non era la consueta. Ma ciò non lo disturbò affatto. Scostò un momento il lenzuolo ed estrasse il mento e la barba, che s'appoggiò con maestosa tranquillità sul biancore invaso dalla luce della lampadina ancora accesa.
>
> – Ecco.
>
> E non si turbò neppure un minuto dopo, quando s'accorse che non era quella la posizione comoda, consueta ed inconscia. Dedusse:
>
> – Si vede che quando non ci penso, alterno. Un po' dentro e un po' fuori. Domani troverò quell'imbecille del Gaetani e glielo dirò: –Un po' dentro, e un po' fuori; un po' sopra, e un po' sotto.–Deve proprio essere così, evidentemente... infatti...
>
> Infatti gli pareva d'essere già stanco di tener la nuca così arrovesciata, e la chinò, in modo che la barba si ritirò strisciandosi, rattrappendosi, fin che si nascose e scomparve nell'ombra.
>
> – Ecco... Che sonno!

24. Traduci il testo in inglese.

25. Studio del vocabolario

Usa ciascuna delle seguenti parole/espressioni in altrettante frasi che ne rendano chiaro il significato.

Modello   giocò a poker
            Federico giocò a poker, un gioco d'azzardo giocato con un mazzo di carte, al Circolo.

1. scrivere alcune lettere
2. giocare a biliardo
3. rincasare tardi
4. infatti

5. Che sciocchezza!
6. Ecco!
7. Che sonno!

26. Ricerca

Fa' una ricerca sul Bontempelli, e poi presenta quello che hai trovato agli altri membri della classe.
1. Quali aspetti della sua biografia sono interessanti?
2. Quali sono le sue opere maggiori?
ecc.

Role-playing

27. Vignetta sceneggiata!

Diversi gruppi di studenti sceglieranno uno o l'altro dei seguenti due temi, preparando poi una breve vignetta appropriata che non duri più di cinque minuti da recitare davanti alla classe.
1. Le prime parole dell'umanità.
2. Un intervista ad un famoso autore italiano/una famosa autrice italiana.

28. Incontri!

Diverse coppie di studenti dovranno mettere in scena una delle seguenti situazioni.
1. Un amico/un'amica ti incontra in un ascensore, ma fa finta di non vederti. Cosa potresti dirgli/dirle?
2. Incontri un uomo/una donna per strada che si ferma e ti saluta, ma tu non ricordi chi è. (È un tuo vecchio professore/una tua vecchia professoressa? È un amico/un'amica di famiglia?) Cerca di scoprire chi è senza far capire che non ti ricordi.

Discussion/Composition/Activities

29. Convenzioni sociali

Rispondi liberamente alle seguenti domande, discutendo le tue risposte con gli altri membri della classe.
1. Perché, secondo, te, quando le persone si incontrano, si danno la mano?
2. In che modo il sistema di salutare la gente in Italia è simile o diverso da quello usato nel tuo paese?
3. In che modo il sistema dei titoli in Italia è simile o diverso da quello utilizzato nel tuo paese?
4. Con quali persone dovremmo usare il *tu*?
5. Con quali persone è d'obbligo usare il *Lei*?

30. Compito da svolgere.

La classe si divide in coppie. Un membro della coppia scriverà una breve lettera (per esempio, su problemi di scuola, su problemi affettivi, ecc.) ad una rubrica di giornale che offre consigli in merito. L'altro membro dovrà rispondere alla lettera. In seguito . . .
1. le lettere saranno lette e paragonate in classe;
2. la classe deciderà, tramite voto segreto, quale risposta è la migliore.

31. Lettere!

Diversi studenti saranno selezionati a scrivere brevi lettere alle seguenti persone.
1. ad un amico/un'amica (informandolo/informandola di aver cambiato lavoro);
2. ad un'azienda pubblicitaria (esprimendo opposizione ai tipi di manifesti pubblicitari che pubblica regolarmente);
3. al caporedattore di un giornale (protestando contro uno degli articoli pubblicati recentemente sul suo giornale).

Altri studenti saranno poi selezionati a rispondere alle lettere. In seguito...
1. le lettere saranno lette e paragonate in classe;
2. la classe deciderà, tramite voto segreto, quale risposta è la migliore.

32. Ricerca letteraria

1. Fa' una ricerca sui più importanti autori/autrici della letteratura italiana, utilizzando il seguente schema.

Autore/Autrice	Opere maggiori	Stile	Importanza

2. Riporta quello che hai scoperto al resto della classe.

33. Leggi il seguente brano e poi svolgi le attività riportate sotto.

Il latino, la lingua degli antichi Romani, si diffuse gradualmente, diventando la lingua ufficiale di tutti i popoli dell'Impero Romano, il quale comprendeva il territorio che oggi è l'Europa.

Il latino non poteva, ovviamente, essere parlato in modo omogeneo in tutto il territorio. Ed infatti ogni popolo lo parlava secondo la pronuncia e le abitudini di vocabolario della propria lingua. Questo processo di differenziazione continuò in modo drammatico dopo la caduta dell'Impero Romano nel 476 d.C. La frammentazione del latino diede, nel Medioevo, origine alle lingue «romanze,» e cioè, alle lingue «di Roma»: l'italiano, il portoghese, il francese, lo spagnolo, il rumeno, ecc.

Lo stesso fenomeno della frammentazione si verificò all'interno del territorio italiano. Vale a dire, nelle diverse regioni d'Italia i popoli sottomessi dai Romani (gli Etruschi, gli Osco–Umbri, i Veneti, i Galli, ecc.)

parlavano il latino con il proprio accento e le proprie tendenze di vocabolario. In questo modo nacquero i dialetti moderni: il toscano, il piemontese, il siciliano, il veneto, ecc. I cosiddetti ≪dialetti,≫ dunque, non sono altro che frammentazioni del latino.

In Toscana la trasformazione linguistica del latino venne ad essere chiamata ≪il volgare,≫ e cioè, la lingua parlata dal ≪volgo≫ (dal popolo) toscano. Questo dialetto diventò prestigioso nel Medioevo perché era capito al di fuori della Toscana. Quando tre grandi scrittori toscani, Dante, Petrarca e Boccaccio, scrissero le prime grandi opere letterarie dell'Italia, rispettivamente la *Divina Commedia*, il *Canzoniere* e il *Decamerone*, il volgare toscano diventò una lingua che altri italiani erano in grado di leggere, perché tutti volevano capire queste grandi opere. Perciò, altri scrittori italiani cominciarono ad imitarle.

Quindi, mentre nelle diverse regioni si parlavano i dialetti locali, molti scrittori delle regioni italiane scrivevano in toscano. Il toscano diventò, perciò, la ≪lingua letteraria≫ italiana, con la quale si scrivevano le poesie, i romanzi, i libri di storia, di filosofia, di scienza, ecc. E questa situazione durò per secoli. A casa e con gli amici si parlava il dialetto. ma per le comunicazioni ufficiali si scriveva in toscano.

Dopo il 1870, l'anno dell'unità d'Italia, cominciò un processo graduale di diffusione della lingua letteraria nella scuola e nei mass media. I mezzi di diffusione, infatti, hanno fatto sì che la lingua letteraria toscana, mescolata con elementi linguistici provenienti da altri ≪volgari,≫ diventasse la lingua parlata e scritta da tutti gli italiani.

1. Fa' una ricerca sulle opere e sulla vita di Dante, Petrarca, e Boccaccio. Poi, riporta quello che hai trovato al resto della classe.

	Opere maggiori	*Descrizione delle opere*	*Aspetti più importanti della vita*
Dante			
Petrarca			
Boccaccio			

2. Conosci un dialetto italiano? Se sì, quale? Proponi alla classe qualche esempio di parole, espressioni, ecc. che conosci in dialetto.

34. Scrivi un componimento di circa 100 parole sul significato del seguente proverbio.

Salutare è cortesia, rendere il saluto è obbligo.

Unit 11

Leisure

Level 1

Games

l'altalena	swing
la bambola	doll
il biliardo	billiards
la buca del biliardo	billiard pocket
la cartella da tombola	bingo card
il dado	die, dice
la dama	draughts (checkers)
giocare	to play (a game)
giocare al pallone	to play ball (soccer)
il giocattolo	toy
il gioco	game, gambling
il gioco ai dadi	dice
il gioco d'azzardo	game of chance
imbrogliare, truffare	to cheat
l'imbroglio, la truffa	cheating
l'imbroglione (m and f)	cheater
la macchinina	toy car
la palla da biliardo	billiard ball
la pedina	draught (checker) piece, counter
perdere	to lose
il rimpiattino, il nascondino	hide-and-seek
saltare con la corda	to play skipping rope
la slitta	toboggan, slide
la sponda del biliardo	cushion (on a billiard table)
la stecca da biliardo	billiard cue
il tavolo da biliardo	billiard table
la tombola	bingo
il trenino elettrico	electric train

il videogioco	video game
vincere	to win

Recreation, exercise, spectacles, and relaxation

l'acrobata (m and f)	acrobat
andare a trovare gli amici/i parenti/ecc.	to visit/call on friends/relatives/ etc.
le attività ricreative	recreational activities
il burattino	(wooden) puppet
camminare	to walk
il circo	circus
il concerto	concert
distendersi	to unwind
il divertimento	good time, enjoyment
divertirsi	to enjoy oneself
i giochi di prestigio	magic tricks
il jogging, il footing (inv)	jogging
la marionetta	puppet, marionette
il pagliaccio	clown
la parata	parade
il prestigiatore/la prestigiatrice	magician
rilassarsi	to relax
riposare, riposarsi	to rest
il riposo	rest
lo svago, il tempo libero	leisure
il teatro dei burrattini	puppet theater

Hobbies

l'arte della ceramica	*pottery*
la caccia	*hunting*
cacciare, andare a caccia	*to hunt, to go hunting*
il collezionismo	*collecting*
il/la collezionista	*collector*
cucire	*to sew*
la filatelica, la filatelia	*stamp collecting*
il giardinaggio	*gardening*
lavorare a maglia	*to knit*
la numismatica	*coin collecting*
il passatempo, l'hobby (m, inv)	*hobby*
la pesca	*fishing*
pescare, andare a pesca	*to fish*
ricamare	*to embroider*
il ricamo	*embroidery*

Holidays and special occasions

il Capodanno	*New Year's Day*
le ferie	*holidays*
il Ferragosto	*Feast of the Assumption (15 August)*
il giorno feriale	*weekday, working day*
il giorno festivo	*holiday*

il Natale	*Christmas*
la Pasqua	*Easter*
la vacanza	*vacation*
la Vigilia di Capodanno	*New Year's Eve*

Going out

il ballo	*dance*
il bar	*sports/coffee bar*
il/la chiromante	*fortune teller*
il cinema	*movies*
il concerto	*concert*
la discoteca	*disco*
la festa	*party, celebration*
il gelato	*ice cream*
la gelateria	*ice cream parlor*
l'invito	*invitation*
il locale notturno, il nightclub (inv)	*night club*
la passeggiata	*stroll*
il picnic (inv), la scampagnata	*picnic*
lo spettacolo	*show, performance*
il teatro	*theater*
il tiro	*target practice*
uscire	*to go out*
la visita	*visit*

Level 2

Hobbies and games

l'aquilone (m)	*kite*
il bibliofilo/la bibliofila	*book collector, bibliophile*
la bilia	*marble*
le bocce	*lawn bowling*
il cerchio	*hoop*
il discofilo/la discofila	*record collector*
l'enigma (m), gli enigmi (pl)	*puzzle*
l'enigmistica	*puzzles (in general)*
il flipper (inv)	*pinball machine*

l'indovinello	*riddle*
l'ippica	*horse-racing*
l'orsacchiotto, il pupazzo	*stuffed toy, soft toy*
le parole crociate, il cruciverba (inv)	*crossword*
il rebus (inv)	*rebus*
la sciarada	*charade*
la scommessa	*bet*
scommettere	*to bet*
lo skateboard (inv)	*skateboard*
il soldatino	*toy soldier*

Level 3

Chess

l'alfiere (m)	*bishop*
il cavallo	*knight*
il gioco degli scacchi	*chess*
il pedone	*pawn*
il re (inv)	*king*
la regina	*queen*
la scacchiera	*chess board*
lo scacco	*chess piece*
lo scacco matto	*checkmate*
la torre	*rook*

Cards

l'asso	*ace*
i bastoni	*clubs (Italian cards)*
la carta da gioco	*playing card*
le coppe	*cups (Italian cards)*
i cuori	*hearts*
i denari	*money (Italian cards)*
la donna di picche	*queen of spades*
i fiori	*clubs*
la mano	*hand*
le picche	*spades*
i quadri	*diamonds*
le spade	*swords (Italian cards)*

Sport

Level 1

General

a tempo di record	*in record time*
l'agonismo	*competitiveness*
l'allenamento	*training*
allenarsi	*to train*
l'allenatore/ l'allenatrice	*trainer, coach*
l'arbitro/l'arbitra	*referee*
l'atleta (m and f)	*athlete*
l'avversario/ l'avversaria	*opponent*
battere un record	*to break a record*
il biglietto	*ticket*
il campionato	*playoffs, championship*
il campione	*champion*
il campo	*field*
il campo da tennis	*tennis court*
la classifica	*standings, rankings*
il/la concorrente, il/la rivale	*rival*
concorrere	*to compete*
la coppa	*cup*
la Coppa Mondiale	*World Cup*
il culturismo	*body-building*
il/la dilettante	*amateur*
fare ginnastica	*to work out, to do gym*
il giocatore/la giocatrice	*player*
i giochi Olimpici	*Olympic Games*
la palestra	*gymnasium*
pareggiare	*to draw*
il pareggio	*draw*
la partita	*game, match*
perdere	*to lose*
la perdita	*loss*
il perditore/la perditrice	*loser*
la piscina	*swimming pool*
la pista	*track*
praticare uno sport	*to practice a sport*
il punteggio	*score*
il punto	*point*
il record (inv), il primato	*record*
il risultato	*result, (final) score*
sconfiggere	*to defeat*
la sconfitta	*defeat*
lo spogliatoio	*changing room*
sportivo	*sporty, of sports*
la squadra	*team*
stabilire un record	*to set a record*
lo stadio	*stadium*

il tifoso/la tifosa	*sports fan*	la pallanuoto	*water polo*
la tournée (inv)	*tournament*	la pallavolo	*volleyball*
vincere	*to win*	il pattinaggio	*skating*
la vincita	*victory*	il pattinaggio a rotelle	*roller skating*
il vincitore	*winner*	il pattinaggio su ghiaccio	*ice skating*

Sports, athletes, and games

l'alpinismo	*mountain climbing*	pattinare	*to skate*
l'atletica leggera	*track and field*	il pattinatore/la pattinatrice	*skater*
l'automobilismo	*car racing*	il pattino	*skate*
l'automobilista	*driver*	il pugilato	*boxing*
il badminton (inv)	*badminton*	la racchetta	*tennis racket*
il bastone	*hockey stick*	saltare	*to jump*
il birillo	*bowling pin*	il saltatore/la saltatrice	*jumper*
la boccia	*bowling ball*	il salto con l'asta	*pole vaulting*
il ciclismo	*cycling*	il salto in alto	*high jump*
correre	*to run*	il salto in lungo	*long jump*
il corridore	*runner*	lo sci	*skiing, ski*
la corsa	*racing*	lo sci da discesa	*downhill skiing*
il football americano	*American football*	lo sci da fondo	*cross-country skiing*
il/la ginnasta	*gymnast*	lo sci da salto	*ski jumping*
la ginnastica	*gymnastics*	lo sci nautico	*water skiing*
il golf (inv)	*golf*	sciare	*to ski*
l'hockey (m)	*hockey*	lo sciatore/la sciatrice	*skier*
l'ippica, l'equitazione	*horse racing*	il sollevamento pesi	*weight-lifting*
il judo	*judo*	sollevare pesi	*to lift weights*
il karatè	*karate*	lo squash	*squash*
il lancio del giavellotto	*javelin throwing*	il surfing	*surfing*
la lotta	*wrestling*	il tennis	*tennis*
lottare	*to wrestle*	il/la tennista	*tennis player*
il motociclismo	*motorcycling*	tuffarsi	*to dive*
nuotare	*to swim*	il tuffatore/la tuffatrice	*diver*
il nuotatore/la nuotatrice	*swimmer*	il tuffo	*diving*
il nuoto	*swimming*	la vela	*sailing*
la pallacanestro, il basket	*basketball*	lo zaino	*knapsack*

Level 2

General

la barca	*boat*	il/la finalista	*finalist*
il bersaglio	*target*	il giavellotto	*javelin*
la canoa	*canoe*	il girone eliminatorio	*elimination round*
il disco	*disc, puck*	il gol (inv), la rete	*goal, score*
eliminare	*to eliminate*	la prolungazione	*extra-time*
l'esito	*outcome*	il remo	*oar*
		la tappa	*lap, stage*

Sports and games

l'aerobica	*aerobics*
l'alpinista (m and f)	*climber*
il canottaggio	*rowing, canoeing*
la corsa automobilistica	*car race*
la corsa ciclistica	*bicycle racing*
la corsa ippica	*horse race*
la corsa podistica	*foot racing*
il lottatore/la lottatrice	*wrestler*
il paracadutismo	*parachuting*
il pugile	*boxer*
lo scherma	*fencing*

Level 3

General

l'amo	*fishing hook*
la canna da pesca	*fishing rod*
la corda	*rope*
l'esca	*fishing bait*
la lenza	*fishing line*
il mulinello	*reel*
il peso massimo	*heavy-weight*
il peso medio	*middle-weight*
il peso piuma	*feather-weight*
il tiro con l'arco	*archery*

Baseball

l'area di presa	*batter's box*
la base	*base*
la base casa	*home base*
il baseball, il pallabase	*baseball*
battere, picchiare	*to hit*
il casco	*helmet*
il circuito	*home run*
la corazza	*chest protector*
il corridore	*runner*
il diamante, il campo di gioco	*baseball diamond*
il fuoricampo (inv)	*foul ball*

il lanciatore	*pitcher*
lanciare	*to pitch*
la maschera	*catcher's mask*
la mazza	*bat*
la palla	*ball*
la pedana di lancio	*mound*
prendere	*to catch (the ball)*
tirare	*to throw*

Soccer

calciare, dare un calcio	*to kick*
il calciatore	*soccer player*
contrastare	*to tackle*
il gioco, l'azione (f)	*play (action)*
il pallone	*soccer ball*
la parata	*save*
passare	*to pass*
la porta	*net*
il portiere	*goalkeeper*
la rete, il gol	*goal*
il rigore	*penalty*
segnare	*to score*
tirare	*to shoot, to kick*
il tiro	*shot, kick*

Exercises

Level 1

1. Attrezzature sportive

Ogni sport ha bisogno della propria attrezzatura. Per lo sci servono, per esempio, gli scarponi, gli sci, i guanti, ecc. Con l'aiuto del dizionario indica l'attrezzatura usata per gli sport indicati.

1. il tennis   2. il calcio   3. il nuoto   4. il ciclismo   5. il pugilato   6. l'automobilismo
7. lo squash   8. la caccia   9. il surfing   10. il sollevamento pesi   11. la vela   12. il pugilato
13. la pallavolo   14. la pallanuoto   15. la lotta   16. il motociclismo   17. il judo   18. il karatè
19. il lancio del giavellotto   20. l'hockey   21. il golf   22. il football americano   23. le corse
24. il ciclismo   25. il badminton   26. l'autmobilismo   27. l'atletica leggera
28. l'alpinismo   29. il culturismo

2. Conosci il mondo dei giochi?

Ogni gioco ha le sue proprie regole. Con l'aiuto del dizionario o dell'enciclopedia indica le regole usate per i giochi indicati.
1. il gioco del tiro   2. la tombola   3. il rimpiattino   4. il gioco della dama   5. il gioco dei dadi
6. il gioco delle bocce

3. Classifica le seguenti parole/espressioni in modo appropriato nella tabella riportata sotto.

la Pasqua	ai dadi	nautico	da fondo
d'azzardo	da salto	in lungo	in alto
da discesa	Olimpico	il Natale	con l'asta
su ghiaccio	la sponda	di prestigio	il Ferragosto
a rotelle	la Vigilia di Capodanno	il Capodanno	il tavolo
la stecca	la palla	la buca	il nascondino

Feste	Tipi di gioco	Tipi di sci	Tipi di salto	Tipi di pattinaggio	Fanno parte del gioco del biliardo

4. Accoppia i sinonimi e i quasi-sinonimi.*

1. il record	a. andare a caccia	4. il locale notturno	d. il footing
2. il bowling	b. andare a pesca	5. pescare	e. il nightclub
3. il picnic	c. il basket	6. il passatempo	f. il primato

7. la filatelica	g. il tempo libero	12. imbrogliare	l. la scampagnata
8. cacciare	h. il/la rivale	13. l'imbroglio	m. la truffa
9. rilassarsi	i. l'equitazione	14. la pallacanestro	n. le bocce
10. lo svago	j. l'hobby	15. l'ippica	o. riposarsi
11. il jogging	k. la filatelia	16. il concorrente	p. truffare

5. Cruciverba*

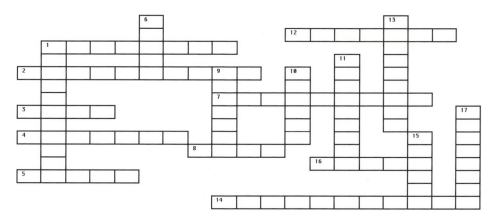

Orizzontali
1. *Competition.*
2. *Standings.*
3. ... ginnastica.
4. Il contrario di vincita.
5. La ... Mondiale.
7. Ci vuole per giocare a tennis.
8. Sollevare ...
12. *Skate.*
14. *Changing room.*
16. *Track.*

Verticali
1. *Training.*
6. *Knapsacks.*
9. *To run.*
10. A tempo di ...
11. *To train.*
13. *Ticket.*
15. *Stadium.*
17. Amatore di sport.

6. Chi è ... ?*

Modello   Guida la macchina.
             un automobilista

1. Corre.
2. Addestra gli atleti o le squadre.
3. Sorveglia le gare sportive.
4. L'antagonista di gioco.
5. Giocatore non professionista.
6. Chi ha perso la partita.
7. Un gruppo di giocatori.
8. Sostenitore di una squadra.
9. Chi ha vinto una partita.
10. Nuota nelle gare di nuoto.

11. Pattina nelle gare di pattinaggio.
12. Pratica la ginnastica.
13. Salta nelle gare di salto.
14. Scia nelle gare di sci.
15. Gioca a tennis.
16. Si tuffa nelle gare di tuffo.
17. Chi imbroglia quando gioca.
18. La sua arte è «magia.»
19. Pratica il collezionismo.
20. Predice il futuro.

7. Scegli la risposta giusta.*

1. Ci si gioca, per esempio, al tennis.
   a. un campo
   b. una palestra
   c. il circo
   d. il teatro dei burattini
   e. la discoteca
2. Attrezzo usato nel gioco delle bocce.
   a. un bastone
   b. un birillo
   c. un'altalena
   d. una bambola
   e. un giocattolo
3. L'hobby delle monete.
   a. l'arte della ceramica
   b. il giardinaggio
   c. la numismatica
   d. il ricamo
   e. il campionato
4. Si usa per giocare a hockey.
   a. la cartella da tombola
   b. la pedina
   c. la slitta
   d. il bastone
   e. il burattino
5. Si fa con la corda.
   a. perdere
   b. camminare
   c. distendersi
   d. cucire
   e. saltare

8. Usa ciascuna delle seguenti parole/espressioni in altrettante frasi che ne rendano chiaro il significato.

Modello   battere un record
          Quel corridore ha battuto tutti i record. È il migliore del mondo.

il campione	concorrere	pareggiare	il pareggio	la partita
la piscina	praticare uno sport	il punteggio	il punto	il risultato
sconfiggere	stabilire un record	la tournée	lottare	giocare al pallone
la macchinina	il trenino elettrico	il videogioco	l'acrobata	le attività ricreative
il concerto	il divertimento	la marionetta	il pagliaccio	la parata
il riposo	lavorare a maglia	la pesca	ricamare	le ferie
il giorno feriale	la vacanza	il ballo	il cinema	il concerto
il gelato	la gelateria	l'invito	la passeggiata	lo spettacolo
il teatro	uscire	la visita	il giorno festivo	il nascondino

Level 2

9. Classifica le seguenti parole/espressioni in modo appropriato nella tabella riportata sotto.

automobilistica	il giavellotto	il bersaglio	lo skateboard
ciclistica	il remo	le sciarade	le parole crociate
ippica	il disco	i rebus	gli indovinelli
podistica	gli enigmi	il cerchio	la bilia
l'aquilone	l'aerobica	il canottaggio	il paracadutismo

Tipi di corsa	Attrezzature sportive varie	Giochi enigmistici	Sport vari

10. Traduci in inglese o in italiano, secondo il caso.*

il bibliofilo/la bibliofila	
	lawn bowling
il discofilo/la discofila	
	pinball machine
l'orsacchiotto	
	bet
scommettere	
	toy soldier
la barca	
	canoe
eliminare	
	outcome
il/la finalista	
	elimination round
la rete	
	extra-time
la tappa	
	climber
il lottatore/la lottatrice	
	boxer

Level 3

11. Conosci i giochi e gli sport? Indica (con un visto [√]) quali oggetti o elementi sono necessari per giocare ciascun gioco o sport. In ciascuna lista ci sono due o tre intrusi.

1. Le carte da gioco necessarie per giocare a poker.
   - ☐ le spade
   - ☐ le picche
   - ☐ il gol
   - ☐ i quadri
   - ☐ i fiori
   - ☐ i denari
   - ☐ i cuori
   - ☐ l'asso
   - ☐ la donna di picche
   - ☐ l'amo
2. La carte necessarie per giocare a giochi di carta italiani.
   - ☐ le coppe
   - ☐ lo scacco matto
   - ☐ i bastoni
   - ☐ i denari
   - ☐ la canna da pesca
3. Per giocare al gioco degli scacchi, dobbiamo avere...
   - ☐ quattro alfieri
   - ☐ quattro cavalli
   - ☐ sedici pedoni
   - ☐ due re
   - ☐ due regine
   - ☐ la scacchiera
   - ☐ la mano
   - ☐ quattro torri
   - ☐ la corda
   - ☐ il peso piuma
4. Persone, attrezzature, azioni di gioco, regole ecc. che caratterizzano il baseball.
   - ☐ battere
   - ☐ il baseball
   - ☐ il casco
   - ☐ il circuito

- ☐ il corridore
- ☐ il diamante
- ☐ il fuoricampo
- ☐ il lanciatore
- ☐ l'area di presa
- ☐ la base
- ☐ la base casa
- ☐ la corazza
- ☐ la maschera
- ☐ la mazza
- ☐ la palla
- ☐ la pedana di lancio
- ☐ lanciare
- ☐ prendere
- ☐ il mulinello
- ☐ tirare
- ☐ l'esca
- ☐ il peso medio

5. Persone, attrezzature, azioni di gioco, regole ecc. che caratterizzano il calcio.
   - ☐ calciare
   - ☐ il calciatore
   - ☐ contrastare
   - ☐ il pallone
   - ☐ la parata
   - ☐ passare
   - ☐ la porta
   - ☐ il portiere
   - ☐ la rete
   - ☐ il rigore
   - ☐ segnare
   - ☐ la lenza
   - ☐ tirare
   - ☐ il tiro
   - ☐ il tiro con l'arco
   - ☐ il peso massimo

Synthesis

12. Quante parole/espressioni ricordi? Completa la seguente tabella nel modo indicato. *(Add as many cells to the chart as you may need.)*

Games	Hobbies	Recreational activities and places	Sports	Athletes
la dama	il collezionismo	andare al cinema	il calcio	lo sciatore

13. Sport e passatempi a confronto.

Metti a confronto le attività delle tre colonne e scrivi nell'apposita casella il numero della colonna in cui si trova l'attività da te preferita e/o che fai di più. Discuti le tue scelte con gli altri membri della classe.

	Prima colonna	Seconda colonna	Terza colonna	Colonna scelta
1.	nuotare	passeggiare sulla spiaggia	prendere il sole	
2.	fare ginnastica	fare un picnic	leggere	
3.	giocare a baseball	tagliare l'erba del giardino	dormire	
4.	giocare al calcio	lavare la macchina	guardare la televisione	
5.	giocare a pallacanestro	spalare la neve	parlare al telefono	
6.	andare in bicicletta	andare a cavallo	giocare a tombola	
7.	giocare a hockey	andare a pesca	giocare a carte	
8.	giocare a football	fare del giardinaggio	fare un giro in macchina	
9.	andare a sciare	guardare le vetrine	giocare a scacchi	
10.	fare il footing	andare a pesca	andare al cinema	

14. Leggi il seguente brano. Poi, svolgi le attività riportate sotto.

> Gli sport svolgono un ruolo importante in Italia, come in tanti altri paesi. Lo sport preferito degli italiani è il calcio, ma sono sempre in aumento i tifosi di altri sport, specialmente di quelli americani come il baseball, il football e l'hockey. Altri sport molto seguiti in Italia sono: l'automobilismo, il ciclismo, il tennis, il pugilato, lo sci e la pallacanestro.
>
> Gli atleti che giocano nelle squadre nazionali italiane indossano una maglia azzurra e per questo vengono chiamati ≪azzurri≫ (per esempio: i calciatori azzurri, l'allenatore azzurro, ecc.). Le squadre di calcio portano, in generale, il nome delle città che rappresentano: la Roma, il Napoli, il Torino, il Milan, ecc. La partita di calcio si gioca tradizionalmente la domenica–il giorno dedicato al tifo calcistico.
>
> Nell'automobilismo la macchina italiana che ha regalato tante emozioni e tante vittorie agli sportivi di tutto il mondo è la Ferrari, chiamata il ≪Cavallino rampante.≫
>
> Le vicende sportive sono seguite in televisione in programmi come *La Domenica sportiva*, *90° minuto*, *Domenica sprint*, ecc. Allo sport sono dedicati anche interi quotidiani come il *Corriere dello sport*, *Stadio* e la *Gazzetta dello sport*.
>
> La gara ciclistica più importante è il *Giro d'Italia*; essa ha luogo di solito nei mesi di maggio e giugno e ci partecipano i più grandi ciclisti del mondo.
>
> Ogni settimana numerosi sportivi giocano al totocalcio: un concorso pubblico settimanale a premi che consiste nell'indovinare i risultati di tredici partite di calcio che si giocano ogni domenica nei campionati italiani.

1. Che cos'è?*
   1. È lo sport più popolare in Italia.
   2. Il ≪colore≫ della maglia delle varie squadre nazionali italiane.
   3. Il giorno generalmente dedicato al tifo calcistico.
   4. Lo sono il Napoli e il Milan, per esempio.
   5. È anche chiamata il ≪Cavallino rampante.≫
   6. Tre programmi televisivi sportivi.
   7. Due quotidiani dedicati interamente allo sport.
   8. La gara ciclistica più importante d'Italia.
   9. Un concorso che consiste nell'indovinare i risultati di tredici partite di calcio.

2. Traduci il brano in inglese.
3. Ricerca. Consulta un giornale o Internet, allo scopo di studiare gli attuali risultati delle partite di calcio e l'attuale classifica del campionato italiano di calcio di Serie A. In seguito, riporta quello che hai trovato agli altri membri della classe.

15. Completa il seguente questionario, e poi discuti le tue preferenze in classe.

1. Vai al cinema?	
No, non vado mai al cinema.	
Sì, una volta al mese.	
Sì, una volta alla settimana.	
Sì, una volta all'anno.	
Sì, due volte al mese.	

2. Per quanto tempo guardi la TV la sera?	
un'ora	
due ore	
tre ore	
un'ora e mezza	
non la guardo	

3. Vai al ristorante?	
Sì, spesso.	
No, non ci vado mai.	
Sì, qualche volta.	

4. Agli appuntamenti di solito arrivi…	
in ritardo?	
in anticipo?	
in orario?	

5. Ascolti la musica classica?	
Sì, l'ascolto sempre.	
Sì, l'ascolto ogni tanto.	
No, non l'ascolto mai.	

6. Quale giornale leggi di solito?

7. Quanti libri hai letto il mese scorso?

8. *Altre attività*. Quante volte al mese…	mai	1 volta	2–3 volte	più di 3 volte
vai al museo?				
vai in discoteca?				
vai in chiesa?				
assisti ad una attività sportiva?				

Text work

Text A

Da:

STANZA IN FAMIGLIA

di

Giuseppe Marotta (1902–1963)

≪Grazie! Dovete sapere che io non sono un pezzente. Mi voglio sistemare qua e ci riuscirò, ma la mia povera zia Concetta, Dio l'abbia in gloria, mi ha lasciato un capitaluccio. L'essenziale è che io non lo sciupi in divertimenti e pazzie. C'intendiamo: svaghi, donne, gioco.≫

Alla parola "gioco," mia moglie non poté non rivolgermi un'impercettibile occhiata. È il mio solo vizio, però mi costa. A volte ci rimetto, in una sera, la paga di una settimana. È più forte di me, non resisto. Ma non divaghiamo.

. . . .

Sono volati un paio di mesi, a tutt'oggi; e sull'accaduto, fra Vincenzo e me, silenzio. Giacinto non si è fatto più vivo. Ho smesso, naturalmente, di frequentare la bettola di via Nino Bixio. Gioco spesso con Vincenzo, la sera . . . a chi perde il vino o la birra, o i dolci per la domenica successiva.

> Egli ingiuria e vezzeggia le carte; per lui sono persone, amici o nemici. Oppure, coi dischi, balliamo. Vincenzo balla tenendo Carla a un palmo da sé e guardandomi fin tanto negli occhi.

16. Traduci il testo in inglese.

17. Studio del vocabolario

Per ciascuna delle seguenti parole/espressioni ritrovabili nel testo, trova un sinonimo, quasi-sinonimo o contrario adatto.

Modello   perdere
                vincere

1. un pezzente
2. un capitale
3. i divertimenti
4. gli svaghi

5. il gioco
6. il vizio
7. rimetterci
8. la bettola

18. Discussione

Ciascun membro della classe dovrà identificare 10 ragioni perché la gente gioca (d'azzardo) in ordine d'importanza. In seguito, un rappresentante della classe compilerà i risultati e le tre ragioni più menzionate saranno discusse da tutta la classe.

Text B

> *Da:*
> ## LESSICO FAMIGLIARE
> di
> Natalia Ginzburg (1916–1991)
>
> Mio padre si alzava sempre alle quattro del mattino. La sua prima preoccupazione, al risveglio, era andare a guardare se il «mezzorado» era venuto bene.
>
> Il mezzorado era latte acido, che lui aveva imparato a fare, in Sardegna, da certi pastori. Era semplicemente yoghurt. Lo yoghurt, in quegli anni, non era ancora di moda: e non si trovava in vendita, come adesso, nelle latterie o nei bar.
>
> A quel tempo non erano ancora di moda gli sport invernali; e mio padre era forse, a Torino, l'unico a praticarli. Partiva, non appena cadeva un po' di neve, per Clavières, la sera del sabato, con gli sci sulle spalle. Allora non esistevano né Sestrières, né gli alberghi di Cervinia.
>
> Gli sci, lui li chiamava "gli ski." Aveva imparato ad andare in sci da giovane, in un suo soggiorno in Norvegia. Tornando la domenica sera, diceva sempre che però c'era brutta neve.

19. Completa la seguente parafrasi della lettura con le parole adatte nelle loro forme appropriate.*

Ai tempi del padre della Ginzburg non esistevano gli _____ che ci sono oggi. Oggi, invece, se ne trovano tanti per chi vuole _____ lo sci. Non appena cadeva la neve il padre andava subito a _____. Portava sempre gli sci sulle _____.

Ai tempi del padre lo yogurt non si trovava nelle latterie o nei _____. Il padre aveva imparato a fare il mezzorado da certi _____ della Sardegna. Appena cadeva la _____ il padre partiva subito per Clavières. La prima _____ del padre al mattino era di vedere come era venuto il mezzorado.

20. Discussione

1. Secondo te, qual è il tema principale di questo breve brano?
2. Secondo te, è diventata una moda dei giovani andare ad alberghi invernali per sciare? Perché sì/no?

Game-playing

21. Gioco dello sport!

La classe si divide in due gruppi. A vicenda, i diversi membri di ciascun gruppo dovranno costruire domande riguardanti lo sport che i membri dell'altro gruppo dovranno indovinare.
Modello   È una famosa tennista. Ora è, però, in pensione. È di origine ceca...
Risposta   Martina Navratilova
Il gruppo vincente sarà quello col numero superiore di risposte corrette (ciascuna delle quali si dovrà indovinare entro un determinato periodo di tempo).

Discussion/Composition/Activities

22. Rispondi alle seguenti domande liberamente.

1. Vai spesso o di rado in biblioteca? Perché?
2. Come ti comporti quando sei...
   a. con gli amici?
   b. in compagnia di persone che non conosci?
3. Vai spesso alle feste? Ti piacciono? Perché sì/no?
4. Vai spesso in discoteca? Ti piace? Perché sì/no?
5. Ti piace il teatro? Perché sì/no?
6. Sei mai stato/stata ad un museo italiano? Se sì, racconta la tua esperienza.
7. Vai spesso ai concerti? Ti piacciono? Perché sì/no?

23. Prepara una lista per una festa che dovrai organizzare. Poi, leggila in classe, indicando perché hai incluso certe cose nella lista:

1. le cose che comprerai (cibo, bibite, ecc.)
2. le cose che preparerai (musica, giochi, ecc.)
3. le persone che inviterai
4. le attività che programmerai

24. Conosci i giochi?

1. Fa' una ricerca su ciascuno dei seguenti giochi, indicando come si gioca (le sue regole di gioco, le attrezzature necessarie, ecc.).

a. lo scrabble,   b. l'acrostica,   c. le sciarade,   d. la dama cinese,   e. il poker,   f. i rebus,   g. le parole crociate.

2. Adesso fa' una ricerca su due giochi tipicamente italiani, la scopa e la briscola, indicando come si giocano.

a. la scopa,   b. la briscola.

25. Qual è il tuo passatempo preferito?

1. Spiega perché lo è.
2. Descrivi le sue caratteristiche.
3. Cerca di convincere gli altri membri della classe che è un passatempo veramente divertente.

26. Rispondi liberamente alle seguenti domande, discutendo le tue risposte con gli altri membri della classe.

1. Qual è il tuo sport preferito? Perché? Lo pratichi regolarmente?
2. Vai spesso a vedere partite? Se sì, quali?
3. Guardi spesso i programmi sportivi in TV? Quali e perché?
4. Qual è, secondo te, la funzione sociale dello sport?
5. È importante il ruolo sociale che svolge lo sport oggi?
6. Tu pensi che gli atleti oggi siano controllati troppo da ≪interessi commerciali?≫ Se sì, come risolveresti questo problema?

27. Tema da svolgere. Scrivi un breve componimento su uno dei seguenti temi. Poi, leggilo e discutilo in classe.

1. Lo sport più avvincente
2. Lo sport attraverso i tempi
3. Il ruolo dei giochi nella vita umana
4. L'importanze dell'enigmistica nella vita umana
5. L'origine e la storia delle parole crociate

Unit 12

Travel

Level 1

Travel agency and generalities

l'agente di viaggio	travel agent
l'agenzia di viaggi	travel agency
all'estero	abroad
l'alta stagione	high season
l'assicurazione (f)	insurance
la bassa stagione	low season
il biglietto	ticket
il biglietto di (solo) andata	single ticket
il biglietto di andata e ritorno	return ticket
la caparra	deposit
la classe	class
la classe turistica	economy class
con la nave	by boat, by ship
il dépliant (inv)	leaflet
fare il biglietto	to buy a travel ticket
il giro	tour
la gita	excursion
la guida	guide
in aereo	by plane
in treno	by train
l'opuscolo	brochure
la prenotazione	reservation
la prenotazione on-line	on-line reservation
la prima classe	first class
il pullman turistico	tour bus
il turismo	tourism
il/la turista	tourist
le vacanze al mare	seaside vacation

le vacanze estive	summer holidays
le vacanze in montagna	vacation in the mountains
le vacanze invernali	winter holidays
il viaggio	trip, journey
il viaggio in autopullman	bus tour
il viaggio organizzato	package tour
la villeggiatura	travel, holiday
il volo charter	charter flight
la zona balneare	seaside area

Packing and going through customs

il bagaglio	baggage
il bagaglio a mano	hand luggage
la borsa	purse
la carta d'identità	identity card, identity document
la cittadinanza	citizenship
il controllo passaporti	passport control
dichiarare	to declare
il documento	document
la dogana	customs
il doganiere/la doganiera	customs officer
la frontiera	border
il modulo	form (to fill out)
la nazionalità	nationality
niente da dichiarare	nothing to declare
qualcosa da dichiarare	something to declare
il passaporto	passport

il peso	weight
lo straniero/la straniera	foreigner
la tariffa	tariff
la tassa	duty tax
la valigia	suitcase
la valuta straniera	foreign currency
il visto	visa
lo zaino	rucksack (backpack)

Flying

l'accettazione (f), il check-in	check-in
l'aereo, l'aereoplano	airplane
l'aeronave (f)	aircraft
l'aeroporto	airport
l'arrivo	arrival
il banco/l'ufficio informazioni	information counter, information desk
il bigliettaio/la bigliettaia	ticket agent
la carta d'imbarco	boarding pass
la classe turistica	economy class
la coincidenza	connection
il facchino	porter
l'imbarco	boarding
in anticipo	early
in orario	on time
in ritardo	late, delayed
cancellato	canceled
la linea aerea	airline
la navetta	shuttle vehicle
la partenza	departure
prima classe	first class
la sala d'aspetto	waiting room, airport lounge
il terminal	terminal
l'ufficio oggetti smarriti	lost and found, lost property office
l'uscita	gate, exit
vietato fumare	no smoking
il volo	flight

Vacationing and sight-seeing

l'autogrill (inv)	motorway restaurant and snack bar
abbronzarsi	to get a sun tan
l'abbronzatura, la tintarella	sun tan
alla spiaggia, in spiaggia	at the beach
l'alpinismo	mountain climbing
andare in giro	to go sight-seeing
l'artigianato	crafts
la barca	boat
il berretto	cap
la bottega dei souvenir	souvenir shop
la campagna, il paesaggio	countryside
il campeggio	camping
il campo di sci	ski resort
la canoa	canoe
la crociera	cruise
il fiume	river
il giardino zoologico, lo zoo	zoo
il giorno di ferie	public holiday
la guida	guide-book
in campagna	in the country
in montagna	in the mountains
l'itinerario panoramico	scenic route
il lago	lake
il luna park (inv)	amusement park
il mare	sea
il monumento storico	ancient monument
la mostra	exhibition
il museo	museum
il parco	park
la roulotte (inv)	camper trailer, caravan
il ruscello	brook
il sacco a pelo	sleeping bag
gli scarponi	mountain boots
la sedia a sdraio	deck chair
la seggiovia	chair-lift
il sentiero	footpath, trail
lo spettacolo	show
la spiaggia	beach
la tenda	tent

Common signs

Aperto	*Open*
Chiuso	*Closed*
Chiuso per ferie	*Closed for holidays*
Fuori servizio	*Out of order*
Informazioni	*Information*
Ingresso	*Entrance*
Toilette/Servizi	*Washroom*
Uscita	*Exit*
Vietata l'uscita	*No exit*
Vietato fumare	*No smoking*
Vietato l'ingresso	*No entry*
Vietato parlare al conducente	*Do not speak to the driver*

Level 2

Hotels and lodgings

l'albergo	*hotel*
l'albergo a cinque stelle	*five-star hotel*
l'albergo di lusso	*luxury hotel*
l'albergo modesto	*modest hotel*
l'alloggio	*lodging, accommodation*
l'ascensore (m)	*lift (elevator)*
l'atrio	*foyer*
il banchetto	*banquet*
la camera, la stanza	*hotel room*
la cameriera	*maid*
il campeggio	*camping*
il campeggio attrezzato	*equipped camp site*
lo chalet (inv)	*chalet*
la chiave	*key*
la colazione compresa	*breakfast included*
il conto, la fattura	*bill*
il direttore/la direttrice	*manager*
il facchino	*porter*
il fattorino	*bellhop*
l'impiegato/l'impiegata	*clerk*
l'ingresso, l'entrata	*entrance*
la mancia	*tip*
il messaggio	*message*
il motel (inv)	*motel*
l'ostello	*hostel*
la pensione	*boarding house, bed and breakfast*
il piano	*floor*
il pianterreno	*ground floor*
la piscina	*(swimming) pool*

il portabagagli (inv)	*luggage rack*
il portiere/la portiera	*doorman/doorwoman*
il portone	*main door*
il pranzo	*lunch*
la prenotazione	*reservation*
il prezzo forfettario	*all-inclusive price*
la prima colazione	*breakfast*
la sveglia (telefonica)	*wake-up call*
l'uscita	*exit*

Type of hotel room

la camera a due letti	*room with two beds*
la camera con doccia	*room with shower*
la camera con il bagno	*room with bath*
la camera doppia	*double room*
la camera matrimoniale	*room with double bed*
la camera senza bagno	*room without bath*
la camera singola	*room with single bed*

Flying

l'ala	*wing*
allacciare	*to fasten (the seatbelt)*
l'assistente di volo (m and f)	*flight attendant*
l'atterraggio	*landing*
atterrare	*to land*
gli auricolari	*headphones*
la cabina	*cabin*
il carrello	*landing gear*
la cintura di sicurezza	*seatbelt*
il comandante	*captain*
il copilota	*copilot*
il corridoio	*aisle*

decollare	to take off	la pista	runway
il decollo	take-off	il posto	seat
la durata del volo	flying time	ritirare il bagaglio	to pick up one's baggage
l'equipaggio	crew		
il finestrino	window	il salvagente	life jacket
il fuso orario	time zone	lo scalo	stop-over
il jetlag	jet lag	lo schienale	upright, back of the seat
il motore	engine		
l'orario degli arrivi	arrivals board	la toletta	toilet
l'orario delle partenze	departures board	il transito	transit
il passeggero/la passeggera	passenger	la turbolenza	turbulence
		il vassoio	tray
il passeggero/la passeggera in transito	transit passenger	il volo charter	charter flight
		il volo internazionale	international flight
		il volo nazionale	national/domestic flight
il pilota	pilot		

Level 3

The hotel room

l'armadio	closet	le lenzuola	sheets
l'asciugamano	towel	il letto	bed
l'attaccapanni (m, inv)	clothes hanger	il letto matrimoniale	double bed
		il mini-bar	mini-bar
il bagno	bathroom	la poltrona	armchair
la carta igienica	toilet paper	la porta scorrevole	sliding door
il cassettone	chest of drawers	il rubinetto	tap
il comò (inv)	dresser	la saponetta	soap bar
il comodino	bedside table	lo specchio	mirror
la coperta	blanket	il telecomando	remote control
il cuscino	pillow	il televisore	TV set
la doccia	shower	la tenda	curtain
guardare su	to overlook	il termostato	thermostat
la lampada	lamp	la terrazza	balcony
il lavabo	wash basin	la vasca	bath tub

Transportation

Level 1

General

la biglietteria	ticket office, counter	l'etichetta	label, sticker
la biglietteria automatica	ticket vending machine	il/la pendolare	commuter
		la tariffa	rate, fee
		il trasporto pubblico	public transport

Vehicles and public transportation

l'autoambulanza, l'ambulanza	*ambulance*
la betoniera	*cement truck*
l'autobus, il pullman	*bus*
l'autocarro	*lorry (transport truck)*
l'autoimmondizie	*garbage truck*
l'autopompa	*fire engine*
l'automobile (f), l'auto (f, inv), la macchina	*car, automobile*
l'autosoccorso, l'autorimorchiatore	*tow lorry (truck)*
l'autostoppista (m and f)	*hitchhiker*
la bicicletta	*bicycle*
il binario	*track*
il camion (inv)	*lorry (truck)*
il capolinea	*bus station, depot, terminus*
la coincidenza	*connection*
il/la conducente	*driver (of a public vehicle)*
il conduttore	*conductor*
la corriera	*coach*
fare l'autostop	*to hitchhike*
la ferrovia	*railway*
il filobus	*trolley bus*
il furgone	*van*
la locomotiva	*locomotive*
la macchina/l'auto noleggiata	*rented car*
la macchina/l'auto sportiva	*sports car*
la metropolitana	*underground, tube (subway)*
la monorotaia	*monorail vehicle*
la motocicletta	*motorcycle*
il motorino, la vespa	*motor scooter*
l'orario	*schedule, timetable*
il pulmino	*minibus (minivan)*
lo scompartimento	*train compartment*
lo scuolabus (inv)	*school bus*
la stazione della metropolitana	*underground/tube (subway) station*
la stazione ferroviaria	*train station*
il tassì (inv), il taxi (inv)	*taxi*
il tram (inv)	*streetcar, tram*
il treno	*train*
l'utilitaria	*economy/small car*
il vagone	*coach*
il vagone letto	*sleeping coach*
il veicolo, la vettura	*vehicle*

Level 2

Driving and traveling

accelerare	*to speed up*
l'autista (m and f), il guidatore/la guidatrice, il/la conducente	*driver*
l'automobilista (m and f)	*car driver*
l'autostrada	*highway*
la benzina	*petrol (gas)*
il benzinaio/la benzinaia	*petrol (gas) attendant*
cambiare l'olio	*to change the oil*
cambiare la marcia	*to change gear*
il carabiniere/la carabiniera, il poliziotto/la poliziotta	*policeman/police woman*
la carta stradale, la mappa stradale	*road map*
la carta verde	*insurance card*
il casello (stradale)	*toll booth*
la contravvenzione, la multa	*traffic fine*
controllare l'olio	*to check the oil*
la corsia	*traffic lane*
fare il pieno	*to fill up*
fare marcia avanti	*to go forward*

fare marcia indietro	*to back up*	Divieto di sorpasso	*No passing*
frenare	*to brake*	Divieto di sosta,	*No parking*
girare a destra	*to turn right*	Sosta vietata	
girare a sinistra	*to turn left*	Divieto di svolta a	*No right turn*
guidare	*to drive*	destra	
l'incidente (m)	*accident*	Divieto di svolta a	*No left turn*
l'incrocio	*intersection*	sinistra	
l'ingorgo di traffico	*traffic jam*	Divieto di transito	*No thoroughfare*
l'isolato	*city block*	Fermata, Stop	*Stop*
il libretto di	*registration document,*	Galleria, Tunnel	*Tunnel*
circolazione	*log book*	Lavori in corso	*Work in progress,*
mettere in moto	*to start the motor, to*		*Road works*
	set off	Limite di velocità	*Speed limit*
l'ora di punta	*rush hour*	Passaggio a livello	*Level crossing*
parcheggiare	*to park*	Pedaggio	*Toll*
il parcheggio	*parking*	Pista ciclabile	*Bicycle path*
il passaggio pedonale	*pedestrian crossing*	Precedenza	*Give way (Yield)*
la patente (di guida)	*driver's license*	Raffiche di vento	*Wind gusts*
il pedone	*pedestrian*	il segnale	*road sign*
la polizia stradale	*highway police*	Senso unico	*One way*
rallentare	*to slow down*	Sosta limitata	*Limited parking*
la rampa	*ramp*	Sottopassaggio	*Underpass*
rimorchiare la	*to tow the car*	Strada sdrucciolevole	*Slippery when wet*
macchina		Zona rimorchio	*Tow zone*
il rimorchio	*towing*		
il semaforo	*traffic lights*	***The automobile***	
sorpassare	*to overtake, to pass*	l'acceleratore (m)	*gas pedal*
la stazione di servizio	*petrol (gas) station*	l'aereatore (m)	*heater*
la svolta a destra	*right turn, exit to the*	l'albero	*shaft*
	right	l'alzacristallo	*power window, electric*
la svolta a sinistra	*left turn, exit to the left*		*window*
il traffico, la	*traffic*	l'aria condizionata	*air conditioning*
circolazione		la batteria	*battery*
la velocità	*speed*	il baule	*trunk, boot*
il vigile/la vigilessa	*traffic policeman*	la candela	*spark plug*
		il carburatore	*carburetor*
Traffic signs		la carrozzeria	*car body*
Confluenza	*Merge*	il cassetto ripostiglio	*glove compartment*
Corsia d'emergenza	*Emergency lane*	la cilindrata	*horse power*
Corsia di sorpasso	*Passing lane*	la cintura di sicurezza	*seat belt*
Corsia preferenziale	*Lane reserved for*	il clacson (inv), la	*horn*
	special vehicles	tromba	
Divieto di accesso	*No entry*	il cofano	*hood, bonnet*
Divieto di fermata	*No stopping*	il concessionario	*car dealer(ship)*
Divieto di inversione	*No U-turn*	il coperchio	*wheel trim*
a U		il cric (inv), il	*jack*
		martinetto	

il cruscotto	*dashboard*	il servosterzo	*power steering*
il diffusore	*vent*	lo specchietto	*side mirror*
la dinamo (inv)	*generator*	lo spruzzatore, il	*windscreen*
il faro, il proiettore	*light*	lavavetri	*(windshield) washer*
il filtro	*filter*	il tachimetro	*speedometer*
il finestrino	*car window*	la tappezzeria	*carpet*
il freno	*brake*	la targa	*license plate*
la frizione	*clutch*	il tergicristallo	*washer (wiper)*
la gomma, lo	*tire*	la tettoia (il tetto)	*car roof*
pneumatico		la valvola	*valve*
la leva del cambio	*gearshift*	la valvola dell'aria	*choke*
la luce di posizione	*signal light*	la ventola	*fan*
la maniglia	*handle*	il volante, lo sterzo	*steering wheel*
la marmitta	*silencer (muffler)*		
il motore	*engine*	***Car rental***	
l'olio	*oil*	l'autonoleggio	*car rental*
il parabrezza (inv), il	*windscreen*	le condizioni del	*check out vehicle*
cristallo	*(windshield)*	veicolo in uscita	*condition*
il parafango	*mudguard (fender)*	le condizioni del	*return vehicle*
il paraurti (inv)	*bumper*	veicolo al rientro	*condition*
il pistone	*piston*	il graffio	*scratch*
la pompa	*pump*	la bruciatura	*burn*
il portabagaglio (inv)	*luggage rack*	l'ammaccatura	*dent*
la portiera, lo	*car door*	lo squarcio	*tear*
sportello		la scheggiatura	*chip*
il radiatore	*radiator*	la fenditura	*crack*
la ruota	*wheel*	il noleggio	*rental*
la ruota di scorta	*spare wheel*	noleggiare	*to rent*
il sedile	*car seat*	il servizio rabbocco	*refueling charge*
il sedile anteriore	*front seat*	carburante	
il sedile posteriore	*back seat*	la tariffa	*rate*
il serbatoio	*petrol (gas) tank*		
il servofreno	*power brake*		

Level 3

Navigation		la crociera	*cruise*
l'aeroscivolante (m)	*hovercraft*	l'elica	*propeller*
l'ancora	*anchor*	il giornale di bordo	*log-book*
ancorare	*to cast anchor*	l'idrovolante (m)	*seaplane, hydroplane*
la boa	*buoy*	il molo	*jetty*
la bussola	*compass*	il naufragio	*shipwreck*
la chiatta, la piatta	*barge*	la nave	*ship*
il commissario di	*purser*	la nave a vapore	*steamer*
bordo		la nave a vela	*sailing-ship*

la nave da carico	*cargo ship*	il portaerei (inv)	*aircraft-carrier*
la nave di crociera	*cruise ship*	la prua	*prow*
la nave di linea	*liner*	il remo	*oar*
la nave mercantile	*merchant ship*	il rimorchiatore	*tugboat*
la nave portacontainer	*container ship*	il salvagente (inv), il giubbotto di salvataggio	*life-jacket*
la nave traghetto	*car-ferry*		
l'oblò (m, inv)	*porthole*	lo scafo	*hull*
ormeggiare	*to moor*	la scialuppa	*lifeboat*
la pagaia	*paddle*	il sottomarino, il sommergibile	*submarine*
il panfilo, lo yacht	*yacht*		
il peschereccio	*trawler*	il timone	*helm, rudder*
il ponte di comando	*bridge*	il traghetto	*ferry*
il ponte di passeggiata	*gangway*	la zattera	*raft*
		la zavorra	*ballast*
la poppa	*stern*		

Exercises

Level 1

1. Classifica le seguenti parole/espressioni in modo appropriato nella tabella riportata sotto.

sportiva	organizzato	invernali	al mare
in autopullman	in montagna	di andata e ritorno	estive
di (solo) andata	noleggiata	la carta d'identità	la cittadinanza

Tipi di macchina	*Tipi di viaggio*	*Vacanze...*	*Tipi di biglietto*	*Documenti*

2. Accoppia i sinonimi e i quasi-sinonimi.*

1. il veicolo	a. il pullman	8. l'ambulanza	h. l'autoambulanza
2. il tassì	b. la campagna	9. il paesaggio	i. il check-in
3. la vespa	c. la vettura	10. l'abbronzatura	j. il motorino
4. l'automobile	d. l'aereo	11. in spiaggia	k. lo zoo
5. l'autosoccorso	e. l'auto	12. l'accettazione	l. l'autorimorchiatore
6. l'autobus	f. alla spiaggia	13. l'aereoplano	m. la tintarella
7. il giardino zoologico	g. il taxi		

3. Nel seguente «puzzle» troverai 16 parole che riguardano il trasporto o i mezzi di trasporto. Trovale. Le parole si possono leggere sia orizzontalmente che verticalmente.*

```
a a s s d d c c t s a a c o r r i e r a d c s a e
e u t i l i t a r i a a o s y t u o p r e d m c u
u u r e o e e e e a a s n s s a a q m z ʁ ʁ e u b
u b a z c a a e n e c d d s a q m q o z a s t e r
f d m d o c c a o s a s u a q e o r t t r e r r t
u b n l m l s a d f c e t q a s n z o ʁ q a o r t
f u r g o n e d s s a a t c c s o u c q a w p u p
u t ʁ z t a s d f e q z o ʁ u b r n i b u b o a u
n e e f i l o b u s e e r a s e o d c e t e l e l
b a s a u e s a c d s a e a s e t s l e o e i e m
u a s a a e c a m i o n a s c d a c e e p e t e i
c a s a a s s a c d s a a s c d i a t e o e a e n
c s c u o l a b u s e s c o m p a r t i m e n t o
u a s a a s s a c d s a a s c d u b a e p e a e e
ʁ a s a a s s a c d s a a s c d u b e e a r e e e
```

4. Scegli la risposta giusta.* Nota che in alcuni casi più di una risposta può essere giusta.

1. Carrozza dove si può dormire.
   a. il vagone letto
   b. la stazione ferroviaria
   c. la stazione della metropolitana
   d. l'orario
   e. la ferrovia
   f. la coincidenza
   g. il conducente
2. Prezzo di trasporto stabilito.
   a. il capolinea
   b. la biglietteria
   c. la tariffa
   d. il binario
   e. la betoniera
   f. la tenda
   g. l'etichetta
3. Mezzo di trasporto che compie ripetuti percorsi di andata e ritorno su brevi distanze.
   a. l'autocarro
   b. la seggiovia
   c. il volo charter
   d. l'autoimmondizie
   e. l'aeronave
   f. il pullman turistico
   g. la navetta

4. Viaggio che si fa su una nave.
   a. la canoa
   b. l'itinerario panoramico
   c. la spiaggia
   d. la crociera
   e. il luna park
   f. il sentiero
   g. il ruscello
5. Veicolo costituito da due ruote.
   a. la bicicletta
   b. l'autostoppista
   c. il trasporto pubblico
   d. la sedia a sdraio
   e. la roulotte
   f. la barca
   g. la gita
6. Modi di viaggiare.
   a. il giro
   b. la guida
   c. la classe turistica
   d. all'estero
   e. in aereo
   f. in treno
   g. con la nave
7. Segnali o insegne.
   a. aperto

b. l'alta stagione
c. chiuso per ferie
d. fuori servizio
e. informazioni
f. l'agente di viaggio
g. ingresso
8. Posti di villeggiatura.
  a. l'uscita
  b. il campo di sci
  c. il fiume
  d. in campagna
  e. in montagna
  f. il lago
  g. il mare
9. Attività che si svolge nelle montagne.
  a. l'alpinismo

b. abbronzarsi
c. andare in giro
d. lo zaino
e. il volo
f. fare l'autostop
g. vietato fumare
10. Modi di indicare l'orario d'arrivo di un mezzo di trasporto.
  a. la partenza
  b. cancellato
  c. in anticipo
  d. in orario
  e. in ritardo
  f. la linea aerea
  g. l'imbarco

5. Usa ciascuna delle seguenti parole/espressioni in altrettante frasi che ne rendano chiaro il significato; oppure spiega il significato di ciascuna con le tue parole.

Modello   la caparra
               È la somma di denaro che si dà in anticipo per garantire che un servizio ci venga concesso.

l'agenzia di viaggi
il dépliant
la prenotazione on-line
il/la turista
la borsa
il doganiere/la doganiera
la nazionalità
il peso

l'assicurazione
fare il biglietto
la prima classe
la zona balneare
il controllo passaporti
la frontiera
niente da dichiarare
lo straniero/la straniera

la bassa stagione
l'opuscolo
il turismo
il bagaglio a mano
dichiarare
il modulo
qualcosa da dichiarare
la tassa

6. Traduci in inglese o in italiano, secondo il caso.*

l'aeroporto	
	arrival
il banco/l'ufficio informazioni	
	ticket agent
la carta d'imbarco	
	economy class
il facchino	
	waiting room, airport lounge
il terminal	
	lost and found, lost property office

l'uscita	
	motorway restaurant and snack bar
l'artigianato	
	cap
la bottega dei souvenir	
	camping
il giorno di ferie	
	ancient monument
la mostra	
	museum
il parco	
	sleeping bag
gli scarponi	
	show
Toilette/Servizi	
	No exit
Vietato fumare	
	No entry
Vietato parlare al conducente	
	ticket vending machine
il/la pendolare	

Level 2

7. Classifica le seguenti parole/espressioni in modo appropriato nella tabella riportata sotto.

singola	delle partenze	nazionale	con il bagno
degli arrivi	charter	di lusso	internazionale
a cinque stelle	la pensione	con doccia	senza bagno
l'ostello	il campeggio attrezzato	Limite di velocità	Zona rimorchio
il motel	modesto	Passaggio a livello	Strada sdrucciolevole
lo chalet	Lavori in corso	matrimoniale	Sottopassaggio
doppia	a due letti	Senso unico	Sosta limitata
Pedaggio	Divieto di transito	l'ascensore	l'uscita
Precedenza	Divieto di sorpasso	Divieto di inversione a U	Raffiche di vento
la patente	il pianterreno	Divieto di fermata	la carta verde
il portone	Corsia d'emergenza	il libretto di circolazione	Pista ciclabile
l'atrio	Divieto di accesso	Corsia preferenziale	Confluenza

Tipi di albergo	Tipi di camera	Tipi d'orario	Tipi di volo	Tipi di alloggio	Segnali	Documenti	Posti in un albergo

8. Accoppia i sinonimi, i quasi-sinonimi, i contrari o i quasi-contrari, secondo il caso.*

1. la camera	i. al rientro	15. il traffico	xv. l'entrata
2. il conto	ii. atterrare	16. il cric	xvi. la circolazione
3. l'ingresso	iii. fare marcia indietro	17. il faro	xvii. la fattura
4. il guidatore	iv. frenare o parcheggiare	18. la gomma	xviii. la mappa stradale
5. il decollo	v. girare a destra	19. il parabrezza	xix. la multa
6. decollare	vi. il cristallo	20. la portiera	xx. la stanza
7. il carabiniere	vii. il lavavetri	21. il sedile posteriore	xxi. la svolta a sinistra
8. la carta stradale	viii. il martinetto	22. lo spruzzatore	xxii. la tromba
9. la contravvenzione	ix. il poliziotto	23. lo sterzo	xxiii. lo pneumatico
10. fare marcia avanti	x. il proiettore	24. in uscita	xxiv. lo sportello
11. accelerare	xi. il sedile anteriore	25. fermata	xxv. rallentare
12. girare a sinistra	xii. il volante	26. galleria	xxvi. sosta vietata
13. mettere in moto	xiii. l'atterraggio	27. divieto di sosta	xxvii. stop
14. la volta a destra	xiv. l'autista	28. il clacson	xxviii. tunnel

9. Te ne intendi di automobili? Scegli la risposta giusta.*

1. Copertura che chiude il motore.
   a. il cofano
   b. il cassetto ripostiglio
   c. la cilindrata
   d. l'autonoleggio
   e. la fenditura
   f. l'albero
   g. l'aeratore
2. Posto davanti al guidatore dove ci sono i comandi e gli strumenti di controllo.

   a. il coperchio
   b. il cruscotto
   c. il diffusore
   d. il graffio
   e. la scheggiatura
   f. l'alzacristallo
   g. la candela
3. Congegno che serve a rallentare o a fermare la macchina.
   a. la leva del cambio
   b. la luce di posizione

c. il freno
d. il noleggio
e. il servizio rabbocco carburante
f. l'acceleratore
g. il carburatore

4. Una delle due stecche di metallo che serve a pulire il parabrezza.
   a. la bruciatura
   b. l'ammaccatura
   c. lo squarcio
   d. il tergicristallo
   e. la valvola d'aria
   f. la carrozzeria
   g. il concessionario

5. Strumento che misura la velocità.
   a. la ventola
   b. la tappezzeria
   c. la targa
   d. la tettoia
   e. il tachimetro

f. la dinamo
g. la marmitta

6. Parte della carrozzeria che copre in parte le ruote.
   a. il sedile
   b. il serbatoio
   c. il servofreno
   d. il servosterzo
   e. lo specchietto
   f. il paraurti
   g. il parafango

7. Permette di aprire lo sportello.
   a. la maniglia
   b. la frizione
   c. il pistone
   d. la pompa
   e. il portabagaglio
   f. il radiatore
   g. la ruota di scorta

10. Trova l'intruso. In ciascun gruppetto di quattro parole c'è un intruso. Trovalo e spiega perché non c'entra.

Modello   la batteria
               il finestrino
               la cameriera
               il baule
               La cameriera non c'entra perché è una donna che si occupa della pulizia delle camere negli alberghi, mentre le altre parole si riferiscono ad aspetti dell'automobile.

1.	2.	3.
l'aria condizionata	il facchino	la sveglia
il filtro	il fattorino	l'ala
il banchetto	l'impiegato	la cabina
l'olio	la chiave	il corridoio

4.	5.	6.
il parcheggio	il prezzo forfettario	il comandante
il passaggio pedonale	la prenotazione	il direttore
la mancia	la colazione compresa	il copilota
il semaforo	l'assistente di volo	il passeggero in transito

7.	8.	9.
cambiare l'olio	sorpassare	gli auricolari
cambiare la marcia	guidare	il fuso orario
ritirare il bagaglio	fare il pieno	la piscina
controllare l'olio	allacciare le cinture di sicurezza	la durata del volo

11. Spiega o illustra (con un esempio o due) ciascuna delle seguenti parole/espressioni.

Modello   l'autostrada
              Strada per gli automobili a più corsie.

il messaggio	il portabagagli	il portiere	il pranzo
la prima colazione	il carrello	l'equipaggio	il finestrino
il jetlag	il pilota	la pista	il posto
lo scalo	lo schienale	la toletta	il transito
la turbolenza	il vassoio	il benzinaio	il casello (stradale)
l'incidente	l'incrocio	l'ingorgo di traffico	l'isolato
l'ora di punta	il pedone	la polizia stradale	la rampa
il rimorchio	la stazione di servizio	la velocità	il vigile

Level 3

12. Accoppia i sinonimi e i quasi-sinonimi.*

1. il sommergibile	a. dare su	6. il guanciale	f. la poltrona
2. il salvagente	b. il cuscino	7. il balcone	g. la terrazza
3. il panfilo	c. il giubbotto di salvataggio	8. la sedia ampia	h. la toilette
4. la chiatta	d. il sottomarino	9. guardare su	i. lo yacht
5. il bagno	e. la piatta		

13. In che modo sono differenti le seguenti cose o nozioni?

Modello   la nave da carico e la nave da crociera
              La nave da carico è per il trasporto di merci, mentre quella da crociera è per viaggi di vacanza o turismo.

1. la nave a vapore e la nave a vela
2. l'aeroscivolante e l'idrovolante
3. l'ancora e la boa
4. ancorare e ormeggiare
5. la bussola e il molo
6. la nave di linea, la nave mercantile e la nave portacontainer
7. la nave traghetto, il peschereccio, e lo scafo
8. l'oblò e il timone
9. il rimorchiatore e il traghetto
10. la poppa e la prua
11. la pagaia e il remo
12. il ponte di comando e il ponte di passeggiata
13. la scialuppa, la zattera e la zavorra
14. l'armadio, il comò, il cassettone e il comodino
15. le lenzuola e la coperta
16. l'asciugamano, il rubinetto, la vasca e il lavabo
17. l'attaccapanni e la tenda
18. la carta igienica, la doccia e la saponetta
19. la lampada, lo specchio e la porta scorrevole
20. il letto matrimoniale e il mini-bar
21. il telecomando e il termostato

Synthesis

14. Quante parole/espressioni ricordi? Completa la seguente tabella nel modo indicato. *(Add as many cells to the chart as you may need.)*

Travel agency	Packing	Going through customs	Flying	Vacationing and sight-seeing	Hotels and lodgings	The hotel room
un viaggio all'estero	il bagaglio a mano	la carta d'identità	l'aeroporto	la campagna	l'albergo di lusso	l'attaccapanni

15. Adesso, quante parole/espressioni che riguardano i mezzi di trasporto ricordi? Completa la seguente tabella nel modo indicato. *(Add as many cells to the chart as you may need.)*

Types of vehicles	Driving	Traffic signs	Parts of the automobile	Navigation
l'autocarro	accelerare	Divieto di sorpasso	il clacson	l'ancora

16. Traduci in italiano.

1. Who is at the helm? I'm afraid we might have to put on our life-jackets, and prepare the lifeboats, just in case. Let's hope the tugboat gets here soon.
2. Who's on the bridge? Is it the captain? No, he's near the prow or the stern, I'm not sure which.
3. When we took our rented car back to the rental place, we noticed that it had a small dent on the left door, a tear in the back seat, a chip in its side mirror, and a crack in the right window.
4. Don't turn in there. It's a one-way street and a tow-away zone.
5. I don't know how to drive an Italian car. First, I have to learn how to change gears. Then, I have to learn how to go forward and back up.
6. Have you ever been in a sleeping coach? No, I have never been inside a train compartment of any kind.
7. It is not wise to hitchhike. If you do not have enough money to travel by car or plane, then take the train or bus.

17. Leggi il seguente brano. Poi, svolgi le attività riportate sotto.

> Come in tutti i paesi industrializzati e urbanizzati, la congestione del traffico nelle città italiane è diventata un problema serio. Questo è dovuto al fatto che oltre il 60% dei circa 58 milioni d'italiani abita in città. Attualmente l'85% dei trasporti via terra avviene su strada. Il trasporto su strada dà lavoro a un milione e mezzo di persone.
>
> La macchina più guidata in Italia è la FIAT, le cui lettere stanno per *Fabbrica Italiana Automobili Torino*. Sono anche molto popolari le macchine di lusso e sportive come la Lamborghini, la Ferrari, la Maserati, la Lancia, l'Alfa Romeo e così via. Si vedono per le strade anche molte macchine di lusso straniere, come la Mercedes e la BMW.
>
> La benzina si trova a prezzo unico nelle stazioni di servizio. L'età minima per ottenere la patente di guida è di 18 anni. Per ottenerla bisogna sostenere un esame di teoria e uno di guida.
>
> Anche in Italia, come in tutti gli altri paesi, ogni macchina ha una targa. Moltissime targhe sono composte dalla sigla della provincia in cui la macchina è stata comprata e da alcuni numeri. Ecco alcune sigle: Roma = Roma; T0 = Torino; MI = Milano; NA = Napoli; PA = Palermo; BO = Bologna; RA = Ravenna; RG = Ragusa; FE = Ferrara; RT = Rieti; AL = Alessandria; RO = Rovigo; ME = Messina; FI = Firenze; AT = Asti.

1. Test di verifica. Tutte le seguenti affermazioni sono false. Correggile in modo appropriato.
   a. In Italia c'è poco traffico.
   b. Il 60% degli italiani abita in campagna.
   c. L'85% dei trasporti via terra avviene tramite ferrovia.
   d. La FIAT è la macchina meno guidata in Italia.
   e. La Lancia, la Maserati e la Ferrari sono macchine straniere.
   f. L'età minima per ottenere la patente è di sedici anni.
2. Opinioni e paragoni! Secondo te...
   a. Come si potrebbe risolvere il problema del traffico nelle grandi città?
   b. Le macchine italiane sono più belle o più brutte delle macchine inglesi, tedesche, o americane?

c. Diciotto anni è l'età giusta per ottenere la patente di guida?

d. Gli italiani guidano meglio o peggio degli automobilisti del tuo paese?

3. Dov'è l'errore? Quando si guida ogni piccolo errore potrebbe essere fatale. Nel seguente esercizio sono presentate delle situazioni in cui ci sono degli errori fondamentali di infrazione del codice stradale. Sai identificare gli errori? Discuti le tue risposte con gli altri membri della classe.

a. È notte. Sei in città. Guidi a ottanta chilometri all'ora perché le strade sono deserte.

b. Sei sull'autostrada e squilla il telefono cellulare. Rallenti e rispondi al telefono.

c. Sei sull'autostrada e vai a 170 chilometri all'ora perché vuoi vedere quale velocità raggiunge la tua nuova macchina sportiva.

d. Sei sull'autostrada e c'è una fila lunghissima. Devi andare a lavorare ma sei in ritardo. Usi la corsia d'emergenza.

e. Sei ad una festa e un tuo amico, che ha bevuto troppo, vuole ritornare a casa con la sua macchina. Tu gli togli le chiavi della macchina e cerchi di convincere il tuo amico a prendere un tassì. Visto che non riesci a convincerlo gli dai le chiavi e lo lasci andare.

f. Hai appena preso dei tranquillanti o sedativi molto forti quando ti chiama un amico/un'amica che vuole un passaggio. Tu esci subito in macchina per andare dal tuo amico/dalla tua amica.

g. Devi andare a comprare il pane. Non ti va di camminare e perciò vai in macchina. Non ti metti la cintura di sicurezza perché il negozio è vicino.

h. Piove e sei sull'autostrada. Ti avvicini molto alla macchina che sta davanti a te per far capire all'autista che hai fretta e vuoi passare.

i. Devi andare ad un negozio per fare delle compere. Metti in moto la macchina e ti accorgi che hai dimenticato gli occhiali. Nonostante tu abbia bisogno degli occhiali per guidare, non ritorni a casa a riprenderli perché il negozio non è lontano.

Text work

Text A

> *Da:*
> ## IL MARE COLORE DEL VINO
>
> di
>
> Leonardo Sciascia (1921–1989)
>
> Sentirono, lontano e irreale, un canto. ≪Sembra un carrettiere nostro,≫ pensarono: e che il mondo è ovunque lo stesso, ovunque l'uomo spreme in canto la stessa malinconia, la stessa pena. Ma erano in America, le città che baluginavano dietro l'orizzonte di sabbia e d'alberi erano città d'America.
>
> Due di loro decisero di andare in avanscoperta. Camminarono in direzione della luce che il paese più vicino riverberava nel cielo. Trovarono quasi subito la strada ≪asfaltata, ben tenuta≫: qui è diverso che da noi, ma per la verità se l'aspettavano più ampia, più diritta. Se ne tennero fuori, ad evitare incontri: la seguivano camminando tra gli alberi.

Passò un'automobile: «pare una seicento;» e poi un'altra che pareva una millecento, e un'altra ancora: «le nostre macchine loro le tengono per capriccio, le comprano ai ragazzi come da noi le biciclette.» Poi passarono, assordanti, due motociclette, una dietro l'altra. Era la polizia, non c'era da sbagliare: meno male che si erano tenuti fuori dalla strada.

Ed ecco che finalmente c'erano le frecce. Guardarono avanti e indietro, entrarono nella strada, si avvicinarono a leggere: Santa Croce Camarina–Scoglitti.

«Santa Croce Camarina: non mi è nuovo, questo nome.»

«Pare anche a me: e nemmeno Scoglitti mi è nuovo.»

«Forse qualcuno dei nostri parenti ci abitava, forse mio zio prima di trasferirsi a Filadelfia: ché io ricordo stava in un'altra città, prima di passare a Filadelfia.»

«Anche mio fratello stava in un altro posto, prima di andarsene a Brucchilin . . . Ma come si chiamasse, proprio non lo ricordo: e poi, noi leggiamo Santa Croce Cammarina, leggiamo Scoglitti; ma come leggono loro non lo sappiamo, l'americano non si legge come è scritto.»

«Mi sto ricordando» disse dopo un momento quello cui il nome di Santa Croce non suonava nuovo: «a Santa Croce Camarina, un'annata che dalle nostre parti andò male, mio padre ci venne per la mietitura.»

Si buttarono come schiantati sull'orlo della cunetta, ché non c'era la fretta di portare agli altri la notizia che erano sbarcati in Sicilia.

18. Vero o falso?* Correggi le affermazioni false.

_____ 1. I viaggiatori sentirono, lontano e irreale, un canto.
_____ 2. Pensavano di essere in America.
_____ 3. Dietro l'orizzonte le città erano tutte scure.
_____ 4. Due dei viaggiatori decisero di andare in avanscoperta.
_____ 5. Trovarono quasi subito una strada non asfaltata e mal tenuta.
_____ 6. Passò una bicicletta e poi un autobus.
_____ 7. Poi passarono, assordanti, due motociclette.
_____ 8. Lo zio di uno dei due viaggiatori si era trasferito a Boston.
_____ 9. I viaggiatori videro nomi di paesi a loro sconosciuti.
_____10. Alla fine si sono accorti di essere sbarcati in Sicilia.

19. Rispondi alle seguenti domande, discutendo le tue risposte con gli altri membri della classe.

1. Perché, secondo te, i protagonisti del racconto avevano tanta voglia di emigrare in America?
2. La narrazione sembra essere allo stesso tempo umoristica e amara. Sei d'accordo? Perché sì/no?
3. In che cosa consiste l'imbroglio?
4. Qual è, secondo te, il tema di questo racconto?

20. Lavoro in gruppo

Diversi gruppi di studenti dovranno mettere in scena una conclusione al brano, secondo la seguente impostazione.

Tra i viaggiatori nasce un'accesa discussione. Come mai hanno sbagliato percorso? Chi li ha imbrogliati? Perché? Ora che ritorneranno a casa, come giustificheranno ai loro paesani il loro ritorno/la loro disavventura? La situazione si risolve quando uno dei viaggiatori propone una scusa plausibile.

Text B

Da:

L'ATTORE

di

Mario Soldati (1906–1999)

Il volo di Roma era chiamato.

Dopo qualche istante, provavo il fastidio di dovermi mettere in coda tra i passeggeri, sulla rampa che saliva all'uscita numero tre.

Desideravo intorno a me, il più possibile, spazio e solitudine. Appena invecchia, uno odia la calca. Che cos'è? L'impressione che manchi il respiro? Oppure, odiamo questo simbolo della vita che continua, dell'umanità che cresce, di un mondo in cui c'è sempre meno posto per noi, e da cui presto dovremo sparire?

E perché riflettevo sul fatto che tre fosse il numero dell'uscita? Un numero può avere importanza, nel susseguirsi degli avvenimenti: a volte ignoriamo il motivo e continuiamo a ignorarlo fino alla fine della nostra vita; a volte, invece, lo sappiamo perfettamente: ma poi, dimentichiamo.

Mi ero seduto presso l'uscita numero tre, in un angolo della gabbia vetrata, sul basso divano di vimpelle. Tenevo la valigetta tra le gambe, non tanto per non occupare un posto o, più esattamente, un mezzo posto che, dal punto di vista giuridico, spettava solo alla persona fisica di un altro passeggero, quanto per evitare di sentirmi interpellare: «Scusi, sa?» e di incontrare lo sguardo di qualcuno che mi avrebbe pregato di spostare la valigetta.

Era il tardo pomeriggio di una giornata d'aprile, serena sì, ma ventosa, ancora fredda... Gli aeroporti, dentro, si assomigliano tutti. Immaginavo di trovarmi in un paese straniero, dove le possibilità di riconoscere qualcuno e di essere riconosciuto erano ridotte al minimo.

21. Rispondi alle seguenti domande.

1. Che cosa provava Soldati dopo qualche istante?
2. Che cosa desiderava?
3. Cosa succede a una persona quando invecchia?
4. Che significato ha un numero, secondo Soldati?
5. Dove si era seduto Soldati?
6. Dove teneva la sua valigetta?
7. In che periodo dell'anno si trovava all'aeroporto Soldati?
8. Come sono gli aeroporti secondo lui?

22. Discussione

1. Questa lettura descrive un'aeroporto tipico, secondo te? Perché sì/no?
2. Descrivi le tue impressioni quando ti trovi in un aeroporto e/o nella cabina di un aereo.
   - Provi fastidio?
   - Ti piace stare in coda?
   - Che cosa fai se riconosci qualcuno all'aeroporto?
   - Quali sono le tue impressioni prima del decollo?
   - Quali sono le tue impressioni durante il viaggio?
   - Quali sono le tue impressioni durante l'atterraggio?
   - Ti piace viaggiare in aereo? Perché sì/no?

Role-playing

23. Diverse coppie di studenti dovranno mettere in scena una delle seguenti situazioni a piacere.

1. Uno studente lavora presso un concessionario. Sta cercando di convincere un cliente/una cliente a comprare un ≪mini-van.≫ Ma il cliente/la cliente non è facilmente convinto/convinta. Però, alla fine, riesce a convincerlo/la in un modo veramente ≪immaginativo.≫
2. All'aeroporto un passeggero in partenza si presenta al banco dell'Alitalia. Al principio il dialogo tra passeggero e impiegato/impiegata si svolge in modo normale (≪Biglietto, per favore,≫ ≪Il volo è in orario?≫ ecc.). Ad un certo punto il volo viene cancellato e l'impiegato spiega al passeggero cosa è successo suggerendogli/le delle alternative.

24. Un viaggio di studio!

Diverse coppie di studenti dovranno mettere in scena la seguente situazione.

Ruolo A:
A ha saputo che B sta progettando un viaggio di studio in Italia. Allora gli/le chiede dove ha intenzione di andare, perché, quali posti ha intenzione di vedere, quali amici, parenti vuole vedere, ecc.

Ruolo B:
Inizialmente B risponde a tutte le domande di A. Però alla fine gli/le rivela la vera ragione per cui va in Italia, che ha cercato finora di tener segreta!

Discussion/Composition/Activities

25. Descrivi le attività che si potrebbero svolgere per le seguenti vacanze:

a. Le vacanze al mare, b. Le vacanze in un paese straniero, c. Le vacanze in montagna,
d. Le vacanze invernali, e. I viaggi organizzati.

26. La macchina dei miei sogni!

1. Quali caratteristiche avrebbe la macchina dei tuoi sogni?
2. Di che colore sarebbe?
3. Quanto potrebbe costare?
4. Quale delle macchine attualmente in mercato potrebbe essere?

27. Un momento di riflessione

Quali sono, secondo te, le cause principali degli incidenti stradali? Prepara una lista di dieci motivi e scrivili nello schema in ordine di importanza. Discuti il tuo elenco e il suo ordine con gli altri membri della classe.

Causa	Ragione
1.	
2.	
3.	
4.	
5.	
6.	
7.	
8.	
9.	
10.	

28. Rispondi a piacere alle seguenti domande.

1. Racconta qualche tua esperienza di viaggio.
2. Qual è il tuo mezzo di trasporto preferito? Perché?
3. Hai la macchina? Se sì, di che marca è? Sei un bravo/una brava automobilista?
4. Hai mai viaggiato in nave? Se sì, racconta la tua esperienza.
5. Quali paesi vorresti visitare? Perché?

29. I proverbi. Ecco tre proverbi italiani che riguardano il viaggiare. Sai dire che cosa significano?

1. Chi va piano, va sano e va lontano.
2. Tutto il mondo è paese.
3. Tutte le strade conducono a Roma.

30. Esperienze di viaggio

Quando viaggiamo può succedere di tutto! Spesso succedono le cose più inaspettate. Pensa, per esempio, al bambino del film ≪Mamma, ho perso l'aereo!≫ (*Home Alone*) che invece di andare in vacanza con i genitori in Florida, si imbarca sull'aereo sbagliato e finisce tutto solo a New York! Sicuramente anche tu conoscerai qualche curiosa storia di viaggio. Sarà forse un fatto successo proprio a te o a qualcuno che tu conosci! Racconta quest'esperienza ai tuoi compagni di classe. Poi insieme scegliete la storia più strana o forse più divertente.

31. Svolgi liberamente uno dei seguenti temi per iscritto. In seguito, leggilo e discutilo in classe.

1. I vantaggi e gli svantaggi dei mezzi di viaggio moderni.
2. Oggi usiamo troppo la macchina e siamo diventati troppo pigri.
3. I mezzi di trasporto e il problema dell'inquinamento.

Unit 13

The life cycle

Level 1

The life cycle (meaningful people, events, objects, documents, etc.)

abortire	*to abort*
l'aborto	*abortion*
l'aborto spontaneo	*miscarriage*
l'adulterio	*adultery*
amare	*to love*
l'amore (m)	*love*
l'anniversario	*anniversary*
baciare	*to kiss*
il bacio	*kiss*
il battesimo	*baptism*
celibe	*unmarried (male)*
il certificato di nascita	*birth certificate*
coabitare, convivere	*to cohabit, to live together*
la coabitazione, la convivenza	*cohabitation, common law arrangement*
il compleanno	*birthday*
il/la coniuge, il/la consorte	*spouse*
divorziare	*to divorce*
divorziato	*divorced*
il divorzio	*divorce*
le doglie	*labour pains*
l'erede (m and f)	*heir, inheritor*
l'eredità	*inheritance, heredity*
ereditare	*to inherit*
essere in lutto	*to be in mourning*
fare un bambino	*to have a baby*
la fede	*wedding ring*
il fidanzamento	*engagement*
fidanzarsi	*to get engaged*
il fidanzato, la fidanzata	*fiancé, fiancée*
fu (inv)	*late, former*
la futura mamma	*expectant mother*
la gravidanza	*pregnancy*
incinta	*pregnant*
innamorarsi	*to fall in love*
innamorato	*in love*
la luna di miele	*honeymoon*
il lutto	*mourning*
il marito	*husband*
matrimoniale	*matrimonial*
il matrimonio	*wedding, marriage, matrimony*
la moglie	*wife*
morire	*to die*
la morte	*death*
nascere	*to be born*
la nascita	*birth*
il neonato/la neonata	*new-born baby*
i novelli sposi	*newly-weds*
le nozze, lo sposalizio	*wedding ceremony*
le nozze d'argento	*silver wedding*
le nozze d'oro	*golden wedding*
le nozze di diamante	*diamond wedding*
nubile	*unmarried (female)*
la partecipazione	*wedding invitation*
il parto	*childbirth*
il parto prematuro	*premature childbirth*
partorire	*to give birth to*
lo scapolo, la scapola	*bachelor, spinster*
separato	*separated*

la separazione	*separation*	il fratellastro	*half-brother*
il/la single (inv)	*single man / woman,*	il fratello	*brother*
	single person	fraterno	*fraternal*
la sposa	*bride*	il gemello, la gemella	*twin*
sposare	*to marry*	il genero	*son-in-law*
sposarsi	*to get married*	il genitore/la	*parent*
lo sposo	*groom*	genitrice	
lo stato civile	*marital status*	la madre	*mother*
il tasso di mortalità	*death rate*	la mamma	*mum*
il tasso di natalità	*birth rate*	materno	*maternal*
il/la testimone	*witness*	la matrigna	*stepmother*
la vedova	*widow*	il/la nipote	*grandchild, nephew,*
il vedovo	*widower*		*niece*
il velo	*veil*	la nonna	*grandmother*
la vita	*life*	il nonno	*grandfather*
		la nuora	*daughter-in-law*
		il padre	*father*

Family, kin, relatives, and basic family concepts

		il/la parente	*relative*
il babbo, il papà (inv)	*dad*	la parentela	*family relationship,*
la bisnonna	*great-grandmother*		*kinship*
il bisnonno	*great-grandfather*	paterno	*paternal*
il/la capofamiglia	*head of the family*	il patrigno	*stepfather*
la casa, il domicilio, il	*household*	il/la pronipote	*great-grandson / great-*
focolare			*granddaughter*
la cellula familiare	*family unit*	la prozia	*great-aunt*
la cognata	*sister-in-law*	il prozio	*great-uncle*
il cognato	*brother-in-law*	la sorella	*sister*
il cugino, la cugina	*cousin*	la sorellastra	*half-sister*
la famiglia	*family*	la suocera	*mother-in-law*
la figlia	*daughter*	il suocero	*father-in-law*
la figliastra	*stepdaughter*	la zia	*aunt*
il figliastro	*stepson*	lo zio	*uncle*
il figlio	*son*		

Level 2

The life cycle (meaningful people, events, objects, documents, etc.)

		la cassa da morto, la	*coffin*
adottare	*to adopt*	bara	
l'adottato/l'adottata	*adopted child*	il cavaliere	*companion of a*
l'adozione (f)	*adoption*		*bridesmaid*
l'albero genealogico	*family tree*	il compare	*best man*
l'antenato, l'avo	*ancestor*	il corteo nuziale	*the wedding party*
ben accompagnati	*well matched*		*(bride, bridesmaids,*
			etc.)

la damigella	*bridesmaid*	l'orfanotrofrio	*orphanage*
la damigella d'onore	*maid-of-honor*	il padrino	*godfather*
defunto	*deceased, late*	il primogenito	*first-born*
la fedeltà coniugale	*marital fidelity*	la prole, la progenie,	*offspring*
il figlioccio/la	*godchild*	la discendenza	
figlioccia		risposarsi	*to remarry*
il funerale	*funeral*	seppellire	*to bury*
la madrina	*godmother*	la sepultura	*burial*
mettere al mondo	*to bring into the world*	il testamento	*will*
l'orfano/l'orfana	*orphan*		

Level 3

The life cycle (meaningful people, events, objects, documents, etc.)		la fecondazione artificiale	*artificial insemination*
gli alimenti	*alimony*	il figlio in provetta	*test-tube baby*
allattare	*to breast-feed*	il gap generazionale,	*generation gap*
il biberon (inv), il	*baby bottle*	il salto	
poppatoio		generazionale	
il cadavere	*cadaver, corpse*	la ghirlanda	*wreath*
il certificato di morte	*death certificate*	la lapide	*tombstone*
il corteo funebre	*funeral procession*	il mausoleo	*mausoleum*
cremare	*to cremate*	il parto cesareo	*cesarean birth*
il crematorio	*crematorium*	la persona a carico	*dependant*
la cremazione	*cremation*	la promessa di	*marriage vow*
la cuccagna	*nest egg*	matrimonio	
deceduto	*deceased*	la successione	*estate*
la discendenza, la	*lineage*	succhiare	*to suck*
stirpe		il taglio cesareo	*cesarean section*
la dote	*dowry*	la tomba	*grave, tomb*

Religion

Level 1

Faiths and believers		il Cristianesimo	*Christianity*
agnostico	*agnostic*	la Cristianità	*Christianity, Christendom*
l'ateismo	*atheism*		
ateo	*atheist*	il Cristiano/la	*Christian*
il Buddismo	*Buddhism*	Cristiana	
il/la Buddista	*Buddhist*	l'Ebreo	*Jew*
il Cattolicesimo	*Catholicism*	ebreo, ebraico	*Hebrew, Jewish*
il Cattolico/la	*Catholic*	il Giudaismo	*Judaism*
Cattolica		l'Indù (m and f)	*Hindu*

l'Induismo	*Hinduism*
l'Islam (m)	*Islam*
Islamico	*Islamic*
il misticismo	*mysticism*
mistico	*mystic*
il/la Mormone	*Mormon*
il Musulmano/la Musulmana	*Muslim*
il paganesimo	*paganism*
il pagano	*pagan*
il/la Protestante	*Protestant*
il Protestantesimo	*Protestantism*
lo sciamanismo	*shamanism*
il Sionismo	*Zionism*
il/la Sionista	*Zionist*
il totemismo	*totemism*

Rites, practices, events, objects, beliefs, and notions

l'adorazione (f), la venerazione	*worship*
l'angelo	*angel*
l'anima	*soul*
l'astinenza	*abstinence*
il battesimo	*baptism*
il Bene	*Good*
il Male	*Evil*
benedire	*to bless*
la benedizione	*blessing*
la Bibbia	*Bible*
la blasfemia	*blasphemy*
il catechismo	*catechism*
le Ceneri	*Ash Wednesday*
il cero	*church candle*
il Comandamento	*Commandment*
la Comunione	*Communion*
la Confessione	*Confession*
la confessione	*denomination*
il Corano	*Koran*
la credenza	*belief*
credere	*to believe*
la Cresima	*confirmation*
Gesù Cristo	*Jesus Christ*
la croce	*cross*
il crocifisso	*crucifix*
devoto	*devout*

la devozione	*devotion*
il Diavolo	*Devil*
digiuno	*fast*
Dio, il Signore	*God, Lord*
dire la Messa	*to say Mass*
il dogma	*dogma*
ecclesiastico	*ecclesiastical*
l'Eucarestia	*Eucharist*
la fede	*faith*
fedele	*faithful*
l'inferno	*hell*
la laicità	*laity, secularism*
la liturgia	*liturgy*
la Madonna	*Madonna, Virgin Mary*
Maometto	*Mohammed*
la Messa	*Mass*
la missione	*mission*
il mito	*myth*
monastico	*monastic*
il Natale	*Christmas*
l'omelia	*homily*
l'ordinazione (f)	*ordination*
l'ordine (m)	*order*
il paradiso	*heaven, paradise*
la Pasqua	*Easter*
la penitenza	*penance*
la pietà	*piety*
pio	*pious*
la predica	*preaching, sermon*
predicare	*to preach*
pregare	*to pray*
il purgatorio	*purgatory*
la Quaresima	*Lent*
la religione	*religion*
religioso	*religious*
il rito	*rite*
il rosario	*rosary*
la Sacra Scrittura	*Holy Scripture*
il sacramento	*sacrament*
il sacrificio	*sacrifice*
il sacrilegio	*sacrilege*
sacro	*sacred*
la Santa Trinità	*Holy Trinity*
il Santo Spirito	*Holy Ghost*
il sermone	*sermon*

spirituale	*spiritual*	il cardinale	*cardinal*
la teologia	*theology*	il clero	*clergy*
il Vangelo	*Gospel*	il culto	*cult*
il Venerdì Santo	*Good Friday*	la congregazione	*congregation*
la virtù	*virtue*	il/la credente	*believer*
il vizio	*vice, bad habit*	il diacono/la	*deacon, deaconess*
		diaconessa	
Places		l'evangelista	*evangelist*
l'abbazia	*abbey*	il ministro	*minister*
il battistero	*baptistery*	il missionario/la	*missionary*
la cappella	*chapel*	missionaria	
la cattedrale	*cathedral*	la monaca, la suora	*nun, sister*
la chiesa	*church*	il monaco, il frate	*monk*
il chiostro	*cloister*	il Papa	*Pope*
il confessionale	*confessional box*	il parrocchiano/la	*parishioner*
il convento	*convent*	parrocchiana	
il monastero	*monastery*	il parroco	*parish priest*
la moschea	*mosque*	il Pontefice	*Pontiff*
la parrocchia	*parish*	il predicatore	*preacher*
la sinagoga	*synagogue*	il prete, il sacerdote	*priest*
il tempio	*temple*	il sagrestano	*sacristan*
		lo sciamano	*shaman*
		la setta	*sect*
Clergy and people		il teologo/la teologa	*theologian*
il laico	*lay person, secular*	il vescovo	*bishop*
l'abate (m)	*abbot*		
l'arcivescovo	*archbishop*		

Level 2

Rites, practices, events, objects, beliefs, and notions

l'accidia	*sloth*	l'invidia	*envy*
l'avarizia	*avarice, greed*	la lussuria	*lust*
l'Ave Maria	*Hail Mary*	il martirio	*martyrdom*
la colletta	*collection*	il Paternostro	*Our Father*
confessarsi	*to confess*	peccare	*to sin*
il Diluvio Universale	*the Flood*	il peccato	*sin*
l'Esodo	*Exodus*	il peccato capitale	*deadly sin*
l'espiazione	*expiation*	il peccato mortale	*mortal sin*
farsi il segno della	*to cross oneself*	il peccato originale	*original sin*
croce		il peccato veniale	*venial sin*
l'incenso	*incense*	il pellegrinaggio	*pilgrimage*
inginocchiarsi	*to kneel*	professare la fede	*to practice one's faith*
l'ingordizia, la	*gluttony*	la rabbia	*anger*
ghiottoneria		scontare i propri	*to atone for one's sins*
		peccati	

i sette peccati capitali/mortali	*seven deadly sins*		
la superbia	*pride*		

Clergy and people

l'ayatollah (m, inv)	*ayatollah*
il canonico	*canon*
il guru (m, inv)	*guru*
l'imam (m, inv)	*imam*
il/la martire	*martyr*
il mullah (inv)	*mullah*
il peccatore/la peccatrice	*sinner*
il pellegrino/la pellegrina	*pilgrim*
la priora	*prioress*
il priore	*prior*
il rabbino	*rabbi*
il seminarista	*seminarist*

Places

l'altare (m)	*altar*
l'altare maggiore	*high altar*
il banco di chiesa	*pew*
il campanile	*bell-tower*
il fonte battesimale	*baptismal font*
la guglia	*spire*
la pala d'altare	*altar-piece*
il pulpito	*pulpit*
il reliquario	*reliquary*
la sagrestia	*vestry*
il santuario	*shrine, sanctuary*

Level 3

Rites, practices, events, objects, beliefs, and notions

l'acqua battesimale	*baptismal water*
bruciare nel fuoco dell'inferno	*to burn in the fires of hell*
il calice	*chalice*
dire/recitare il rosario	*to say the rosary*
fede, speranza e carità	*faith, hope, and charity*
il grano del rosario	*rosary bead*
la guarigione per fede	*faith-healing*
l'inno, il cantico	*hymn*
l'ostia	*host*
la parabola	*parable*
la Parabola del figliuol prodigo	*Parable of the Prodigal Son*
l'Ultima Cena	*the Last Supper*
ungere	*to anoint*
il voto	*vow*
il voto di castità	*vow of chastity*
il voto di obbedienza	*vow of obedience*
il voto di povertà	*vow of poverty*

Clergy and people

il Benedettino	*Benedictine*
il chierichetto	*altar-boy*
il coro	*choir*
il Domenicano	*Dominican*
il Francescano	*Franciscan*
il Gesuita	*Jesuit*
il papato	*papacy*

The zodiac

l'Acquario	*Aquarius*
l'Ariete (m)	*Aries*
la Bilancia	*Libra*
il Cancro	*Cancer*
il Capricorno	*Capricorn*
i Gemelli	*Gemini*
il Leone	*Leo*
i Pesci	*Pisces*
il Sagittario	*Sagittarius*
lo Scorpione	*Scorpio*
il Toro	*Taurus*
la Vergine	*Virgo*
l'oroscopo	*horoscope*
lo zodiaco	*zodiac*

Exercises

Level 1

1. Osserva il seguente albero genealogico. Poi svolgi l'attività riportata sotto.*

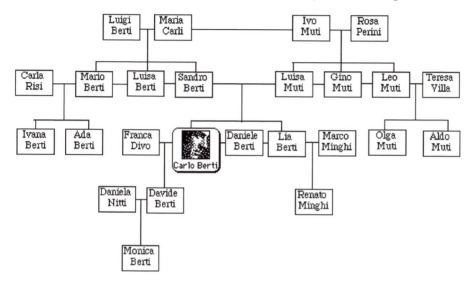

Modello   Sandro Berti è _____.
                il padre (di Carlo Berti).

1. Luigi Berti e Ivo Muti sono i suoi _____.
2. Maria Carli e Rosa Perini sono le sue _____.
3. Carla Risi e Luisa Berti sono le sue _____.
4. Gino e Leo Muti sono i suoi _____.
5. Ivana Berti e Ada Berti sono le sue _____.
6. Aldo Muti è suo _____.
7. Luisa Muti è sua _____.
8. Lia Berti è sua _____.
9. Daniele Berti è suo _____.
10. Franca Divo è sua _____.
11. Marco Minghi è suo _____.
12. Renato Minghi è suo _____.
13. Davide Berti è suo _____.
14. Daniela Nitti è sua _____.
15. Monica Berti è sua _____.

2. Classifica le seguenti parole/espressioni in modo appropriato nella tabella riportata sotto.

il cero	argento	oro	il crocifisso
la fede	natalità	il rosario	diamante
mortalità	vedova	il/la Sionista	il Cattolico/la Cattolica
il/la Mormone	single	vedovo	il Cristiano/la Cristiana
il/la Protestante	scapolo	il/la Buddista	il Musulmano/la Musulmana
separato	nubile	celibe	la Bibbia

Credenti	Tipi di anello	Nozze di...	Tasso di...	Stati civili	Oggetti religiosi

3. Accoppia i sinonimi, i quasi-sinonimi, i contrari e i quasi-contrari, secondo il caso.*

1. la monaca
2. il monaco
3. il prete
4. Dio
5. l'adorazione
6. il domicilio
7. il babbo
8. le nozze

a. convivere
b. il focolare
c. il frate
d. il papà
e. il sacerdote
f. il Signore
g. il/la consorte
h. la convivenza

9. il/la coniuge
10. coabitare
11. la coabitazione
12. la morte
13. morire
14. il divorzio
15. divorziato
16. divorziare

i. la suora
j. la venerazione
k. lo sposalizio
l. nascere
m. la nascita
n. sposarsi, sposare
o. sposato
p. il matrimonio

4. Cruciverba*

Orizzontali

4. Il padre della moglie rispetto al marito o il padre del marito rispetto alla moglie.
5. Rispetto ai genitori, prole di sesso femminile.
9. Sorella solo da parte di uno dei genitori.

11. Zio della madre o del padre.
12. Appena nato.
13. Così chiamano il marito della propria madre i figli che essa ha avuto da precedente unione.
15. Relativo alla madre.
17. Il padre.
19. La ... familiare.

21. Così chiamano la moglie del loro proprio padre i figli che egli ha avuto da precedente unione.
22. Relativo al fratello.

Verticali

1. Madre del marito o della moglie, rispetto all'altro coniuge.
2. Zia del padre o della madre.

3. Figlia di un coniuge vedovo rispetto al nuovo coniuge di quest'ultimo.
6. Madre del nonno o della nonna.
7. Fratello del marito o della moglie.
8. Figlio di un nipote o di una nipote.

10. Fratello solo da parte di uno dei genitori.
14. Relativo al padre.
16. Il figlio di un coniuge vedovo rispetto al nuovo coniuge di quest'ultimo.
17. Nato nello stesso parto.

18. Nome d'affetto per la madre.
20. *Relative.*

5. Scegli la risposta giusta.*

1. Locale dove si dicono i peccati.
   a. il monastero
   b. il vescovo
   c. il convento
   d. il battistero
   e. la cappella
   f. la cattedrale
   g. la chiesa
   h. il confessionale
   i. il chiostro
2. Festa religiosa che si celebra sempre di mercoledì.
   a. la blasfemia
   b. la liturgia
   c. l'Eucarestia
   d. la Cresima
   e. il Corano
   f. la Confessione
   g. la Comunione
   h. il Comandamento
   i. le Ceneri
3. L'invito che si manda, per esempio, nel caso di uno sposalizio.

   a. il catechismo
   b. il marito
   c. il velo
   d. il testimone
   e. lo sposo
   f. la sposa
   g. partorire
   h. il parto prematuro
   i. la partecipazione
4. Aspetta un bambino.
   a. la luna di miele
   b. la gravidanza
   c. la futura mamma
   d. l'eredità
   e. essere incinta
   f. essere in lutto
   g. fare un bambino
   h. fidanzarsi
   i. il fidanzato
5. Persona che non crede in Dio.
   a. ereditare
   b. baciare
   c. amare

d. abortire
e. incinta
f. innamorato
g. capofamiglia
h. ebraico
i. ateo

6. Credente.
   a. sacro
   b. spirituale
   c. pio
   d. monastico
   e. fedele
   f. ecclesiastico
   g. digiuno
   h. devoto
   i. mistico

7. Il periodo prima della Pasqua.
   a. la Quaresima
   b. il sermone
   c. il Santo Spirito
   d. la Sacra Scrittura
   e. la Santa Trinità
   f. il sacrilegio
   g. il sacrificio
   h. il rito
   i. il sacramento

8. Il simbolo del Cristianesimo.
   a. la pietà

b. la penitenza
c. l'omelia
d. il mito
e. la missione
f. la fede
g. il dogma
h. la croce
i. la devozione

9. La dà, per esempio, un sacerdote.
   a. la benedizione
   b. il totemismo
   c. il Sionismo
   d. lo sciamanismo
   e. il paganesimo
   f. il misticismo
   g. l'ateismo
   h. la parentela
   i. il certificato di nascita

10. Si dà alla persona amata.
    a. il fidanzamento
    b. l'erede
    c. le doglie
    d. il compleanno
    e. il battesimo
    f. il bacio
    g. l'anniversario
    h. l'adulterio
    i. l'aborto spontaneo

6. Usa ciascuna delle seguenti parole/espressioni in altrettante frasi che ne rendano chiaro il significato.

Modello   la Messa
          È la celebrazione sacra praticata dai Cattolici.

innamorarsi	il lutto	matrimoniale	i novelli sposi
la separazione	agnostico	il Buddismo	il Cattolicesimo
il Cristianesimo	la Cristianità	l'Ebreo	il Giudaismo
l'Indù	l'Induismo	l'Islam	islamico
il pagano	il Protestantesimo	l'angelo	l'anima
l'astinenza	il battesimo	il Bene	il Male
benedire	la Bibbia	Gesù Cristo	il Diavolo
dire la Messa	l'inferno	la laicità	la Madonna
Maometto	il Natale	l'ordinazione	l'ordine
il paradiso	la Pasqua	la predica	predicare
pregare	il purgatorio	la religione	la teologia
il Vangelo	il Venerdì Santo	la virtù	il vizio
l'abbazia	la parrocchia	la sinagoga	il tempio

il laico	l'abate	l'arcivescovo	il cardinale
il clero	il culto	la congregazione	il credente
il diacono	l'evangelista	il ministro	il missionario
il Papa	il parrocchiano	il parroco	il Pontefice
il predicatore	il sagrestano	lo sciamano	la setta

Level 2

7. Spiega o illustra (con un esempio o due) ciascuna delle seguenti parole/espressioni.

Modello   la damigella d'onore
             È la damigella che, in un matrimonio italiano, accompagna la sposa nel corteo nuziale.

adottare	l'adozione	ben accompagnati	il cavaliere
il compare	la fedeltà coniugale	mettere al mondo	l'orfano
l'orfanotrofrio	risposarsi	l'Ave Maria	la colletta
il Diluvio Universale	l'Esodo	l'incenso	il martirio
il Paternostro	peccare	il peccatore	il pellegrinaggio

8. Classifica le seguenti parole/espressioni in modo appropriato nella tabella riportata sotto.

il santuario	la sagrestia	il pulpito	il fonte battesimale
la pala d'altare	il reliquario	la guglia	il banco di chiesa
il canonico	il priore	il martire	il mullah
la priora	la rabbia	la lussuria	il pellegrino
la superbia	originale	l'avarizia	il campanile
il rabbino	veniale	l'invidia	il seminarista
l'ayatollah	l'imam	il guru	il figlioccio
l'altare maggiore	l'adottato	la madrina	il padrino
il primogenito	inginocchiarsi	confessarsi	l'espiazione
il segno della croce	la sepultura	seppellire	il testamento

Peccati	*Strutture o posti religiosi*	*Persone religiose*	*Famigliari*	*Riti religiosi o civili*

9. *f* ccoppia i sinonimi e i quasi-sinonimi.*

1. la prole
2. la cassa da morto
3. l'antenato

a. defunto
b. il peccato mortale
c. l'albero genealogico

4. il peccato capitale
5. fu
6. la progenie

d. l'avo
e. la bara
f. la discendenza

Level 3

10. Classifica le seguenti parole/espressioni in modo appropriato nella tabella riportata sotto.

Gemelli
di castità
Scorpione
Toro

Cancro
Francescano
Acquario
Ariete

Domenicano
Bilancia
Pesci
di obbedienza

Capricorno
Vergine
Benedettino
di povertà

Segni dello zodiaco	*Monaci*	*Tipi di voto religioso*	*Riti religiosi o sacri*

11. Accoppia i sinonimi e i quasi-sinonimi.*

1. morto
2. la fortuna
3. il biberon
4. la discendenza

a. deceduto
b. recitare il rosario
c. il salto generazionale
d. il cantico

5. il gap generazionale
6. dire il rosario
7. l'inno

e. la stirpe
f. il poppatoio
g. l'oroscopo

12. Traduci o in inglese o in italiano, secondo il caso.*

gli alimenti	
	to breast-feed
il cadavere	
	death certificate
il corteo funebre	
	to cremate

il crematorio	
	cremation
la cuccagna	
	dowry
la fecondazione artificiale	
	test–tube baby
la ghirlanda	
	tombstone
il mausoleo	
	cesarean birth
la persona a carico	
	marriage vow
la successione	
	to suck
il taglio cesareo	
	tomb
l'acqua battesimale	
	to burn in the fires of hell
il calice	
	faith, hope, and charity
il fonte battesimale	
	rosary bead
la guarigione per fede	
	host
la parabola	
	Parable of the Prodigal Son
l'Ultima Cena	
	to anoint
il chierichetto	
	choir
il Gesuita	
	papacy

Synthesis

13. Quante parole/espressioni ricordi? Completa la seguente tabella nel modo indicato. *(Add as many cells to the chart as you may need.)*

Aspects, events, and objects related to the life cyle	Life-changing events	Family, kin, and relatives	Meaningful people	Meaningful objects, events, documents, etc.
il compleanno	l'amore	il fratello	la damigella	il testamento

14. Adesso, quante parole/espressioni ricordi? Completa la seguente tabella nel modo indicato. *(Add as many cells to the chart as you may need.)*

Basic faiths	Believers	Religious notions, entities, etc.	Places	Clergy	Rites, practices, notions, and religious events
il Cattolicesimo	cattolico	l'angelo	la chiesa	il prete	la Messa

15. **Quante superstizioni conosci? Scegli la risposta adatta.***

1. Quando si sente parlare di disgrazie o di morte...
   a. bisogna toccare ferro o legno.
   b. bisogna incominciare a ridere per allontanare la cattiva fortuna.
2. Il ferro di cavallo porta fortuna perché...
   a. è simbolo di fortuna.
   b. ha la forma della lettera C, la prima lettera del nome di Cristo.
3. Mentre si cammina, se si incontra un gatto nero...
   a. non bisogna spaventarlo perché se si spaventa porta sfortuna.
   b. bisogna cambiare strada.
4. Il gatto nero porta sfortuna perché...
   a. il colore nero è simbolo di lutto.
   b. il gatto è un animale imprevedibile.
5. Aprire un ombrello in casa...
   a. porta fortuna.
   b. porta sfortuna.
6. Passare sotto una scala...
   a. porta bene.
   b. porta male.
7. Quando cade del sale per terra...
   a. bisogna raccoglierlo immediatamente.
   b. bisogna buttarsene un po' dietro le spalle.
8. Per gli italiani il numero diciassette porta sfortuna perché...
   a. il numero romano per diciassette (XVII), quando veniva anagrammata, produceva la parola latina per "morte" (vixi, = "ho vissuto").
   b. Giulio Cesare fu ucciso il 17 marzo.
9. In molte nazioni il numero tredici è considerato un numero sfortunato perché...
   a. è il giorno in cui è scoppiata la seconda guerra mondiale.
   b. è il numero delle persone presenti all'Ultima Cena, dopo la quale Cristo fu crocifisso.
10. Per gli Italiani il tredici è un numero fortunato perché...
    a. fare tredici vuol dire vincere al totocalcio.
    b. il tredici dicembre si celebra la festa di Santa Lucia.

16. **Leggi il seguente brano. Poi svolgi le attività che seguono sotto.**

> Nel calendario italiano, le feste principali italiane sono il Natale, l'Epifania, il Carnevale, la Pasqua e il Ferragosto. Il Natale si celebra oggi in maniera anglo-americana con l'albero di Natale, con le tipiche giornate di shopping natalizio prima del 25 dicembre e con Babbo Natale che porta tanti bei regali ai bambini meritevoli.
>
> L'Epifania è caratterizzata dalla venuta della Befana, una vecchia mitica che la notte tra il 5 e il 6 gennaio passa per i camini e porta doni ai bambini, riempiendo le loro calze vuote.
>
> Il Carnevale è il periodo festivo che precede la Quaresima e si festeggia con balli, mascherate e vari divertimenti. Il Carnevale più famoso è quello di Venezia. Dal Carnevale si passa alla Quaresima che culmina nella

> celebrazione pasquale. La domenica di Pasqua in Italia si celebra con il classico pranzo in famiglia. Tradizionalmente, durante questo periodo sono in vendita nei negozi le uova pasquali (quelle tradizionali di cioccolata) e la colomba pasquale (un dolce, chiamato così perché ha la forma di una colomba.)
>
> Il Ferragosto (15 agosto) è una festa nazionale in onore dell'Assunta. Gli Italiani approfittano di questa pausa estiva (che viene estesa ai giorni precedenti e seguenti il 15) per andare tutti in vacanza, abbandonare il caldo infernale delle grandi città e cercare rifugio sulle spiagge, sulle montagne e sui laghi.

1. Indica se ciascuna delle seguenti affermazioni è vera (V) o falsa (F).*
   _____ 1. In Italia, il Natale non si celebra in maniera anglo-americana.
   _____ 2. La Befana porta doni ai bambini.
   _____ 3. Il Carnevale segue la Quaresima.
   _____ 4. Il Carnevale più famoso è quello di Venezia.
   _____ 5. In Italia, a Pasqua nei negozi si vendono le colombe pasquali.
   _____ 6. Per il Ferragosto gli Italiani rimangono tutti in città.
2. Traduci il brano in inglese.
3. Opinioni e paragoni
   a. Quali feste celebrate a casa tua?
   b. Descrivi la celebrazione delle varie feste.
   c. Cerca informazioni sul Carnevale in un'enciclopedia. Esiste una tradizione simile al Carnevale nel tuo paese? Quale?
   d. C'è una festa simile al Ferragosto? Quale?

17. Leggi, ora, quest'altro brano. Poi, svolgi le attività che seguono.

> La legge di riforma del diritto di famiglia stabilisce che «con il matrimonio il marito e la moglie acquistano gli stessi diritti e assumono i medesimi doveri» (art. 143cc.). Quando la donna si sposa mantiene generalmente il suo cognome. Quindi, è stata abolita nell'Italia moderna la figura del «capofamiglia.»
>
> Come in altre parti del mondo, il matrimonio è celebrato alla presenza di un ufficiale dello stato civile o di un ministro religioso. La cerimonia religiosa ha anche effetti civili. La cerimonia del matrimonio si chiama «sposalizio.» I futuri sposi annunciano il matrimonio con «le partecipazioni.» Dopo la cerimonia civile o religiosa, i giovani sposi vanno tipicamente in «luna di miele» (viaggio di nozze).
>
> In Italia, il divorzio, legalizzato nel 1970, si può ottenere dopo tre anni di separazione legale. La legge sul divorzio è stata modificata ultimamente per proteggere «il coniuge più debole.» Le persone divorziate possono risposarsi immediatamente dopo lo scioglimento del matrimonio. La donna, anche se non si risposa, perde il cognome del marito. Lo può conservare però in aggiunta al proprio se esso può esserle d'aiuto (ad esempio nella carriera) o può comunque giovare ai figli.
>
> L'Italia, dopo gli Stati Uniti, è il paese che adotta più bambini. Una coppia, per poter adottare un bambino, deve essere sposata da almeno cinque anni e deve avere tutti i prerequisiti prescritti dalla legge.

1. Indovina le parole/le espressioni definite sotto.*
   a. Accordo tra un uomo e una donna celebrato alla presenza di un ministro religioso.
   b. I biglietti con cui i futuri sposi annunciano il matrimonio.
   c. Periodo subito dopo lo sposalizio.
   d. È ottenibile dopo 3 anni di separazione legale.
   e. *To get married* in italiano.
2. Rispondi alle seguenti domande.
   a. Se ti sposerai un giorno, che tipo di matrimonio vorrai?   b. Dove vuoi andare in luna di miele?   c. A chi manderai le partecipazioni?   d. Dove abiterai con tuo marito/tua moglie?
   e. Quanti figli pensi di avere?
3. L'uomo/la donna dei miei sogni. Descrivi l'uomo/la donna dei tuoi sogni.
   Fisico: alto, basso, tarchiato, ecc.
   Capelli: neri, castani, rossi, biondi, ecc.
   Naso: regolare, irregolare, aquilino, ecc.
   Bocca: larga, stretta, ecc.
   Labbra: sottili, carnose, ecc.
   Orecchie: strette, larghe, ecc.
   Carattere: affabile, sensibile, ecc.

Text work

Text A

Libera riduzione da:
LE SCARPE ROTTE

di

Natalia Ginzburg (1916–1991)

Io ho le scarpe rotte e l'amica con la quale vivo in questo momento ha le scarpe rotte anche lei. Stando insieme parliamo spesso di scarpe. Se le parlo del tempo in cui sarò una vecchia scrittrice famosa, lei subito mi chiede: ≪Che scarpe avrai?≫ Allora le dico che avrò delle scarpe di camoscio verde, con una gran fibbia d'oro da un lato.

Io appartengo a una famiglia dove tutti hanno le scarpe solide e sane. Mia madre anzi ha dovuto far fare un armadietto apposta per tenerci le scarpe, tante paia ne aveva. Quando torno fra loro levano alte grida di sdegno e di dolore alla vista delle mie scarpe. Ma io so che anche con le scarpe rotte si può vivere. Nel periodo tedesco ero sola qui a Roma, e non avevo che un solo paio di scarpe. Se le avessi date al calzolaio avrei dovuto stare due o tre giorni a letto, e questo non mi era possibile. Così continuai a portarle, e per giunta pioveva, le sentivo sfasciarsi lentamente, farsi molli ed informi, e sentivo il freddo del selciato sotto le piante dei piedi. È per questo che anche ora ho le scarpe rotte, perché mi ricordo di quelle e non mi sembrano poi tanto rotte al confronto, e se ho del denaro preferisco spenderlo altrimenti, perché le scarpe non mi appaiono più come qualcosa di molto essenziale. Ero stata viziata dalla vita prima, sempre circondata da un affetto tenero e vigile, ma quell'anno qui a Roma fui sola per la prima volta, e per questo Roma mi è cara, sebbene carica di storia per me, carica di ricordi angosciosi, poche ore dolci. Anche la mia amica ha le scarpe rotte, e per questo stiamo bene insieme. La mia amica non ha nessuno che la rimproveri per le scarpe che porta, ha soltanto un fratello che vive in campagna e gira con degli stivali da caccciatore. Lei e io sappiamo quello che succede quando piove, e le gambe sono nude e bagnate e nelle scarpe entra l'acqua, e allora c'è quel piccolo rumore a ogni passo, quella specie di sciacquettio.

La mia amica ha un viso pallido e maschio, e fuma in un bocchino nero. Quando la vidi per la prima volta, seduta a un tavolo, con gli occhiali cerchiati di tartaruga e il suo viso misterioso e sdegnoso, col bocchino nero fra i denti, pensai che pareva un generale cinese. Allora non sapevo che aveva le scarpe rotte. Lo seppi più tardi.

. . . .

La mia amica qualche volta dice che è stufa di lavorare, e vorrebbe buttar la vita ai cani. Vorrebbe chiudersi in una bettola a bere tutti i suoi risparmi, oppure mettersi a letto e non pensare più a niente, e lasciare che vengano a levarle il gas e la luce, lasciare che tutto vada alla deriva pian piano. Dice che lo farà quando io sarò partita. Perché la nostra vita comune durerà poco, presto io partirò e tornerò da mia madre e dai miei figli, in una casa dove non mi sarà permesso di portare le scarpe rotte. Mia madre si prenderà cura di me, m'impedirà di usare degli spilli invece dei bottoni, e di scrivere fino a notte alta. E io a mia volta mi prenderò cura dei miei figli, vincendo la tentazione di buttar la vita ai cani. Tornerò ad essere grave e materna, come sempre mi avviene quando sono con loro, una persona diversa da ora, una persona che la mia amica non conosce affatto.

Guarderò l'orologio e terrò conto del tempo, vigile ed attenta ad ogni cosa, e baderò che i miei figli abbiano i piedi sempre asciutti e caldi, perché so che così dev'essere se appena è possibile, almeno nell'infanzia. Forse anzi per imparare poi a camminare con le scarpe rotte, è bene avere i piedi asciutti e caldi quando si è bambini.

18. Metti negli spazi vuoti le parole mancanti dalla seguente parafrasi della lettura.*

La Ginzburg aveva le scarpe rotte e l' _____ con la quale viveva aveva le scarpe rotte anche lei. La Ginzburg le diceva spesso che un giorno avrebbe avuto delle scarpe di camoscio verde, con una gran _____ d'oro da un lato. Nella sua _____ tutti avevano le scarpe solide e sane.

Nel periodo tedesco la Ginzburg era _____ a Roma, e non aveva che un solo paio di scarpe. Se le avesse date al _____ sarebbe dovuta stare due o tre giorni a letto, e questo non le era possibile. La sua amica non aveva che un _____ che viveva in campagna e che girava con degli _____ da caccciatore. Quando la Ginzburg vide la sua amica seduta a un tavolo, con gli occhiali cerchiati di tartaruga e il suo viso misterioso e sdegnoso, col bocchino nero fra i denti, le parve un _____ cinese.

La Ginzburg decide di guardare l'orologio e di tener conto del tempo, vigile ed attenta ad ogni cosa, e poi di badare che i suoi _____ abbiano i piedi sempre asciutti e caldi.

19. Traduci il brano in inglese.

20. Studio del vocabolario

Usa ciascuna delle seguenti parole/espressioni ritrovabili nel brano in altrettante frasi che ne rendano chiaro il significato.

Modello   quando si è bambini
> *Quando si è bambini è il periodo in cui si imparano le cose fondamentali, come camminare.*

1. una vecchia scrittrice famosa
2. la famiglia
3. essere viziati
4. l'affetto tenero e vigile
5. un fratello
6. un viso misterioso
7. buttare la vita ai cani
8. i figli
9. materno
10. l'infanzia

21. Discussione

1. Che cosa simboleggiano le scarpe rotte per la Ginzburg?
2. In generale, che cose tendono a simboleggiare le scarpe? Perché?
3. Che tipo di rapporto pensi che la Ginzburg avesse con sua madre? Perché?

Text B

LA CHIESA FU RICONSACRATA

di

Sergio Corazzini (1886–1907)

Il sagrestano pazzo
traversò la chiesa oscura,
lentamente, con il mazzo
delle chiavi appeso alla cintura.

I frati, ne le piccole celle,
dicono le orazioni
de la sera, poi, quando le stelle
prima de l'Ave Maria
stanno su le cose terrene,
ogni monaco viene
al suo piccolo letto,
nitido come un altare,
e accende il luminetto
a la Vergine Maria,
che non fa che lagrimare
perché ha sette spade in core
che le danno acerba doglia,
sempre acerba e sempre lenta!
Poi ognuno si spoglia,
e ognuno s'addormenta
nella pace del Signore.

L'acquasantiera di bronzo, tonda,
sembra un occhio lagrimoso
che il suo pianto silenzioso
a stille su le fronti de gli uomini diffonda.

I confessionali con le loro
tendine verdi un po' sciupate,
con le piccole grate
gialle che ne l'ombra sembrano d'oro,
sonnecchiano allineati,
ognuno con le sue due candele
spente ai lati.
Sono essi, alveari ove ronzino, api i peccati,
e l'assoluzione sia miele?

Un rosario di granatine
a i piedi del Crocifisso morente,
sembra sangue gocciato lentamente
dalla fronte coronata di spine.

Un piccolo libro delle
Massime Eterne fu dimenticato
sopra una sedia, aperto.
È logoro. Certo,
è d'una delle solite beghine
che vengono la sera.
Fra le pagine c'è un Santo:
San Giovanni decollato:
dietro il Santo, una preghiera.
Il libro dimenticato
aperto, è l'unica bocca che parli
nella chiesa silenziosa
è l'unico occhio che veda,
nella chiesa oscura,
la morte della creatura.

Il sagrestano recise la grossa
corda per cui pendeva d'avanti la figura
di Cristo, la lampada rossa
con la sua fiamma quieta e pura.

La lampada cadde con sorda
percossa su le pietre sepolcrali;
l'uomo con tre moti uguali
girò intorno al collo la corda
e penzolò nel vuoto.
Davanti il Crocifisso
sembrò un macabro voto
improvvisamente sorto
fra il Cielo e l'Abisso.

Poi che la lampada non c'era più
biancheggiò davanti Gesù
piamente la cotta del sagrestano morto.

22. Indica...

1. cosa fece, all'inizio, il sagrestano.
2. cosa facevano i frati.
3. com'era l'acquasantiera.
4. com'erano i confessionali.
5. dov'era il rosario.
6. come sembrava il Crocifisso.
7. dov'era il piccolo libro.
8. che c'era nel libro.
9. cosa fece il sagrestano con la grossa corda.
10. come morì il sagrestano.

23. Discussione

1. Per quale motivo, pensi, il sagrestano si sia suicidato?
2. Pensi che ci sia un'esistenza dopo la morte? Perché sì/no?
3. Che funzioni svolge, secondo te, la religione nella vita umana?

Role-playing

Diversi gruppi di studenti dovranno mettere in scena le seguenti situazioni a piacere.

1. Un ragazzo innamorato di una compagna di scuola decide di andare da una chiromante.
La chiromante chiede informazioni sulle caratteristiche fisiche e sociali della ragazza.
La scena termina quando la chiromante si rende conto che il giovane è innamorato di sua
figlia.

   2. In una famiglia, il figlio e la figlia vorrebbero avere la propria carta di credito. I genitori,
invece, pensano che siano troppo giovani. Una sera a cena, discutono la questione. La scena
finisce quando uno dei figli riesce a trovare una ragione plausibile che convince i due
genitori.

Discussion/Composition/Activities

24. La mia famiglia!

1. Indica chi sono gli attuali membri della tua famiglia, descrivendo la loro apparenza fisica e le
loro qualità di carattere.
2. Fa' una ricerca sul tuo albero genealogico e poi presentalo in classe.

25. Tradizioni!

Descrivi le usanze che tu e la tua famiglia avete per:
a. i funerali,   b. gli anniversari,   c. le nascite,   d. i compleanni,   e. i fidanzamenti,
f. le nozze

26. Conosci le religioni?

Fa' una ricerca sulle credenze, sui simboli, ecc. di ciascuna delle seguenti religioni. In seguito,
presenta quello che hai trovato al resto della classe.

	Buddismo	Cattolicesimo	Giudaismo	Induismo	Islam	Protestantismo
Credenze						
Edificio per il culto						
Riti						
Simboli						
Feste sacre						
Clero						

27. L'oroscopo

Riassumi brevemente per iscritto ciò che il tuo oroscopo dice per quest'anno quanto al tuo lavoro, ai tuoi affetti, al tuo stato di salute, ecc.

1. Cos'è previsto nel lavoro?
2. E nell'amore?
3. Come sarà la tua salute?
4. Cosa ti viene consigliato nell'oroscopo?
5. Quale sarà il tuo giorno favorevole?

Leggi il tuo oroscopo al resto della classe.

28. Discussione

Rispondi liberamente alle seguenti domande. Discuti le tue risposte con gli altri membri della classe.

1. Leggi regolarmente l'oroscopo? Ci credi? Perché sì/no?
2. Perché, secondo te, gli oroscopi sono tanto popolari?
3. Sei mai stato/stata da una chiromante? Se sì, di' il perché e racconta l'esperienza che hai avuto.
4. Si è mai avverata una previsione zodiacale nei tuoi riguardi? Se sì, racconta il caso.
5. Sei superstizioso/superstiziosa? C'è qualche superstizione che temi di più delle altre?

29. Opinioni e paragoni! Discuti con gli altri membri della classe.

1. La famiglia nel tuo paese è simile o diversa dalla famiglia in Italia?
2. Credi che ci sia una dimensione perfetta per una famiglia (cioè quanti membri dovrebbe avere)?

3. Come si potrebbe evitare il divorzio?
4. Come vivono gli anziani nel tuo paese?

30. Svolgi liberamente per iscritto uno dei seguenti temi. Poi leggi il tuo componimento alla classe, discutendo le tue opinioni liberamente.

1. Il senso della famiglia nel mondo oggi
2. La famiglia ideale
3. Genitori e figli: opinioni in conflitto?

Unit 14

Education

Level 1

General notions

l'anno scolastico	*school year, academic year*
la borsa di studio	*scholarship, grant*
il/la borsista	*scholarship/grant holder*
la cattedra	*university chair*
il corso	*course, class*
il corso di specializzazione	*specialization course*
il corso per corrispondenza	*correspondence course*
il corso serale	*evening class*
l'educazione (f)	*upbringing, education (as a process)*
istruire, educare	*to educate, to bring up*
l'istruzione (f)	*education, instruction*
l'istruzione obbligatoria	*compulsory education*
l'istruzione privata	*private education*
l'istruzione professionale	*further education, professional training*
l'istruzione pubblica	*public education*
il Ministero della Pubblica Istruzione	*Ministry of Public Education*

Schools and faculties

l'asilo infantile	*kindergarten*
l'asilo nido	*day nursery*
il collegio	*residential school (college)*
il conservatorio	*conservatory*
il consiglio di facoltà	*faculty council*
la facoltà	*faculty*
la facoltà di architettura	*faculty of architecture*
la facoltà di commercio	*business and commerce faculty*
la facoltà di giurisprudenza	*faculty of jurisprudence, law*
la facoltà di ingegneria	*faculty of engineering*
la facoltà di lettere	*faculty of arts*
la facoltà di medicina	*faculty of medicine*
la facoltà di scienze	*faculty of sciences*
l'istituto	*institute*
l'istituto commerciale	*commercial school*
l'istituto magistrale	*teacher training school*
l'istituto tecnico	*technical school, vocational school*
il liceo	*higher secondary school (high school), lyceum*
il liceo artistico	*art lyceum*
il liceo classico	*arts and letters lyceum*
il liceo linguistico	*linguistic lyceum*
il liceo scientifico	*scientific lyceum*
il/la preside	*principal, headmaster/mistress*
il/la preside di facoltà	*dean/chair of a faculty*
la scuola	*school*
la scuola elementare	*elementary school*
la scuola materna	*nursery school*

la scuola media	*lower secondary school (junior high school), middle school*	il pennarello	*marker*
		il proiettore	*projector*
		il quaderno	*notebook, workbook*
la scuola mista	*co-ed school, mixed school*	il quaderno a anelli	*ringed notebook*
		il quaderno a righe	*lined workbook*
la scuola primaria	*primary school (junior school)*	il quaderno a spirale	*spiral notebook*
		lo scaffale, la bibliotechina di classe	*bookcase*
la scuola privata	*private school*		
la scuola secondaria	*secondary school*	la scrivania	*writing desk*
la scuola serale	*evening school*	il vocabolario, il dizionario	*dictionary*
la scuola sperimentale	*experimental school*		
la scuola statale	*state school*	lo zaino	*knapsack, backpack*
la scuola superiore	*upper school*		
l'università	*university*		

Classroom things

Places

l'agenda	*assignment book*	l'aula	*classroom*
l'atlante (m)	*atlas*	la biblioteca	*library*
il banco	*desk*	il campus (inv)	*campus*
la biro (inv)	*ball-point pen*	il corridoio	*hallway*
la calcolatrice	*calculator*	il cortile	*school yard*
la calcolatrice tascabile	*pocket calculator*	il laboratorio	*laboratory*
		la mensa	*cafeteria*
il cancellino	*blackboard eraser*	la palestra	*gymnasium*
la carta a righe	*lined paper*	il residence (inv), il collegio	*hall of residence (residence)*
la carta a quadretti	*squared paper*		
la carta da disegno	*drawing paper*	la segreteria	*secretary's office (main office)*
la cartella	*school bag*		
la cartina geografica	*map*	lo studio	*office (of a teacher)*
la cattedra	*lectern*		
la colla	*glue, paste*	**People (students, teachers, etc.)**	
il compasso	*compasses*	l'allievo/l'allieva	*pupil (usually a child)*
il computer (inv)	*computer*		
il computer portatile, il laptop	*laptop computer*	l'alunno/l'alunna	*pupil, student*
		l'assistente (m and f)	*assistant*
l'evidenziatore (m)	*highlighter*	il bibliotecario/la bibliotecaria	*librarian*
il gesso	*chalk*		
la gomma	*rubber (eraser)*	il bidello/la bidella	*caretaker (janitor)*
il goniometro	*protractor*	la classe	*class (of students), grade*
la grammatica	*grammar book*		
la lavagna	*blackboard*	il compagno/la compagna	*schoolmate*
la lavagna luminosa	*overhead projector*		
il libro di lettura	*reading book*	il/la docente, l'insegnante (m and f)	*teacher, instructor*
il libro di testo	*textbook*		
il lucido	*overhead, OHP slide*		
il manuale	*manual*	l'insegnante di sostegno	*special education teacher*

il maestro/la maestra	*elementary school teacher*	lo/la studente/la studentessa	*student*
il magnifico rettore	*vice chancellor, principal, president (of a university)*	il tecnico/la tecnica	*technician*
il personale non docente	*non-teaching personnel*		

Activities related to school and education

		l'educazione fisica	*physical education*
il preside (m and f)	*principal*	frequentare	*to attend*
il/la preside di liceo	*high school principal, head teacher*	la frequenza	*attendance*
		l'iscrizione (m) a scuola	*school registration*
il/la privatista	*self-learner*		
il professore/la professoressa	*professor, middle and high school teacher*	l'iscrizione all'università	*registration at the university, matriculation*
il rettore	*rector*		
lo scolaro/la scolara	*elementary school pupil*	la lezione	*lesson, class, lecture (at university)*
il segretario/la segretaria	*secretary*	la quota d'iscrizione	*registration fee*
		la tassa scolastica	*school fee, tuition*
		il voto	*grade, mark*

Level 2

Subjects

		l'informatica	*informatics, computer science*
l'anatomia	*anatomy*		
l'antropologia	*anthropology*	l'ingegneria	*engineering*
l'archeologia	*archeology*	la letteratura	*literature*
l'architettura	*architecture*	le lettere	*arts, humanities, letters*
l'arte (f)	*art*		
l'astronomia	*astronomy*	le lingue	*languages*
la biologia	*biology*	le lingue classiche	*classical languages*
la botanica	*botany*	le lingue moderne	*modern languages*
il calcolo	*calculus*	la linguistica	*linguistics*
la chimica	*chemistry*	la matematica	*mathematics*
il commercio	*commerce*	la materia	*subject*
la contabilità, la ragioneria	*accounting, bookkeeping*	la medicina	*medicine*
		la musica	*music*
la disciplina	*discipline*	la psichiatria	*psychiatry*
il disegno	*drawing*	la psicologia	*psychology*
l'economia	*economics*	la scienza	*science*
la filosofia	*philosophy*	la scienza sociale	*social science*
la fisica	*physics*	le scienze della comunicazione	*communication sciences*
la geografia	*geography*		
la geometria	*geometry*	le scienze politiche	*political science*
la giurisprudenza, la legge	*jurisprudence, law*	la semiotica	*semiotics*
		la sociologia	*sociology*

la statistica	statistics
la storia	history
la zoologia	zoology

Aspects, items, and activities related to school and education

l'aggiornamento degli insegnanti	professional development
l'appunto	note
avere lezione	to have a class, to have a lesson
la bella copia	good, final copy
bocciare	to fail (someone)
la brutta copia	rough copy, draft
il campo (di studio)	field (of study)
cancellare	to rub out (to erase)
il compito	assignment
il componimento	composition
la conferenza	lecture
la copia	copy
correggere	to mark, to correct
il curriculum	curriculum
diplomarsi	to get a diploma
il diploma	diploma
il diploma di maturità	high school diploma
discutere la tesi	to defend one's thesis
la dissertazione	dissertation
la domanda	question
l'esame (m)	examination
l'esame d'ammissione	entrance/admission exam
l'esame orale	oral exam
l'esame scritto	written exam
l'esercizio	exercise
essere promosso	to be promoted, to pass (to the next level)
fare l'appello	to take a roll call (to take attendance), call the register
fare la conferenza	to lecture
fare lezione	to teach a class
fare una domanda	to ask a question

la fotocopia	photocopy
fotocopiare	to photocopy, to duplicate
frequentare la scuola	to attend school
imparare	to learn
imparare a memoria	to learn by heart
insegnare	to teach
l'iscrizione (f)	registration
istruito	educated
l'istruzione (f)	education
la laurea	degree
laurearsi	to get a degree
la lettura	reading, reading passage
marinare la scuola	to play truant (to play hooky, skive)
il programma d'insegnamento	curriculum, course offerings
la prova	test
la prova d'ammissione	admission test
la prova orale	oral test
la prova scritta	written test
ripassare	to review
il ripasso	review
risolvere un problema	to solve a problem
la risposta	answer
il saggio, il tema	essay, paper
saltare una lezione	to skip a class
lo sbaglio	mistake
il segnalibro	bookmark
seguire un corso	to take a course
sostenere un esame, dare un esame	to take an exam
studiare	to study
lo studio	study
superare un esame	to pass an exam
la tassa d'iscrizione	registration fee
la tesi (inv)	thesis
la tesi di laurea	graduating thesis, doctoral thesis
il test d'attitudine	aptitude test

Level 3

Aspects, items, and activities related to school and education

abbandonare gli studi	to drop out
l'abilità, la capacità	ability
apprendere	to learn
l'apprendimento	learning
l'apprendimento per computer	computer-assisted learning
l'autodidatta (m and f)	self-taught (individual)
la bibliografia	bibliography
il catalogo	catalogue
il convegno	conference
il corso di formazione professionale	professional skill development course
il diagramma	diagram
il diagramma di flusso	flow chart
la diapositiva	slide
essere bocciato	to fail
la formazione	training
la gita scolastica	school/field trip
il glossario	glossary
il grafico	graph
l'indice (m)	index
il lavoro in gruppo	group work
la materia fondamentale	core subject
la materia opzionale	optional subject
il materiale didattico	teaching aids
la media	average
la pagella	report card
il quadrimestre	quarter term
lo schema di un corso	course outline
lo schermo	screen
la scolaresca	group of students
la scolarizzazione	schooling
la scuola per interpreti	interpreting/ translating school
il semestre	semester
il seminario	seminar, workshop
il simposio	symposium
la strategia d'apprendimento	learning strategy
la tavola rotonda	round table
il titolo di studio	title/level of education
il trimestre	trimester
la valutazione	evaluation, grading

Science

Level 1

The sciences and general notions

l'acustica	acoustics
l'aerodinamica	aerodynamics
l'antropologia	anthropology
l'astronomia	astronomy
la biologia	biology
la botanica	botany
la chimica	chemistry
la chimica inorganica	inorganic chemistry
la chimica organica	organic chemistry
il chimico/la chimica	chemist
l'elettricità	electricity
l'evoluzione (f)	evolution
la fisica	physics
il fisico/la fisica	physicist
la geologia	geology
l'idraulica	hydraulics
l'informatica	computer science
la matematica	mathematics
la meccanica	mechanics
la medicina	medicine
l'ottica	optics
perfezionare	to perfect, to refine
la psichiatria	psychiatry
la psicologia	psychology
il ricercatore/la ricercatrice	researcher
le scienze applicate	applied sciences

le scienze della comunicazione	*communication sciences*	l'aritmetica	*arithmetic*
le scienze economiche	*economic sciences*	il calcolo	*calculus*
		il calcolo differenziale	*differential calculus*
le scienze naturali	*natural sciences*	il calcolo integrale	*integral calculus*
le scienze pure	*pure sciences*	la geometria	*geometry*
le scienze sociali	*social sciences*	la geometria analitica	*analytical geometry*
le scienze sperimentali	*experimental sciences*	la geometria descrittiva	*descriptive geometry*
le scienze umane	*human sciences*	la geometria euclidea	*Euclidean geometry*
lo scienziato/la scienziata	*scientist*	la geometria non euclidea	*non-Euclidean geometry*
la sociologia	*sociology*	la geometria proiettiva	*projective geometry*
la statistica	*statistics*	la geometria solida	*solid geometry*
la tecnologia	*technology*	il logaritmo	*logarithm*
		il matematico/la matematica	*mathematician*

Mathematics

l'algebra	*algebra*	la proposizione	*proposition*
l'algebra di insiemi	*set algebra*	il teorema	*theorem*
l'algebra lineare	*linear algebra*	la topologia	*topology*
l'algoritmo	*algorithm*	la trigonometria	*trigonometry*

Level 2

Astronomy and space research

l'anno-luce	*light year*	la luna piena	*full moon*
l'antenna	*antenna*	la meteora	*meteor*
l'astronauta (m and f)	*astronaut*	il missile	*missile*
l'astronave (f)	*spacecraft*	il modulo lunare	*lunar module*
il buco nero	*black hole*	il mondo	*world*
il cometa	*comet*	la navetta spaziale	*space shuttle*
il cosmo	*cosmos*	l'orbita	*orbit*
il cratere	*crater*	orbitare	*to orbit*
l'eclissi (f, inv)	*eclipse*	il pianeta	*planet*
l'eclissi lunare	*lunar eclipse*	il raggio lunare	*moonbeam*
l'eclissi solare	*solar eclipse*	il raggio solare	*sunbeam*
la galassia	*galaxy*	il satellite	*satellite*
la gravità	*gravity*	il sistema solare	*solar system*
la gravitazione	*gravitation*	il sole	*sun*
la luce	*light*	lo spazio	*space*
la luce infrarossa	*infrared light*	lo spazio tridimensionale	*three-dimensional space*
la luce solare	*sunlight*	la stella	*star*
la luce ultravioletta	*ultraviolet light*	il telescopio	*telescope*
la luna	*moon*	l'universo	*universe*
la luna nuova	*new moon*	il veicolo spaziale	*space vehicle*

Planets

Giove	*Jupiter*
Marte	*Mars*
Mercurio	*Mercury*
Nettuno	*Neptune*
Plutone	*Pluto*
Saturno	*Saturn*
Terra	*Earth*
Urano	*Uranus*
Venere	*Venus*

Basic numerical and mathematical concepts

addizionare	*to add*
l'addizione (f)	*addition*
aggiungere	*to add on*
algebrico	*algebraic*
aritmetico	*arithmetical*
calcolare	*to calculate*
il calcolo	*calculation*
la cifra	*digit*
contabile	*countable*
contare	*to count*
la costante	*constant*
decimale	*decimal*
la differenza	*difference*
dividere	*to divide*
la divisione	*division*
elevare a potenza	*to raise to a power*
elevare alla potenza di	*to raise to the power of*
l'equazione (f)	*equation*
l'equazione a una incognita	*equation in one unknown*
l'equazione a due incognite	*equation in two unknowns*
l'esponente (m)	*exponent*
essere maggiore di	*to be greater than*
essere minore di	*to be less than*
essere simile a	*to be similar to*
essere uguale a	*to be equal to*
estrarre la radice	*to take/extract the root*
il fattore	*factor*
la frazione	*fraction*
la funzione	*function*

l'incognita	*unknown*
l'insieme (m)	*set*
logaritmico	*logarithmic*
la media	*average*
meno	*minus*
moltiplicare	*to multiply*
la moltiplicazione	*multiplication*
il multiplo	*multiple*
numerare	*to number*
il numerale (m)	*numeral*
i numeri dispari	*odd numbers*
i numeri pari	*even numbers*
numerico	*numerical*
il numero	*number*
il numero cardinale	*cardinal number*
il numero intero	*integer*
il numero irrazionale	*irrational number*
il numero negativo	*negative number*
il numero ordinale	*ordinal number*
il numero positivo	*positive number*
il numero primo	*prime number*
il numero quadrato	*square number*
il numero razionale	*rational number*
per cento	*percent*
la percentuale	*percentage*
più	*plus*
il prodotto	*product*
la proporzione	*ratio, proportion*
il quoziente	*quotient*
la radice	*root*
la radice cubica	*cube root*
la radice quadrata	*square root*
il reciproco	*reciprocal*
il simbolo	*symbol*
la soluzione	*solution*
la somma	*sum*
sommare	*to sum up*
sottrarre	*to subtract*
la sottrazione	*subtraction*
statistico	*statistical*
la tavola pitagorica	*multiplication table (of the first 10 digits)*
l'uguaglianza	*equality*
la variabile	*variable*

Basic geometrical figures and concepts

l'angolo	angle
l'angolo acuto	acute angle
l'angolo adiacente	adjacent angle
l'angolo concavo	concave angle
l'angolo convesso	convex angle
l'angolo ottuso	obtuse angle
l'angolo piatto	straight angle
l'angolo retto	right angle
la bisettrice	bisector
il centro	center
il cerchio	circle
il cilindro	cylinder
la circonferenza	circumference
il compasso	compass
il cono	cone
il cubo	cube
il decagono	decagon
il diametro	diameter
l'esagono	hexagon
l'ettagono	heptagon
la figura	figure
la figura piana	plane figure
il goniometro	protractor
il grado	degree
l'ipotenusa	hypotenuse
la linea curva	curved line
la linea orizzontale	horizontal line
la linea parallela	parallel line
la linea perpendicolare	perpendicular
la linea retta	straight line
la linea spezzata	broken line
la linea verticale	vertical line
l'ottaedro	octahedron
l'ottagono	octagon
il parallelogramma	parallelogram
il pentagono	pentagon
la piramide	pyramid
il poliedro	polyhedron
il poligono	polygon
il prisma	prism
il punto	point
il quadrato	square
il quadrilatero	quadrilateral
il raggio	radius
il rettangolo	rectangle
la riga	ruler
il rombo	rhombus
la sagoma	template
la sfera	sphere
il solido	solid
lo spazio	space
la tangente	tangent
il teorema di Pitagora	Pythagorean theorem
il tetraedro	tetrahedron
il trapezio	trapezium
il triangolo	triangle
il triangolo acutangolo	acute-angled triangle
il triangolo equilatero	equilateral triangle
il triangolo isoscele	isosceles triangle
il triangolo ottusangolo	obtuse-angled triangle
il triangolo rettangolo	right-angled triangle
il triangolo scaleno	scalene triangle
il vertice	vertex
il vettore	vector

Level 3

Matter, elements, and the environment

l'acciaio	steel
l'acciaio inossidabile	stainless steel
l'amianto	asbestos
l'ammoniaca	ammonia
l'ammonio	ammonium
l'argento	silver
l'atomo	atom
la benzina	gas
la bilancia	scale
il bronzo	bronze
il butano	butane
il calcio	calcium
il campo magnetico	magnetic field
il carbone	carbon (solid), coal
il carbonio	carbon (element)

il carburante, il combustibile	*fuel*
centrifugo	*centrifugal*
centripeto	*centripetal*
il cloro	*chlorine*
il composto	*compound*
l'ecosistema (m)	*ecosystem*
l'effetto serra	*greenhouse effect*
l'elettrone (m)	*electron*
l'etere (m)	*ether*
il ferro	*iron*
il filtro	*filter*
il fosfato	*phosphate*
la frizione	*friction*
l'idrogeno	*hydrogen*
l'inquinamento	*pollution*
inquinare	*to pollute*
lo iodio	*iodine*
il laser (inv)	*laser*
la lente	*lens*
la lente d'ingrandimento	*magnifying glass*
la magnesia	*magnesium*
il mercurio	*mercury*
il metallo	*metal*
il metano	*methane*
la microonda	*microwave*
il microscopio	*microscope*
la molecola	*molecule*
il neutrone	*neutron*
il nitrato	*nitrate*
il nitrogeno	*nitrogen*
l'onda	*wave*
l'onda elettromagnetica	*electromagnetic wave*
l'onda sonora	*sound wave*
l'oro	*gold*
l'ossigeno	*oxygen*
l'ottano	*octane*
la particella	*particle*
il petrolio	*petroleum*
il piombo	*lead*
il platino	*platinum*
il potassio	*potassium*
la pressione	*pressure*
il propano	*propane*

il protone	*proton*
la provetta	*test tube*
il punto di congelamento	*freezing point*
il punto di ebollizione	*boiling point*
la radiazione	*radiation*
il raggio di luce	*light beam, ray*
il rame	*copper*
la resina	*resin*
il sale	*salt*
il sodio	*sodium*
la sostanza radioattiva	*radioactive substance*
lo spettro	*spectrum*
la teoria dei quanti	*quantum theory*
la teoria della relatività	*theory of relativity*
il termometro	*thermometer*
lo zolfo	*sulphur*

Computer science

l'archivio, il file	*file*
l'automa (m)	*automaton*
il byte (inv)	*byte*
il CD-ROM (inv)	*CD-ROM*
il circuito integrato	*integrated circuit*
compatibile	*compatible*
il dato, i dati	*datum, data*
di facile uso	*user-friendly*
il dischetto	*floppy disc*
l'elaboratore elettronico, il computer	*computer*
l'elaborazione dei dati	*data processing*
l'hardware (m, inv)	*hardware*
l'informazione (f)	*information*
l'intelligenza artificiale	*artificial intelligence*
l'interfaccia	*interface*
Internet (m, inv)	*Internet*
il lettore ottico	*optical reader*
il linguaggio simbolico	*programming language*
la memoria	*memory*
la memoria ad accesso casuale	*random access memory*
il modem (inv)	*modem*

il programma	program	il software (inv)	software
il programmatore/la programmatrice	programmer	la stampante	printer
		la tastiera	keyboard
il robot (inv)	robot	il terminale	terminal
lo schermo	screen	l'unità periferica	peripheral
il sito web	website		

Exercises

Level 1

1. Classifica le seguenti parole/espressioni in modo appropriato nella tabella riportata sotto. Nota che alcune sono ripetute.

di insiemi	descrittiva	umane	sperimentali
euclidea	pure	naturali	a righe
lineare	inorganica	della comunicazione	organica
differenziale	serale	a righe	a spirale
sociali	a quadretti	da disegno	applicate
analitica	solida	privata	proiettiva
economiche	a anelli	non euclidea	integrale
sperimentale	superiore	classico	di commercio
il rettore	linguistico	statale	primaria
media	materna	artistico	secondaria
scientifico	magistrale	di medicina	di scienze
elementare	di lettere	tecnico	mista
commerciale	di ingegneria	il professore/la professoressa	di specializzazione
di giurisprudenza	di architettura	lettura	testo
pubblica	obbligatoria	privata	un assistente
per corrispondenza	professionale	di sostegno	la maestra
il/la preside di facoltà	serale	il maestro	il magnifico rettore

Rami della geometria	Rami del calcolo	Rami dell'algebra	Scienze...	Rami della chimica	Tipi di quaderno	Tipi di carta	Tipi di scuola

vedi retro

Tipi di liceo	Tipi di istituto	Tipi di facoltà	Forme di istruzione	Tipi di corso	Libro di...	Insegnanti	Amministratori

2. Accoppia i sinonimi e i quasi-sinonimi.*

1. l'insegnante   a. educare   4. la bibliotechina di classe   d. il laptop
2. istruire   b. il collegio   5. il vocabolario   e. il/la docente
3. il computer portatile   c. il dizionario   6. il residence   f. lo scaffale

3. Nel seguente «puzzle» ci sono 20 parole che riguardano materie scolastiche o universitarie. Trovale. Le parole si possono leggere sia orizzontalmente che verticalmente.*

```
a a s a s c c d d a a s s l l e p a a e a a a a a a
a a t r i g o n o m e t r i a e s e e g e e e e e
s s s i s c c d d a a s s l l e i s s e s s s s s
a a s t a t i s t i c a e p s i c o l o g i a c d
s s s m s c c d d a a s s l l e h c d l e n e b a
a a m e d i c i n a a s s l l e i a a o e f e o e
c s d t a s e a s t r o n o m i a s s g q o q t q
c s d i a s e a s e a s e a s e t j j i j r j a j
a s o c i o i o g i a s a s a e r k k a k m k n k
b a s a e t e a s e a s e a s e i u u e u a u i u
i a s d c t e m a t e m a t i c a y y a y t y c y
o a s d c i e a s e a s e a s e e e f i s i c a t
l a s d c c a i d r a u l i c a a s d c e c r r r
o a s d c a s a s d c e e m e c c a n i c a e e e
g a a c u s t i c a e a s e a s e a s e a s a a a
i a e a s e a a s c d e a n t r o p o l o g i a s
a e r o d i n a m i c a e a s e a s e a s e a s e
```

4. Scegli la risposta giusta.*

1. Permette di fare i conti velocemente.
   a. la borsa di studio
   b. l'anno scolastico
   c. il Ministero della Pubblica Istruzione
   d. il consiglio di facoltà
   e. la calcolatrice tascabile
   f. la cartina geografica
   g. la lavagna luminosa
   h. l'iscrizione a scuola
   i. la quota d'iscrizione
2. Si usa per scrivere.
   a. perfezionare
   b. l'agenda
   c. l'atlante
   d. il banco
   e. la biro
   f. il cancellino
   g. la carta
   h. la cartella
   i. la cattedra
3. È il posto dove si svolgono le lezioni.
   a. il goniometro
   b. il lucido
   c. il manuale
   d. il pennarello
   e. il proiettore
   f. la scrivania
   g. lo zaino
   h. l'aula
   i. il campus
4. È il posto dove si fa ginnastica.
   a. la biblioteca
   b. il corridoio
   c. il cortile
   d. il laboratorio
   e. la mensa
   f. la palestra
   g. la segreteria
   h. lo studio
   i. l'allievo
5. Studente che desidera imparare da solo.
   a. l'alunno
   b. il bibliotecario
   c. il bidello
   d. la classe
   e. il compagno

   f. il personale non docente
   g. il privatista
   h. la frequenza
   i. il segretario
6. L'atto di essere presente alle lezioni.
   a. l'educazione fisica
   b. frequentare
   c. l'iscrizione all'università
   d. la tassa scolastica
   e. la lezione
   f. il voto
   g. il chimico
   h. l'elettricità
   i. lo scolaro
7. È famoso quello di Pitagora.
   a. l'algoritmo
   b. il logaritmo
   c. il matematico
   d. la proposizione
   e. il teorema
   f. la topologia
   g. la tecnologia
   h. lo scienziato
   i. il ricercatore
8. Permette di cancellare parole scritte con la matita.
   a. il fisico
   b. l'evoluzione
   c. il tecnico
   d. lo studente
   e. la lavagna
   f. la grammatica
   g. la gomma
   h. il gesso
   i. l'evidenziatore
9. Chi ha una borsa di studio.
   a. il compasso
   b. la colla
   c. l'università
   d. il conservatorio
   e. il collegio
   f. l'asilo nido
   g. l'asilo infantile
   h. la cattedra
   i. il borsista

Level 2

5. In ciascun gruppetto di quattro parole c'è un intruso. Trovalo e spiega perché non c'entra.

Modello   l'anatomia
l'antropologia
l'archeologia
la domanda
La domanda non c'entra perché essa è un tipo di enunciato che ha lo scopo di richiedere
informazioni, mentre le altre parole si riferiscono a scienze varie.

1.	2.	3.
la chimica	il cometa	la divisione
la fotocopia	il cratere	il diametro
l'esercizio	la galassia	l'addizione
la lettura	la cifra	la moltiplicazione

4.	5.	6.
il decagono	il quadrilatero	la somma
l'esagono	il quadrato	l'ottaedro
il cubo	il punto	il pentagono
il rombo	il rettangolo	il parallelogramma

7.	8.	9.
sottrarre	il sole	il modulo lunare
sommare	la stella	il missile
numerare	il telescopio	la navetta spaziale
orbitare	la meteora	la fisica

6. Spiega o illustra (con un esempio o due) ciascuna delle seguenti parole/espressioni.

Modello   la dissertazione
Si chiama anche la tesi; è un'ampia o dotta trattazione di un argomento letterario o
scientifico.

l'aggiornamento degli insegnanti	l'appunto	avere lezione
bocciare	il campo (di studio)	cancellare
il compito	il componimento	la conferenza
la copia	correggere	il curriculum
discutere la tesi	fotocopiare	frequentare la scuola
l'iscrizione	istruito	il programma d'insegnamento
ripassare	il ripasso	risolvere un problema
la risposta	lo sbaglio	il segnalibro
seguire un corso	studiare	lo studio
superare un esame	la tassa d'iscrizione	la tesi di laurea

7. Classifica le seguenti parole/espressioni in modo appropriato nella tabella riportata sotto. Nota che in alcuni casi la parola o l'espressione è ripetuta.

sociale	solare	lunare	solare
classiche	infrarossa	nuova	ultravioletta

della comunicazione · piena · d'ammissione · Giove
l'appello · orale · lezione · una domanda
la conferenza · politiche · solare · Plutone
Marte · scritto · moderne · Saturno
Mercurio · orale · lunare · Venere
Terra · scritta · Nettuno · a due incognite
a una incognita · Urano · d'ammissione · ordinali
cardinali · dispari · pari · positivi
irrazionali · interi · negativi · primi
quadrata · cubica · razionali · quadrati
adiacente · acuto · retto · parallela
concavo · curva · orizzontale · perpendicolare
ipotenusa · ottuso · verticale · convesso
retta · spezzata · piatto · acutangolo
isoscele · scaleno · rettangolo · equilatero

Lingue...	Tipi di scienza o scienze	Tipi di esame	Fare...	Tipi di prova	Tipi d'eclisse	Tipi di luce	Fasi della luna

Tipi di raggio	Pianeti	Tipi di equazione	Numeri	La radice...	Tipi di angolo	Tipi di linea	Tipi di triangolo

8. Accoppia i sinonimi, i quasi-sinonimi, i contrari e i quasi-contrari, secondo il caso.*

1. la contabilità	a. addizionare	7. essere simile a	g. il tema
2. la giurisprudenza	b. dare un esame	8. elevare a potenza	h. la brutta copia
3. la storia	c. elevare alla potenza di	9. aggiungere	i. la legge
4. il saggio	d. essere minore di	10. essere bocciato	j. la ragioneria
5. sostenere un esame	e. essere promosso	11. la bella copia	k. la storiografia
6. essere maggiore di	f. essere uguale a		

9. In che modo sono differenti le seguenti cose o nozioni?

Modello   una figura piana e una sfera
            La figura piana esiste in due dimensioni (nel piano), mentre la sfera è un solido, e cioè
            una «figura» in tre dimensioni.

1. la bisettrice, il compasso e il goniometro
2. il centro, la circonferenza e il raggio
3. il cerchio, il cono e il cilindro
4. l'ettagono, l'ottagono
5. il grado e la riga
6. il poliedro e il poligono
7. la piramide e il prisma
8. la sagoma e la tangente
9. il tetraedro e il trapezio
10. il vertice e il vettore
11. la biologia, la botanica e la zoologia
12. l'arte, la musica e il disegno
13. il commercio e l'economia
14. l'ingegneria e l'architettura
15. le lettere e le discipline scientifiche
16. la letteratura, la linguistica e la semiotica
17. l'astronomia e la geografia
18. la psichiatria, la psicologia e la sociologia
19. il calcolo, la statistica, l'informatica e la geometria
20. la filosofia e la medicina
21. il diploma di maturità e la laurea
22. diplomarsi e laurearsi
23. l'educazione e l'istruzione
24. marinare la scuola e saltare una lezione
25. imparare e insegnare
26. un'incognita e una costante
27. la tavola pitagorica e il teorema di Pitagora

10. Traduci o in inglese o in italiano, secondo il caso.*

l'anno-luce	
	antenna
l'astronauta	
	spacecraft
il buco nero	
	cosmos
la gravità	
	gravitation
il mondo	
	orbit
il pianeta	
	satellite
il sistema solare	

	space
lo spazio tridimensionale	
	universe
il veicolo spaziale	
	algebraic
aritmetico	
	to calculate
contabile	
	to count
decimale	
	difference
dividere	
	exponent
estrarre la radice	
	factor
la frazione	
	function
l'insieme	
	logarithmic
la media	
	minus
moltiplicare	
	multiple
il numerale	
	numerical
per cento	
	percentage
più	
	product
la proporzione	
	quotient
il reciproco	
	symbol
la soluzione	
	subtraction
statistico	
	equality
la variabile	

Level 3

11. Classifica le seguenti parole/espressioni in modo appropriato nella tabella riportata sotto.

il butano	il carbone	il cloro	il fosfato
il terminale	il lettore ottico	l'etere	l'hardware
il protone	l'elettrone	lo schermo	il modem
l'idrogeno	la tastiera	il neutrone	il sale
la stampante	la particella	il bronzo	il circuito integrato
il metano	il software	il programma	l'ossigeno
il dischetto	il CD-ROM	l'archivio	l'acciaio inossidabile
l'ammoniaca	l'acciaio	l'ammonio	l'amianto
dei quanti	della relatività	la memoria ad accesso casuale	l'argento
la benzina	il calcio	il carbonio	il ferro
lo iodio	la magnesia	il mercurio	il nitrato
il nitrogeno	l'oro	l'ottano	il petrolio
il piombo	il platino	il potassio	il rame
la resina	il sodio	lo zolfo	il propano

Componenti di un computer	Teorie scientifiche	Elementi fisici	Strutture atomiche	Solidi	Liquidi	Gas

12. Usa ciascuna delle seguenti parole/espressioni in altrettante frasi che ne rendano chiaro il significato; oppure esemplificala o illustrala in qualche modo.

Modello   il glossario
          È una lista di termini scientifici, tecnici, specializzati, ecc.

centripeto	il composto	l'ecosistema	l'effetto serra
il filtro	la frizione	l'inquinamento	inquinare
il laser	la lente d'ingrandimento	il metallo	la microonda
il microscopio	la molecola	l'onda elettromagnetica	l'onda sonora
la pressione	la provetta	il punto di congelamento	il punto di ebollizione
la radiazione	il raggio di luce	la sostanza radioattiva	lo spettro

il termometro	l'automa	il byte	compatibile
il dato, i dati	di facile uso	l'elaboratore elettronico	l'elaborazione dei dati
l'informazione	l'intelligenza artificiale	l'interfaccia	Internet
il linguaggio simbolico	il programmatore	il robot	il sito web
l'unità periferica	abbandonare gli studi	apprendere	l'apprendimento per computer
l'autodidatta	la bibliografia	il catalogo	il convegno
il corso di formazione professionale	il diagramma di flusso	la diapositiva	essere bocciato
la formazione	la gita scolastica	il grafico	l'indice
la materia fondamentale	la materia opzionale	il materiale didattico	la media
la pagella	il quadrimestre	lo schema di un corso	lo schermo
la scolaresca	la scolarizzazione	la scuola per interpreti	il semestre
il seminario	il simposio	la strategia d'apprendimento	la tavola rotonda
il titolo di studio	il trimestre	la valutazione	la bilancia
il campo magnetico	il carburante	centrifugo	l'acciaio inossidabile

Synthesis

13. Quante parole/espressioni ricordi? Completa la seguente tabella nel modo indicato. *(Add as many cells to the chart as you may need.)*

Types of schools	Faculties	Types of learners	Studying and going to school	Classroom objects	Subjects
il liceo	medicina	l'allievo	ripassare	l'atlante	la matematica

14. E adesso quante parole/espressioni che riguardano la scienza ricordi? Completa la seguente tabella nel modo indicato. *(Add as many cells to the chart as you may need.)*

Sciences	Mathematical notions	Astronomy and space research	Computer science	Geometrical figures and concepts	Matter, elements, and the environment
l'astronomia	la cifra	l'anno luce	l'automa	il rettangolo	l'acciaio

15. Traduci in italiano.

1. The peripherals for my new computer are very expensive. The printer, the screen, the printer, and the modem are particularly expensive.
2. Do you know what random access memory is?
3. What computer language are you using? I'm not sure, but it seems to have an interface function. And it is user-friendly and highly compatible with other programs.
4. How many colors are noticeable on the spectrum?
5. What is the boiling point of water? And its freezing point?
6. We need several test tubes, in order to conduct the chemical experiments with the sodium, sulfur, and copper compounds.
7. What compounds can you make with nitrogen and mercury, if any?
8. What is the greenhouse effect? Is it due to the burning of petroleum and other fuels?
9. What does pollution do to the delicate balance present in the ecosystem?

16. Quiz scientifico! Scegli la risposta giusta.*

1. Il concetto di quanto in fisica fu introdotto da:
   a. Max Planck
   b. Albert Einstein
   c. Isaac Newton
2. La prima teoria moderna dell'atomo fu proposta da:
   a. Ernest Rutherford
   b. Werner Heisenberg
   c. John Dalton

3. La scoperta dell'elemento radioattivo, detto radio, è dovuta a:
   a. Wilhelon Konrad Röntgen
   b. Leonardo da Vinci
   c. Marie e Pierre Curie
4. Il composto chimico formato da idrogeno e ossigeno che si combinano nella proporzione di due a uno è:
   a. il sale
   b. l'acqua
   c. l'ozono
5. La persona che portò, intorno al 600 a.C., la geometria egiziana in Grecia, dove raggiunse grande perfezione, è:
   a. Talete di Mileto
   b. Archimede
   c. Empedocle
6. Il «Teorema di Pitagora» enuncia il fatto che:
   a. Dato un triangolo rettangolo, il quadrato costruito sull'ipotenusa è equivalente alla somma dei quadrati costruiti sui due lati adiacenti.
   b. Un solido più pesante di un liquido, se posto nel liquido discenderà al fondo del liquido; se verrà pesato nel liquido, sarà più leggero del suo vero peso di un valore uguale al peso del liquido spostato.
7. La potenza di un numero reale è:
   a. il prodotto di più fattori eguali al numero dato, detto base, ripetuti tante volte quante ne indica il numero scritto in alto a destra, detto esponente.
   b. il valore pari alla somma di una serie di valori considerati divisa per il loro numero.
8. La tavola pitagorica è:
   a. il teorema di Pitagora per cui gli angoli di un triangolo isoscele sono uguali.
   b. la tabella formata da 10 righe e da 10 colonne, impiegata per la moltiplicazione dei primi 10 numeri interi naturali.
9. Il creatore della geometria non-euclidea è:
   a. Galileo Galilei
   b. Renato Cartesio
   c. Nikolaj Lobacevskij
10. Un anno–luce è:
    a. un valore equivalente a 186.000 giorni.
    b. l'unità di misura astronomica corrispondente alla distanza che la luce percorre in un anno.
    c. la distanza fra la terra e il sole.
11. La topologia si occupa dello studio di:
    a. una certa specie di roditori.
    b. figure che si conservano per deformazioni continue, senza «strappi» né «sovrapposizioni.»
    c. il movimento dei continenti.
12. Il calcolo fu inventato da:
    a. Sir Isaac Newton e Gottfried Wilhelm Leibniz, indipendentemente
    b. Galileo Galilei
    c. Euclide

13. la trigonometria si occupa di:
    a. calcolare i valore degli elementi di un triangolo.
    b. studiare gli effetti della gravità sulla luce infrarossa.
    c. misuare la distanza fra due punti sulla superficie della terra.
14. Un'equazione è:
    a. l'eguaglianza in matematica tra due espressioni, una delle quali contiene almeno un'incognita.
    b. l'emissione e la propagazione di energia sotto forma di onde o di particelle elementari.
15. Il ramo della matematica che studia, essenzialmente, la natura delle equazioni è:
    a. l'aritmetica
    b. la statistica
    c. l'algebra

17. Problemi matematici! Sei in grado di risolvere i seguenti problemi? Discuti le tue soluzioni in classe.*

1. Gianni ha 22 anni e Maria ne ha la metà più nove. Quanti anni ha Maria?
2. Giorgio deve pagare un debito che, se moltiplicato per due e poi diviso per 10.000, equivale a 20 euro. Quanto è il suo debito?
3. In un cassetto ci sono 20 calzini, dieci rossi e dieci azzurri. Senza guardare nel cassetto, quanti calzini deve prendere una persona per essere sicura che ne avrà due dello stesso colore?

18. Il gioco delle associazioni

Associa ciascuna parola a una altra parola o espressione in modo logico.

Modello   catalogo
              bibliografia o *biblioteca* o *lista*, ecc.

1. valutazione   2. simposio   3. scolaresca   4. il glossario   5. la gita scolastica   6. l'autodidatta
7. l'apprendimento   8. la tesi   9. lo studio   10. il saggio   11. il ripasso   12. la prova
13. l'esame   14. la dissertazione   15. la laurea   16. il diploma   17. la materia
18. la matematica   19. il voto   20. la lezione   21. il professore   22. il preside

---

Text work

Text A

> *Da:*
> ESAMI DI MATURITÀ
>
> di
>
> Giuseppe Berto (1915–1978)
>
> Il primo giorno, durante la prova d'italiano scritto, Goffredo fu disturbato dalla presenza di Daria, una ragazza seduta tre banchi davanti a lui. Goffredo veniva da una lontana provincia, e aveva studiato in collegio da privatista, perciò non era abituato alla presenza di ragazze in classe. Questa,

però, era una spiegazione generica, e in definitiva, tutt'altro che esatta: di ragazze che facevano gli esami ce n'erano parecchie, una dozzina almeno, ma Daria era l'unica che lo disturbasse. Aveva una coda di cavallo bionda, arrogantemente fuori moda, che certo portava per far apparire più lungo, come dovevano averlo, se i pittori non hanno esagerato, le principesse di Casa d'Este. Quanto al volto, esso era così dolce e riflessivo che Goffredo poteva senza difficoltà ravvicinarlo ai volti delle Madonne di Filippo Lippi, senonché la bocca era troppo grande, e caricata di rossetto in modo da farla apparire ancora più larga.

Doveva essere, in sostanza, una ragazza non priva di contrasti.

Naturalmente, il primo giorno, Goffredo non sapeva neppure che si chiamasse Daria. Lo seppe il giorno dopo, alla prova di versione dal latino, perché stette attento all'appello: Daria Marini. Probabilmente non era molto brava in latino. Si voltava continuamente a sollecitare suggerimenti dai compagni finché uno non le rispose a voce abbastanza alta: «Smettila, non mi seccare.»

. . . .

Quando esposero i voti, Goffredo vide che l'avevano bocciato. Se l'aspettava, in certo qual modo sapeva di meritarselo, ma rimase male quando vide che Daria era stata promossa. Non l'aveva più vista da quando aveva dato gli ultimi esami, ossia dal giorno dopo che si erano baciati. Lei andava al mare, ora.

19. Tutte le seguenti affermazioni sono false. Correggile.

1. Il primo giorno, durante la prova di matematica, Goffredo fu disturbato dalla presenza di Daria, una ragazza seduta il banco davanti a lui.
2. Goffredo veniva da una lontana provincia, e aveva studiato in un altro liceo.
3. Era abituato alla presenza di ragazze in classe.
4. Di ragazze che facevano gli esami ce n'erano poche.
5. Daria era l'unica che non gli interessasse affatto.
6. Daria aveva i capelli bruni corti, che erano all'ultima moda.
7. Il suo volto era così duro e rigido che Goffredo poteva senza difficoltà ravvicinarlo ai volti di Raffaello.
8. La sua bocca era troppo piccola e senza trucco.
9. Goffredo seppe il suo nome il primo giorno.
10. Daria si voltava continuamente a sollecitare suggerimenti dai compagni finché uno le rispose a voce abbastanza alta: «Non so la risposta!»
11. Quando esposero i voti, Goffredo vide che era stato promosso.
12. Daria, invece, era stata bocciata e adesso doveva rimanere a casa.

20. Studio del vocabolario.*

Trova le parole/espressioni nel brano che hanno i seguenti significati.
1. Quiz o test scolastico.
2. Sedia scolastica.
3. Istituto scolastico.
4. Chi studia privatamente.

5. Bisogna superarli per riuscire a scuola.
6. Chiamata per nome di studenti per identificarne la presenza.
7. Lingua degli antichi Romani.
8. Numero che esprime la valutazione delle conoscenze acquisite da uno studente.

21. Rispondi alle seguenti domande.

1. Sei mai stato bocciato/bocciata a scuola? Se sì, in quale materia? Spiega il perché.
2. Ti sei mai innamorato/innamorata di un compagno/una compagna di classe? Se sì, racconta il caso.

Text B

Da:

LA GATTA PENSANTE

di

Giovanni Papini (1881–1956)

A forza di pazienza, di ripetizioni, di budella di pollo, di bacchettate e di carezze, l'educazione della povera bestia faceva grandi passi mese per mese. Dopo un anno e mezzo essa leggeva – servendosi di un alfabeto convenzionale, a colpi di zampa, – moltissime parole; mostrava di intenderne il significato; rispondeva a tono alle domande del maestro, ed era arrivata fino al punto di calcolare l'interesse semplice e composto di qualunque capitale. Ma codesti risultati non bastavano al dottor Rego. Alle stesse cose eran giunte anche le renne finlandesi ed egli voleva che la gatta italiana meravigliasse con più complicate gesta tutto l'universo scientifico. Un altro anno di studio fu necessario perché la disgraziata scolara fosse capace di arrivare all'algebra e a fare uso delle parole astratte. ≪Questa, – diceva fra sé il dottor Rego, – è la vera e decisiva conquista. Finché si tratta di far riconoscere alle bestie le cose concrete e visibili la difficoltà non è grande, ma quando si riesce a far loro capire quelle invisibili e teoriche, allora la vittoria è completa ed è provato finalmente che l'intelligenza degli animali può eguagliare quella degli uomini.≫

. . . .

I professori, i buddisti e le signorine erano al settimo cielo e già si preparavano a terminare la seduta e ad acclamare il prodigioso insegnante, quando un matematico lì presente ebbe l'idea di presentare alla gatta l'ultima fotografia del celebre dottore. La bestia lo fissò severamente, coi suoi occhi gialli solcati dal taglio nero della pupilla, eppoi cominciò lentamente a batter la sua zampa sul tappeto rosso. Cominciò con *i:* poi venne l'*m*, poi il *b*, indi l'*e*, e via via un *c*, un *i*, due *ll* e finalmente un'altra *e: Imbecille!*

Un momento di silenzio – poi alcune risate – alcune faccie rosse – un alzarsi, un mormorare, un rumore di tosse volontaria e di seggiole smosse. Nessuno parlò a voce alta: la gatta, tranquilla e beata, dopo tanta fatica, guardava la turbata assemblea coi suoi occhi chiari e luccicanti fra il pelo

> nero. Pareva sentire che la sua educazione era totalmente riuscita e che essa poteva infine giudicare anche i suoi maestri. Un animale aveva detto la parola che tanti uomini non osavano pronunziare dinanzi al celebre scienziato.
>
> Tutti ebbero una gran fretta di andarsene, e il dottor Rego fece finta di non aver saputo nulla, benché avesse ascoltato alla porta fin dal principio dell'esperimento. Grazie alla sua forza d'animo e alla sua costanza egli ebbe presto la sua vendetta. Una facoltà universitaria lo chiamò poco tempo dopo a ricoprire una cattedra di psicologia animale e la gatta troppo intelligente morí in quegli stessi giorni, di oscura e sospetta morte, in casa del suo maestro.

22. Traduci il brano in inglese.

23. Studio del vocabolario*

Trova le parole/espressioni nel brano che hanno i seguenti significati.
1. Nuove effettuazioni, con o senza variazioni, di ciò che è già stato fatto.
2. Trasmissione del sapere.
3. Riconoscere i segni della scrittura e intenderne il significato.
4. Insieme di segni grafici che rappresentano i suoni di una lingua.
5. Dare una risposta.
6. Chi insegna.
7. Misurare.
8. Alunno.
9. Esperto o studioso di matematica.

24. Rispondi alle seguenti domande.
1. Descrivi il metodo d'insegnamento usato, all'inizio, per addestrare la gatta a leggere.
2. Che cosa risuciva a fare inizialmente la gatta?
3. Dopo un altro anno di studio, la gatta fu in grado di fare che cosa?
4. Qual è, secondo il dottor Rego, la vera prova dell'intelligenza umana? Sei d'accordo? Perché sì/no?
5. Perché parve che l'educazione della gatta, alla fine, fosse totalmente riuscita?
6. Spiega la parte conclusiva del brano.
7. Pensi che sia veramente possibile insegnare il linguaggio umano agli animali? Perché sì/no?

Game-playing

25. Gioco d'intelligenza!

La classe si divide in due gruppi. A vicenda, i diversi membri di ciascun gruppo dovranno costruire domande nel campo delle scienze, della matematica, ecc. che i membri dell'altro gruppo dovranno indovinare.

Modello   È un grande fisico. Ha elaborato una teoria, detta «teoria della relatività» che
             ha rivoluzionato il mondo...
Risposta   Albert Einstein.

Il gruppo vincente sarà quello col numero superiore di risposte corrette (ciascuna delle quali si
dovrà indovinare entro un determinato periodo di tempo).

Discussion/Composition/Activities

26. Rispondi liberamente alle seguenti domande.

1. È importante, secondo te, avere una cultura generale, prima di entrare nel mondo del lavoro?
   Perché sì/no?
2. Quali sono le caratteristiche/condizioni/ecc. che rendono un corso interessante e proficuo?
3. Ti annoi durante certe lezioni? Quali sono, secondo te, le cause?
4. Dovrebbero essere completamente eliminate le tasse scolastiche? Perché sì/no?
5. Secondo te, l'apprendimento per computer sostituirà completamente la didattica
   tradizionale? Perché sì/no?
6. Che ruolo socio-politico dovrebbe svolgere la ricerca scientifica?

27. Qualità desiderabili!

Indica quali qualità dovrebbero avere le seguenti persone. Discuti le tue opinioni in classe.

Persone	*Qualità desiderabili*
un professore universitario	Dovrebbe essere intelligente, organizzato, sensibile, ecc.
un alunno qualsiasi	
un bibliotecario	
un bidello	
un compagno di scuola	
un docente di liceo	
un insegnante di sostegno	
un maestro	
il personale non docente	
un rettore	
uno studente qualsiasi	
un autodidatta	

28. Scelte personali!

Indica le materie che hai studiato nel passato e quelle che vorresti studiare (o conoscere) in
futuro (spiegando il perché).

Materie già studiate	Materie che vorrei studiare	Il perché

29. Sei bravo/brava in matematica?

Prova a scrivere un problema appropriato per ciascuno dei seguenti rami della matematica. In seguito, presenta i tuoi problemi agli altri studenti, i quali dovranno cercare di risolverli.

Modello   algebra

> *L'età di Gianni è il doppio dell'età di Maria. Tra dieci anni Gianni avrà solo cinque anni più di Maria. Quanti anni ha ciascuna persona attualmente?*
> (Risposta: Gianni ha 10 anni, e Maria ne ha 5.)

1. aritmetica,   2. algebra,   3. geometria,   4. trigonometria.

30. Tema da svolgere. Scrivi un breve componimento su uno dei seguenti temi. Poi, leggilo e discutilo in classe.

1. L'importanza di studiare le lingue straniere.
2. I ricordi più belli di scuola.
3. Le vere amicizie si formano a scuola.
4. La scienza permette di meglio capire il mondo.
5. La matematica è una delle «acquisizioni» più importanti della civiltà.

Unit 15

Agriculture

Level 1

General

l'agricoltore/ l'agricoltrice	*farmer, grower*
l'allevamento dei bovini	*cattle farming*
l'allevamento del pollame	*poultry farming*
l'allevamento di maiali	*pig farming*
il cane da pastore	*sheep dog*
il coltivatore/la coltivatrice	*grower*
il contadino/la contadina, il fattore/la fattoressa	*farmer*
la fattoria, l'azienda agricola	*farm*
il fienile	*barn, haystack*
il giardiniere/la giardiniera	*gardener*
il granaio	*granary*
la latteria	*dairy farm*
l'orticoltore/ l'orticoltrice	*horticulturist*
l'orticoltura	*horticulture*
il piscicoltore/la piscicoltrice	*fish farmer*
la piscicoltura	*fish farming*
il pollaio	*hen-house*
il recinto	*pen*
la stalla	*stable*
il terreno agricolo	*farmland*

il viticoltore/la viticoltrice	*vine-grower*
la viticoltura	*vine-growing*

Working the land

arare	*to plough (plow)*
l'aratro	*plough (plow)*
le attrezzature agricole	*farm implements*
l'avena	*oats*
il cereale	*cereal*
coltivare	*to cultivate*
coltivare la terra, lavorare il terreno	*to work the land*
la farina	*flour*
il fieno	*hay*
il grano, il frumento	*wheat*
il granturco, il mais (inv)	*corn maize, corn on the cab*
le macchine agricole	*farm machinery*
mietere	*to reap*
mungere	*to milk*
l'orzo	*barley*
la paglia	*straw*
la pannocchia di granturco	*corn cob*
raccogliere	*to harvest*
la raccolta	*harvest*
la segale	*rye*
il seme, la semenza	*seed*
seminare	*to sow*
trebbiare	*to thresh*

Livestock

l'agnello	lamb
l'anatra	duck
l'anatroccolo	duckling
l'asino	donkey
il bestiame	livestock
la capra	goat
il capraio/la capraia	goat-herd
la cavalla	mare
il cavallo	horse
la chioccia	mother hen, broody hen
la gallina	hen
il gallo	cock, rooster
la giovenca	heifer
il maiale, il porco	pig
il maialino, il porcellino	piglet
il montone, l'ariete	ram
il mulo	mule
l'oca	goose
l'oca maschio	gander
l'ochetta, il paperino	gosling
il pastore	shepherd
la pecora	sheep
il pollame	poultry
il pulcino	chick
la puledra/il puledro	filly, foal
la scrofa	sow
lo stallone	stallion, stud
il tacchino	turkey
il toro	bull
la vacca, la mucca	cow
il vaccaro/la vaccara	cowherd
il vitello	calf

Level 2

General

l'agricoltura/la coltivazione biologica	organic farming
l'alveare (m)	beehive
l'apicoltore/l'apicoltrice	beekeeper, apiarist
l'apicoltura	beekeeping, apiculture
l'avicoltore/l'avicoltrice	poultry/bird farmer
l'avicoltura	poultry/bird farming
il commercio di latticini	dairy business, industry
il fienile	hayloft
l'industria del formaggio	cheese industry
il latticino	dairy product
la legnaia	woodshed, woodstore

Feeding and grazing

il foraggio	fodder
il fosso, il fossato	ditch
l'irrigazione (f)	irrigation
la mangiatoia	manger
pascolare, pascere	to graze
il pascolo	grazing
il prato	meadow
il recinto	fence
il silo granario	grain silo
il truogolo	trough
l'uomo di paglia	straw man, scarecrow

Level 3

Working the land

l'argilla	clay
argilloso	clayey
il concime	manure
il derivato	by-product
l'erbaccia	weed
il fertilizzante	fertilizer
incolto	fallow, uncultivated
il letame	dung
il solco	ditch

la stoppia	stubble, thatch
la vanga	shovel, spade
vangare	to till
la zappa	hoe
zappare	to hoe
la zolla, la motta	clod

Livestock

abbattere, macellare	to slaughter
l'afta epizootica	foot and mouth disease
il bidone del latte	milk can
i bovini	beef cattle
il ferro da cavallo	horseshoe
il giogo	yoke
incubare	to incubate
il mattatoio, il macello	slaughter-house
la poppa, la mammella	udder
sbattere la panna del latte	to churn
la vacca da latte	milking cow

| il verro | boar |
| la zangola | churning receptacle |

Crops

la canapa	hemp
il covone	sheaf
la falce	sickle
falciare	to mow, to reap
la falciatrice	mower, reaper
la fermentazione	fermentation
il fusto, il barile	cask
imballare	to bale
l'insetticida (m)	pesticide
la macchina pigiatrice	wine press
il parassita	pest
pigiare l'uva	to press the grapes
la rotazione delle colture	crop rotation
la spiga	ear (of corn)
travasare	to decant
la vigna, il vigneto	vineyard
la vite	vine

Industry

Level 1

General

la fabbricazione	manufacturing
l'industria alberghiera	hotel industry
l'industria alimentare	food industry
l'industria automobilistica	car industry
l'industria chimica	chemical industry
l'industria del turismo	tourism industry
l'industria edile	construction industry
l'industria informatica	computing industry
l'industria meccanica	mechanical industry
l'industria metallurgica	metal industry
l'industria nazionale	national industry
l'industria nucleare	nuclear industry

l'industria petrolifera	oil industry
l'industria siderurgica	steel industry
l'industria tessile	textile industry
industrializzare	to industrialize
l'ingegneria chimica	chemical engineering
l'ingegneria civile	civil engineering
l'ingegneria elettronica	electronic engineering
l'ingegneria meccanica	mechanical engineering
l'ingegneria nucleare	nuclear engineering
la merce, la mercanzia	merchandise
le nuove tecnologie	new technologies
il prodotto	product
il settore primario	primary sector
il settore privato	private sector
il settore pubblico	public sector

il settore secondario	*secondary sector*	la fabbrica della carta	*paper-mill*
il settore terziario	*tertiary sector*	la fabbrica delle armi	*munitions factory*
la tecnologia	*technology*	la fabbrica di	*car factory*
le tecnologie	*leading edge*	automobili	
innovative/	*technologies*	la fabbrica di birra	*brewing house, brewery*
all'avanguardia		la fabbrica di	*appliance factory*
		elettrodomestici	

Personnel

l'amministratore/	*administrator*
l'amministratrice	
il/la caporeparto	*supervisor, person in charge*
il direttore/la direttrice	*director, CEO*
il/la dirigente	*executive*
il/la fabbricante	*manufacturer*
l'impiegato/ l'impiegata	*(white collar) worker*
l'industriale (m and f)	*industrialist*
il lavoratore/la lavoratrice	*worker*
il manager (inv)	*manager*
la manodopera	*labor force*
il manovale	*laborer*
l'operaio/l'operaia	*(blue collar) worker*
il/la soprintendente, il supervisore	*supervisor*
il tecnico/la tecnica	*technician*

Industrial processes, premises, and machinery

l'altoforno	*blast furnace*
automatizzato	*automated*
il cantiere edile	*construction site*
il cantiere navale	*shipyard*
la catena di montaggio	*assembly line*
la cava	*quarry*
la centrale elettrica	*electric power station*
la centrale nucleare	*nuclear generating plant*
conservare	*to preserve*
la distilleria	*distillery*
la fabbrica	*factory*

la fabbrica di manufatti	*manufacturing plant*
la fabbrica di strumenti musicali	*musical instrument factory*
fabbricare, produrre	*to manufacture*
filare	*to spin*
la filatura del cotone	*cotton mill*
la fonderia	*smelting works, foundry*
il forno	*furnace*
l'impianto metallurgico	*ironworks*
l'impianto siderurgico	*steelworks*
la manifattura di tabacchi	*tobacco manufacturing*
la miniera	*mine*
la miniera di carbone	*coal mine*
la miniera di diamanti	*diamond mine*
l'officina	*(mechanical) shop*
il pozzo petrolifero	*oil well*
il prodotto finale	*end product*
il prodotto tessile	*textile product*
la produzione	*output, production*
la produzione di massa	*mass production*
raffinare	*to refine*
la raffineria	*refinery*
lo scavo, l'escavazione (m)	*excavation*
la segheria	*saw-mill*
il sottoprodotto	*by-product*
la sovrapproduzione	*overproduction*
lo stabilimento	*plant*
stampare	*to print*
la stoviglieria	*pottery*
la tipografia	*printing-press*

Level 2

Workers, personnel, and types of work	
il conciatore/la conciatrice	*tanner*
il filatore/la filatrice	*spinner*
il fonditore/la fonditrice	*caster*
l'imballatore/ l'imballatrice	*packer*
l'impiego a mezzo tempo	*half-time job*
l'impiego a tempo parziale	*part-time job*
l'impiego a tempo pieno	*full-time job*
l'inchiodatore/ l'inchiodatrice	*riveter*
il laminatore/la laminatrice	*rolling-mill operator*
il lavoratore autonomo	*self-employed worker*
il magazziniere/la magazziniera	*warehouse man/woman*
il montatore/la montatrice	*fitter, assembler*
l'operaio non qualificato	*unskilled worker*
l'operaio qualificato	*skilled worker*
l'operaio specializzato	*semi-skilled worker*
il saldatore/la saldatrice	*welder*
il tessitore/la tessitrice	*weaver*
il tornitore/la tornitrice	*turner*
il turno di giorno	*day shift*
il turno di lavoro	*work shift*
il turno di notte	*night shift*
il verificatore/la verificatrice, il controllore	*controller, checker*

Premises, workplaces, and production	
l'adattatore (m)	*adapter*
l'amplificatore (m)	*amplifier*
il biscottificio, la biscotteria	*biscuit factory*
il cavo	*cable*
il circuito	*circuit*
il collegamento	*connection*
collegare	*to connect, to plug in*
la componente	*component*
il conduttore	*conductor*
il dispositivo di sicurezza	*safety device*
l'equipaggiamento, l'attrezzatura	*equipment*
il filtro	*filter*
la fognatura, lo scarico	*sewage, waste*
inchiodare	*to rivet*
ingrassare	*to grease*
il laboratorio di ricerca	*research laboratory*
la lampadina	*bulb*
la laneria	*woolen mill*
lubrificare	*to lubricate*
il magazzino	*stockroom*
mantenere	*to maintain*
la misura di sicurezza	*security measure*
oliare, ungere	*to oil*
il posto di lavoro	*workplace, work station*
la presa di corrente	*electric socket*
il reparto d'imballaggio	*packing/packaging shop*
il reparto di montaggio	*assembly shop*
revisionare	*to overhaul*
rifinire	*to finish*
smontare	*to take to pieces*
la spedizione	*shipping out*
la spina elettrica	*plug*
l'utensile (m)	*tool*

Level 3

General

l'agrochimica	agrochemical industry
il capitale sociale	capital stock
la cintura industriale	industrial belt
l'editoria	publishing industry
l'espansione economica	economic expansion, growth
l'industria dei farmaci	pharmaceutical industry
l'industria del cinema	film industry
l'industria del fast-food	fast-food industry
l'industria dell'abbigliamento	clothing industry
l'industria della moda	fashion industry
l'industria dello spettacolo	entertainment industry
l'industria petrolchimica	petrochemical industry
i mezzi di comunicazione (di massa)	mass communications media
le spese di manutenzione	operating costs
lo spionaggio industriale	industrial espionage

Machinery, tools, and activities

accendere	to turn on
allentare	to loosen
l'asse (f)	axle
avvitare	to screw
il banco di lavoro	work-bench
la benna	tub, scoop, dump
la betoniera	cement-mixer
il bisello, lo smusso	bevel
bloccare, serrare	to lock
il brevetto	patent
bullonare	to bolt
il bullone	bolt
il cacciavite (inv)	screwdriver
la caldaia	boiler
la chiave inglese	wrench
il chip di silicio	silicon chip

la cinghia	belt (motor)
il combustibile	fuel
il composto	compound
il congegno	device, tool, part (of a machine)
il cuscinetto a sfera	ball bearing
il dente d'ingranaggio	cog
di facile uso	user-friendly
il filetto	nut
la flangia	flange
fondere	to cast
il fusibile	circuit-breaker
la galvanoplastica	electroplating
la gru (inv)	crane
la guarnizione	gasket
l'interruttore (m)	switch, circuit breaker
l'inventario	inventory
isolare	to insulate
laminare	to laminate, to mill
la lega	alloy
la lima	file
il lotto	batch
la manovella	crank
il martello	hammer
il martinetto idraulico	hydraulic jack
il martinetto pneumatico	pneumatic jack
la mazza	sledge-hammer
la mensola	bracket
il modello informatico	computer model
la morsa	vice
il perno	hub, pivot
il pezzo	part
le pinze	pliers
la pressa	pressing machine
la pressofusione	die-casting
la puleggia	pulley
il punzone	punch
il rullo	roller
la ruota dentata	cogwheel
il saldatore	soldering iron
la sega elettrica	electric saw, chain-saw

il silicio	silicon	la trancia	steel cutter
spegnere	to turn off	il trapano	drill
svitare	to unscrew	l'ugello	nozzle
il telaio	loom	l'usura	wear and tear
il telaio automatico	power loom	la valvola	fuse
la tenaglia	clamp	la vite	screw
le tenaglie	tongs	il voltaggio, la	voltage
il tornio	lathe	tensione	

Exercises

Level 1

1. Classifica le seguenti parole/espressioni in modo appropriato nella tabella riportata sotto. Nota che alcune sono ripetute.

elettrica	di automobili	della carta	pubblico
di manufatti	di carbone	di birra	privato
delle armi	di elettrodomestici	navale	primario
nucleare	edile	terziario	nucleare
di diamanti	secondario	di strumenti musicali	meccanica
chimica	petrolifera	alimentare	siderurgica
nucleare	civile	del pollame	elettronica
tessile	nazionale	meccanica	metallurgica
informatica	di maiali	chimica	alberghiera

Tipi di miniera	Tipi di fabbrica	Tipi di centrale	Tipi di cantiere	Tipi di settore	Tipi di ingegneria	Tipi d'industria	Tipi di allevamento

2. Accoppia i sinonimi e i quasi-sinonimi.*

1. lo scavo	a. il fattore/la fattoressa	9. il grano	i. l'azienda agricola
		10. il granturco	j. l'escavazione
2. fabbricare	b. il frumento	11. il seme	k. la mercanzia
3. il/la soprintendente	c. il maialino	12. il maiale	l. la mucca
4. le tecnologie innovative	d. il mais	13. il porcellino	m. la semenza
5. la merce	e. il montone	14. l'ariete	n. lavorare il terreno
6. il contadino/la contadina	f. il paperino	15. l'ochetta	o. le tecnologie all'avanguardia
7. la fattoria	g. il porco	16. la vacca	p. produrre
8. coltivare la terra	h. il supervisore		

3. Cruciverba.*

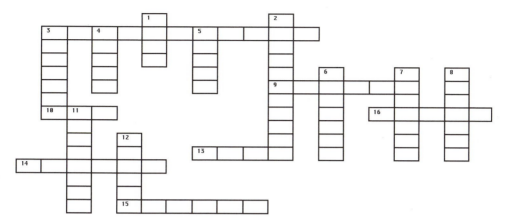

Orizzontali

3. Anatra giovane.

9. Grosso uccello acquatico.
10. Uccello palmipede con collo molto lungo, becco grosso schiacciato verso la punta, corpo a forma di barca, ali e coda corte e robuste.
13. Equino nato dall'incrocio di un asino e una cavalla.
14. Animale allevato soprattutto per la lana.

15. Strumento agricolo a trazione animale o meccanica.
16. Uccello con grande cresta.

Verticali

1. Pianta che trova grande impiego nella preparazione di alcune bevande.
2. L'allevare.
3. Il nato della pecora.

4. Bestia da soma, noto per il suo raglio assordante.
5. Ruminante con corna leggermente arcuate e volte indietro, barbetta sotto il mento, pelo lungo di vario colore e ruvido.
6. Femmina del cavallo.

7. È famoso quello di Troia.
8. La femmina del gallo.
11. La gallina quando cova o quando ha con sé i pulcini.
12. La femmina del maiale.

4. Scegli la risposta giusta. Nota che in alcuni casi ci può essere più di una risposta giusta.*

1. Agricoltore.
   a. coltivatore
   b. giardiniere
   c. orticoltore
   d. piscicoltore
   e. viticoltore
   f. caporeparto
   g. dirigente

   h. automatizzato
   i. raffineria
2. Lavoratore.
   a. pastore
   b. fabbricante
   c. puledra
   d. pollame
   e. manovale

f. operaio

g. tecnico

h. produzione di massa

i. nuove tecnologie

j. impiegato

3. Bestia.

 a. toro

 b. vitello

 c. tacchino

 d. stallone

 e. segale

 f. vaccaro

 g. raccolta

 h. tipografia

 i. sovrapproduzione

4. Il piccolo nato di qualunque uccello.

 a. il pulcino

 b. l'oca maschio

 c. la giovenca

 d. la capra

 e. il capraio

 f. il prodotto

 g. il pollaio

 h. il forno

 i. il sottoprodotto

5. Luogo chiuso.

 a. il terreno agricolo

 b. la latteria

 c. la catena di montaggio

 d. la cava

 e. il recinto

 f. l'industriale

 g. la paglia

 h. il prodotto finale

 i. il prodotto tessile

6. Si dà ad alcune bestie.

 a. il fienile

 b. il granaio

 c. l'orticoltura

 d. la piscicoltura

 e. la viticoltura

 f. la stalla

 g. il fieno

h. la filatura del cotone

i. il pozzo petrolifero

7. Bada le pecore.

 a. il cane da pastore

 b. il manager

 c. l'amministratore

 d. il direttore

 e. la manodopera

 f. la stoviglieria

 g. lo stabilimento

 h. la distilleria

 i. la tecnologia

8. Si deriva dalla macinazione dei cereali.

 a. coltivare

 b. l'avena

 c. arare

 d. la pannocchia di granturco

 e. la farina

 f. mietere

 g. seminare

 h. le macchine agricole

 i. l'altoforno

9. Spremere le mammelle per averne il latte.

 a. mungere

 b. raccogliere

 c. trebbiare

 d. conservare

 e. filare

 f. raffinare

 g. stampare

 h. industrializzare

 i. la fabbricazione

10. Ci si fa la birra.

 a. la fonderia

 b. l'impianto metallurgico

 c. l'impianto siderurgico

 d. la manifattura di tabacchi

 e. la birreria

 f. l'officina

 g. la segheria

 h. l'allevamento dei bovini

 i. le attrezzature agricole

Level 2

5. Classifica le seguenti parole/espressioni in modo appropriato nella tabella riportata sotto.

di giorno	di lavoro	tornitore	specializzato
saldatore	magazziniere	lavoratore autonomo	tessitore
inchiodatore	filatore	apicoltore	laminatore
a mezzo tempo	non qualificato	qualificato	fonditore
di montaggio	d'imballaggio	imballatore	avicoltore
di notte	a tempo parziale	conciatore	a tempo pieno

Tipi d'impiego	Tipi di operaio	Tipi di turno	Reparto...	Operai	Agricoltori

6. Accoppia i sinonimi e i quasi-sinonimi.*

1. il fosso	a. il controllore	5. la fognatura	e. la coltivazione biologica
2. pascolare	b. il fossato	6. oliare	f. lo scarico
3. il biscottificio	c. l'attrezzatura	7. il verificatore	g. pascere
4. l'equipaggiamento	d. la biscotteria	8. l'agricoltura biologica	h. ungere

7. In ciascun gruppetto di quattro parole c'è un intruso. Trovalo e spiega perché non c'entra.

Modello l'apicoltura
l'avicoltura
il commercio di latticini
la laneria

La laneria non c'entra perché è lo stabilimento dove si fa la lana o il negozio dove si vende; gli altri termini si riferiscono a diversi aspetti dell'agricoltura.

1.	2.	3.
il magazzino	il prato	l'adattatore
il laboratorio di ricerca	la legnaia	l'amplificatore
la mangiatoia	il fienile	il cavo
il posto di lavoro	l'alveare (m)	il truogolo

4.	5.	6.
il latticino	lubrificare	il conduttore
il foraggio	smontare	la lampadina
il pascolo	irrigazione	la spina elettrica
la presa di corrente	mantenere	l'uomo di paglia

8. Spiega o illustra (con un esempio o due) ciascuna delle seguenti parole/espressioni.

Modello   il filtro
        Congegno che elimina le impurità.

l'industria del formaggio	il recinto	il silo granario
il circuito	il collegamento	collegare
la componente	il dispositivo di sicurezza	inchiodare
ingrassare	la misura di sicurezza	revisionare
rifinire	la spedizione	l'utensile

Level 3

9. Classifica le seguenti parole/espressioni in modo appropriato nella tabella riportata sotto.

dei farmaci	idraulico	il rullo	la puleggia
il saldatore	del cinema	il tornio	la tenaglia
pneumatico	il trapano	del fast-food	il perno
la trancia	le tenaglie	il punzone	dell'abbigliamento
della moda	la ruota dentata	la sega elettrica	le pinze
il telaio automatico	dello spettacolo	l'ugello	la morsa
la vite	la pressa	petrolchimica	la valvola
la lega	la lima	la gru	il cacciavite
la mensola	la guarnizione	la caldaia	la mazza
la cinghia	la manovella	il martello	il lotto
il bullone	il filetto	il cuscinetto a sfera	il dente d'ingranaggio
la flangia	la chiave inglese	la betoniera	la benna
l'asse	l'agrochimica	la zappa	l'editoria

Tipi di industria	*Tipi di martinetto*	*Utensili, congegni e attrezzi*	*Macchinari industriali*

10. In che modo sono differenti le seguenti cose, attività o nozioni?

Modello   l'interruttore e il fusibile
        *L'interruttore è il congegno che permette, per esempio, di accendere o spegnere
        la luce; mentre il fusibile contiene le valvole di sicurezza degli impianti
        elettrici, interrompendo il circuito quando la corrente supera un certo
        limite.*

1. accendere e spegnere
2. allentare, avvitare, svitare e
   bullonare
3. il fertilizzante, il letame e il
   concime
4. il derivato e il composto
5. l'argilla e l'erbaccia
6. vangare, falciare e zappare
7. la vacca da latte e la vacca da
   lavoro
8. il verro e i bovini
9. la zangola e il bidone del latte
10. la canapa e il covone
11. pigiare l'uva e travasare
12. il parassita e l'insetticida

11. Accoppia i sinonimi o i quasi sinonimi.*

1. il bisello
2. bloccare
3. il voltaggio
4. la zolla
5. la vigna

a. il barile
b. il mattatoio
c. il vigneto
d. la mammella
e. la motta

6. il fusto
7. abbattere
8. il macello
9. la poppa

f. la tensione
g. lo smusso
h. macellare
i. serrare

12. Usa ciascuna delle seguenti parole/espressioni in altrettante frasi che ne rendano chiaro il significato.

Modello   le spese di manutenzione
        Quell'azienda è fallita perché le sue spese di manutenzione erano troppo alte.

il capitale sociale	la cintura industriale	l'espansione economica	i mezzi di comunicazione
lo spionaggio industriale	argilloso	incolto	il solco
la stoppia	l'afta epizootica	il ferro da cavallo	il giogo
incubare	la spiga	la vite	sbattere la panna del latte
il banco di lavoro	il brevetto	il chip di silicio	il combustibile
di facile uso	fondere	la galvanoplastica	l'inventario
isolare	laminare	il modello informatico	il pezzo
la pressofusione	il silicio	l'usura	la macchina pigiatrice
imballare	la fermentazione	la rotazione delle culture	il modello informatico

Synthesis

13. Quante parole/espressioni ricordi? Completa la seguente tabella nel modo indicato. *(Add as many cells to the chart as you may need.)*

Types of people involved in agriculture	Crops	Working the land	Agricultural implements	Feeding and grazing	Livestock
il fattore	la canapa	seminare	la zappa	pascolare	la vacca da latte

14. E adesso quante parole/espressioni che riguardano l'industria ricordi? Completa la seguente tabella nel modo indicato. *(Add as many cells to the chart as you may need.)*

Industries	Personnel	Premises	Production processes	Machinery and tools
l'industria edile	il dirigente	l'officina	filare	il bullone

15. Traduci in inglese.
1. Did you change the fuse? I think the voltage was too high.
2. Through wear and tear, the drill no longer works.
3. How do you work a power loom? Is it different from a simple loom?

4. Where is the electric saw? It is probably near the soldering iron or the roller.
5. Before making that motor, you should draw up a computer model.
6. In that factory, they are specialized in electroplating and in the making of circuit breakers.
7. She works in the petrochemical industry, and her brother is in the mass communications media.
8. What are the causes of economic growth in the clothing industry?
9. The publishing industry is thriving. Like the entertainment industry, it has become big business.

16. Il gioco degli anagrammi.*

Cerca di indovinare le parole.

Modello   gelulo
                ugello

Arnesi, congegni e attrezzi	*Posti di lavoro / Reparti*	*Lavoratori*
1. anctria	11. scottbieria	21. latofire
2. naglteie	12. ratolaborio	22. ditorfone
3. puenzon	13. erialan	23. ciatorcone
4. pgiauleg	14. mntagogio	24. llatoreimba
5. nzepi	15. imgballagio	25. latoreamin
6. ernpo	16. azzinomag	26. inieremagazz
7. maors	17. fornoalto	27. toremonta
8. vellamano	18. illeriadist	28. datosalre
9. llonbue	19. dfoneria	29. sitortese
10. cciavitcae	20. gheriase	30. torenitor

17. Che cos'è?*

1. Si sparge per la coltivazione di piante, legumi, ecc.
   a. la semenza
   b. l'avena
   c. la farina
   d. la segale
   e. la raccolta
2. Starnazza.
   a. la capra
   b. l'oca
   c. la pecora
   d. la puledra
   e. la scrofa
3. Ci si raccoglie il fieno.
   a. lo stallone
   b. l'alveare
   c. il fienile
   d. il fosso
   e. la mangiatoia
4. Attrezzo usato per spianare la terra.
   a. il recinto
   b. il concime
   c. la vanga
   d. la zappa
   e. il giogo
5. Può essere di avena o di orzo.
   a. la canapa
   b. la falce
   c. il fusto
   d. il parassita
   e. la spiga

Text work

Text A

Da:

I PROMESSI SPOSI

di

Alessandro Manzoni (1785–1873)

Ai tempi in cui accaddero i fatti che prendiamo a raccontare, quel borgo, già considerabile, era anche un castello, e aveva perciò l'onore d'alloggiare un comandante, e il vantaggio di possedere una stabile guarnigione di soldati spagnoli, che insegnavan la modestia alle fanciulle e alle donne del paese, accarezzavan di tempo in tempo le spalle a qualche marito, a qualche padre; e, sul finir dell'estate, non mancavan mai di spandersi nelle vigne, per diradar l'uve, e alleggerire a' contadini le fatiche della vendemmia.
....

C'era in fatti quel brulichìo, quel ronzìo che si sente in un villaggio, sulla sera, e che, dopo pochi momenti, dà luogo alla quiete solenne della notte. Le donne venivan dal campo, portandosi in collo i bambini, e tenendo per la mano i ragazzi più grandini, ai quali facevan dire le divozioni della sera; venivan gli uomini, con le vanghe, e con le zappe sulle spalle. All'aprirsi degli usci, si vedevan luccicare qua e là i fuochi accesi per le povere cene: si sentiva nella strada barattare i saluti, e qualche parola, sulla scarsità della raccolta, e sulla miseria dell'annata; e più delle parole, si sentivano i tocchi misurati e sonori della campana, che annunziava il finir del giorno. Quando Renzo vide che i due indiscreti s'eran ritirati, continuò la sua strada nelle tenebre crescenti, dando sottovoce ora un ricordo, ora un altro, ora all'uno, ora all'altro fratello. Arrivano alla casetta di Lucia, ch'era già notte.

18. Ciascuna delle seguenti affermazioni è falsa. Correggila in modo appropriato.

1. Ai tempi in cui accaddero i fatti che Manzoni prese a raccontare, il borgo era un'osteria, e aveva perciò l'onore d'alloggiare gli abitanti del paese.
2. Aveva anche il vantaggio di possedere una stabile guarnigione di soldati francesi.
3. I soldati insegnavano le tattiche di guerra agli uomini del paese.
4. Sul finir dell'estate, i soldati non mancavano mai di spandersi nelle colline, per godersi la caccia.
5. Il brulichìo che si sentiva nel villaggio, sulla sera, dava luogo alle chiacchiere di paese.
6. Le donne venivano dalla montagna, portandosi in collo il legno, e tenendo per la mano i loro cani.
7. Poi, venivano gli uomini, con i rastrelli, e con i picconi sulle spalle.
8. All'aprirsi delle porte, si vedevano luccicare qua e là i fuochi accesi per la lettura di sera.
9. Si sentiva nella strada barattare i saluti, e qualche parola, sull'abbondanza della raccolta.

10. I tocchi misurati e sonori della campana annunziavano l'arrivo del nuovo giorno.
11. Quando Renzo vide che i due indiscreti s'erano ritirati, continuò per un'altra strada.
12. Arrivò alla casetta di Lucia nel pomeriggio.

19. Ricerca

Alessandro Manzoni è uno dei più grandi scrittori d'Italia. Fa' una ricerca sulla sua vita, sulle
sue opere, ecc. Poi, con altri studenti cercate di ottenere una copia del suo libro intitolato
I promessi sposi. Leggetelo. Dopo averlo letto, completate la seguente tabella nel modo indicato.
Discutete il romanzo in classe.

Anno di pubblicazione	*Personaggi principali*	*Trama*	*Scene principali*	*Aspetti interessanti*	*Significato*	*Importanza del romanzo nella storia letteraria italiana*

Text B

Da:
L' OFFICINA

di

Giuseppe Marotta (1902–1963)

Sono identiche, non esistono due specie di officine. Piccoli o grandi, il
terreno e i muri sono sempre quelli; del medesimo colore è la luce nel
medesimo istante; poche o molte, le macchine sono le stesse e fanno lo
stesso lavoro; quell'armadietto contiene qui e in qualsiasi altra officina la
stessa varietà di lime; bastarda e mezzabastarda, gentile e sorda, triangolare
e quadrangolare, tonda, mezzatonda e stucca: il trucciolo di metallo vede
sprizzare dal tornio e sta cadendo sull'invariabile rugginoso pavimento
delle officine di tutto il mondo. La fresa, la trancia, la pressa. Eccole; quello
e non un altro è il loro posto. Le cinghie girano, il soffitto è tutti congegni in
movimento: se il cielo si accostasse alla terra come un soffitto di officina,
forse non vedremmo diversamente incrociarsi, sovrapporsi e divergere il
cammino degli astri; noi siamo creature meritevoli di questo, pazienza.

> Carlo guarda e non si stanca di guardare. L'officina all'alba, le nuvolette dei fiati, l'avviarsi dei motori, le rughe dei banchi che sembrano a poco a poco spianarsi, l'irrompere del sole da un finestrone, pensieri di operai, il lavoro che si sviluppa e si complica come un racconto. L'officina di notte, nelle ore di straordinario, col silenzio che quando tacciono per qualche attimo le macchine vi si avventa dalla strada, coi volti bianchi delle operaie, un bianco segreto e tenero che per poco che vi si pensi, in quelle ore di sonno e di cuscino, appesantisce le mani e fa balzare il cuore. L'officina a mezzogiorno, quando la voce della sirena si riduce a un filo e di colpo un soffio di vento la spezza: chi addossato al muro di cinta e chi seduto sul marciapiede se il tempo è bello; si mangia e si discorre e si ride; i più giovani improvvisano una partita di calcio; per gli altri arriva il fiasco di chi ha conseguito oggi un aumento di paga; sulle ginocchia scoperte dell'operaia più formosa si azzuffano i pensieri di quindici manovali. L'officina di domenica, col guardiano che fuma dietro il cancello: chiusa, ma chiusa come un vecchio libro di cui si sa a memoria il contenuto, parola per parola; una domenica, mentre costeggiava in bicicletta l'edificio, Carlo distrattamente allungato una mano, lasciando che sfiorasse il muro: d'improvviso trasalì rendendosi conto che stava accarezzando l'officina. Di tutte queste cose si compone, per un ex-operaio, il male d'officina; finché, non tollerando che estranei si fermino a guardare dai finestrini nei capannoni, un usciere li scrolla e per la terza volta ripete: ≪Che fate? Che volete?≫ ≪Niente≫ ha risposto riscuotendosi Carlo; si è staccato dal finestrino, si avvia.

20. Traduci il testo in inglese.

21. Studio del vocabolario

Spiega ciascuna delle seguenti parole/espressioni, ritrovabili nel brano, con le tue parole.

Modello   il finestrino
> *Il finestrino è la finestra di un mezzo di trasporto o di un capannone.*

1. l'officina
2. l'armadietto
3. la lima
4. il tornio
5. la fresa
6. la trancia
7. la pressa
8. la cinghia
9. il congegno
10. il motore
11. l'operaio
12. la paga
13. il capannone
14. l'usciere

22. Rispondi alle seguenti domande.

1. Descrivi un'officina in generale.
2. Come descrive le lime Marrotta?
3. Com'è l'officina, secondo Marrotta...
   a. di notte?
   b. a mezzogiorno?
   c. di domenica?

Role-playing

23. Nella bella fattoria!

La classe si divide in coppie. Ciascuna coppia metterà in scena a piacere la seguente situazione.

Un contadino/una contadina ha scoperto il segreto di come parlare agli animali. Nella scena, il contadino/la contadina e l'animale paragonano le loro vite.

24. In un'officina!

Diverse coppie di studenti dovranno mettere in scena la seguente situazione.

Un meccanico spiega a un/una cliente la ragione perché la sua auto non funziona. Purtroppo vuole troppi soldi per aggiustarla. Ma il/la cliente è molto furbo/furba e riesce a convincere il meccanico ad aggiustare l'auto per un costo ragionevole.

Discussion/Composition/Activities

25. Rispondi liberamente alle seguenti domande. Discuti le tue risposte con gli altri membri della classe.

1. Vivresti in una fattoria? Perché sì/no?
2. Faresti il mestiere di orticoltore? Perché sì/no?
3. Come saranno le fattorie nel futuro?
4. Che ruolo dovrebbe svolgere l'agricoltura oggi?
5. Quali sono i vantaggi e gli svantaggi di essere ≪vegetariani?≫

26. Le barzellette

Per ciascuno dei seguenti agricoltori ≪strambi,≫ prova a scrivere una barzelletta appropriata. In seguito, leggi le tue barzellette in classe.

Modello   un allevatore di pollame ≪ignorante≫

Un allevatore di pollame, che da tempo non riesce più a sbarcare il lunario, visita un giorno un altro allevatore di polli che, invece, è diventato molto ricco, dimostrando di interessarsi molto delle attività dell'azienda.

Davanti ad un recinto pieno di pulcini l'allevatore chiede: ≪Succhiano ancora il latte della chioccia?≫

L'altro allevatore, imbarazzato, cerca di spiegare: ≪Veramente, collega, i pulcini non succhiano!≫

≪Capisco, capisco! Li hai già svezzati!≫

1. un giardiniere che è allergico alle piante
2. un pisicolotore che soffre di ≪fobia dei pesci≫
3. un allevatore di bestiame che crede che gli animali parlano
4. un apicoltore che soffre di prurito
5. un commerciante di latticini a cui il latte stimola la nausea

27. Soluzioni

Come risolveresti i seguenti problemi? Discuti le tue soluzioni con gli altri membri della classe.

1. l'inquinamento causato da industrie come quella automobilistica, quella chimica, quella metallurgica, quella edile, quella siderurgica, quella petrolifera e quella nucleare

2. la disoccupazione provocata dalle nuove tecnologie
3. la noia tra i lavoratori che provocano tipicamente le cosiddette ≪catene di montaggio≫
4. la ≪depersonalizzazione≫ causata dall'automazione del posto di lavoro
5. l'espansione economica ≪sfrenata≫

28. Qualità desiderabili!

Indica quali qualità dovrebbero avere le seguenti persone. Discuti le tue opinioni in classe.

Persone	Qualità desiderabili
un amministratore	Dovrebbe essere intelligente, organizzato, sensibile, ecc.
un caporeparto	
un dirigente	
un fabbricante	
un operaio	
un manovale	
un soprintendente	
un tecnico	
un ingegnere	
un contadino	
un lavoratore a tempo parziale	
un operaio non qualificato	
un controllore	

29. Tema da svolgere. Scrivi un breve componimento sul significato di uno dei seguenti proverbi. Poi, leggilo e discutilo in classe.

1. Il lupo perde il pelo, ma non il vizio.
2. A cavallo donato non si guarda in bocca.
3. Cane che abbaia, non morde.
4. Quando la gatta non c'è, i topi ballano.
5. L'occhio del padrone ingrassa il cavallo.

Unit 16

The business world

Level 1

General

all'ingrosso	*wholesale*
l'azienda, l'impresa	*company, business*
il commercio	*commerce, trade*
il commercio al minuto/al dettaglio	*retail commerce*
il commercio all'ingrosso	*wholesale trade*
la ditta	*company*
l'ente di gestione	*trust company*
l'esportazione (f)	*exporting, exports*
la fabbrica	*factory*
la filiale	*branch, subsidiary*
l'importazione (f)	*imports, importing*
il magazzino	*warehouse*
la multinazionale	*multinational (company)*
privatizzare	*to privatize*
la sede (principale)	*head office*
la società	*corporation*
la società anonima	*stock company*
la società per azioni	*joint stock company, corporation*
la società a responsabilità limitata	*limited company*
il sodalizio, il partnership (inv)	*partnership*
la succursale	*branch*

Jobs, professions, and personnel

l'amministrazione (f)	*administration*
l'architetto/ l'architetta	*architect*
l'autista (m and f), il/la conducente	*driver*
l'avvocato/l'avvocata	*lawyer*
l'azionista (m and f)	*shareholder*
il barbiere	*barber*
il chirurgo/la chirurga	*surgeon*
il commesso/la commessa	*shop assistant (store clerk)*
il/la contabile, il ragioniere/la ragioniera	*bookkeeper, accountant*
il/la commercialista	*chartered accountant*
il contadino/la contadina	*farmer*
il cuoco/la cuoca	*cook*
il direttore/la direttrice generale (d'azienda), il/la dirigente	*chief executive, CEO*
la direzione, la gestione	*management*
l'elettricista (m and f)	*electrician*
il falegname	*carpenter*
il/la farmacista	*pharmacist*

il fornaio/la fornaia	*baker*	il socio di maggioranza	*majority partner*
il/la giornalista	*journalist*	il/la tassista	*taxi driver*
l'idraulico	*plumber*	il vigile del fuoco, il	*firefighter*
l'ingegnere (m and f)	*engineer*	pompiere	
l'industriale (m and f)	*industrialist*		
l'infermiere/ l'infermiera	*nurse*	***Business and commerce***	
l'informatico/ l'informatica	*computer scientist*	il bene di consumo	*consumer good*
		bersagliare un mercato	*to target a market*
l'insegnante (m and f), il/la docente	*teacher*	il bilancio	*budget*
		il/la cliente	*customer*
il macellaio/la macellaia	*butcher*	la clientela	*clientele*
		il consiglio d'amministrazione	*board of directors*
il meccanico	*mechanic*		
il medico, il dottore/la dottoressa	*doctor*	il consumatore/la consumatrice	*consumer*
		il controllo dei prezzi	*price control*
il mestiere	*occupation, trade*	il dividendo	*dividend*
il muratore	*bricklayer*	la domanda e l'offerta	*supply and demand*
l'occupazione (f)	*occupation*	l'etichetta	*label*
l'oculista (m and f)	*oculist*	il fatturato	*turnover/volume of sales*
l'optometrista (m and f)	*optometrist*		
		la gamma dei prezzi	*price range*
il parrucchiere/la parrucchiera	*hairdresser*	la gamma di prodotti	*range of products*
		il guadagno lordo	*gross profit*
la persona d'affari	*business person*	il guadagno netto	*net profit*
il personale	*staff, personnel*	in saldo	*on sale (at a reduced price)*
il/la pilota	*pilot*		
il poliziotto/la poliziotta	*policeman/ policewoman*	in svendita	*"to clear"*
		in vendita	*for sale*
il/la presidente	*chairperson*	inondare un mercato	*to flood a market*
la professione	*profession*	lanciare un prodotto	*to launch a product*
il/la professionista	*professional*	la marca, il marchio	*brand*
il programmatore/la programmatrice	*programmer*	il margine di guadagno	*profit margin*
lo/la psichiatra	*psychiatrist*	il mercato	*market*
lo psicologo/la psicologa	*psychologist*	la merce	*goods, merchandise*
		penetrare un mercato	*to break into a market*
il redattore/la redattrice	*editor*	la perdita	*loss*
il sarto/la sarta	*tailor*	il prezzo al dettaglio (al minuto)	*retail price*
lo scienziato/la scienziata	*scientist*		
		il prezzo all'ingrosso	*wholesale price*
il segretario/la segretaria	*secretary*	il prezzo di costo	*cost price*
		il prezzo di mercato	*market price*
il socio	*partner*	il prezzo fisso	*fixed price*

il prodotto	product	le ricerche di mercato	market research
il prodotto di qualità	quality product	(di marketing)	
il prodotto nazionale	Gross National	il saldo	sale (discount)
lordo	Product	il sondaggio	survey
il produttore	producer	la tariffa dei prezzi	price list
il profitto, il	profit	la tutela del	consumer protection
guadagno		consumatore	
la pubblicità	advertising	l'ufficio pubbliche	public relations office
recuperare le spese	to recover one's	relazioni	
	expenses	vendere	to sell

Level 2

Jobs, professions, and personnel

l'agente immobiliare (m and f)	real estate agent, house agent	il giurista d'impresa	company lawyer
l'alimentarista (m and f)	food merchant	il/la grossista (m and f)	wholesaler
l'apprendista (m and f)	apprentice	l'imbianchino/ l'imbianchina	house painter
la base	rank and file	l'impiegato/ l'impiegata	office worker
il calzolaio/la calzolaia	cobbler, shoe-repairer	il libraio/la libraia	bookseller
il cameriere/la cameriera	waiter, waitress	il marinaio	sailor
il caporeparto	departmental manager	il/la militare	serviceman/woman
il cassiere/la cassiera	cashier	il pescivendolo	fishmonger
il/la consulente	consultant	il/la portalettere (inv), il postino/	postman, post woman (letter carrier)
il/la consulente commerciale	business consultant	la postina	
il/la consulente legale	legal consultant	il revisore dei conti	auditor
il/la consulente tecnico (-a)	technical consultant	il soldato	soldier
il/la dettagliante	retailer	il/la tastierista	inputter (computer)
il doganiere	customs officer	il venditore/la venditrice	salesman/saleswoman
il droghiere	grocer	il venditore/la venditrice ambulante	traveling salesman/ saleswoman
il/la fiorista, il fioraio/la fioraia	florist		
il fornitore/la fornitrice	supplier	## Business and commerce	
il fruttivendolo	fruit seller, fruiterer	il comitato direttivo	management board
il/la gasista	gas-fitter	il/la concorrente	competitor
il gioielliere/la gioielliera	jeweler	la concorrenza	competition
		il conglomerato	conglomerate
		la consegna	delivery
		la consegna a domicilio	home delivery
		il controllo di qualità	quality control

il dazio doganale	*import duty*	l'offerta pubblica	*take-over bid*
la fattura	*invoice*	d'acquisto	
fatturare	*to invoice*	ordinare	*to order*
fondere	*to merge*	l'ordine (f)	*order*
il gruppo di lavoro	*working party*	pagare la dogana	*to pay customs*
la guerra dei prezzi	*price war*	personalizzato	*customized*
imballare	*to pack*	il prodotto ottimo	*excellent product*
incartare	*to wrap*	il prodotto scadente	*poor product*
il modulo	*order form*	il reparto della	*accounting department*
d'ordinazione		contabilità	
il monopolio	*monopoly*	il reparto delle	*dispatch department*
		spedizioni	

Level 3

Jobs, professions, and personnel

l'agente commerciale (m and f)	*sales representative*	il portiere/la portiera	*doorman/doorwoman*
		il tappezziere/la	*upholsterer*
l'agente di cambio (m and f)	*stockbroker*	tappezziera	
l'agente teatrale	*theatrical agent*	### *Business and commerce*	
l'antiquario/ l'antiquaria	*antique dealer*	l'affarismo	*wheeling and dealing*
		l'amministrazione dell'ufficio	*office management*
l'assistente sociale (m and f)	*social worker*	l'appaltatore/ l'appaltatrice	*franchiser*
il bibliotecario/la bibliotecaria	*librarian*	l'appalto	*franchise*
il conservatore/la conservatrice	*curator*	il bilancio preventivo	*budget prediction*
		il calcolo preventivo	*estimate, quote*
il consigliere matrimoniale	*marriage counselor*	il campione	*sample*
		il codice a barre	*bar code*
il disegnatore/la disegnatrice	*designer*	immatricolare un'azienda	*to register a company*
il fabbro	*blacksmith*	il lettore elettronico	*bar-code reader*
il facchino/la facchina	*porter*	il logo (il logotipo)	*logo*
		il mercato cedente	*buyer's market*
il/la fisioterapista	*physiotherapist*	il mercato sostenuto	*seller's market*
il/la geometra	*surveyor*	la politica aziendale	*company policy*
il guardiano/la guardiana	*guard*	presiedere una riunione	*to chair a meeting*
l'intonacatore/ l'intonacatrice	*plasterer*	il prezzo concorrenziale	*competitive price*
la levatrice	*midwife*	la saturazione del mercato	*market saturation*
il/la logopedista	*speech therapist*	lo sconto	*discount*
il netturbino/la netturbina	*street sweeper*	lo sconto di cassa	*cash price*

Employment

Level 1

Employment conditions, situations, and processes

l'agenzia di collocamento	employment agency
andare in pensione	to retire
l'appuntamento	appointment
assumere	to hire
l'assunzione (f)	hiring
l'aumento di salario	wage increase
l'azione sindacale	union action
il blocco dei salari	wage freeze
la busta paga	take-home pay
il candidato	applicant
il/la capoufficio	office manager, boss
la carriera	career
la cassa integrazione	unemployment benefit, additional payment to make up wages (income support)
il/la collega	colleague, work associate
il congedo	leave (of absence), time off
il contratto	contract
il contratto di lavoro	work contract
il corso di formazione	training course
il datore di lavoro	employer
il/la dipendente	employee
il direttore/la direttrice	manager
la discriminazione	discrimination
disoccupato	unemployed
la disoccupazione	unemployment
fare lo sciopero, scioperare	to go on strike
la formazione, l'addestramento	training
la giornata lavorativa	working day
il giorno di paga	pay day
guadagnare	to earn
l'impasso	deadlock

l'impiegato/ l'impiegata	office worker, white-collar worker
la lamentela	complaint, grievance
lavorare	to work
il lavoro	work, job
il licenziamento	dismissal, sacking
licenziare	to dismiss, to sack (to fire)
la manifestazione	demonstration
il modulo per domanda di lavoro	work application form
l'occupazione	employment
l'offerta salariale	pay offer
l'operaio/l'operaia	factory worker, blue-collar worker
le ore lavorative	working hours
la paga	pay
la paga base	basic salary, minimum wage
la paga doppia	double salary
la pausa	break
la pausa del caffè	coffee break
la pausa mensa	lunch break
la pensione	pension, retirement
la piccola pubblicità	classified ad
il programma di formazione	training program
la promozione	promotion
le qualifiche	qualifications
la rivendicazione salariale	pay claim
lo/la scioperante	striker
lo sciopero	strike
lo sciopero generale	general strike
il/la sindacalista	union member
il sindacato	labour union
lo stabilimento	plant
lo stipendio	wage, stipend
l'aumento di stipendio	wage increase
lo stipendio fisso	fixed wage

lo stipendio iniziale	*starting wage*	la trattativa sindacale	*union negotiation*
lo stipendio lordo	*gross wage*	le trattative	*bargaining,*
lo stipendio netto	*net wage*		*negotiations*
il tirocinio, lo stage	*probation period*	l'ufficio	*office*
i titoli di studio	*educational*	la valutazione	*appraisal*
	qualifications,		
	credentials		

Level 2

Employment conditions, situations,		lavorare a turni	*to work in shifts*
and processes		il lavoro a cottimo	*piece work*
avere referenze da	*to have references*	il lavoro di turno	*shift work*
presentare	*to show*	il lavoro temporaneo	*temporary work*
le buone referenze	*good references*	il reddito	*income*
le cattive referenze	*bad references*	le referenze	*references*
il congedo annuale	*annual leave*	il richiamo di salario	*back pay*
l'impiego garantito	*guaranteed job*	richiedere le	*to request references*
l'imposta sul reddito	*tax on salary*	referenze	
l'indennità di	*transfer allowance*	il rischio del mestiere	*occupational hazard*
trasferta		il salario garantito	*guaranteed wage*

Level 3

Employment conditions, situations,		il lavoro notturno	*night work*
and processes		il lavoro saltuario	*occasional job*
il diritto del lavoro	*right to a job*	il lavoro straordinario	*overtime work*
l'eccesso di	*labour surplus*	il libretto di lavoro	*job booklet*
manodopera		la malattia	*occupational illness*
la festa del lavoro	*labour day*	professionale	
l'incidente (m) sul	*accident on the job*	offrire un lavoro	*to offer a job*
lavoro		l'orario di lavoro	*working hours*
l'infortunio al lavoro	*injury on the job,*	perdere il lavoro	*to lose one's job*
	accident at work	procurarsi un lavoro	*to get a job*
l'invalido del lavoro	*person disabled by*	la scarsezza di	*labour shortage*
	work	manodopera	
lavorare in proprio	*to be self-employed*	il secondo lavoro	*second job*
il lavoro a domicilio	*working from home*	lo/la stacanovista	*workaholic*
il lavoro	*computerized job*	svogliato	*work-shy*
computerizzato		il test psicologico	*personality test*

Exercises

Level 1

1. Gli attrezzi del mestiere

Con l'aiuto del dizionario completa il seguente schema, trovando almeno cinque arnesi per ogni mestiere.

1. l'infermiere/l'infermiera   *siringa* _____
2. il sarto/la sarta   *ago* _____
3. il parrucchiere/la parrucchiera   *forbici* _____
4. l'elettricista _____
5. l'idraulico _____
6. il muratore _____
7. il falegname _____
8. l'architetto/l'architetta _____
9. il barbiere _____
10. il cuoco/la cuoca _____
11. il macellaio/la macellaia _____
12. il meccanico _____

2. Classifica le seguenti parole/espressioni in modo appropriato nella tabella riportata sotto. Nota che alcune sono ripetute.

iniziale	base	lordo	di mercato
del caffè	fisso	doppia	all'ingrosso
mensa	netto	di costo	al minuto
di qualità	al dettaglio	nazionale lordo	fisso
netto	lordo	responsabilità limitata	anonima
per azioni	all'ingrosso	al minuto	al dettaglio

Tipi di stipendio	Pause (al lavoro)	Tipi di paga	Tipi di prodotto	Tipi di prezzo	Guadagno	Tipi di società industriali	Forme di commercio

3. Accoppia i sinonimi e i quasi-sinonimi.*

1. il tirocinio	a. il dottore/la dottoressa	8. la direzione	h. il/la docente
2. l'occupazione	b. il guadagno	9. il/la contabile	i. l'addestramento
3. fare lo sciopero	c. il lavoro	10. l'autista	j. l'impresa
4. la formazione	d. il partnership	11. il sodalizio	k. la gestione
5. il profitto	e. il pompiere	12. il vigile del fuoco	l. lo stage
6. il medico	f. il ragionere/la ragioniera	13. l'azienda	m. scioperare
7. l'insegnante	g. il/la conducente		

4. Nel seguente ≪puzzle≫ ci sono 16 parole che si riferiscono al mondo del lavoro. Trovale. Le parole si possono leggere sia orizzontalmente che verticalmente.*

```
p o l i z i o t t o a a p s i c h i a t r a e e e
r e t a s s i s t a s s s a s a d c e s a d c e p
o a a a e a a c a a d d i s p r o f e s s i o n e
f s s s g s s i s s c c c a s a d c e s a d c e r
e d d d r d r e d a t t o r e a d c e s a d c e s
s c c c e c c n c c c c l a s a d c e s a d c e o
s l l l t l l z l l l l o a i n g e g n e r e s n
i e e e a e e i e e e e g a s a d c e s a d c e a
o d d d r d d a d d p r o g r a m m a t o r e e l
n s s s i s s t s s i a s a d c e s a d c e e
i c c c a c c o c c l a s o c u l i s t a d c e e
s d d d   d e d s a o a s a s a d c e s a d c e a
t e p r e s i d e n t e s a s a d c e s a d c e s
a e s a d c e d s a a a o p t o m e t r i s t a d
```

5. In ciascun gruppetto di quattro parole c'è un intruso. Trovalo e spiega perché non c'entra.

Modello   in saldo
                in svendita
                in vendita
                il marchio
                Le prime tre espressioni indicano modi di vendere merce; il marchio non c'entra perché
                    designa il nome o il logo che un fabbricante pone al suo prodotto.

1.	2.	3.
lanciare un prodotto	la giornata lavorativa	l'avvocato
guadagnare	il saldo	le ricerche di mercato
licenziare	il giorno di paga	il sondaggio
lavorare	le ore lavorative	bersagliare un mercato

4.	5.	6.
la sede	la farmacista	la busta paga
la filiale	la giornalista	la perdita
la succursale	la pubblicità	il contratto di lavoro
il direttore generale	la fornaia	la pensione

7.	8.	9.
il collega	il chirurgo	il candidato
il capoufficio	il commesso	il datore di lavoro
l'impiegato	l'informatico	il/la dipendente
il sindacato	lo sciopero generale	la rivendicazione salariale

6. Spiega o illustra (con un esempio o due) ciascuna delle seguenti parole/espressioni.

Modello   le trattative
            Serie di discussioni preliminari tra sindacato e rappresentanti dell'azienda di
            lavoro in merito ad un nuovo contratto di lavoro.

la valutazione	l'ufficio	i titoli di studio	l'aumento di stipendio
all'ingrosso	l'esportazione	la fabbrica	l'importazione
il magazzino	la multinazionale	privatizzare	l'occupazione
il bene di consumo	il bilancio	la clientela	il consumatore
il controllo dei prezzi	il dividendo	le qualifiche	l'etichetta
inondare un mercato	penetrare un mercato	il produttore	recuperare le spese
la tariffa dei prezzi	la tutela del consumatore	vendere	andare in pensione
l'appuntamento	assumere	l'aumento di salario	l'azione sindacale
il blocco dei salari	la carriera	il corso di formazione	la discriminazione
disoccupato	la disoccupazione	l'impasso	la lamentela
il licenziamento	la manifestazione	la promozione	l'offerta salariale
la piccola pubblicità	lo scioperante	il programma di formazione	la domanda e l'offerta

7. Scegli la risposta giusta.*

1. Mestiere.
   a. l'azionista
   b. l'amministrazione
   c. il commercialista
   d. il socio di maggioranza
   e. la persona d'affari
2. Persona a capo di un'azienda.
   a. l'industriale
   b. il contadino
   c. il cliente
   d. il dirigente
   e. l'operaio
3. Posto di lavoro.
   a. il sindacalista
   b. l'ufficio pubbliche relazioni
   c. il congedo
   d. l'agenzia di collocamento
   e. lo stabilimento
4. Numero totale delle vendite.
   a. il fatturato
   b. la gamma dei prezzi
   c. la gamma di prodotti
   d. il margine di guadagno
   e. il mercato
5. Azienda.
   a. l'ente di gestione
   b. il consiglio d'amministrazione
   c. la cassa integrazione
   d. l'assunzione
   e. ditta

Level 2

8. Classifica le seguenti parole/espressioni in modo appropriato nella tabella riportata sotto.

legale	agente immobiliare	tecnico	commerciale
alimentarista	a cottimo	buone	della contabilità
doganiere	delle spedizioni	ottimo	temporaneo
di turno	cassiere	droghiere	giurista d'impresa
fruttivendolo	gasista	gioielliere	libraio
scadente	imbianchino	impiegato	il richiamo di salario
cattive	marinaio	il salario garantito	l'imposta sul reddito

Tipi di lavoro	Tipi di referenze da presentare	Tipi di reparto	Qualità del prodotto	Tipi di consulenti	Occupazioni	Aspetti del salario o della ricompensa

9. Mestieri e professioni*

1. Rivede i conti per correggerli o riscontrarli.
2. È addetto alle vendite «per strada.»
3. Si chiama anche postino/postina.
4. Lavora alla tastiera.
5. Vende il pesce.
6. Militare.
7. Fabbrica o ripara scarpe.
8. Serve a tavola in un ristorante.
9. Si chiama anche fiorista.

10. Traduci o in inglese o in italiano, secondo il caso.*

l'apprendista	
	rank and file
il caporeparto	
	retailer
il fornitore/la fornitrice	
	wholesaler
il comitato direttivo	
	competitor

la concorrenza	
	conglomerate
la consegna a domicilio	
	quality control
il dazio doganale	
	to invoice
fatturare	
	to merge
il gruppo di lavoro	
	price war
imballare	
	to wrap
il modulo d'ordinazione	
	monopoly
l'offerta pubblica d'acquisto	
	to order
pagare la dogana	
	customized
il congedo annuale	
	guaranteed job
l'indennità di trasferta	
	to work in shifts
richiedere le referenze	
	occupational hazard

Level 3

11. Classifica le seguenti parole/espressioni in modo appropriato nella tabella riportata sotto.

intonacatore	saltuario	conservatore	levatrice
netturbino	tappezziere	logopedista	computerizzato
disegnatore	a domicilio	secondo	straordinario
cedente	guardiano	bibliotecario	consigliere matrimoniale
assistente sociale	fabbro	sostenuto	antiquario
facchino	lo sconto di cassa	agente teatrale	agente di cambio
geometra	portiere	agente commerciale	fisioterapista

Tipi di mercato	Mestieri e professioni	Tipi di lavoro	Tipi di prezzo

12. Usa ciascuna delle seguenti parole/espressioni in altrettante frasi che ne rendano chiaro il significato.

Modello   la festa del lavoro

> *Mi piacciono molto le feste del lavoro, perché non devo lavorare. Bisogna godere la vita!*

il diritto del lavoro	l'eccesso di manodopera	l'incidente sul lavoro	l'infortunio al lavoro
l'invalido del lavoro	lavorare in proprio	il libretto di lavoro	la malattia professionale
offrire un lavoro	l'orario di lavoro	perdere il lavoro	procurarsi un lavoro
scarsezza di manodopera	lo stacanovista	svogliato	il test psicologico
l'affarismo	l'amminstrazione dell'ufficio	l'appaltatore	l'appalto
il bilancio preventivo	il calcolo preventivo	il campione	il codice a barre
immatricolare un'azienda	il lettore elettronico	il logo	la politica aziendale

Synthesis

13. Quante parole/espressioni ricordi? Completa la seguente tabella nel modo indicato. *(Add as many cells to the chart as you may need.)*

Jobs and professions	Business and commerce	Buying and selling	Employment	Wages and salaries
il commesso	la succursale	l'etichetta	il datore di lavoro	lo stipendio

14. Traduci in italiano.

1. Do you have any experience in this type of work?
2. We would would be able to hire you only if you learned to speak some English.
3. Has anyone ever dismissed (fired) you before?
4. How much would you like to earn?
5. Have you ever worked before, in a factory, for a company?
6. Do you know any of our employees?
7. What kind of skills do you have?
8. What are your qualifications for the job?
9. What education do you have?
10. Did you know about the job through an employment agency?

15. Osserva il seguente curriculum attentamente. E poi compila un curriculum tuo personale.

```
Nominativo
Angela Di Maria
via Bruzzesi, 50
20133 Milano
Tel. (02) 29-56-89

Dati anagrafici
Nata a Milano il sei giugno 1972
Cittadina italiana
Coniugata con Mario Bruni, due figli

Studi
Maturità scientifica - Liceo Mameli di Milano nel 1988
Laurea in matematica - Università Bocconi di Milano nel
1993

Vita professionale
Impiegata presso la Ditta IBM (dal settembre 1993 al
gennaio 1996)
Funzione: programmatrice

Conoscenze linguistiche
Italiano, lingua madre
Inglese, ottimo livello, sia scritto che parlato
```

16. Il mondo del lavoro!

1. Che tipo di lavoro preferisci avere o svolgere? Perché?
   a. a domicilio
   b. computerizzato
   c. notturno
   d. saltuario
   e. straordinario
   f. di turno
   g. a cottimo

2. Indica quali delle seguenti cose non sopporti. Perché?
   a. i test psicologici
   b. gli stacanovisti
   c. orari di lavoro che includono il weekend

d. richiedere le referenze
e. le valutazioni
f. gli scioperi
3. Sono necessarie le seguenti cose? Perché sì/no?
   a. le qualifiche
   b. i programmi di formazione

c. la pausa mensa
d. i blocchi dei salari
e. la pausa del caffè
f. i congedi
g. le azioni sindacali

17. Il gioco degli anagrammi*

Cerca di indovinare le parole in base alle categorie indicate.

Modello   alificquhe
             qualifiche

Il mondo del commercio	Mestieri e professioni
1. asmoffari	17. abbfro
2. palapto	18. cchifano
3. mpicaone	19. ometrgea
4. ontosc	20. anocatointre
5. ncorreconte	21. opedislogta
6. nsegcona	22. sistgaa
7. nopomolio	23. ghiedrore
8. parerto	24. cocuo
9. lanbicio	25. nziatscieo
10. idendivdo	26. ttorereda
11. turafatto	27. edicmo
12. adagugno	28. egneingre
13. maiorch	29. acistfarma
14. protodot	30. urgochir
15. faicabbr	31. tabilcone
16. sucecursal	32. rbierbae

Text work

Text A

> *Da:*
> **I FIGLI DI BABBO NATALE**
>
> di
>
> Italo Calvino (1923–1985)
>
> Non c'è epoca dell'anno più gentile e buona, per il mondo dell'industria e del commercio, che il Natale e le settimane precedenti. Sale dalle vie il tremulo suono delle zampogne: e le società anonime, fino a ieri intente a

calcolare fatturato e dividendi, aprono il cuore agli affetti e al sorriso.
L'unico pensiero dei Consigli d'Amministrazione è quello di dare gioia al
prossimo, mandano doni accompagnati da messaggi d'augurio sia a ditte
consorelle che a privati; ogni ditta si sente in dovere di comprare un grande
stock di prodotti da una seconda ditta per fare i suoi regali alle altre ditte; le
quali ditte a loro volta comprano da una ditta altri stock di regali per le
altre; le finestre aziendali restano illuminate fino a tardi, specialmente
quelle del magazzino dove il personale continua le ore straordinarie a
imballare pacchi e casse; al di là dei vetri appannati, sui marciapiedi
ricoperti da una crosta di gelo s'inoltrano gli zampognari, discesi da buie,
misteriose montagne, sostano ai crocicchi del centro, un po' abbagliati dalle
troppe luci, dalle vetrine troppo adorne, e a capo chino, danno fiato ai loro
strumenti; a quel suono tra gli uomini d'affari le gravi contese d'interessi si
placano e lasciano il posto ad una nuova gara: a chi presenta nel modo più
grazioso il dono più cospicuo e originale.

Alla Sbav quell'anno l'Ufficio Relazioni Pubbliche propose che alle
persone di maggior riguardo le strenne fossero recapitate a domicilio da un
uomo vestito da Babbo Natale.

L'idea suscitò l'approvazione unanime dei dirigenti. Fu comprata
un'acconciatura da Babbo Natale completa: barba bianca, berretto e
pastrano rossi, bordati di pelliccia, stivaloni. Si cominciò a provare a quale
dei fattorini andava meglio, ma uno era troppo basso di statura e la barba gli
toccava per terra, uno era troppo robusto e non gli entrava il cappotto, un
altro troppo giovane, un altro invece troppo vecchio e non valeva la pena di
truccarlo.

18. Traduci il testo in inglese.

19. Studio del vocabolario

Usa ciascuna delle seguenti parole/espressioni, ritrovabili nel brano, in altrettante frasi che ne
rendano chiaro il significato.

Modello i dirigenti
>   *I dirigenti di quella ditta non sanno fare con i loro impiegati; sono troppo impazienti!*

1. il mondo dell'industria	7. lo stock di prodotti
2. il mondo del commercio	8. le finestre aziendali
3. le società anonime	9. il personale di un magazzino
4. il fatturato	10. le ore straordinarie
5. i dividendi	11. gli uomini d'affari
6. i consigli d'amministrazione	12. l'ufficio pubbliche relazioni

20. Discussione

La classe dovrà discutere l'affermazione di Calvino che ... «Non c'è epoca dell'anno più gentile
e buona, per il mondo dell'industria e del commercio, che il Natale e le settimane precedenti.»

Text B

> *Da:*
> POEMI
>
> di
>
> Aldo Palazzeschi (1885–1974)
>
> Son forse un poeta?
> No, certo.
> Non scrive che una parola, ben strana,
> la penna dell'anima mia:
> ≪follia≫.
>
> Son dunque un pittore?
> Neanche.
> Non ha che un colore
> la tavolozza dell'anima mia:
> ≪malinconia≫.
>
> Un musico, allora?
> Nemmeno.
> Non c'è che una nota
> nella tastiera dell'anima mia:
> ≪nostalgia≫.
>
> Son dunque . . . che cosa?
> Io metto una lente
> davanti al mio cuore
> per farlo vedere alla gente.
>
> Chi sono?
> Il saltimbanco dell'anima mia.

21. Rispondi alle seguenti domande.

1. È un poeta Palazzeschi, secondo lui stesso? Sei d'accordo con lui?
2. Quale parola scrive la penna della sua anima?
3. È un pittore Palazzeschi?
4. Che colore ha la tavolozza della sua anima?
5. È un musico Palazzeschi?
6. Quale nota c'è nella tastiera della sua anima?
7. Che cosa vuole mettere Palazzeschi davanti al suo cuore?
8. Chi è, dunque, Palazzeschi?

22. Attività

Adesso scrivi un'altra poesia, simile a quella di Palazzeschi, cambiando la terminologia usata da Palazzeschi a piacere.

Role-playing

23. Offerta di lavoro

La classe si divide in coppie. Ciascuna di esse dovrà preparare un'intervista di lavoro basata sul seguente annuncio. In seguito, ciascuna coppia dovrà mettere in scena l'intervista davanti alla classe.

```
                        Segretaria

                         cercasi

Minimo 3 anni di esperienza. Ottima conoscenza inglese
e italiano. Disposta a lavorare in gruppo. Persona
ambiziosa e capace di lavorare sotto pressione. Ottima
conoscenza di Windows.
                    Telefonare a Claudio
                       (06) 33 43 458
```

Discussion/Composition/Activities

24. Rispondi liberamente alle seguenti domande. Discuti le tue risposte con gli altri membri della classe.

1. Hai un lavoro? Se sì, descrivi esattamente cosa fai.
2. Che mestiere o professione vorresti esercitare nel futuro?
3. Ti piacerebbe lavorare in Italia? Perché sì/no?
4. Secondo te, qual è la professione più prestigiosa? Perché?
5. Conosci qualche mestiere pratico? Quale? Sei bravo/brava?
6. Spiega con le parole tue il detto italiano «Impara l'arte e mettila da parte!» Sei d'accordo? Perché sì/no?
7. Che mestieri o professioni esercitano i diversi membri della tua famiglia?

25. Prepara una richiesta di lavoro e leggila alla classe. Segui il modello.

Modello

```
                        Idraulico

          Avete bisogno di un idraulico?
        per qualsiasi problema idraulico
                   Chiamate Luigi
                   (02) 45 64 782

              Prezzi bassissimi.
              Sconti a pensionati.
```

26. Le barzellette

Per ciascuno dei seguenti professionisti «strambi,» prova a scrivere una barzelletta appropriata. In seguito, leggi le tue barzellette in classe.

Modello   un noto pittore «astratto»

> *In una sala in cui sono esposti i più recenti quadri di un noto pittore di quadri*
>   *«astratti »che nessuno segretamente apprezza, un visitatore si ferma*
>   *davanti a uno dei quadri e chiede alla sua compagna...*
> *«Secondo te, si tratta di un'alba o di un tramonto?»*
> *«Indubbiamente di un tramonto!» dice la compagna.*
> *«Ma come fai a capirlo? Dal colore forse?»*
> *«Macché! Io conosco il pittore. È un amico. Non si è mai alzato prima di*
>   *mezzogiorno!»*

1. un/una pianista con un tic nervoso
2. un direttore d'orchestra che porta la parrucca
3. un/una dentista a cui gli/le tremano le mani
4. un architetto/un'architetta che non sa disegnare
5. un chirurgo/una chirurga che sviene quando vede il sangue
6. un cuoco/una cuoca a cui viene la nausea quando prepara un piatto di carne
7. uno/una psichiatra che s'addormenta facilmente mentre qualcuno parla

27. Opinioni personali

Secondo te...
1. che ruolo dovrebbero svolgere le multinazionali nel mondo d'oggi?
2. che effetto sta avendo la privatizzazione nei paesi industrializzati?
3. è necessario avere il controllo dei prezzi?
4. è necessario controllare i profitti delle società?
5. c'è bisogno di nuove leggi per facilitare la tutela del consumatore?

28. Soluzioni

Come risolveresti i seguenti problemi del lavoro? Discuti le tue soluzioni con gli altri membri della classe.

1. la discriminazione nel mondo del lavoro   4. gli infortuni al lavoro
2. la disoccupazione   5. le malattie professionali
3. l'occorrenza degli scioperi   6. la scarsezza di manodopera

29. Tema da svolgere. Scrivi un breve testo su uno dei seguenti temi. Poi, leggilo e discutilo in classe.

1. Il lavoro ideale.
2. Se tu dovessi intervistare qualcuno per un lavoro, quali sarebbero tre domande che tu consideri molto importanti?
3. Se tu fossi un capoufficio, che cosa faresti per mantenere un'atmosfera amichevole nel tuo ufficio?

Unit 17

The office and computing

Level 1

General

il/la capoufficio (il capo)	office manager, boss
l'orario d'ufficio	office hours
il personale d'ufficio	office personnel
la sala d'aspetto	waiting room
la scrivania	writing desk
il segretario/la segretaria	secretary
la segreteria	secretariat
la stenografia	shorthand

Office equipment and materials

l'agenda	planner
l'archivio	file
la biro (inv), la penna a sfera	ball-point pen
il blocchetto	writing pad
la busta	envelope
la calcolatrice	calculator
il calendario	calendar
la carta	paper
la carta intestata	headed paper (letterhead paper)
la cartella	file, folder
la cartuccia	cartridge
il cestino	waste basket
il citofono	intercom
la colla	glue
la copisteria	photocopy shop
la cucitrice	stapler
la doppia copia	two copies
duplicare	to duplicate
l'evidenziatore (m)	highlighter
il fax (inv), il telefax (inv)	fax
il foglio	sheet (of paper)
le forbici	scissors
la fotocopiatrice	photocopying machine, photocopier
la gomma	rubber (eraser)
la grappetta	clip
l'inchiostro	ink
la matita	pencil, crayon
il nastro adesivo	sticky tape, sellotape (adhesive tape)
la pagina	page
la penna	pen
il pennarello	marker
il punto metallico	staple
la riga	ruler
la scheda	filing card, filing folder
la sedia girevole	swivel chair
lo spago	string
la tabella	notice board
il taccuino	pad
il toner (inv)	toner

Computing

l'analista di sistemi	systems analyst
l'apostrofo	apostrophe
la barra spaziatrice	space bar
il carattere grafico	graphic character
il carattere maiuscolo	upper-case character

il carattere minuscolo	*lower-case character*	la ricerca	*search*
la casella postale elettronica	*electronic mailbox*	salvare	*to save*
		lo scanner (inv)	*scanner*
il CD-ROM (inv)	*CD-ROM*	il server (inv)	*server*
la chiocciola	*ampersand (@)*	il sito (web)	*website*
il chip (inv)	*(micro)chip*	la sottolineatura	*underline*
il circuito integrato	*integrated circuit*	la stampante	*printer*
cliccare	*to click*	la stampante a getto d'inchiostro	*ink-jet printer*
il computer	*computer*		
il computer portatile, il laptop (inv)	*lap-top computer*	la stampante laser	*laser printer*
		stampare	*to print*
il corsivo	*italics*	il tabulatore	*tab*
il cursore	*cursor*	la tastiera	*keyboard*
il dischetto	*diskette*	il/la tastierista	*keyboard operator*
il disco rigido	*hard drive*	il transistor (inv)	*transistor*
il grassetto	*bold (type)*	il trattamento di testi	*word-processing*
l'informatica	*computing, computer science, informatics*	il trattino	*dash*
		l'utente (m and f)	*user*
interattivo	*interactive*	la videoscrittura	*inputting on the screen*
l'internauta (m and f)	*Internet browser*	la virgola	*comma*
Internet (m, inv)	*Internet*	la virgoletta	*quotation mark*
le ipermedia	*hypermedia*		
l'ipertesto	*hypertext*		

l'ipertesto hypertext

Terminology on the computer screen and e-mail terms

il lettore (laser)	*(optical) reader*	Aggiorna	*Update*
il lettore CD	*CD reader/drive*	Allegato	*Attachment*
la memoria	*memory*	Annulla	*Delete*
la memoria fissa	*permanent memory*	Apri	*Open*
la memoria RAM	*RAM*	Avanti	*Forward*
la memoria ROM	*ROM*	Chiudi	*Close*
il microprocessore	*microprocessor*	Connetta	*Connect*
il monitor (inv)/lo schermo a colori	*color monitor*	Controlla	*Control*
		Controllo grammatica	*Grammar check*
il mouse (inv)	*mouse*		
navigare	*to navigate*	Controllo ortografia	*Spell check*
l'ordinatore (m), l'elaboratore elettronico, il computer (inv)	*computer*	Copia	*Copy*
		Elimina	*Delete*
		File	*File*
la parentesi (inv)	*parenthesis, bracket*	Finestra	*Window*
le periferiche	*peripherals*	Finestra di dialogo	*Dialogue window*
il personal computer	*PC*	Formato	*Format*
la posta elettronica, l'e-mail (m, inv)	*e-mail*	Impaginazione	*Page layout*
		Incolla	*Paste*
il provider (inv)	*Internet provider*	Indietro	*Back*
il punto	*period*	Inoltra	*Forward*
il punto e virgola	*semicolon*	Inserisci	*Insert*

Invia	*Send*	Preferiti	*Preferences*
Invio	*Return*	Rimuovi	*Remove*
Layout	*Layout*	Rispondi	*Reply*
Menu	*Menu*	Rubrica	*Nicknames*
Messaggio	*Message*	Salva	*Save*
Modifica	*Edit*	Seleziona	*Select*
Nome utente	*User name*	Sposta	*Move*
Opzioni	*Options*	Stampa	*Print*
Password	*Password*	Strumenti	*Tools*
Personalizza	*Customize*	Tabella	*Table*
Posta eliminata	*Trashed mail, deleted mail*	Taglia	*Cut*
		Trova	*Find*
Posta in arrivo	*Incoming mail*	Vai a	*Go to*
Posta in uscita	*Outgoing mail*	Visualizza	*View*
Posta inviata	*Sent mail*		

Level 2

Office equipment and materials		cancellare	*to delete*
archiviare	*to file*	la cartella	*document*
l'armadietto delle forniture	*supply cupboard*	il comando	*command*
il biglietto da visita	*business card*	la computerizzazione (f)	*computerization*
la bozza	*draft*	il file di dati	*data file*
la carta carbone	*carbon paper*	il format (inv)	*format*
compilare il modulo	*to fill out the form*	formattare	*to format*
compilare la scheda	*to fill out the record/file*	formattato	*formatted*
		l'hardware (m, inv)	*hardware*
l'elastico	*rubber band*	l'icona	*icon*
l'etichetta	*label*	immagazzinare	*to store*
le forniture per ufficio	*office supplies*	l'immagine animata	*animated image*
		l'immagine in 3D	*3-D image*
la perforatrice	*punch*	l'immagine virtuale	*virtual image*
la scheda	*card, record, file*	l'informatizzazione (f)	*digitalization*
schedare	*to file away*		
lo schedario	*filing cabinet, box file*	l'interfaccia grafica	*graphic interface*
la segreteria telefonica	*answering machine*	il modem (inv)	*modem*
		il programma pirata	*pirate program*
		salvare	*to save*
Computing		il software (inv)	*software*
l'agenda elettronica	*personal organizer*	il software compatibile	*compatible software*
l'archivio elettronico	*electronic file*		
l'archivio, il file (inv)	*file*	la teleconferenza	*teleconference*
l'automazione (f)	*automation*	il virus (inv)	*virus*
la banca dati	*data bank*		

Level 3

Office equipment and materials

il bianchetto	*Tippex, liquid paper, white-out*
la carta da pacchi	*wrapping paper*
la carta protocollo	*official paper*
la carta velata	*onion-skin (velour) paper*
la copertina	*document cover*
l'indirizzario	*directory*
la macchina stracciante	*shredder*
l'organigramma	*organization chart*
la puntina	*tack*
il quaderno ad anelli	*ring-binder*
il revisore dei conti	*auditor*
la risma di carta	*ream of paper*
stracciare	*to shred*

Computing

allineare	*to align*
analogico	*analog*
annullare	*to clear, to delete*
l'autosalva	*autosave*
la barra degli utensili	*tool bar*
il bloccaggio	*lock*
il byte (inv)	*byte*
cancellare	*to erase, to delete*
la capacità di memoria	*memory capacity*
centrare	*to center*
il comando help (inv)/aiuto	*help command*
copiare	*to copy*
di facile uso, facile da usare	*user-friendly*
digitale	*digital*
digitare	*to type in*
editare	*to edit*
l'editing (m, inv)	*editing*
il file manager (inv)	*file manager*

la finestra	*window*
il foglio elettronico	*spreadsheet*
la giustificazione	*justification*
il grafico	*graphic, graph*
la griglia	*grid*
impaginare	*to set up a page*
l'indice (m)	*index*
l'installazione (f)	*installation*
interlineare	*to put a space*
l'istruzione	*program instruction*
la leva dell'interlinea	*space bar*
il linguaggio di programmazione	*programming language*
il linguaggio macchina	*machine language*
il margine	*margin*
il menu (inv)	*menu*
la multimedialità	*multimedia (as a concept)*
il network (inv), la rete	*network*
la nota a piè di pagina	*footnote*
on-line, in linea	*on-line*
la parola chiave	*keyword*
la porta seriale	*serial port*
la sbarra obliqua	*slash*
la scansione	*scanning*
il suono digitale	*digital sound*
la stazione di lavoro	*work station*
lo stile	*style*
tabulare	*to tab*
il tasto dell'interlinea	*space key*
la tavola dei simboli	*symbols table*
il terminale (inv)	*terminal*
il titolo del documento, il file name	*file name*
la traccia	*back page*
virtuale	*virtual*

Communications

Level 1

Electronic media

accendere	to turn on
l'amplificatore (m), l'altoparlante (m)	amplifier
andare in onda	to go on the air
l'antenna	antenna
l'audiocassetta	cassette tape
il canale televisivo	television channel
la cassa acustica	speaker
il cavo	cable
il cavo ottico	optic cable
collegare	to link, to connect
il compact disc	compact disc
le cuffie, gli auricolari	headphones
diffondere	to spread
il disco	disc
il DVD (inv)	DVD
la fibra ottica	optic fiber
in onda	on the air
mandare in onda	to broadcast
il microfono	microphone
il nastro	tape
il proiettore	projector
la radio (inv)	radio
la radio digitale	digital radio
la radio portatile	portable radio
il registratore	recorder
il sintonizzatore	audio receiver, tuner
spegnere	to turn off
la stazione radio	radio station
la televisione	television
il televisore	TV set
il televisore digitale	digital TV set
trasmettere	to transmit, to send
la videocassetta	video cassette

Mail

l'aereo postale	mail plane
l'affrancatura	postage
allegare	to attach, to enclose
l'allegato	attached, enclosed
il buono postale	postal coupon
la cartolina postale	postal card
la cassetta postale	mailbox
il codice postale	post (postal) code
confidenziale	confidential
la controfirma	countersignature
controfirmare	to countersign
il/la corrispondente	correspondent
il destinatario	receiver
il fermo posta	mail withheld for pick-up, poste restante
la firma	signature
firmare	to sign
il francobollo	stamp
il furgone postale	mail van (mail truck)
il giro di posta	return of post (mail)
imbucare, impostare	to put into a mailbox, to post
l'indirizzo	address
il/la mittente	sender
il pacco postale	postal package
il plico	packet
il/la portalettere, il postino/la postina	letter carrier, postman/woman
la posta	mail
la posta aerea	air mail
la posta celere	express mail
la posta ordinaria	regular surface mail
la posta raccomandata	registered mail
ricevere	to receive
spedire, inviare	to mail
la tariffa postale	postal rate
l'ufficio postale	post office
il vaglia postale	postal (money) order

Writing letters or e-mails

Gentile signore.../ signora/ signorina...	Dear Sir.../ Madam/Miss...
Caro Giovanni.../ Cara Maria...	Dear John.../Dear Mary...

Carissimo Giovanni.../ Carissima Maria...	*Dearest John/Dearest Mary*
Mio caro Giovanni.../ Mia cara Maria...	*My dear John.../My dear Mary...*
A chi di spettanza.../A chi di competenza.../A chi di dovere...	*To Whom It May Concern...*
Spettabile (Spett.le) Ditta...	*Dear Madam or Sir... (when addressing a firm)*
Suo/Sua.../ Cordiali saluti.../ Distinti saluti.../ La saluto cordialmente	*Yours truly/ sincerely/...*
Un abbraccio...	*A hug..., Love from...*
Ti saluto affettuosamente...	*Affectionately...*
Un caro saluto...	*With kind wishes...*

Phones and phoning

l'altoparlante (m)	*earpiece, amplifier*
l'auricolare (m)	*earphone*
la bolletta del telefono	*phone bill*
la cabina telefonica	*phone box (booth)*
il cellulare, il telefonino	*cell phone*
il centralino	*operator*
comporre il numero, fare il numero	*to dial the number*
l'elenco telefonico	*phone directory*
libero	*"free" (phone signal/tone)*
il microfono	*speaker (of phone)*
il numero telefonico, il numero di telefono	*phone number*
il numero sbagliato	*wrong number*
il numero verde	*1–800 number, emergency/call-free number*

occupato	*"engaged" (phone signal/tone), "busy"*
le pagine gialle	*yellow pages*
il prefisso	*area code*
la scheda/la carta telefonica	*phone card*
squillare, suonare	*to ring*
la tastiera del telefono	*phone keyboard*
la telefonata in teleselezione	*direct call*
la telefonata internazionale	*international call*
la telefonata interurbana	*long-distance call*
la telefonata urbana	*local call*
la telefonata, il colpo di telefono	*phone call*
il telefono amico	*distress phone line, emergency number, help line*
il telefono azzurro	*phone line for reporting the abuse of children, "childline"*
il telefono portatile	*portable phone*
il telefono pubblico	*public phone*
il telefono rosa	*help line for abused women*
il telefono veicolare	*car phone*
il telefono verde	*1–800 phone, call-free phone*
la telematica	*computerized phone system*
la teleselezione	*direct dialing*

Speaking on the phone

Pronto!	*Hello!*
Chi parla?/Chi è?	*Who is it?*
Sono Claudia/il signor Bruni/ecc.	*This is Claudia/ Mr. Bruni/etc.*
C'è Mario?/C'è la signora Morelli?	*Is Mario in?/Is Ms. Morelli in?*
Potrei/Posso parlare con...?/	*May I speak with...?/*
Desidererei parlare con...	I would like to speak with...

La linea è occupata	*The line is busy*	Fa' (inf)/Faccia (pol)	*Dial the number!*
La linea è libera	*The line is free*	il numero!	
Resta (inf)/Resti	*Stay on the*	Scusi, ho sbagliato	*I'm sorry, I've dialed*
(pol) in linea!	*line!/Please hold!*	numero	*the wrong number*

Level 2

Communications in general

l'abbonamento	*subscription*
l'audio	*audio*
l'autostrada	*the information*
informatica	*highway*
la bolletta	*bill*
la diffusione	*spread*
la distorsione	*distortion*
l'emissione (f)	*emission*
la frequenza	*frequency*
l'interferenza	*interference*
la lunghezza d'onda	*wave length*
i mass media	*mass media*
il messaggio	*message*
i mezzi di	*communications media*
comunicazione	
l'onda	*electromagnetic wave*
elettromagnetica	
la rete	*network*
la rete satellitare	*satellite network*
la ricezione	*reception*
il segnale	*signal*

il segnale luminoso	*light signal*
il segnale sonoro	*sound signal*
la tariffa	*fee*
la telecomunicazione	*telecommunication*
il tempo reale	*real time*
la trasmissione	*transmission*
il video	*video*
il volume	*volume*

Mail

accludere, allegare	*to enclose, to attach*
accluso, allegato	*enclosed, attached*
la casella	*(tick) box*
il corriere	*courier*
la partecipazione	*invitation (to a wedding, baptism, etc.)*
la posta commerciale	*business mail*
i saluti (per l'Anno Nuovo, ecc.)	*greetings (New Year, etc.)*
il tagliacarte (inv)	*letter opener*
il valore	*value*

Level 3

Telecommunications

l'antenna	*antenna*
l'antenna parabolica	*satellite dish*
la cabina di regia	*TV control booth*
il camerman (inv)	*cameraman*
il canone	*subscription fee*
d'abbonamento	*(to a service)*
la cornetta, il	*phone receiver*
ricevitore	
la fedeltà	*fidelity*
il pay TV (inv)	*pay TV*
il radioascoltatore	*radio listener*

il radioutente	*radio user*
il satellite	*satellite*
lo studio	*TV studio*
la telecamera	*TV camera*
la telecamera a spalla	*hand-held (shoulder) TV camera*
la telescrivente	*teletype*
la telesorveglianza	*TV monitoring*
il telespettatore/la telespettatrice	*TV spectator, viewer*
il/la teleutente	*TV user*
via cavo	*by cable*

la videocamera	*video camera*	la videoconferenza	*video conference*
il videoclip (inv)	*video clip (video images accompanying the performance of a piece of music)*	il videogioco	*video game*
		il videolettore	*optical reader*
		il videoregistratore	*video recorder*
		il videotelefono	*video telephone*

Exercises

Level 1

1. Classifica le seguenti parole/espressioni in modo appropriato nella tabella riportata sotto.

urbana	raccomandata	rosa	aerea
laser	veicolare	a getto d'inchiostro	internazionale
verde	digitale	RAM	portatile
ordinaria	ROM	pubblico	fissa
amico	portatile	interurbana	azzurro

Tipi, servizi, ecc. di telefono	Tipi di telefonata	Servizi posta	Tipi di radio	Tipi di stampante (per computer)	Forme di memoria (di computer)

2. Accoppia i sinonimi e i quasi-sinonimi.*

1. il telefonino	a. la penna a sfera	8. il computer portatile	h. inviare
2. comporre il numero	b. fare il numero	9. il fax	i. l'altoparlante
3. il numero telefonico	c. il cellulare	10. la biro	j. l'e-mail
4. squillare	d. il laptop	11. l'amplificatore	k. l'elaboratore
5. la posta elettronica	e. il numero di telefono	12. gli auricolari	l. le cuffie
6. l'ordinatore	f. il postino/la postina	13. il/la portalettere	m. lo schermo
7. il monitor	g. il telefax	14. spedire	n. suonare

3. Cruciverba.*

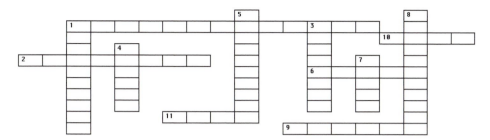

Orizzontali
1. *Direct dialing.*
2. *Area code.*
6. *Packet.*
9. *Tape.*
10. *Cable.*
11. *Site (web).*

Verticali
1. *Computerized phone system.*
3. *"Occupied" signal/tone.*
4. *"Free" signal/tone.*
5. *Operator.*
7. *Signature.*
8. *Stamp.*

4. Scegli la risposta giusta. Nota che in alcuni casi più di una risposta può essere giusta.*

1. Comando che permette di cancellare qualcosa scritto sullo schermo.
   a. Incolla
   b. File
   c. Elimina
   d. Copia
   e. Controlla
   f. Controllo ortografia
   g. Controllo grammatica
   h. Aggiorna
2. Comando che permette di interagire tramite computer.
   a. Invia
   b. Inserisci
   c. Inoltra
   d. Impaginazione
   e. Formato
   f. Finestra di dialogo
   g. Indietro
   h. Allegato
3. È un comando.
   a. Posta eliminata
   b. Nome utente
   c. Modifica
   d. Messaggio
   e. Menu
   f. Layout
   g. Invio
   h. la virgoletta
4. Permette di conservare quello che è stato scritto sullo schermo.
   a. Sposta
   b. Seleziona
   c. Salva
   d. Rubrica
   e. Rispondi
   f. Preferiti
   g. Posta inviata
   h. la virgola
5. Non è un comando.
   a. Stampa
   b. Strumenti
   c. Tabella
   d. Taglia
   e. Trova
   f. Vai a
   g. Visualizza
   h. la videoscrittura
6. Permette di leggere, per esempio, i CD-ROM.
   a. il lettore laser
   b. Connetta

c. Chiudi
d. Avanti
e. Apri
f. Annulla
g. la fibra ottica
h. l'utente

7. Lo è, per esempio, RAI 1.
   a. la televisione
   b. la stazione radio
   c. l'antenna
   d. l'audiocassetta
   e. il canale televisivo
   f. la cassa acustica
   g. il cavo ottico
   h. il tabulatore

8. Il numero totale di francobolli usati.
   a. il pacco postale
   b. il giro di posta
   c. il furgone postale
   d. il fermo posta
   e. il corrispondente

f. l'affrancatura
g. l'aereo postale
h. la tastiera

9. Congegni usati nella telefonia.
   a. l'altoparlante
   b. l'auricolare
   c. il microfono
   d. la scheda magnetica telefonica
   e. la tastiera del telefono
   f. la cabina telefonica
   g. la bolletta del telefono
   h. il trattamento di testi

10. Ci si imbucano le lettere.
   a. l'allegato
   b. il buono postale
   c. la cartolina postale
   d. la cassetta postale
   e. il codice postale
   f. la controfirma
   g. il transistor

5. In ciascun gruppetto di quattro parole c'è un intruso. Trovalo e spiega perché non c'entra.

Modello   Scusi, ho sbagliato numero.
              Fa' il numero.
              Un abbraccio.
              Resta in linea.
              L'espressione «Un abbraccio» è l'intruso, perché viene usata per chiudere certe lettere, mentre le altre tre sono espressioni usate nell'ambito delle chiamate telefoniche.

1.	2.	3.
Un caro saluto	Posta in uscita	La linea è occupata
Ti saluto affettuosamente	Cara Maria	Posso parlare con
Cordiali saluti	Mia cara Maria	Personalizza
Rimuovi	A chi di competenza	La linea è libera

4.	5.	6.
Password	l'ufficio postale	il numero sbagliato
Posta in arrivo	il numero verde	le pagine gialle
Gentile signore	la tariffa postale	l'elenco telefonico
Opzioni	il vaglia postale	il televisore digitale

7.	8.	9.
Spettabile Ditta	il mittente	il compact disc
Sono Alessandro	l'indirizzo	il videodisco
C'è Sarah?	il sintonizzatore	la videocassetta
Pronto	il destinatario	il televisore

6. Spiega o illustra (con un esempio o due) ciascuna delle seguenti parole/espressioni.

Modello   la cucitrice

        La cucitrice è un congegno che permette di attaccare fogli di carta.

il capoufficio	l'orario d'ufficio	il personale d'ufficio	la sala d'aspetto
la scrivania	il segretario	la segreteria	la stenografia
l'agenda	l'archivio	il blocchetto	la busta
la calcolatrice	il calendario	la carta	la carta intestata
la cartella	la cartuccia	il cestino	il citofono
la colla	la copisteria	la chiocciola	la doppia copia
duplicare	l'evidenziatore	il foglio	le forbici
la fotocopiatrice	la gomma	la grappetta	l'inchiostro
la matita	il nastro adesivo	la pagina	la penna
il pennarello	il punto metallico	la riga	la scheda
la sedia girevole	lo spago	la tabella	il taccuino
il toner (inv)	l'analista di sistemi	l'apostrofo	la barra spaziatrice
il carattere grafico	il carattere maiuscolo	il carattere minuscolo	il circuito integrato
cliccare	il computer	il corsivo	il cursore
il dischetto	il disco rigido	il grassetto	l'informatica
interattivo	l'internauta	Internet	le ipermedia

7. Traduci o in ingelse o in italiano, secondo il caso.*

l'ipertesto	
	CD reader/drive
il microprocessore	
	mouse
navigare	
	parenthesis, bracket
le periferiche	
	PC
il provider	
	period
il punto e virgola	
	search
salvare	
	scanner
il server	
	underline
stampare	
	keyboard operator
il trattino	

	to turn on
andare in onda	
	to make a connection
diffondere	
	on the air
mandare in onda	
	microphone
il proiettore	
	recorder
spegnere	
	to send
allegare	
	confidential
controfirmare	
	to sign
imbucare, impostare	
	to receive

Level 2

8. Classifica le seguenti parole/espressioni in modo appropriato nella tabella riportata sotto.

il tagliacarte	la carta intestata	sonoro	luminoso
la perforatrice	la carta carbone	l'elastico	l'etichetta
animata	virtuale	lo schedario	la segreteria telefonica
in 3D	la scheda	il modulo	la bozza

Tipi di immagine	Cose da compilare	Tipi di segnale	Forniture

9. Accoppia i sinonimi, i quasi-sinonimi, i contrari, e le associazioni varie, secondo il caso.*

1. l'archivio	a. accluso	5. la rete satellitare	e. il network
2. accludere	b. allegare	6. cancellare	f. il software
3. allegato	c. i mezzi di comunicazione	7. l'hardware	g. salvare
4. i mass media	d. il file		

10. Usa ciascuna delle seguenti parole/espressioni in altrettante frasi che ne rendano chiaro il significato.

l'abbonamento	l'audio	l'autostrada informatica	la bolletta
la diffusione	la distorsione	l'emissione	la frequenza
l'interferenza	la lunghezza d'onda	il messaggio	l'onda elettromagnetica
la ricezione	la telecomunicazione	il tempo reale	la trasmissione
il volume	la casella	il corriere	la partecipazione
la posta commerciale	il valore	archiviare	il virus
il biglietto da visita	la bozza	schedare	l'agenda elettronica
l'archivio elettronico	l'automazione	la banca dati	la cartella
la computerizzazione	il file di dati	il format	formattare
formattato	l'icona	immagazzinare	l'informatizzazione
l'interfaccia grafica	il modem	il programma pirata	il software compatibile

Level 3

11. Classifica le seguenti parole/espressioni in modo appropriato nella tabella riportata sotto.

da pacchi	velata	il radioascoltatore	il telespettatore
di programmazione	l'istruzione	il suono digitale	la traccia
il bianchetto	il radioutente	il teleutente	la griglia
il grafico	la giustificazione	l'indice	la macchina stracciante
la risma di carta	il foglio elettronico	la puntina	la tavola dei simboli
la copertina	protocollo	il comando aiuto	la barra degli utensili
la finestra	l'impaginazione	la porta seriale	il tasto dell'interlinea

Tipi di carta	Tipi di linguaggio	Fanno parte di un pubblico	Attrezzature d'ufficio	Componenti di un computer

12. Accoppia i sinonimi e i quasi-sinonimi.*

1. la cornetta   a. facile da usare   4. on-line   d. in linea
2. di facile uso   b. il ricevitore   5. il file name   e. la rete
3. il network   c. il titolo del documento   6. strappare   f. stracciare

13. In ciascun gruppetto di quattro parole c'è un intruso. Trovalo e spiega perché non c'entra.

Modello   la sbarra obliqua
              tabulare
              la scansione
              lo studio
              Lo studio (televisivo) è il posto dove vengono registrati i programmi, ecc.; le altre parole si riferiscono ad aspetti del computer.

1.
la parola chiave
la nota a piè di pagina
il password
la telecamera a spalla

2.
la telecamera
il pay TV
la cabina di regia
l'indirizzario

3.
l'organigramma
il videogioco
il videoregistratore
il videotelefono

4.
il revisore dei conti
virtuale
la multimedialità
digitale

5.
il quaderno ad anelli
l'autosalva
il bloccaggio
il menu

6.
centrare
copiare
via cavo
digitare

7.
la videocamera
la stazione di lavoro
la telesorveglianza
la videoconferenza

8.
il canone d'abbonamento
l'editing
l'installazione
la capacità di memoria

9.
la scheda telefonica
il byte
il margine
lo stile

14. Spiega o illustra (con un esempio o due) ciascuna delle seguenti parole/ espressioni.

Modello   cancellare
              Ho scritto qualcosa sbagliato sul mio schermo e bisogna eliminarlo; ovviamente lo devo cancellare.

interlineare   editare   annullare   analogico
allineare   il videoclip   la telescrivente   l'antenna parabolica
il satellite   la fedeltà   il cameraman

Synthesis

15. Quante parole/espressioni ricordi? Completa la seguente tabella nel modo indicato. *(Add as many cells to the chart as you may need.)*

Office equipment and materials	Computer terms	E-mail terms	Terms on the computer screen
la carta	lo schermo	Posta in arrivo	Salva

16. Adesso, quante parole/espressioni ricordi? Completa la seguente seconda tabella nel modo indicato. *(Add as many cells to the chart as you may need.)*

Electronic media	Mail terms	Telecommunications	Speaking on the phone
la televisione	il mittente	il satellite	Pronto!

17. Traduci in italiano.

1. They held a videoconference the other day that connected the two offices in real time. Modern telecommunications have certainly made business meetings much more practicable.
2. Where is the TV camera? It's not in the studio. However, I have a wireless camera that we can use.
3. The cameraman could not hear the director in the TV control booth, so she inadvertently captured a rather compromising scene that went on the air.
4. I sent her greetings for the New Year, but I forgot to enclose the invitation to our wedding.

5. Please lower the volume. All you can hear now is distortion, because the sound is too loud.
6. The line is busy. Should I try again? Maybe I dialed the wrong number.
7. Please give her a call. You can use my cell phone. Don't worry that it's a long-distance call. I don't mind.
8. I have to write a letter to that company. I will send it by registered or express mail, not regular surface mail.
9. How many radio stations can you get with a digital radio? And how many many TV channels can you get with a digital TV?

18. Indovina che cos'è?*

Modello   È usato per tagliare le pagine di libri o fogli di carta.
           il tagliacarte
1. Un quadretto usato, per esempio, nelle parole crociate.
2. Insieme di computer, canali televisivi o stazioni radio collegati tra loro.
3. L'informazione comunicata.
4. Fattura che reca l'indicazione dell'importo da pagare per un consumo effettuato.
5. Numero telefonico che addebita la chiamata al titolare del numero.
6. Lista contenente i nomi e cognomi, in ordine alfabetico, degli utenti del servizio telefonico.
7. Si appoggiano agli orecchi per ascoltare suoni.
8. Busta, per lo più chiusa, contenente lettere o stampati vari.
9. Nome e cognome realizzato con la propria mano su una lettera.
10. Chi spedisce una lettera.
11. ≪Recipiente≫ per le lettere.
12. Circuito di un radioricevitore che permette di selezionare, fra tutti i segnali che entrano nell'antenna, quello della stazione emittente desiderata.

19. Il gioco degli anagrammi*

Cerca di indovinare le parole.
Modello   eviraltu
           virtuale

Computer e informatica	Attrezzature d'ufficio	Istruzioni per computer
1. aalognico	16. nchetbiato	31. Tarov
2. osaautlva	17. zzarioindiri	32. Viszualiza
3. bggiolocca	18. tinapun	33. Stapos
4. gitadire	19. sdaricheo	34. Rindispo
5. areedit	20. ratriceperfo	35. Moicadif
6. giglria	21. asticelo	36. Coapi
7. pordassw	22. tuiaccno	37. Cottanne
8. bulartae	23. iiostrncho	38. Aiorngga
9. onica	24. grettaapp	39. Nanlaul
10. svareal	25. ollca	40. Lainloc
11. mattforare	26. nnpea	41. Tooramf
12. ipetortes	27. atitam	42. Irap
13. curerso	28. rtaca	43. Vaini
14. ccarecli	29. adagen	44. Duchii
15. musoe	30. citricuce	45. Scisniire

Text work

Text A

> *Da:*
> ### UNA COME TANTE
> di
>
> #### Carlo Castellaneta (1930–)
>
> L'unica cosa che lo smuove è il ristorante. Se un amico dice: ho trovato un posticino favoloso, Francesco lo prende subito in parola. Finisce che poi si sta a tavola delle ore, se ne va il pomeriggio mentre loro parlano di calcio o di colleghi o di altre cose che non mi interessano, come il consumo della benzina delle loro macchine.
>
> Per fortuna viene il lunedì, le colleghe mi aspettano per raccontare cos'hanno fatto, ricomincia a squillare il telefono, il capo mi chiama per dettarmi una lettera, mi sento io di nuovo, e quando entra Tommi fingo di non vederlo per mostrargli di tre quarti un paio d'orecchini nuovi.
>
> ≪Buongiorno≫ dice a tutte, ma so che è per me il suo saluto. Non è nemmeno un segreto, anche se la Sormani cerca tutti i pretesti per fargli vedere le gambe e se potesse si toglierebbe anche la minigonna. Anzi a volte lo prendono in giro, gli dicono: voi due, eh... lui diventa rosso, scarica la macchina, consegna i rullini e fila via. Mi piace perché è timido così, un po' scontroso, e nello stesso tempo mi fa paura, se penso all'apatia che mi viene quando lo spediscono fuori Milano per servizio, un giorno o due.

20. Traduci il testo in inglese.

21. Studio del vocabolario

Per ciascuna delle seguenti parole/espressioni, ritrovabili nel brano, trova un sinonimo, un quasi-sinonimo, un'espressione equivalente o un contrario.

Modello   il saluto
          il congedo (= contrario)

1. favoloso
2. il collega
3. la macchina
4. squilla il telefono
5. il capo
6. dettare
7. il segreto
8. diventa rosso
9. timido
10. scontroso

22. Lavoro in gruppo!

La classe si divide in coppie consistenti di uno studente (maschio) e una studentessa, se possibile. Ciascuna delle coppie dovrà interpretare la seguente situazione a piacere.

Ruolo A: Tommi

Tommi è veramente molto timido, ma è anche intensamente innamorato della narratrice del brano. Vorrebbe uscire con lei, ma non sa come comportarsi.

Ruolo B: la narratrice

Sa che Tommi è timido, e quindi trova un modo ≪ingegnoso≫ per convincerlo a uscire con lei.

Text B

Da:

NON TUTTI I LADRI VENGONO PER NUOCERE

di

Dario Fo (1926–)

UOMO   Andiamo di là. *(i due stanno per uscire, l'una nelle braccia dell'altro quando ecco suonare il telefono, si arrestano imbarazzati, non sanno cosa fare)*

UOMO   Chi può essere?

DONNA   Tua moglie?

UOMO   Ma no... mia moglie... Perché dovrebbe telefonare? E a chi? A me no di certo... Lei crede che io sia da mia madre... E poi questo non è il suono di una chiamata interurbana... Sarà certo qualche seccatore, oppure qualcuno che ha sbagliato numero. *(riprendendola fra le braccia)* Andiamo di là, vedrai che fra poco smetterà. *(ma il trillare del telefono continua imperterrito)*

DONNA   Ti prego, fallo smettere, mi fa impazzire.

UOMO   *(va verso il telefono, stacca la cornetta e la richiude nel cassetto del tavolino)* Ecco fatto; adesso non ci darà più fastidio.

DONNA   *(con tono disperato)* Oh Dio! Che hai fatto! Ora avranno capito che sei in casa... Chi altro potrebbe aver staccato il ricevitore?

. . . .

L'Uomo, quasi ipnotizzato da quel suono, afferra la cornetta e lentamente se la porta all'orecchio.

UOMO   *(con voce naturale)* Pronto? *(appare come prima la figura della Moglie del Ladro e nello stesso tempo si ode la sua voce, piuttosto irritata)*

MOGLIE DEL LADRO   Oh finalmente... è un'ora che chiamo! Si può sapere perché prima hai staccato la comunicazione?

UOMO   Ma scusi, con chi parlo? *(l'amante accosta l'orecchio al ricevitore per ascoltare anche lei)*.

23. Scrivi una parafrasi della vignetta.

Un ladro e la sua amante stavano per uscire quando sentono squillare il telefono...

24. Studio del vocabolario

Usa ciascuna delle seguenti parole/espressioni, ritrovabili nella vignetta, in altrettante frasi che ne rendano chiaro il significato.

Modello   suonare il telefono

> *Gianni, non senti? Suona il telefono. Rispondi, per piacere.*

1. telefonare
2. una chiamata interurbana
3. qualcuno che ha sbagliato numero
4. il trillare del telefono
5. la cornetta

6. il ricevitore
7. Pronto?
8. staccare la comunicazione
9. Con chi parlo?

25. Lavoro in gruppo.

Diversi gruppi consistenti di tre studenti – se possibile, due studentesse e uno studente (maschio) – dovranno mettere in scena una ≪chiusa≫ alla vignetta a piacere. Lo studente (maschio) interpreterà il ruolo del ladro; una delle due studentesse interpreterà il ruolo della moglie; e l'altra dell'amante.

> *Chiusa:*
> La moglie era veramente nascosta in un'altra stanza della casa. Scopre il marito e la donna in una situazione ≪compromettente.≫

Role-playing

26. Amore d'ufficio!

Diverse coppie di studenti dovranno mettere in scena la seguente situazione.

> *Ruolo A: il capoufficio*
> Il capoufficio di una ditta s'innamora di un impiegato/un'impiegata.
> Ovviamente, non deve farsi scoprire. Comunque, cercherà di
> convincerlo/la di uscire con lui/lei.
> *Ruolo B: l'impiegato/l'impiegata*
> L'impiegato/l'impiegata trova il capoufficio antipatico e non vuole
> (per nessun motivo) uscire con lui/lei. Tuttavia, deve dimostrare
> di essere cortese.

27. Incontro fatidico!

Diversi gruppi di studenti dovranno mettere in scena la seguente situazione a piacere.

Due ≪ex-amanti≫ s'incontrano per caso per strada. Tutti e due sono accompagnati da un altro partner amoroso. I due vorrebbero, comunque, rianimare il loro amore, ma lo dovranno fare senza offendere i loro attuali partner.

Discussion/Composition/Activities

28. Rispondi alle seguenti domande.

1. Hai mai lavorato in un ufficio? Se sì, per quale azienda/ditta? Ti è piaciuta l'esperienza? Perché sì/no?
2. Ti piacerebbe lavorare in un ufficio o in una fabbrica in futuro? Perché sì/no?
3. C'è qualcuno nella tua famiglia che lavora in un ufficio? Se sì, di' chi è, e dove lavora.
4. Come si potrebbe, secondo te, rendere «l'atmosfera» di un ufficio tipico molto più «simpatica?»
5. Quali sono, secondo te, le cause principali del cosiddetto «office burnout,» e cioè, dell'esaurimento o dell'affaticamento che spesso gli impiegati d'ufficio sentono?

29. Esercitazione

1. Immagina di essere il direttore/la direttrice di una nuova ditta. La prima cosa che devi fare è attrezzare e custodire l'ufficio. Perciò, completa la seguente tabella, indicando perché è necessario avere ciascuna delle cose elencate.

Attrezzature	Ragioni
le agende	Ogni impiegato ha bisogno di un'agenda in modo che possa notare, giorno per giorno, le cose importanti da fare, quelle già fatte, o tutto ciò che dovrà richiamare alla memoria.

2. Adesso, come direttore/direttrice, devi assumere il personale d'ufficio adatto. Perciò, completa la seguente tabella, indicando chi saranno gli impiegati che assumerai e quali attributi dovranno avere.

Personale	Attributi
un capoufficio	Il capoufficio deve avere un carattere che gli/le permetterà di guidare e regolare l'ufficio in modo efficiente; allo stesso tempo deve avere la capacità di risolvere eventuali conflitti tra persone.

30. Il mio computer ideale!

Fa' un elenco delle cose che vorresti avere per il tuo computer nuovo, indicandone il perché.

Aspetti/funzioni/ecc.	Ragioni
un «drive» per i CD-ROM	Siccome faccio tante ricerche per motivi di studio, mi servono spesso le «enciclopedie multimediali» su CD-ROM.

31. Discussione in classe

1. Secondo te, i mezzi elettronici di comunicazione sostituiranno quelli tradizionali nel futuro prossimo? Perché sì/no?
2. Secondo te, i sistemi DVD elimineranno gradualmente i sistemi video attuali? Perché sì/no?
3. Pensi che nel futuro prossimo, i nuovi sistemi di posta elettronica sostituiranno, una volta per sempre, la posta tradizionale? Perché si/no?
4. Come saranno i telefoni cellulari in futuro?
5. Le comunicazioni via satellite hanno trasformato il mondo in un «villaggio globale,» come lo designò anni fa il comunicologo canadese, Marshall McLuhan. Quali sono, secondo te, i vantaggi e/o gli svantaggi di vivere in questo «villaggio?»

32. Tema da svolgere. Scrivi un breve componimento su uno dei due seguenti temi. Poi, leggilo e discutilo in classe.

1. Come si comunicherà nel futuro?
2. Come sarà il mondo del lavoro nel futuro?

Unit 18

Law

Level 1

The justice system

l'accusa, l'imputazione (f)	accusation
accusare	to accuse
ammettere	to admit
assolvere	to acquit
l'aula bunker	courtroom with high security
l'aula del tribunale, l'aula giudiziaria	courtroom
l'avvocato	lawyer
il carcere, la prigione	prison
la causa	litigation, legal case
la cauzione	bail
citare in tribunale	to sue, to summons
la citazione	summons
la colpa	fault, guilt
colpevole	guilty
la colpevolezza	guilt
la condanna	(guilty) judgment, sentence
la controversia	controversy
convincere	to convince
la corte costituzionale	constitutional court
la corte d'appello	court of appeal
la corte d'assise	assize court (court for serious crimes)
la corte dei conti	court for the administration of public funds
la corte di cassazione	supreme court
dibattere	to debate
il dibattito	debate
dichiararsi	to plead
difendersi	to defend oneself
discutere	to discuss, to argue
l'eccezione (f), la supplica	plea
l'ergastolo	life imprisonment
eseguire una sentenza	to carry out a sentence
essere d'accordo	to agree
essere sotto processo	to be on trial
fare causa	to litigate
giudicare	to judge
il giudice	judge
il giudice di pace	justice of the peace
il giurato/la giurata	juror
la giuria	jury
la giustizia	justice
illegale	illegal
imprigionare, incarcerare	to imprison
l'imputato, l'accusato	accused
incolpare	to charge
l'incolpazione (f)	indictment
innocente	innocent
l'innocenza	innocence
legale	legal
la legge	law
la legge civile	civil law
la legge penale	criminal law
il magistrato	magistrate
non essere d'accordo	to disagree
la pena di morte	capital punishment
persuadere	to persuade
il processo	trial

pronunciare una sentenza	*to issue a sentence*	il delitto colposo	*unintentional criminal act*
le prove	*evidence, proof*	il delitto contro la persona	*crime against a person*
il pubblico accusatore	*public prosecutor*		
la querela	*lawsuit*	il delitto contro la proprietà	*property crime*
il/la querelante	*plaintiff*		
querelare	*to sue*	il delitto doloso	*intentional criminal act*
la sentenza	*sentence*		
la sentenza di assoluzione	*acquittal*	il delitto premeditato	*premeditated crime*
		il difensore/la difenditrice	*defense lawyer*
la sentenza di condanna	*guilty verdict*		
		il difensore d'ufficio	*court-appointed lawyer, duty lawyer*
la sentenza di rinvio a giudizio	*deferred sentence*		
		elevare una contravvenzione	*increase a fine*
la supplica per il perdono	*plea for mercy*		
		estinguere una contravvenzione	*to pay off a fine*
il/la testimone	*witness*		
testimoniare, deporre	*to testify*	la frode	*fraud*
il tribunale	*court*	l'infrazione (f)	*violation, breach, infraction, offence*
il verdetto	*verdict*		
		l'investigatore privato, il detective (inv)	*private detective*

Police and crime

aggredire	*to assault, to attack, to mug*	l'investigatore/l'investigatrice	*investigator*
l'aggressione (f)	*attack, assault*	l'investigazione (f)	*investigation*
l'aggressione a mano armata	*armed attack*	il ladro/la ladra	*thief*
		l'oblazione (f)	*payment of a fine*
l'aggressore (m)	*assailant*	l'omicida (m and f)	*murderer*
arrestare	*to arrest*	l'omicidio preterintenzionale	*manslaughter*
l'arresto	*arrest*		
l'assassino	*assassin, murderer*	l'omicidio, l'assassinio	*murder*
il bottino	*loot*		
la bustarella	*bribe*	l'ostaggio	*hostage*
il carabiniere/la carabiniera	*(military) policeman/policewoman*	la polizia	*police*
		la polizia stradale	*traffic police*
		il poliziotto/la poliziotta	*policeman/policewoman (general)*
il commissariato	*police headquarters*		
il commissario di polizia	*chief of police*		
		il proliferare del crimine	*proliferation of crime*
la contravvenzione	*fine, traffic ticket*		
il corpo del delitto	*proof of a crime*	pugnalare	*to stab*
la criminalità	*crime rate*	la questura	*police station*
il crimine	*crime*		
la delinquenza	*delinquency*		
il delitto, il reato	*criminal act*		

il rapimento, il sequestro	*kidnapping*
la rapina	*robbery, burglary*
rapinare	*to rob*
il rapinatore	*robber, burglar*
rapire, sequestrare	*to kidnap*
il rapitore, il sequestratore	*kidnapper*
ricattare	*to blackmail*
il ricatto	*blackmail*
il riscatto	*ransom*
il sicario	*hired killer*
spacciare droga	*to push drugs*

lo spacciatore di droga	*drug pusher*
lo spaccio di droga	*drug pushing*
il trafficante di droga	*drug trafficker*
il traffico di droga	*drug traffic*
uccidere, ammazzare	*to kill (to murder)*
il vigile/la vigilessa	*traffic cop*
violentare, stuprare	*to rape*
il violentatore, lo stupratore	*rapist*
la violenza carnale, lo stupro	*rape*

Level 2

The justice system

l'audizione (f)	*examination (of witnesses)*
la convocazione d'un difensore d'ufficio	*designation of a court-appointed lawyer*
la deposizione	*deposition, testimony*
detenere	*to detain*
la detenzione	*detention*
fissare la data del processo/ dell'udienza/ecc.	*to fix the date of the trial/ hearing/etc.*
la libertà su cauzione	*(freedom on) bail*
la parte avversa	*the hostile (other) party*
le prove	*evidence*
rilasciare sotto cauzione	*to release on bail*
rimandare il processo/ l'udienza/ecc.	*to postpone/adjourn the trial/ hearing/etc.*
sospendere il processo/ l'udienza/ecc.	*to suspend the trial/hearing/ etc.*
la testimonianza	*testimony*
l'udienza	*hearing*
l'udienza a porte chiuse	*closed-door hearing*

l'udienza in pretura	*in-chamber hearing*
l'udienza in tribunale	*courtroom hearing*
l'udienza penale	*criminal hearing*
versare la cauzione	*to pay bail*

Police and crime

la baruffa	*scuffle*
il borsaiolo, lo scippatore	*pickpocket*
la caccia all'uomo	*manhunt*
il/la complice	*accomplice*
consegnarsi alla polizia	*to give oneself up*
il contrabbando	*smuggling*
il contraffattore/la contraffattrice	*forger*
la contraffazione	*forgery*
il delinquente minorile	*juvenile delinquent*
la delinquenza minorile	*juvenile delinquency*
il detenuto, il carcerato, il prigioniero	*prisoner*
il dirottamento	*hijacking*
dirottare	*to hijack*
l'evasione (f)	*escape*
l'evaso/l'evasa	*fugitive*

la frode fiscale	*tax evasion*	il/la piromane	*arsonist*
l'incendio doloso	*arson*	la rapina a mano armata	*armed robbery*
l'indizio	*clue*		
l'informatore	*informant*	lo scasso, l'effrazione (f)	*break-in, burglary*
l'interrogatorio	*questioning*		
l'irruzione della polizia (f)	*police raid*	lo scippo	*pickpocketing*
		lo spergiuro, la falsa testimonianza	*perjury*
il mandato, il decreto	*warrant*		
il mandato di cattura	*arrest warrant*	il/la teppista	*thug*
il mandato di perquisizione	*search warrant*	il vandalismo	*vandalism*
		il vandalo	*vandal*
il passato criminale	*criminal record*	il verbale	*statement made to authorities*
la perquisizione	*search*		
la persona scomparsa	*missing person*		

Level 3

The justice system

il brevetto	*patent*	la congiura, il complotto	*conspiracy, frame-up*
l'estradizione (f)	*extradition*		
l'insufficienza di prove	*insufficient evidence*	la corruzione	*bribery*
		il DNA (inv)	*DNA*
interrogare il testimone	*to examine the witness*	il fuorilegge, il bandito	*outlaw*
la libertà vigilata	*probation*	il furgone della polizia	*police van*
la procura	*power of attorney*		
il procuratore/la procuratrice	*attorney*	il gas lacrimogeno	*tear gas*
		la guardia del corpo	*bodyguard*
la prova testimoniale	*witness evidence*	l'impronta digitale	*fingerprint*
il testimone a carico	*witness for the prosecution*	l'impronta digitale genetica	*genetic fingerprint*
il testimone a discarico (a difesa)	*witness for the defense*	il legale, lo specialista di medicina legale	*forensic specialist*
il testimone oculare	*eye witness*	la mafia	*Mafia, the mob*
		il mafioso	*Mafioso*
		il magistrato (investigatore)	*coroner*

Police and crime

l'appropriazione indebita	*embezzlement*	le manette	*handcuffs*
		la medicina legale	*forensics, forensic medicine*
l'assistenza legale	*legal assistance*		
		la pattuglia	*patrol*
		pattugliare	*to patrol*

Finance

Level 1

The financial world

accendere/contrarre un mutuo	to take out a mortgage
l'annuità	annuity
assicurabile	insurable
assicurare	to insure
l'assicurato/ l'assicurata	insured (person)
l'assicurazione (f)	insurance
l'assicurazione contro gli infortuni	accident insurance
l'assicurazione contro il furto	anti-theft insurance
l'assicurazione contro l'incendio	fire insurance
l'assicurazione sulla vita	life insurance
il bilancio	budget
la borsa valori	stock market
il capitale	capital
il debito	debt
il deficit (inv)	deficit
la deflazione	deflation
l'eccedente (m)	surplus
l'esattore/l'esattrice	tax-collector
estinguere un mutuo	to pay off a mortgage
il finanziamento	funding
il finanziere	financier
imponibile	taxable
l'imponibile (m)	taxable income
l'imposta	tax, levy
l'inflazione (f)	inflation
l'ipoteca	liability loan, mortgage
l'IVA (inv)	sales tax
la moneta, i soldi	money
la moneta falsa	counterfeit money
il mutuo	mortgage
il mutuo fondiario	house mortgage
il pagamento	payment
il pagamento a pronta cassa	payment on delivery

la polizza d'assicurazione	insurance policy
la recessione	recession
la società d'assicurazione	insurance company
la svalutazione	devaluation
svalutare	to devalue
la tassa	tax
il tasso d'inflazione	inflation rate
il tesoriere/la tesoriera	treasurer

Banks and banking

aprire un conto	open an account
l'assegno	cheque
l'assegno da viaggiatore	traveller's cheque
avallare	to endorse
l'avallo	endorsement
l'azione (f)	stock, share
il banchiere/la banchiera	banking executive
la banconota, il biglietto di banca	bill, banknote
la banconota di grosso taglio	large bill/note
la banconota di piccolo taglio	small bill/note
il bilancio	budget, balance
la cambiale	draft, promissory note
cambiare	to exchange
incassare un assegno	to cash a cheque
il cambio	exchange
la carta di credito	credit card
la cassa automatica, il bancomat (inv)	automated banking machine, cash machine, ATM
la cassaforte	safe
la cassetta di sicurezza	safety deposit box
il cassiere/la cassiera	teller
chiudere un conto	close an account

i contanti	*cash*	l'obbligazione (f)	*bond*
il conto bancario	*account*	pagare in contanti	*to pay in cash*
il credito	*credit*	il prelevamento	*withdrawal*
il debito	*debit, bill, debt*	prelevare, ritirare	*to withdraw*
il denaro, la moneta, i soldi	*money*	il prestito	*loan*
depositare, versare	*to deposit*	la quietanza, la ricevuta	*bank receipt*
il deposito, il versamento	*deposit*	il reddito	*income*
		risparmiare	*to save*
il direttore/la direttrice	*manager*	il risparmio	*savings*
		saldare	*to pay off*
l'euro (m, inv)	*Euro (has replaced the lira)*	lo sconto	*discount*
		la sede centrale di una banca	*head office/main branch of a bank*
la filiale di una banca	*bank branch*	gli spiccioli	*loose change*
l'impiegato/ l'impiegata di banca	*bank clerk*	lo sportello	*counter (teller's wicket, cashier's window)*
l'interesse (m)	*interest*	il tasso	*rate*
l'investimento	*investment*	il tasso d'interesse	*interest rate*
investire	*to invest*	il tasso di sconto	*discount rate*
il libretto bancario	*bank book*	la tessera magnetica/ bancaria	*cash (bank) card*
il libretto degli assegni	*cheque book*		
il libretto di risparmio	*savings book*	il vaglia bancario (inv)	*bank money order*
il modulo, la scheda	*form (to fill out)*	la valuta	*currency*

Level 2

The financial world		*Banks and banking*	
la concorrenza	*competition*	al portatore	*to the holder/bearer*
concorrenziale	*competitive*	l'assegno barrato	*non-transferable cheque*
esportare	*to export*		
il guadagno	*gain*	la banca d'affari	*merchant bank*
importare	*to import*	la banca popolare	*public bank*
l'investimento	*investment*	il bancario/la bancaria	*bank worker/clerk*
investire	*to invest*		
la perdita	*loss*	il bonifico	*credit transfer, discount*
pianificato	*planned*	la cassa continua	*external bank machine*
il potere d'acquisto	*buying power*	la cassa di risparmio	*savings trust, building society*
il rendimento	*yield*		
il rialzo dei prezzi	*rise in prices*	il codice bancario	*bank code*
il ribasso dei prezzi	*fall in prices*	compensare	*to clear*
risparmiare	*to save*	la compensazione degli assegni	*cheque clearing*
il risparmio	*saving*		
lo scambio	*exchange*	il conto corrente	*current account*

il fido	credit limit
la girata	endorsement
la girata in bianco	blank endorsement
la girata piena	full endorsement
l'interesse composto (m)	compound interest
l'interesse semplice (m)	simple interest
l'istituto di credito	credit institute, trust, lending institution

il portafoglio	portfolio
il prelevamento automatico	direct debit, automatic withdrawal
il prelevamento autorizzato	authorized withdrawal
la stanza di compensazione	clearing house
il tasso	rate

Level 3

The financial world

l'affare (m)	deal
l'ammontare (m)	amount
la bancarotta	bankruptcy
la borsa	stock exchange
il cofirmatario/la cofirmataria	cosigner
la compensazione	balancing the books, clearing
il corso	legal tender
il credito a breve termine	short-term credit
il credito a lungo termine	long-term credit
il creditore	lender, creditor
i danni	damages
il debito pubblico	public debt
la detrazione	deduction
l'emittente (m and f)	issuer
le entrate	income, earnings
fallito	bankrupt
finanziare	to finance
la firma	signature
firmare	to sign
il firmatario/la firmataria	signatory, signer
la gamma dei prezzi	price range
giocare in borsa	to play the stock market
l'imposta sugli immobili	realty tax, property tax

l'imposta sul reddito delle persone fisiche	personal income tax
l'imposta sul reddito delle persone giuridiche	corporation tax
indennizzare	to compensate
le leggi del mercato	laws of the marketplace
la lettera di credito	credit letter
liquidare	to liquidate
liquidare un fallimento	to liquidate a bankruptcy
liquidare un'azienda	to sell off a company
il liquidatore/la liquidatrice	liquidator, receiver
la liquidazione	liquidation
il listino di borsa	list of stock values
il mercato fiacco	sluggish market
il mercato morto	dead market
il mercato vivace	lively market
il pagamento forfettario	lump sum payment
il prelievo d'imposta	tax payment
il prestito a breve termine	short-term loan
il prestito a interesse	interest loan
il prestito a lungo termine	long-term loan
il prestito ingente	large loan
il prestito trascurabile	small loan

il prezzo di mercato	*market price*	la rivendicazione	*claim*
quotare	*to quote (e.g. a stock price)*	la somma forfettaria	*lump sum*
		le spese	*expenses*
la quotazione	*quotation*	il titolare	*holder (e.g. card holder)*
la responsabilità	*liability*		
la responsabilità illimitata	*unlimited liability*	il titolo	*security*
		l'ufficio delle imposte	*tax office*
la responsabilità limitata	*limited liability*	le uscite	*expenditures, outgoings*

Exercises

Level 1

1. Classifica le seguenti parole/espressioni in modo appropriato nella tabella riportata sotto.

d'appello	degli assegni	dei conti	di assoluzione
di condanna	colposo	contro la proprietà	doloso
contro la persona	costituzionale	premeditato	sulla vita
il tribunale	contro gli infortuni	contro l'incendio	di grosso taglio
contro il furto	di rinvio a giudizio	d'assise	di risparmio
di cassazione	di piccolo taglio	d'interesse	di sconto

Corte	Sentenza	Delitto	Assicurazione	Banconota	Libretto	Tasso

2. Accoppia i sinonimi e i quasi-sinonimi.*

1. l'accusa
2. l'aula del tribunale
3. il carcere
4. l'eccezione
5. imprigionare
6. l'imputato
7. il delitto
8. testimoniare
9. l'investigatore privato
10. l'omicidio
11. il rapimento
12. rapire
13. il rapitore

a. ammazzare
b. deporre
c. depositare
d. i soldi
e. i soldi
f. il bancomat
g. il biglietto di banca
h. il detective
i. il reato
j. il sequestratore
k. il sequestro
l. il versamento
m. incarcerare

14. violentare
15. il violentatore
16. la violenza carnale
17. uccidere
18. la moneta
19. la banconota
20. la cassa automatica
21. il denaro
22. versare
23. il deposito
24. il modulo
25. prelevare
26. la quietanza

n. l'accusato
o. l'assassinio
p. l'aula giudiziaria
q. l'imputazione
r. la prigione
s. la ricevuta
t. la scheda
u. la supplica
v. lo stupratore
w. lo stupro
x. ritirare
y. sequestrare
z. stuprare

3. Cruciverba.*

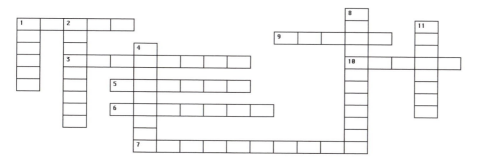

Orizzontali
1. accendere un ...
3. l'... preterintenzionale.
5. Obbligo di restituire denaro.
6. Il contrario di «profitto.»
7. ... un mutuo.
9. la ... valori.
10. *Legal case.*

Verticali
1. la ... falsa.
2. Incaricato della custodia di un tesoro.
4. *Surplus.*
8. *Insurable.*
11. La sede della polizia.

4. Traduci in inglese o in italiano, secondo il caso.*

	annuity
assicurare	
	insured person
il bilancio	
	capital
la deflazione	

	tax-collector
il finanziamento	
	financier
imponibile	
	taxable income
l'imposta	
	inflation
l'ipoteca	
	sales tax
il mutuo fondiario	
	payment
il pagamento a pronta cassa	
	insurance policy
la recessione	
	insurance company
la svalutazione	
	to devalue
la tassa	
	inflation rate

5. In che modo sono differenti le seguenti nozioni?

Modello   la pena di morte e l'ergastolo
             La pena di morte comporta la morte dell'imputato, mentre l'ergastolo è la pena del
             carcere a vita.

1. un credito e un debito
2. aprire un conto e chiudere un conto
3. una cassaforte e una cassetta di sicurezza
4. un direttore e un impiegato di banca
5. un investimento e un prestito
6. essere sotto processo e fare causa
7. un giudice di pace e un giurato
8. la legge civile e la legge penale
9. un verdetto e un'oblazione
10. un'aggressione a mano armata e una rapina
11. un vigile, un carabiniere e un commissario di polizia
12. un difensore normale e un difensore d'ufficio
13. elevare e estinguere una contravvenzione
14. il bottino e la bustarella
15. un crimine e la criminalità
16. l'arresto e il corpo del delitto
17. un poliziotto e un investigatore
18. un ricatto e un riscatto
19. uno spacciatore e un trafficante di droga
20. lo spaccio e il traffico di droga

6. Quiz! Scegli la risposta adatta.*

1. Firma di garanzia a copertura di un debito contratto da altri.
   a. l'avallo
   b. l'azione
   c. il banchiere
   d. il bilancio
   e. la cambiale
2. Denaro liquido.
   a. la carta di credito
   b. il cassiere
   c. i contanti
   d. il conto bancario
   e. il cambio
3. Killer per ordine o su mandato di altri.
   a. un assassino
   b. un rapinatore
   c. un omicida
   d. un ladro
   e. un sicario
4. Ritiro di denaro depositato in banca.
   a. l'interesse
   b. l'obbligazione
   c. il reddito
   d. il prelevamento
   e. il risparmio
5. Titolo di credito.
   a. un vaglia bancario
   b. uno sportello
   c. gli spiccioli
   d. la sede centrale di una banca
   e. uno sconto
6. Deposito di una somma a garanzia del compimento di un obbligo.
   a. l'aula bunker
   b. la cauzione
   c. l'avvocato
   d. la citazione
   e. la colpa
7. In un processo, gruppo di persone che decide se l'imputato è colpevole o no.
   a. la giuria
   b. il dibattito
   c. la colpevolezza
   d. la condanna
   e. la controversia
8. Attività attraverso le quali si accerta la verità e si giunge alla soluzione di una controversia o di un reato.
   a. la giustizia
   b. l'incolpazione
   c. il processo
   d. l'innocenza
   e. le prove
9. Persona che giura, davanti a un giudice, di dire la verità.
   a. il testimone
   b. la querela
   c. il querelante
   d. il pubblico accusatore
   e. il tribunale

7. Usa ciascuna delle seguenti parole/espressioni in altrettante frasi che ne rendano chiaro il significato.

Modello   l'assegno turistico
   In Italia, non sono più necessari gli assegni turistici per i turisti, perché si possono usare i bancomat anche con una tessera magnetica straniera.

avallare	cambiare denaro	incassare un assegno	pagare in contanti
la filiale di una banca	l'euro	investire	risparmiare
saldare un debito	accusare	ammettere	assolvere
la valuta	citare in tribunale	colpevole	convincere
dibattere	dichiararsi	difendersi	discutere
eseguire una sentenza	essere d'accordo	giudicare	illegale
incolpare	innocente	legale	il magistrato
persuadere	pronunciare una sentenza	querelare	la supplica per il perdono

spacciare droga	ricattare	il proliferare del crimine	arrestare
rapinare	pugnalare	aggredire	l'aggressore
la polizia stradale	l'ostaggio	l'omicidio	l'investigazione
l'aggressione	il commissariato	la delinquenza	la frode

Level 2

8. Classifica le seguenti parole/espressioni in modo appropriato nella tabella riportata sotto.

in pretura	di cattura	in tribunale	popolare
d'affari	continua	di perquisizione	di risparmio
in bianco	a porte chiuse	piena	autorizzato
semplice	automatico	composto	penale

Udienza	Mandato	La banca...	La cassa...	La girata...	L'interesse...	Il prelevamento...

9. Accoppia le parole con le loro definizioni.*

1. la concorrenza
2. il guadagno
3. l'investimento
4. la perdita
5. il risparmio
6. il bancario
7. il bonifico
8. il conto corrente
9. il tasso
10. l'audizione
11. la deposizione
12. la baruffa
13. il borsaiolo
14. il contrabbando
15. la contraffazione

a. *Ascolto della testimonianza di testimoni.*
b. *Collocamento del denaro a scopo di profitto.*
c. *Competizione.*
d. *Contratto tra un istituto di credito e un cliente.*
e. *Deficit.*
f. *Denaro non speso.*
g. *Falsificazione.*
h. *Impiegato di banca.*
i. *Importazione o esportazione delle merci in modo illecito.*
j. *Litigio.*
k. *Percentuale.*
l. *Profitto.*
m. *Scippatore.*
n. *Testimonianza.*
o. *Versamento tramite banca a favore di una terza persona.*

10. Come si dice?*

clearing house	
portfolio	
credit institute, trust	
cheque clearing	
to clear	
bank code	
non-transferable cheque	
to the holder/bearer	
to save	
rise in prices	
fall in prices	
yield	
buying power	
planned	
to invest	
to import	
to export	
competitive	
exchange	
designation of a court-appointed lawyer	
to fix the date of the trial	
freedom on bail	
the hostile (other) party	
to release on bail	
to adjourn the hearing	
to suspend the trial	
to pay bail	
manhunt	
to give oneself up	
juvenile delinquency	
prisoner	
to hijack	
to detain	
detention	
evidence	
clue	

informant	
questioning	
search	
breaking and entering	
pickpocketing	
vandalism	
statement made to authorities	

11. Conosci la cronaca?

Per ciascun delitto/atto criminale/ecc. indicato, identifica un personaggio (o un gruppo di persone) menzionato spesso dai mass media. Se necessario, svolgi qualche ricerca apposita tramite Internet o altre fonti di cronaca.

Modello   un imputato d'omicidio famoso
           O. J. Simpson

1. un contrafattore   2. un delinquente minorile   3. un dirottamento famoso   4. un'evasione
5. un evaso famoso   6. un complice rinomato   7. un criminale accusato di incendio doloso
8. una persona conosciuta per frode fiscale   9. una famosa irruzione della polizia   10. qualcuno con un passato criminale orrendo   11. una persona scomparsa   12. un piromane   13. una famosa rapina a mano armata   14. un caso famoso di spergiuro   15. un teppista famoso
16. un vandalo famoso

Level 3

12. Classifica le seguenti parole/espressioni in modo appropriato nella tabella riportata sotto.

a breve termine	a carico	vivace	oculare
a discarico	fiacco	a interesse	a lungo termine
a lungo termine	trascurabile	limitata	ingente

Credito...	*Testimone...*	*Mercato...*	*Prestito...*	*Responsabilità...*

13. Quiz. Scegli la risposta adatta.*

1. Un bandito.
   a. il fuorilegge
   b. il procuratore
   c. la guardia del corpo
   d. il magistrato
   e. il legale
2. Ragione per terminare una causa.
   a. interrogare il testimone
   b. appropriazione indebita
   c. insufficienza di prove
   d. libertà vigilata
   e. la citazione
3. Potere di rappresentare una persona in atti giuridici.
   a. il brevetto
   b. la prova testimoniale
   c. l'estradizione
   d. l'assistenza legale
   e. la procura
4. Indizio che permette di identificare un criminale.
   a. il mafioso
   b. le manette
   c. la mafia
   d. l'impronta digitale
   e. il furgone della polizia
5. Nominativo di propria mano.
   a. la firma
   b. l'affare
   c. l'ammontare
   d. la compensazione
   e. l'azione
6. Negli affari, somma di denaro speso.
   a. le entrate
   b. le uscite
   c. i danni
   d. il debito pubblico
   e. la liquidazione
7. La devono pagare le aziende, le ditte, ecc.
   a. l'imposta sul reddito delle persone giuridiche
   b. l'imposta sul reddito delle persone fisiche
   c. l'imposta sugli immobili
   d. il pagamento forfettario
   e. la somma forfettaria

14. Spiega ciascuna delle seguenti nozioni con le tue parole.

Modello   la congiura
               La congiura è un tipo di complotto segreto.

la corruzione	il gas lacrimogeno	la medicina legale	la pattuglia
firmare	finanziare	giocare in borsa	indennizzare
liquidare un fallimento	liquidare un'azienda	quotare	la bancarotta
il cofirmatario	il corso	il creditore	il firmatario
fallito	il liquidatore	la lettera di credito	le leggi del mercato
la detrazione	l'emittente	la gamma dei prezzi	il listino di borsa
il prelievo d'imposta	il prezzo di mercato	la quotazione	la rivendicazione
le spese	il titolo	l'ufficio delle imposte	il titolare

Synthesis

15. Quante parole/espressioni ricordi? Completa la seguente tabella nel modo indicato. *(Add as many cells to the chart as you may need.)*

Justice system	*Police and crime*	*The financial world*	*Banks and banking*	*Court proceedings*
l'avvocato	l'arresto	l'annuità	il conto bancario	testimoniare

16. Leggi il seguente brano e poi svolgi le attività riportate sotto.

> Il sistema bancario italiano è diviso in banche normali *(istituti di credito ordinario)*, dove si possono ottenere prestiti e svolgere attività bancarie comuni, e in *istituti di credito speciale*, dove si possono ottenere mutui.
>
> In Italia, come pure nel Nord America, i bancomat stanno diventando sempre più popolari. Nei maggiori centri turistici italiani, sono anche molto popolari i bancomat specializzati in operazioni di cambio: basta inserire delle banconote, o targhe bancarie, straniere per ottenere la corrispondente somma in soldi italiani. Di solito, per le operazioni di cambio, le banche fanno pagare una commissione.
>
> Le diverse banche vengono anche chiamate banche popolari, casse di risparmio, monti di credito, ecc., e possono essere controllate sia da interessi privati che dallo Stato. Le banche più popolari italiane sono:
> • Banca Commerciale Italiana
> • Banca Nazionale del Lavoro
> • Credito Italiano
> • Banco di Roma
> • Monte dei Paschi di Siena (la banca più vecchia del mondo)
> • Banca Nazionale dell'Agricoltura
>   Molte banche in Italia hanno filiali in diversi paesi del mondo.

1. Indica se ciascuna delle seguenti affermazioni è vera (V) o falsa (F).* Correggi quelle false. Non tutte le informazioni necessarie sono ritrovabili nel brano. Quindi, dovrai fare qualche ricerca personale per poter svolgere questa attività.

_____ a. La Banca Nazionale del Lavoro è una delle banche più popolari.

_____ b. Il Monte dei Paschi di Siena è un museo.

_____ c. Le banche si chiamano anche casse di risparmio e monti di credito.

_____ d. Negli istituti di credito speciale si possono ottenere mutui.

_____ e. Le operazioni di cambio si svolgono gratis.

_____ f. Le banche italiane non hanno filiali fuori d'Italia.

_____ g. La Banca Commerciale Italiana è la banca più vecchia del mondo.

_____ h. I bancomat non sono popolari in Italia.

_____ i. Per le operazioni di cambio le banche italiane non fanno pagare niente.

2. Traduci il brano in inglese.

3. Discussione
   a. Paragona il sistema bancario italiano con quello del tuo paese.
   b. Sei mai stato/stata in una banca italiana? Se sì, racconta le tue esperienze.
   c. Hai dei soldi europei? Se sì, descrivi i diversi biglietti o le diverse monete.

17. Traduci in italiano.

1. Where is the tax office? I have to make a tax payment.
2. Did you take out a short-term or a long-term loan? It makes a lot of difference in tems of interest rate if it is a large loan.
3. The market is sluggish, and a lot of companies are selling off their businesses. That is one of the laws of the marketplace.
4. In that country the corporation tax is lower than both personal income tax and realty (property) taxes.
5. Did that company go bankrupt? Who are its creditors? When did it declare bankruptcy?
6. The New York stock exchange is where many deals take place on a daily basis. I have never bought any stocks. I believe only in putting money in trusts or banks.
7. What is the currency value of the Euro with respect to the pound or the dollar? Is it worth investing in that currency?

Text work

Text A

> ### STORIA DI UN FALEGNAME E D'UN EREMITA
>
> di
>
> Gianni Celati (1937–)
>
> C'era un uomo che abitava a Ficarolo, in provincia di Ferrara, era un falegname. Una sera tornando a casa in bicicletta, in una stradina che immette sulla piazza del paese, veniva investito da una macchina di forestieri perché pedalava troppo lentamente. Siccome nella macchina c'erano altri due passeggeri, e nessun testimone aveva assistito all'incidente, è stato facile per il guidatore sostenere che il ciclista gli aveva tagliato la strada.
>
> Dopo alcune settimane d'ospedale il falegname si rivolge a un avvocato per essere assistito nel processo. Questo avvocato propone un accordo con

la parte avversa, mostrando di dubitare che la sola testimonianza del falegname sia sufficiente a vincere la causa. Quanto al falegname, poiché da una parte non capisce neanche la metà delle obiezioni dell'avvocato, e dall'altra insiste sul buon diritto di essere risarcito, alla vigilia dell'udienza licenzia il legale e decide di affrontare il processo da solo.

Si presenta dunque da solo in tribunale, sostenendo che di avvocati non ce n'è bisogno in quanto lui ha ragione e deve essere risarcito.

Dopo varie obiezioni a procedere e la convocazione d'un difensore d'ufficio, finalmente viene il momento in cui i passeggeri della macchina sono chiamati a deporre. E qui il falegname, accorgendosi che ogni parola dei testimoni è falsa, rimane così stupefatto che non vuol neanche più parlare col suo difensore d'ufficio; e, quando infine è sollecitato dal giudice ad esporre la sua versione dei fatti, dichiara di non aver niente da dire e che tutto va bene così.

È dunque condannato a pagare i danni dell'incidente, oltre alle spese del processo.

Pochi giorni dopo vende tutta l'attrezzatura della falegnameria al suo aiutante, che da tempo desiderava mettersi in proprio, cedendogli anche la bottega e la licenza d'esercizio. Torna a casa e resta seduto su una sedia in cucina per una settimana, rispondendo sempre nello stesso modo alla moglie che gli fa domanda: che ha caldo alla testa e non può parlare con lei.

Per un'altra settimana resta seduto in un bar a guardare la gente che passa sulla piazza, e una sera invece di tornare a casa si avvia fuori del paese. Si avvia a piedi verso l'argine del Po; e dopo molto camminare, nell'alba arriva ad una capanna dove abita un pescatore eremita.

Questo eremita è un ex campione di automobilismo che, dopo essersi ritirato dalle corse, aveva aperto un'officina meccanica dove venivano ≪truccati≫, ossia potenziati, i motori di vetture sportive. Stancatosi però di quel lavoro e dopo aver letto molti libri di psicologia, s'era deciso a diventare eremita pescatore e s'era ritirato a vivere in una capanna sulle rive del Po.

La capanna dell'eremita era fatta di vecchie lamiere e altri materiali di recupero, sopra la porta un pannello diceva ≪Gomme Michelin≫.

Il falegname sa che l'eremita s'è ritirato a vivere in quella capanna perché non vuole più parlare con nessuno. Dunque appena arrivato non gli rivolge la parola, si siede e si mette a guardare il fiume.

È d'estate, e per circa un mese i due vanno a pescare assieme e dormono nella stessa capanna sempre in silenzio.

Una mattina il falegname si sveglia e l'eremita non c'è più, perché è andato ad annegarsi nel fiume, sotto il vecchio ponte di Stellata.

Quel giorno il falegname ha modo di assistere da lontano al salvataggio dell'eremita, che peraltro nuota benissimo e avvolto in una coperta viene portato via dalla moglie, a bordo d'una grossa macchina sportiva, concludendo la sua carriera di eremita.

Il falegname è tornato in paese e ha chiesto al suo aiutante di assumerlo come aiutante, nella sua vecchia bottega. Così è stato. Il falegname vive ancora e solo da poco è andato in pensione.

18. Completa le frasi seguenti scegliendo la risposta giusta. In alcuni casi tutte e due le risposte possono essere giuste.*

1. C'era un uomo che abitava...
   a. a Ficarolo
   b. in provincia di Ferrara
2. Quest'uomo era...
   a. un professore
   b. un falegname
3. Una sera quest'uomo viene investito...
   a. da una moto
   b. da una macchina
4. Dopo alcune settimane d'ospedale l'uomo si rivolge a...
   a. un avvocato
   b. un medico
5. Secondo l'avvocato
   a. la sola testimonianza del falegname non basta a vincere la causa
   b. la testimonianza del falegname è sufficiente per vincere la causa
6. Il falegname decide allora...
   a. di licenziare l'avvocato
   b. di affrontare il processo da solo
7. Il falegname si accorge che ogni parola dei testimoni è...
   a. falsa
   b. vera
8. Il falegname è condannato...
   a. a pagare i danni dell'incidente
   b. a pagare le spese del processo
9. Alcuni giorni dopo il falegname vende la sua falegnameria...
   a. al suo aiutante
   b. al suo avvocato

10. Quando ritorna a casa risponde alle domande della moglie dicendo sempre che...
    a. ha caldo alla testa
    b. non può parlare con lei
11. Una sera invece di tornare a casa...
    a. si avvia verso la piazza
    b. si avvia fuori del paese
12. Dopo aver camminato molto arriva ad una capanna dove abita...
    a. un pescatore eremita
    b. un ex campione di automobilismo
13. Questo eremita aveva aperto...
    a. un'officina meccanica
    b. un rifornimento di benzina
14. L'eremita s'era ritirato a vivere in quella capanna...
    a. perché non voleva più parlare con nessuno
    b. per guardare la gente che passava
15. Per circa un mese l'eremita e il falegname...
    a. vanno insieme a pescare
    b. dormono nella stessa capanna sempre in silenzio
16. Una mattina l'eremita non c'era più perché...
    a. era andato ad annegarsi in un fiume
    b. aveva deciso di tornare in paese
17. Infine, il falegname...
    a. ritorna a lavorare nella sua vecchia bottega
    b. viene portato via dalla moglie in una macchina sportiva

19. Scrivi la parola/l'espressione che corrisponde a ciascuna definizione.

Modello   lavora col legno
             un falegname

1. Ha luogo in un tribunale davanti a un giudice.
2. Il luogo dove un giudice pronuncia la sentenza.
3. Affermare con convinzione.
4. Chiamare in causa.
5. Il complesso di strumenti o utensili.
6. La parte di terra che limita le acque di un fiume.
7. Girarsi in una determinata direzione.
8. Viene da un paese diverso.
9. Uccidersi buttandosi in acqua.

10. Un piccolo negozio.
11. Il luogo dove lavora il falegname.

12. Mandare via dal lavoro.
13. Persona che vive da solo.

20. Discussione

Rispondi liberamente alle seguenti domande, discutendo le tue risposte con gli altri membri della classe.

1. Secondo te, qual è la morale di questo racconto?
2. Appoggi la decisione del falegname di affrontare il processo da solo, ignorando i consigli del suo avvocato? Perché sì/no?
3. Il falegname ha deciso di ritornare a casa alla fine? Che cosa simboleggia, secondo te, la sua decisione?

Text B

LA BANCA È NATA QUI!

Libera riduzione
da

Ulisse 2000, aprile/giugno, 1985

Dopo la lunga stasi medioevale, la rivoluzione che inaugurò anche in campo finanziario il mondo moderno avvenne in Italia e sostanzialmente in Toscana fra il XIV e il XV secolo. Francesco di Marco Datini fu un organizzatore commerciale e finanziario abilissimo: era la stella fissa, il socio di maggioranza, in tutte le società commerciali (quasi delle *joint ventures*) a cui diede vita in Spagna, in Francia, a Bruges, in Egitto, in Tunisia, in Algeria e persino sul Mar Nero, a Cabba.

I nomi dei grandi banchieri nell'Europa del '300 e del '400 sono quasi tutti italiani: Peruzzi, Acciaiuoli, Bardi, Spinola, Doria, Grimaldi, per non dire dei Medici. Le banche erano al tempo stesso banche d'affari, in collegamento diretto con l'espansione delle attività commerciali e con gli istituti di credito.

Uno storico americano, R. de Roover, ha messo a confronto una *holding* contemporanea, la Standard Oil, con la banca dei Medici nel '400; e le analogie che ha registrato sono impressionanti.

Nasce con le banche il "terziario", un nuovo tipo di intellettuale: l'intellettuale non è più soltanto il monaco o il letterato medioevale, ma è già l'impiegato moderno, esperto di cognizioni pratiche, operative, le lettere di credito, le cambiali, e simili.

Nelle pagine di un oscuro cronista fiorentino la qualità essenziale dell'attività finanziaria e commerciale è la seguente: "*si vuole fare per ragione*", è cioè necessario un buon uso della ragione per avere successo nella contabilità, negli affari, nell'attività finanziaria.

---

21. Completa la seguente parafrasi del brano con le parole adatte nelle loro forme appropriate.*

Dopo una lunga _____ medioevale, avvenne in Italia una _____ che inaugurò il mondo moderno. Questa si registrò nel _____ finanziario. La rivoluzione avvenne sostanzialmente in Toscana tra il quattordicesimo e il quindicesimo _____.

Francesco di Marco Datini era un abile _____ in campo commerciale e finanziario. Datini era la _____ fissa in tutte le società commerciali a cui diede vita. Nel quattordicesimo e quindicesimo secolo i nomi dei più grandi _____ erano quasi tutti italiani. Lo _____ americano R. de Roover ha registrato delle _____ impressionanti tra una holding contemporanea e la banca dei Medici.

Nacque in questo nuovo mondo un nuovo tipo di _____, esperto di _____ pratiche.

22. Traduci il testo in inglese.

23. Discussione in classe

1. Come sarebbe, secondo te, il mondo di oggi senza la rivoluzione inaugurata dai banchieri fiorentini?
2. Sai chi era Lorenzo dei Medici? Perché è un personaggio importante dal punto di vista storico?
3. Spiega la frase «Si vuol fare per ragione.» Secondo te, è proprio necessario un buon uso della ragione per avere successo nella contabilità, negli affari, nell'attività finanziaria? Non potrebbe svolgere un ruolo importante anche la fortuna?

Role-playing

24. In banca!

Diverse coppie di studenti dovranno svolgere liberamente dei mini-dialoghi basati sulle seguenti situazioni. Un membro della coppia interpreterà il ruolo di un cliente e l'altro di un impiegato.
1. fare un deposito
2. fare un prelevamento
3. cambiare un assegno da viaggiatore in contanti
4. chiedere un prestito

25. In tribunale!

Diversi gruppi di studenti dovranno mettere liberamente in scena una delle seguenti situazioni. Uno studente/una studentessa interpreterà il ruolo di un avvocato, un altro/un'altra di un imputato, un altro/un'altra ancora di un procuratore, e così via. Il numero dei ruoli varierà a seconda della necessità. Ogni situazione non dovrà durare più di 5–10 minuti. Una giuria di studenti pronuncerà un verdetto in base a ciascuna causa.
1. Un imputato è accusato di omicidio.
2. Un imputato è accusato di un delitto contro la proprietà.
3. Un imputato è accusato di sequestro.
4. Un imputato è accusato di spaccio di droga.

Discussion/Composition/Activities

26. Rispondi liberamente alle seguenti domande, discutendo le tue risposte con gli altri membri della classe.

1. Tu hai una carta di credito? Se sì, quale? È una carta familiare o individuale? Per quali motivi la usi?
2. Pensi che la carta di credito sia una «tentazione?» Spiega la tua risposta.
3. Nella tua famiglia chi usa spesso la carta di credito?
4. Secondo te, quali sono i vantaggi e gli svantaggi connessi con la carta di credito?

27. Un momento di riflessione

Quali sono, secondo te, le cause o le ragioni principali che provocano i diversi crimini indicati nella tabella? Discuti le tue opinioni con gli altri membri della classe.

Crimine	Cause/ragioni
1. l'aggressione	
2. le bustarelle	
3. la frode	
4. l'omicidio preterintenzionale	
5. i sequestri	
6. i ricatti	
7. il traffico di droga	
8. la violenza contro le donne	
9. lo scippo	
10. la contraffazione	
11. i dirottamenti	
12. le rapine	
13. il vandalismo	
14. il crimine organizzato	

28. Ricerca

Fa' una ricerca sulle particolarità e le caratteristiche del sistema bancario italiano, riportando le informazioni ricavate a tutta la classe. Tieni in mente le due seguenti domande come quadro di riferimento.

1. Quali sono gli istituti finanziari principali?
2. Che tipi di attività si possono svolgere in essi?

29. Tema da svolgere. Scrivi un breve componimento sul significato di uno dei seguenti proverbi. Poi, leggilo e discutilo in classe.

1. Il denaro apre tutte le porte.
2. Tutto è bene, quel che finisce bene.
3. Il tempo è denaro.
4. Ride bene chi ride l'ultimo.

Unit 19

Geography

Level 1

General concepts of geography and topography

l'arcipelago	*archipelago*
il bacino	*basin*
il clima	*climate*
la climatologia	*climatology*
il climatologo/la climatologa	*climatologist*
il confine	*border (physical)*
continentale	*continental*
il continente	*continent*
la demografia	*demography*
demografico	*demographic*
emisferico	*hemispheric*
l'emisfero	*hemisphere*
la frontiera	*border (political)*
la geografia	*geography*
la geografia fisica	*physical geography*
la geografia umana	*human geography*
geografico	*geographical*
il geografo/la geografa	*geographer*
il globo	*globe*
insulare	*insular*
l'isola	*island*
localizzare	*to locate*
il mare	*sea*
marittimo	*maritime*
la nazione	*nation*
oceanico	*oceanic*
l'oceano	*ocean*
il paese	*country*

il territorio	*territory*
tropicale	*tropical*
il tropico	*tropic*

Cartography

l'atlante (m)	*atlas*
la bussola	*compass*
la carta geografica, la mappa	*map*
la carta nautica	*nautical map*
la carta topografica	*topographic map*
la cartografia	*cartography, mapmaking*
il cartografo/la cartografa	*mapmaker, cartographer*
il Circolo Polare Antartico	*Antarctic Circle*
il Circolo Polare Artico	*Arctic Circle*
l'equatore (m)	*equator*
est	*east*
la latitudine	*latitude*
localizzare	*to locate*
la longitudine	*longitude*
il mappamondo	*globe*
il meridiano	*meridian*
il meridiano zero	*prime meridian*
meridionale	*southern*
il meridione	*the south*
nord	*north*
nordest	*northeast*
nordovest	*northwest*

occidentale	*western*	la Cina	*China*
l'occidente	*the west*	la Colombia	*Colombia*
orientale	*eastern*	il Congo	*Congo*
l'oriente	*the east*	la Corea	*Korea*
ovest	*west*	la Costa Rica	*Costa Rica*
il polo	*pole*	la Croazia	*Croatia*
il Polo Nord	*North Pole*	Cuba	*Cuba*
il Polo Sud	*South Pole*	la Danimarca	*Denmark*
la proiezione cartografica	*map projection*	l'Equador (m)	*Equador*
		l'Egitto	*Egypt*
il punto cardinale	*compass point*	Il Salvador	*El Salvador*
settentrionale	*northern*	l'Eritrea	*Eritrea*
il settentrione	*the north*	l'Estonia	*Estonia*
sud	*south*	l'Etiopia	*Ethiopia*
sudest	*southeast*	l'Europa	*Europe*
sudovest	*southwest*	le Filippine	*Philippines*
il Tropico del Cancro	*Tropic of Cancer*	la Finlandia	*Finland*
il Tropico del Capricorno	*Tropic of Capricorn*	la Francia	*France*
		il Galles	*Wales*
		la Georgia	*Georgia*

Countries and places

l'Abissinia	*Abyssinia*	la Germania	*Germany*
l'Afghanistan	*Afghanistan*	la Giamaica	*Jamaica*
l'Africa	*Africa*	il Giappone	*Japan*
l'Albania	*Albania*	la Giordania	*Jordan*
l'Algeria	*Algeria*	la Gran Bretagna	*Great Britain*
l'Alsazia	*Alsace*	la Grecia	*Greece*
l'Amazzonia	*Amazon*	la Groenlandia	*Greenland*
l'America	*America*	il Guatemala	*Guatemala*
l'Arabia Saudita	*Saudi Arabia*	Haiti	*Haiti*
l'Argentina	*Argentina*	l'Honduras	*Honduras*
l'Armenia	*Armenia*	l'India	*India*
l'Asia	*Asia*	l'Indonesia	*Indonesia*
l'Australia	*Australia*	l'Inghilterra	*England*
l'Austria	*Austria*	l'Iran (m)	*Iran*
il Bangladesh	*Bangladesh*	l'Iraq (m)	*Iraq*
il Belgio	*Belgium*	l'Irlanda	*Ireland*
il Bengala	*Bengal*	l'Islanda	*Iceland*
la Bolivia	*Bolivia*	Israele (m)	*Israel*
la Bosnia	*Bosnia*	l'Italia	*Italy*
il Brasile	*Brazil*	la Iugoslavia	*Yugoslavia*
la Bulgaria	*Bulgaria*	il Kazakhastan	*Khazakhastan*
la Cambogia	*Cambodia*	la Kenya	*Kenya*
il Canada	*Canada*	il Kuwait	*Kuwait*
le Caraibi	*Caribbean*	il Laos	*Laos*
il Cile	*Chile*	il Libano	*Lebanon*
		la Liberia	*Liberia*

la Libia	*Libya*
la Lituania	*Lithuania*
il Lussemburgo	*Luxembourg*
la Macedonia	*Macedonia*
Malta	*Malta*
la Malaysia	*Malaysia*
il Marocco	*Morocco*
la Mauritania	*Mauritania*
il Medio Oriente	*Middle East*
la Melanesia	*Melanesia*
il Messico	*Mexico*
la Moldavia	*Moldavia*
Monaco	*Monaco*
la Mongolia	*Mongolia*
il Montenegro	*Montenegro*
la Nicaragua	*Nicaragua*
la Nigeria	*Nigeria*
il Nord America	*North America*
la Norvegia	*Norway*
la Nuova Zelanda	*New Zealand*
l'Oceania	*Oceania*
l'Olanda	*Holland*
il Pakistan	*Pakistan*
la Palestina	*Palestine*
il Paraguay	*Paraguay*
la Patagonia	*Patagonia*
il Perù	*Peru*
la Polinesia	*Polynesia*
la Polonia	*Poland*
il Porto Rico	*Puerto Rico*
il Portogallo	*Portugal*
la Repubblica Ceca	*Czech Republic*
la Repubblica Dominicana	*Dominican Republic*
la Romania	*Rumania*
la Russia	*Russia*
San Marino (m)	*San Marino*
la Sassonia	*Saxony*
la Scandinavia	*Scandinavia*
la Scozia	*Scotland*
il Senegal	*Senegal*
la Serbia	*Serbia*
il Singapore	*Singapore*
la Siberia	*Siberia*
la Siria	*Syria*
la Slovacchia	*Slovakia*

la Slovenia	*Slovenia*
la Somalia	*Somalia*
la Spagna	*Spain*
Sri Lanka (f)	*Sri Lanka*
gli Stati Uniti	*United States*
il Sud Africa	*South Africa*
il Sud America, l'America del Sud	*South America*
il Sudan	*Sudan*
la Svezia	*Sweden*
la Svizzera	*Switzerland*
il Tagikistan	*Tajikistan*
la Tanzania	*Tanzania*
la Thailandia	*Thailand*
la Tunisia	*Tunisia*
la Turchia	*Turkey*
l'Uganda	*Uganda*
l'Ungheria	*Hungary*
l'Uruguay	*Uruguay*
l'Uzbekistan	*Uzbekistan*
il Venezuela	*Venezuela*
il Vicino Oriente	*Near East*
il Vietnam	*Vietnam*
lo Zambia	*Zambia*

Nationalities

abissino	*Abyssinian*
afgano	*Afghani*
africano	*African*
albanese	*Albanian*
algerino	*Algerian*
alsaziano	*Alsatian*
amazzonico	*Amazonian*
americano	*American*
arabo	*Arabic*
argentino	*Argentinian, Argentine*
armeno	*Armenian*
australiano	*Australian*
austriaco	*Austrian*
belga	*Belgian*
bengalese	*Bengali*
boliviano	*Bolivian*
bosniaco	*Bosnian*
brasiliano	*Brazilian*
britannico	*British*
bulgaro	*Bulgarian*

cambogiano	*Cambodian*	keniano	*Kenyan*
canadese	*Canadian*	kuwaitiano	*Kuwaiti*
cantonese	*Cantonese*	laoziano	*Laotian*
caraibico	*Caribbean*	libanese	*Lebanese*
ceco	*Czech*	liberiano	*Liberian*
centroamericano	*Central American*	libico	*Libyan*
cileno	*Chilean*	lituano	*Lithuanian*
cinese	*Chinese*	lussemburghese	*Luxemburger*
colombiano	*Colombian*	macedone	*Macedonian*
congolese	*Congolese*	malaysiano	*Malaysian*
coreano	*Korean*	maltese	*Maltese*
costaricano	*Costa Rican*	mandarino	*Mandarin*
croato	*Croatian*	marrocchino	*Moroccan*
cubano	*Cuban*	mauritano	*Mauritanian*
danese	*Danish*	mediorientale	*Middle Eastern*
dominicano	*Dominican*	melanesiano	*Melanesian*
ecuadoriano	*Equadorian*	messicano	*Mexican*
egiziano	*Egyptian*	moldavo	*Moldavian*
eritreo	*Eritrean*	mongolo	*Mongolian*
estone	*Estonian*	neozelandese	*New Zealander*
etiope	*Ethiopian*	nicaraguese	*Nicaraguan*
europeo	*European*	nigeriano	*Nigerian*
filippino	*Filipino*	nordamericano	*North American*
finlandese	*Finnish*	norvegese	*Norwegian*
francese	*French*	occidentale	*Westerner*
gallese	*Welsh*	oceaniano	*Oceanic*
georgiano	*Georgian*	olandese	*Dutch*
giamaicano	*Jamaican*	orientale	*Eastern/Oriental*
giapponese	*Japanese*	pachistano	*Pakistani*
giordano	*Jordanian*	palestinese	*Palestinian*
greco	*Greek*	paraguaiano	*Paraguayan*
groenlandese	*Greenlander*	patagone	*Patagonian*
guatemalteco	*Guatemalan*	peruviano	*Peruvian*
haitiano	*Haitian*	polacco	*Polish*
honduriano	*Honduran*	polinesiano	*Polynesian*
indiano	*Indian*	portoghese	*Portuguese*
indonesiano	*Indonesian*	portoricano	*Puerto Rican*
inglese	*English*	rumeno	*Rumanian*
iracheno	*Iraqi*	russo	*Russian*
iraniano	*Iranian*	salvadoregno	*Salvadorean*
irlandese	*Irish*	sammarinese	*from San Marino*
islandese	*Icelandic*	sassone	*Saxon*
israeliano	*Israeli*	saudita	*Saudi*
italiano	*Italian*	scandinavo	*Scandinavian*
jugoslavo (iugoslavo)	*Yugoslavian*	scozzese	*Scottish*
kazako	*Khazakhian*	senegalese	*Senegalian*

serbo	*Serbian*	svedese	*Swedish*
siberiano	*Siberian*	svizzero	*Swiss*
singaporiano	*Singaporean*	tailandese	*Thai*
siriano	*Syrian*	tanzaniano	*Tanzanian*
slavo	*Slavic*	tedesco	*German*
slovacco	*Slovak*	tunisino	*Tunisian*
sloveno	*Slovenian*	turco	*Turkish*
somalo	*Somalian*	ugandese	*Ugandan*
spagnolo	*Spanish*	ungherese	*Hungarian*
statunitense	*American (of the United States)*	uruguaiano	*Uruguayan*
		venezuelano	*Venezuelan*
sudafricano	*South African*	vietnamita	*Vietnamese*
sudamericano	*South American*	zambiano	*Zambian*
sudanese	*Sudanese*		

Level 2

Places, bodies of water, cities

l'Adriatico	*the Adriatic*	catalano	*Catalonian*
Alessandria	*Alexandria*	la Catalogna	*Catalonia*
alessandrino	*Alexandrine*	Catanzaro	*Catanzaro*
le Alpi	*the Alps*	la Caucasia	*Caucasian region*
alpino	*alpine*	caucasico	*Caucasian*
Amsterdam	*Amsterdam*	cipriota	*Cypriot*
le Ande	*the Andes*	la Corsica	*Corsica*
antillano	*Antillean*	corso	*Corsican*
le Antille	*Antilles*	la Costa Azzurra	*French Riviera, Côte d'Azur*
gli Appennini	*Apennines*		
Aragona	*Aragon*	la Costa d'Avorio	*Ivory Coast*
aragonese	*Aragonese*	le Dolomiti	*the Dolomites*
l'Arno	*the Arno*	Edimburgo	*Edinburgh*
Atene	*Athens*	Elba	*Elba*
ateniese	*Athenian*	l'Etna	*Etna*
l'Atlantico	*the Atlantic*	Firenze	*Florence*
Baghdad	*Baghdad*	Genova	*Genoa*
i Balcani	*the Balkans*	Ginevra	*Geneva*
Barcellona	*Barcelona*	Lisbona	*Lisbon*
Bari	*Bari*	Londra	*London*
basco	*Basque*	Madrid	*Madrid*
Belgrado	*Belgrade*	Marsiglia	*Marseilles*
Berlino	*Berlin*	il Mediterraneo	*the Mediterranean*
la Boemia	*Bohemia*	Milano	*Milan*
boemo	*Bohemian*	le Montagne Rocciose	*the Rocky Mountains*
Bologna	*Bologna*	Mosca	*Moscow*
il Cairo	*Cairo*	Napoli	*Naples*

New York	*New York*	l'Emilia Romagna	*Emilia*
il Pacifico	*the Pacific*	emiliano	*Emilian*
Palermo	*Palermo*	fiorentino	*Florentine*
Parigi	*Paris*	friulano	*Friulian*
Pechino	*Beijing*	il Friuli	*Friuli*
la Persia	*Persia*	laziale	*from Latium*
persiano	*Persian*	il Lazio	*Latium*
Perugia	*Perugia*	la Liguria	*Liguria*
Pisa	*Pisa*	ligure	*Ligurian*
il Po	*the Po*	la Lombardia	*Lombardy*
Reggio Calabria	*Reggio Calabria*	lombardo	*Lombard*
Rimini	*Rimini*	la Lucania	*Lucania*
Roma	*Rome*	lucano	*Lucanian*
Siena	*Siena*	milanese	*Milanese*
il Tevere	*the Tiber*	molisano	*from Molise*
il Tirreno	*the Tyrrhenian Sea*	il Molise	*the Molise*
Torino	*Turin*	napoletano	*Neapolitan*
la Valle Padana	*the Po Valley*	padano	*of the Po Valley*
Varsavia	*Warsaw*	il Piemonte	*Piedmont*
Venezia	*Venice*	piemontese	*Piedmontese*
il Vesuvio	*Vesuvius*	le Puglie, la Puglia	*Apulia*
Vienna	*Vienna*	pugliese	*Apulian*
		romagnolo	*Romagnian*
		romano	*Roman*

Italian regions and regional people

abruzzese	*Abruzzese*	la Sardegna	*Sardinia*
gli Abruzzi,	*the Abruzzi*	sardo	*Sardinian*
l'Abruzzo		la Sicilia	*Sicily*
l'Alto Adige	*the Alto Adige*	siciliano	*Sicilian*
Aosta	*Aosta*	la Toscana	*Tuscany*
aostano	*Aostian*	toscano	*Tuscan*
atesino	*of the Alto Adige*	trentino	*from Trento*
	region	il Trentino	*Trentino Alto-Adige*
la Basilicata	*the Basilicata*	Alto-Adige	
calabrese	*Calabrian*	l'Umbria	*Umbria*
la Calabria	*Calabria*	umbro	*Umbrian*
la Campania	*Campania*	il Veneto	*Venetia*
campano	*Campanian*	veneziano	*Venetian*

Level 3

General geographical and topographical
concepts

		il cratere	*crater*
		il fiordo	*fjord*
la baia	*bay*	la geofisica	*geophysics*
la cascata	*waterfall*	la geologia	*geology*
la catena montuosa	*mountain chain*	glaciale	*glacial*
il colle, la collina	*hill*	la glaciazione	*glaciation*

il golfo	*gulf*	la pianura	*plain*
la guardia forestale	*forest ranger*	il promontorio	*promontory*
l'iceberg (m, inv)	*iceberg*	la sedimentazione	*sedimentation*
l'istmo	*isthmus*	il sedimento	*sediment*
la montagna	*mountain*	lo strato	*stratum*
il monte	*mount, mountain*	la valle	*valley*
la penisola	*peninsula*	il vulcano	*volcano*

History and war

Level 1

Historical concepts

l'antichità	*antiquity*	l'ammutinamento	*mutiny*
antidiluviano	*antediluvian*	l'armistizio	*armistice*
l'apice (m)	*apex, peak*	arrendersi	*to surrender*
l'archeologo/	*archeologist*	l'attacco	*attack*
l'archeologa		la battaglia	*battle*
la caduta	*fall*	la battaglia campale	*field battle*
il crollo	*collapse*	la campagna	*campaign*
il decennio	*decade*	il campo di battaglia	*battlefield*
il declino	*decline*	il cannone	*cannon*
l'egittologia	*Egyptology*	la capitolazione, la	*surrender*
l'egittologo/	*Egyptologist*	resa	
l'egittologa		combattere	*to fight, to combat*
l'epoca	*epoch*	il combattimento	*combat*
l'era	*era*	il conflitto	*conflict*
il fossile	*fossil*	il conflitto a fuoco	*armed conflict*
fossilizzato	*fossilized*	il coprifuoco	*curfew*
il periodo	*period*	il criminale di guerra	*war criminal*
la preistoria	*prehistory*	la difesa	*defense*
preistorico	*prehistoric*	l'esercito	*army*
la rovina	*ruin*	la fazione	*faction*
il secolo	*century*	la flotta	*fleet*
la storia militare	*military history*	le forniture militari	*military equipment*
la storia sociale	*social history*	le forze aeree militari	*air forces*
storico	*historical*	le forze armate	*armed forces*
lo storico/la storica	*historian*	il fronte di guerra	*war front*
la storiografia	*historiography*	la fuga	*flight*
lo storiografo/la	*historian,*	il fuoco del nemico	*enemy fire*
storiografa	*historiographer*	il grado militare	*rank*
		la guerra	*war*
		la guerra aerea	*air war*
Military concepts		la guerra atomica	*atomic war*
l'alleanza	*alliance*	la guerra	*biological warfare*
l'alleato	*ally*	batteriologica	

la guerra chimica	*chemical warfare*	la sconfitta	*defeat*
la guerra civile	*civil war*	lo scontro	*skirmish,*
la guerra di	*war of independence*		*confrontation, clash*
indipendenza		la sedizione	*sedition*
la guerra di	*war of liberation*	il soldato	*soldier*
liberazione		la sommossa	*uprising, riot*
la guerra di	*war of succession*	lo stato di guerra	*state of war*
successione		la strategia	*strategy*
la guerra di trincea	*trench warfare*	la tattica	*tactic*
la guerra fredda	*cold war*	il tribunale di guerra	*war tribunal*
la Guerra Mondiale	*World War*	la trincea	*trench*
la guerra navale	*naval war*	le truppe	*troops*
la guerra santa	*holy war*	l'ufficiale militare	*officer*
la guerra terrestre	*land war*	la vittoria	*victory*
le guerre stellari	*star wars*	la zona di guerra	*war zone*
il guerriero	*warrior*		
la guerriglia	*guerrilla warfare*	***Weaponry***	
l'incursione (f), il	*raid*	l'arma	*weapon*
raid (inv)		l'arma automatica	*automatic weapon*
l'indennità di guerra	*war compensation*	l'arma batteriologica	*biological weapon*
l'insurrezione (f)	*insurrection*	l'arma chimica	*chemical weapon*
la lotta	*fight, struggle*	l'arma convenzionale	*conventional weapon*
la manovra	*maneuver*	l'arma da fuoco	*firearm*
la marina militare	*navy*	l'arma nucleare	*nuclear weapon*
il prigioniero di	*prisoner of war*	la bomba	*bomb*
guerra		deporre le armi	*to lay down one's arms*
i profitti di guerra	*spoils of war*	il fucile	*rifle*
la recluta	*recruit*	il mercante d'armi	*arms dealer*
il ritiro	*retreat*	il mercato delle armi	*arms trade*
la rivolta	*revolt*	la piazza d'armi	*firing range*
la rivoluzione	*revolution*	la pistola	*pistol*
lo schieramento delle	*troop alignment*	il porto d'armi	*weapons permit*
truppe			

Level 2

Historical concepts		Bisanzio	*Byzantium*
l'abolizione della	*abolition of slavery*	bizantino	*Byzantine*
schiavitù		il classicismo	*Classicism*
gli annali	*annals*	la crociata	*crusade*
l'annalista (m and f)	*annalist*	il crociato	*crusader*
l'Antica Grecia	*Ancient Greece*	il documento	*document*
l'Antica Roma	*Ancient Rome*	ellenico	*Hellenic*
l'archivio storico	*historical archive*	l'Epoca glaciale	*Ice Age*
l'archivista (m and f)	*archivist*	l'Età del ferro	*Iron Age*
il Barocco	*Baroque*	l'Età della pietra	*Stone Age*

feudale	*feudal*	la caserma	*barracks*
il feudalismo	*feudalism*	la colonna	*column*
l'Illuminismo	*the Enlightenment*	il colonnello	*colonel*
l'Impero Romano	*Roman Empire*	la fanteria	*infantry*
medioevale	*medieval*	il generale	*general*
il Medioevo	*Middle Ages*	l'ospedale militare	*military hospital*
la narrazione	*narration, story*	(m)	
neolitico	*Neolithic*	l'ostaggio	*hostage*
la paleontologia	*paleontology*	il plotone	*platoon*
la paleografia	*paleography*	il quartiere generale	*headquarters*
paleolitico	*Paleolithic*	il sergente	*sergeant*
il periodo paleolitico	*Paleolithic period*	il sergente maggiore	*sergeant major*
il periodo neolitico	*Neolithic period*	il sottotenente	*second lieutenant*
la plebe	*plebeians*	la spia	*spy*
plebeo	*plebeian*	lo spionaggio	*espionage*
la Prima Guerra	*First World War*	lo squadrone	*squadron*
Mondiale		il tenente	*lieutenant*
il proibizionismo	*Prohibition*	il tenente-colonnello	*lieutenant-colonel*
il Rinascimento	*Renaissance*	i viveri	*supplies*
la rivoluzione	*Industrial Revolution*		
industriale		***Weaponry***	
il romanticismo	*Romanticism*	l'artiglieria	*artillery*
lo scavo archeologico	*archeological dig,*	l'artiglieria	*anti-aircraft weaponry*
	excavation	contraerea	
la schiavitù	*slavery*	l'artiglieria pesante	*heavy artillery*
la Seconda Guerra	*Second World War*	il fucile mitragliatore	*machine gun*
Mondiale		i fucilieri	*riflemen*
la teleologia	*teleology*	la granata	*grenade*
teleologico	*teleological*	il missile	*missile*
		il missile balistico	*ballistic missile*
		il missile strategico	*strategic missile*
Military concepts		il missile terra-aria	*land-to-air missile*
l'ammiraglio	*admiral*	la pallottola	*bullet*
il battaglione	*battalion*	la pistola	*submachine gun*
il capitano	*captain*	mitragliatrice	
il caporale	*corporal*	il pugnale	*knife, dagger*
il carro armato	*tank*		

Level 3

Military concepts and weaponry		la bomba fumogena	*smoke bomb*
l'agguato	*ambush*	la bomba molotov	*molotov cocktail*
la bomba a mano	*hand grenade*	la bomba nucleare	*nuclear bomb*
la bomba a tempo	*time bomb*	il gas lacrimogeno	*tear gas*
la bomba all'idrogeno	*hydrogen*	il gas nervino	*nerve gas*
la bomba anti-carro	*anti-tank grenade*	il gas tossico	*poison gas*
la bomba atomica	*atomic bomb*	la tregua	*truce*

Exercises

Level 1

1. Completa la seguente tabella nel modo indicato.

Nazionalità/etnicità/ecc.	*Nazione/regione/ecc.*
americano, statunitense	
	il Brasile
canadese	
	il Cile
giapponese	
	il Messico
peruviano	
	il Sud Africa
vietnamita	
	l'Armenia
ecuadoriano	
	l'Estonia
etiope	
	l'Inghilterra
indiano	
	l'Iran
iracheno	
	l'Irlanda
ungherese	
	la Cambogia
cinese	
	la Colombia
coreano	
	la Finlandia
georgiano	
	la Germania
giamaicano	
	la Giordania
nicaraguese	
	la Nigeria
norvegese	

	la Nuova Zelanda
palestinese	
	la Patagonia
polinesiano	
	la Slovacchia
sloveno	
	la Somalia
spagnolo	
	la Svezia
svizzero	
	la Tanzania
tailandese	
	la Tunisia
turco	

2. Cruciverba*

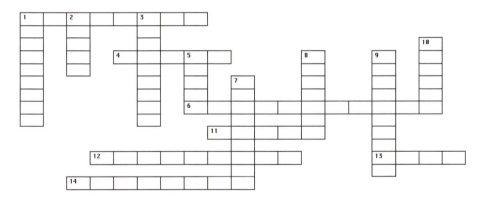

Orizzontali

1. Nativo dell'Africa.
4. Nativo dell'Arabia.
6. Nativo dell'Australia.
11. Nativo della Grecia.
12. Nativo della Bolivia.
13. Nativo della Repubblica Ceca.
14. Nativo dell'Italia.

Verticali

1. Nativo dell'Argentina.
2. Nativo della Russia.
3. Nativo dell'America.
5. Nativo del Belgio.
7. Nativo dell'Austria.
8. Nativo della Bulgaria.
9. Nativo della Gran Bretagna.
10. Nativo di Cuba.

3. Anagrammi*

Modello   oaicamern
           americano

1. biazamno   2. ssabiino   3. galbenese   4. iacobosn   5. aibicarco   6. ceamericantrono
7. oacrto   8. staricocano   9. dseane   10. reobe   11. eziangio   12. fppinilio   13. allegse
14. goenlanrdese   15. tonecanse   16. azzonicmao   17. treerio   18. anafgo   19. anesalbe
20. aerinolg   21. coesengol   22. gatemaltueco   23. sljugoavo   24. kkoaza   25. kuanowaiti
26. laoozian   27. liebanes   28. luhesessemburg   29. andarmino   30. rrocchmaino
31. diorientmeale   32. chistapano   33. araguaiapno   34. olacpco   35. togheporse
36. ponortorica   37. uditasa   38. negalseese   39. sngaporiiano   40. vosla   41. suicanodamer
42. danesesu

4. Conosci la geografia? Usa un'enciclopedia o un atlante, se necessario.*

Modello   Fino al 1972 si chiamava *Ceylon.*
           Sri Lanka

 1. Stato dell'Asia meridionale, la cui lingua ufficiale è il bengali.
 2. Regione divisa tra l'India e il Bangladesh.
 3. Stato dell'Africa centrale, che usa, come unità monetaria, il franco.
 4. Il suo capoluogo è Cardiff.
 5. Stato e città fondati dagli spagnoli nel 1524.
 6. Repubblica dell'Asia centrale che è, dopo la Russia, la più vasta delle Repubbliche ex
    sovietiche.
 7. Stato dell'Asia sudoccidentale, che diventò un emirato indipendente nel 1961.
 8. Repubblica dell'Asia sudorientale che è situata nella penisola indocinese.
 9. Repubblica nel Vicino Oriente la cui capitale è Beirut.
10. Piccolo granducato situato nell'Europa occidentale.
11. Piccolo stato dell'Africa nordoccidentale, la cui capitale è Rabat.
12. Regione che fa parte della Repubblica federale di Iugoslavia; ci si trova il lago di Scutari.
13. Repubblica dell'Asia meridionale, la cui capitale è Islamabad.
14. Repubblica del Sud America, la cui capitale è Asunción.
15. Repubblica dell'Europa occidentale, la cui capitale è Lisbona.
16. Isola delle Grandi Antille, il cui capoluogo è San Juan.
17. Repubblica dell'Africa occidentale, la cui capitale è Dakar.
18. Repubblica dell'Asia meridionale dove si parla l'inglese, assieme al cinese e al malese.
19. Stato dell'Africa centro-orientale, la cui capitale è Khartoum.
20. Repubblica dell'Asia centrale, la cui capitale è Dusanbe.
21. La sua capitale è Sarajevo.
22. Stato centro americano situato fra la Nicaragua ed il Panama.
23. I suoi abitanti si chiamano croati.
24. La più grande isola del mondo.
25. I suoi abitanti si chiamano danesi.
26. Si trovano nel Mar dei Caraibi e delle Antille.
27. Prendono il loro nome da Filippo II nel 1521.
28. Stato dell'Africa centromeridionale; la sua capitale è Lusaka.

5. Dove si trova? E come si chiamano i suoi abitanti?

Modello   il Venezuela

         Il Venezuela si trova nell'America del Sud / nel Sud America. I suoi abitanti si
         chiamano venezuelani.

1. l'Abissinia   2. l'Afghanistan   3. l'Albania   4. l'Algeria   5. Il Salvador   6. San Marino
7. l'Alsazia   8. la Repubblica Dominicana   9. la Romania   10. la Scozia   11. Haiti
12. l'Honduras   13. l'Islanda   14. Israele   15. l'Olanda   16. l'Indonesia   17. la Kenya
18. Monaco   19. Malta   20. la Macedonia   21. l'Uzbekistan   22. l'Uruguay
23. l'Amazzonia   24. l'Egitto   25. l'Eritrea   26. l'Oceania   27. l'Uganda   28. la Siria
29. la Moldavia   30. la Mongolia   31. la Malaysia   32. la Melanesia   33. la Mauritania
34. la Liberia   35. la Libia   36. la Lituania   37. la Sassonia   38. la Serbia   39. la Siberia
40. la Scandinavia

6. Classifica le seguenti parole/espressioni in modo appropriato nella tabella riportata sotto.

del Cancro	nautica	topografica	Artico
navale	Antartico	guerriglia	Sud
santa	fisica	atomica	da fuoco
terrestre	del Capricorno	batteriologica	nucleare
aerea	civile	Nord	di indipendenza
chimica	di successione	geografica	di trincea
di liberazione	fredda	convenzionale	Mondiale
umana	stellare	l'Egittologia	storiografia
automatica	la pistola	la preistoria	sociale
chimica	il fucile	militare	archeologia

Tipi di geografia	Tropico...	La carta...	Il Circolo Polare...	Il Polo...	Tipi di arma	Forme di guerra	Tipi di storia

7. Traduci in inglese o in italiano, secondo il caso.*

antidiluviano	
	antiquity
l'apice	
	archeologist
il mercante d'armi	
	arms trade
la bomba	
	cannon
il secolo	
	collapse
il decennio	
	decline
l'egittologo	
	epoch
l'era	
	fall
la piazza d'armi	
	fossil
fossilizzato	
	historian
lo storiografo	
	historical
la marina militare	
	period
preistorico	
	ruin
deporre le armi	
	weapons permit

8. Accoppia gli elementi nelle due colonne in modo appropriato.*

1. l'alleanza
2. l'alleato
3. l'ammutinamento
4. l'armistizio
5. arrendersi
6. l'attacco

a. Assalto, offensiva.
b. Autore di crimini in tempo di guerra.
c. Battaglia svolta letteralmente nei «campi.»
d. Complesso di navi militari.
e. Conflitto con armi.
f. Decisione tra due parti belligeranti di sospendere le ostilità e di avviare trattative di pace.

7. la battaglia campale   g. Dichiararsi vinto al nemico.
8. la campagna   h. Divieto di uscire di casa.
9. il campo di battaglia   i. Intesa politico-militare tra due o più stati per il raggiungimento
                                    di determinati obiettivi territoriali, economici, politici.
10. il cannone   j. Luogo dove avviene la battaglia.
11. la capitolazione   k. Operazioni militari.
12. combattere   l. Pezzo di artiglieria con canna molto lunga.
13. il combattimento   m. Protezione contro il nemico.
14. il conflitto a fuoco   n. Raggruppamento che persegue i propri fini in modo
                                    intollerante, aggressivo e egoistico.
15. il coprifuoco   o. Raggruppamento di soldati.
16. il criminale di guerra   p. Resa del nemico.
17. la difesa   q. Rifiuto di obbedire agli ordini di un'autorità.
18. l'esercito   r. Scontrarsi.
19. la fazione   s. Scontro armato tra eserciti.
20. la flotta   t. Unito da un patto d'alleanza.

9. Spiega ciascuna parola/espressione con le tue parole.

Modello   l'arcipelago
                 Un gruppo di isole vicine.

il settentrione	il bacino	il clima	la climatologia	il climatologo
il confine	il continente	la demografia	l'emisfero	la frontiera
il geografo	il globo	l'isola	il mare	la nazione
l'oceano	il paese	il territorio	il tropico	l'atlante
la bussola	la cartografia	il cartografo	l'equatore	la latitudine
la longitudine	il mappamondo	il meridiano	il meridiano zero	il meridione

10. Come si dice?*

1. *continental*	
2. *demographic*	
3. *hemispheric*	
4. *northern*	
5. *southern*	
6. *to locate*	
7. *tropical*	
8. *oceanic*	
9. *maritime*	
10. *insular*	
11. *military equipment*	
12. *armed forces*	

13. *flight*	
14. *warrior*	
15. *raid*	
16. *insurrection*	
17. *fight, struggle*	
18. *maneuver*	
19. *recruit*	
20. *retreat*	
21. *revolt*	
22. *revolution*	
23. *defeat*	
24. *skirmish, confrontation, clash*	
25. *sedition*	
26. *soldier*	
27. *uprising, riot*	
28. *strategy*	
29. *tactic*	
30. *trenches*	
31. *troops*	
32. *victory*	

11. Completa ciascuna frase in modo appropriato con le parole date.

Parole:

indennità, guerra, nemico, profitti, marina, armate, ufficiale, militari, schieramento, tribunale, zona, ufficiale, stato, prigioniero

1. le forze _____
2. le forze aeree _____
3. il fronte di _____
4. il fuoco del _____
5. il grado _____
6. l'_____ di guerra
7. la _____ militare
8. il _____ di guerra
9. i _____ di guerra
10. lo _____ delle truppe
11. lo _____ di guerra
12. il _____ di guerra
13. l'_____ militare
14. la _____ di guerra

Level 2

12. Di quali città italiane si tratta? Metti alla prova la tua conoscenza delle città italiane facendo il seguente gioco-quiz.*

1. Ci è nato Galileo Galilei.
   Si trova in Toscana.
   C'è la Torre Pendente.
2. Nel Medioevo apparteneva agli Arabi.
   Si trova in un'isola.
   E' il capoluogo della Sicilia.
3. È nel nord dell'Italia.
   Ha un famoso Duomo con la Madonnina.
   È la città più industriale d'Italia.
4. È la città di Dante Alighieri.
   Era il centro del Rinascimento italiano.
   È la città con il ≪Davide≫ di
      Michelangelo.
5. È stata la prima capitale d'Italia.
   È la città della FIAT.
   L'anagramma del suo nome è ≪ritono.≫

6. Solo nel 1870 è divenuta parte del Regno
      d'Italia.
   È detta la ≪Città eterna.≫
   L'anagramma del suo nome è ≪amor.≫
7. È la città di Enrico Caruso.
   È famosa per le sue canzoni.
   Un detto dice : ≪Vedi . . . e poi muori.≫
8. Ha il più importante porto italiano.
   Ci è nato Cristoforo Colombo.
   È il capoluogo della Liguria.
9. Era chiamata ≪La Serenissima.≫
   Ci è nato Marco Polo.
   È la città delle gondole.
10. Ha l'università più antica del mondo.
   È chiamata ≪La Grassa.≫
   È il capoluogo dell'Emilia Romagna.

13. Ecco un altro quiz geografico. Scegli la risposta corretta.*

1. Mare che si trova tra la penisola italiana, la
   Slovenia, la Croazia, il Montenegro e
   l'Albania.
   a. l'Adriatico
   b. l'Arno
   c. l'Atlantico
   d. il Mediterraneo
   e. il Pacifico
2. Città che sorge sul luogo scelto da
   Alessandro Magno verso il 332 a.C.
   a. Amsterdam
   b. Atene
   c. Aragona
   d. Alessandria
   e. Baghdad
3. Si riferisce a un abitante di una zona
   montagnosa.
   a. alessandrino
   b. antillano
   c. alpino
   d. aragonese
   e. basco
4. Un vulcano attivo.
   a. la Caucasia

   b. l'Etna
   c. il Cairo
   d. la Boemia
   e. la Catalogna
5. La capitale della Russia.
   a. Barcellona
   b. Bari
   c. Belgrado
   d. Berlino
   e. Mosca
6. Catena montuosa che si allunga nella
   penisola italiana dal Colle di Cadibona
   allo Stretto di Messina.
   a. le Dolomiti
   b. le Montagne Rocciose
   c. le Ande
   d. le Alpi
   e. gli Appennini
7. Si riferisce a un abitante della Grecia.
   a. ateniese
   b. boemo
   c. catalano
   d. caucasico
   e. cipriota

8. Si riferisce ad un abitante della Persia.
   a. aostano
   b. atesino
   c. abruzzese
   d. persiano
   e. corso
9. Si riferisce ad un abitante dell'Italia settentrionale.
   a. lombardo
   b. lucano

   c. calabrese
   d. campano
   e. laziale
10. Si riferisce ad un abitante dell'Italia meridionale.
   a. friulano
   b. toscano
   c. piemontese
   d. milanese
   e. siciliano

14. Classifica le seguenti parole/espressioni in modo appropriato nella tabella riportata sotto.

Pechino	emiliano	Lisbona	fiorentino
ligure	Rimini	molisano	Elba
Madrid	napoletano	New York	padano
le Antille	Catanzaro	Aosta	Parigi
il Tevere	il Po	la Corsica	Varsavia
Ginevra	il Vesuvio	Londra	la Basilicata
l'Abruzzo	Marsiglia	i Balcani	Edimburgo
veneziano	sardo	Perugia	trentino
la Calabria	d'Avorio	romano	pugliese
Reggio Calabria	Azzurra	Siena	la Valle Padana
l'Alto Adige	romagnolo	umbro	Vienna
la Campania	il Friuli	il Lazio	la Lombardia
la Lucania	il Molise	il Piemonte	la Puglia
la Sardegna	il Trentino Alto–Adige	l'Umbria	il Veneto

Città	Abitanti di regioni italiane	Isole	Fiumi	Montagne	Coste	Regioni italiane

15. Quiz storico. Scegli la risposta adatta.*

1. Un tipo di documento storiografico.
   a. gli annali
   b. bizantino
   c. la crociata
   d. il crociato
   e. il feudalismo
   f. la paleografia

2. Un'epoca storica.
   a. l'abolizione della schiavitù
   b. l'annalista
   c. l'archivio storico
   d. la narrazione
   e. il Barocco
   f. la paleontologia

3. Un'epoca preistorica.
   a. il classicismo
   b. l'Illuminismo
   c. l'Età del ferro
   d. il romanticismo
   e. la rivoluzione industriale
   f. il Medioevo

4. Una civiltà del mondo antico.
   a. il Rinascimento
   b. l'Età della pietra
   c. Bisanzio
   d. l'Antica Grecia
   e. l'Epoca glaciale
   f. scavo archeologico

5. Un movimento che ebbe luogo negli Stati Uniti nel ventesimo secolo.
   a. proibizionismo
   b. neolitico
   c. medioevale
   d. feudale
   e. ellenico
   f. l'Antica Roma

6. Un conflitto armato che ebbe luogo nel ventesimo secolo.
   a. paleolitico
   b. plebeo
   c. la schiavitù
   d. la teleologia
   e. la Prima Guerra Mondiale
   f. l'Impero Romano

16. Usa ciascuna delle seguenti parole/espressioni in altrettante frasi che ne rendano chiaro il significato.

Modello   la plebe

> *Nell'Antica Roma, la plebe era la parte della popolazione composta da commercianti, piccoli proprietari, artigiani e nullatenenti, esclusi dai diritti politici e civili che erano riservati al patriziato.*

la Seconda Guerra Mondiale	teleologico	il carro armato	la caserma
l'ospedale militare	l'ostaggio	il quartiere generale	la spia
lo spionaggio	i viveri	l'artiglieria	l'artiglieria contraerea

17. Classifica le seguenti parole/espressioni in modo appropriato nella tabella riportata sotto.

il tenente–colonnello	il sergente maggiore	il fucile mitragliatore	la granata
balistico	strategico	terra–aria	il sottotenente
nucleare	il pugnale	il battaglione	la pistola mitragliatrice
il colonnello	il capitano	il caporale	la fanteria
l'ammiraglio	lo squadrone	la colonna	il plotone

Ufficiali militari	Armi	Missili	Tipi di esercito, truppe, ecc.

Level 3

18. Spiega ciascuno dei seguenti concetti geografici con le tue parole.

Modello   la cascata
                Caduta di un corso d'acqua dovuto a un forte dislivello.

il bacino	la baia	la catena montuosa	il colle	il cratere
il fiordo	la geofisica	la geologia	glaciale	la glaciazione
il golfo	la guardia forestale	l'iceberg	l'istmo	la montagna
il monte	la penisola	la pianura	il promontorio	la sedimentazione

19. In che modo sono differenti le seguenti cose?

Modello   una bomba a mano e una bomba a tempo
                Una bomba a mano e fatta per tirare subito, quella a tempo, invece, ha un «timer»
                che la fa esplodere dopo un periodo di tempo.

1. un agguato e una tregua
2. una bomba all'idrogeno e una bomba atomica
3. una bomba fumogena e una bomba molotov
4. una bomba nucleare e una bomba anti-carro
5. un gas lacrimogeno, un gas nervino e un gas tossico

Synthesis

20. Quante parole/espressioni ricordi? Completa la seguente tabella nel modo indicato. *(Add as many cells to the chart as you may need.)*

Geographical and topographical concepts	Cartography	Countries and places	Nationalities	Italian regions and regional people	Places, bodies of water, cities
l'arcipelago	l'atlante	l'Africa	africano	abruzzese	l'Adriatico

21. Quante parole/espressioni ricordi? Completa la seguente tabella nel modo indicato. *(Add as many cells to the chart as you may need.)*

General concepts of history	General military concepts	Weaponry
l'Illuminismo	l'alleanza	l'arma automatica

22. Leggi il seguente brano e poi completa la tabella riportata sotto.

> L'Italia è una penisola che ha la forma di uno stivale. È situata al centro del Mar Mediterraneo ed è circondata dal Mar Adriatico, dal Mar Ionio, dal Mar Tirreno e dal Mar Ligure. La sua superficie è costituita per il 42% da colline, per il 35% da montagne e per il 23% da pianure.
>
> Le catene di montagne più importanti sono le Alpi, gli Appennini e le Dolomiti. Il Monte Bianco è la montagna più alta (4810 metri di altezza). Il principale fiume italiano è il Po. Il Po è lungo 652 km e attraversa la città di Torino. Altri fiumi importanti sono l'Adige (che bagna le città di Trento e Bolzano,) il Tevere (che attraversa Roma) e l'Arno (che attraversa Firenze e Pisa.) Tra i laghi più famosi, sono da menzionare il Lago di Garda, il Lago Maggiore e il Lago di Como. Ci sono diversi vulcani; i più conosciuti sono l'Etna in Sicilia e il Vesuvio vicino a Napoli.
>
> *Note su alcune città italiane.*
>
> **Genova:** è il più importante porto italiano.
> **Torino:** è la sede della FIAT (Fabbrica Italiana di Automobili di Torino.)
> **Milano:** è il più importante centro industriale e commerciale d'Italia.
> **Venezia:** è la città con oltre 120 isolotti e 170 canali collegati tra loro da più di 400 ponti.
> **Bologna:** è la città dove è nata nel 1158 la prima università europea.
> **Firenze:** è la culla della lingua italiana; in questa città è nato Dante Alighieri, il primo poeta in lingua italiana, autore della *Divina commedia.*
> **Roma:** è la capitale d'Italia con molti monumenti e posti tutt'oggi dell'Antica Roma.
> **Napoli:** è una città ricca di storia e di cultura ed è famosa per le bellezze del suo paesaggio naturale.
> **Palermo:** è il capoluogo della Sicilia, la più grande e importante isola del Mediterraneo e la più grande regione d'Italia.

Catene di montagne (menzionate sopra e altre che conosco)	*Città (menzionate sopra e altre che conosco)*	*Le regioni e i loro capoluoghi*	*Fiumi (menzionati sopra e altri che conosco)*	*Laghi (menzionati sopra e altri che conosco)*	*Mari (menzionati sopra e altri che conosco)*	*Montagne particolari (menzionate sopra e altre che conosco)*

23. Le grandi scoperte. Ricordi le date storiche più importanti? Fa' il seguente test.*

1. Cristoforo Colombo partì dalla Spagna per le Americhe...
   a. il 3 agosto 1492
   b. il 3 settembre 1592
   c. il 3 luglio 1452
2. Cristoforo Colombo raggiunse l'isola di San Salvador...
   a. il 12 ottobre 1592
   b. il 12 ottobre 1492
   c. il 22 ottobre 1492
3. Due astronauti americani sono scesi sulla luna...
   a. il 20 luglio 1969
   b. il 20 luglio 1979
   c. il 20 luglio 1959
4. Il telefono fu inventato in America dall'italiano Antonio Meucci...
   a. nel 1857
   b. nel 1957
   c. nel 1557
5. Guglielmo Marconi riuscì a trasmettere messaggi a distanza senza l'aiuto dei fili...
   a. nel 1685
   b. nel 1985
   c. nel 1895
6. L'americano Edison inventò la lampadina elettrica...
   a. nel 1960
   b. nel 1579
   c. nel 1879
7. Negli Stati Uniti i fratelli Wright riuscirono a volare con un apparecchio a motore...
   a. nel 1703
   b. nel 1903
   c. nel 1945
8. Il primo orologio fu costruito intorno al...
   a. 1360
   b. 1660
   c. 1860

Text work

Text A

> *Da:*
>
> ### GLI AMERICANI DI GAGLIANO
>
> di
>
> Carlo Levi (1902–1975)
>
> Per la gente di Lucania, Roma non è nulla: è la capitale dei signori, il centro di uno Stato straniero e malefico. Napoli potrebbe essere la loro capitale, e lo è davvero, la capitale della miseria, nei visi pallidi, negli occhi febbrili dei suoi abitatori, nei «bassi» dalla porta aperta pel caldo, l'estate, con le donne discinte che dormono a un tavolo, nei gradoni di Toledo; ma a Napoli non ci sta più, da gran tempo, nessun re; e ci si passa soltanto per imbarcarsi. Il Regno è finito: il regno di queste genti senza speranza non è di questa terra. L'altro mondo è l'America. Anche l'America ha, per i contadini, una doppia natura. È una terra dove si va a lavorare, dove si suda e si fatica, dove il poco denaro è risparmiato con mille stenti e privazioni, dove qualche volta si muore, e nessuno più ci ricorda; ma nello stesso tempo, e senza contraddizione, è il paradiso, la terra promessa del Regno.
>
> Non Roma o Napoli, ma New York sarebbe la vera capitale dei contadini di Lucania, se mai questi uomini senza Stato potessero averne una. E lo è, nel solo modo possibile per loro, in un modo mitologico. Per la sua doppia

> natura, come luogo di lavoro essa è differente: ci si vive come si vivrebbe altrove, come bestie legate a un carro, e non importa in che strade lo si debba tirare; come paradiso, Gerusalemme celeste, oh! allora, quella non si può toccare, si può solo contemplarla, di là dal mare, senza mescolarvisi. I contadini vanno in America, e vi rimangono quello che sono: molti vi si fermano, e i loro figli diventano americani: ma gli altri, quelli che ritornano, dopo vent'anni, sono identici a quando erano partiti. In tre mesi le poche parole d'inglese sono dimenticate, le poche superficiali abitudini abbandonate, il contadino è quello di prima, come una pietra, su cui sia passata per molto tempo l'acqua di un fiume in piena, e che al primo sole in pochi minuti riasciuga.

24. Traduci il testo in inglese.

25. Studio del vocabolario

Completa la tabella scegliendo parole adatte dal testo.

Regioni/stati	Città	Aspetti della vita umana	Tipi di gente	Aspetti della natura

26. Discussione

1. Perché non è nulla Roma per la gente di Lucania?
2. Qual è la loro vera capitale? Perché?
3. Perché vanno in America i lucanesi?
4. Secondo te, che cosa simboleggia l'America per loro?
5. Il testo di Levi costituisce una rappresentazione accurata degli emigrati? Perché sì/no?

Text B

> **19 GENNAIO 1944**
>
> di
>
> Salvatore Quasimodo (1901–1968)
>
> Ti leggo dolci versi d'un antico,
> e le parole nate tra le vigne,
> le tende, in riva ai fiumi delle terre
> dell'est, come ora ricadono lugubri
> e desolate in questa profondissima

> notte di guerra, in cui nessuno corre
> il cielo degli angeli di morte,
> e s'ode il vento con rombo di crollo
> se scuote le lamiere che qui in alto
> dividono le logge, e la malinconia
> sale dei cani che urlano dagli orti
> ai colpi di moschetto delle ronde
> per le vie deserte. Qualcuno vive.
> Forse qualcuno vive. Ma noi, qui,
> chiusi in ascolto dell'antica voce,
> cerchiamo un segno che superi la vita,
> l'oscuro sortilegio della terra,
> dove anche fra le tombe di macerie
> l'erba maligna solleva il suo fiore.

27. Studio del vocabolario

Suggerisci traduzioni per le seguenti parole/espressioni. Poi discuti i tuoi suggerimenti con altri membri della classe.

1. un antico
2. le vigne
3. le tende
4. la riva
5. notte di guerra
6. gli angeli di morte
7. il rombo di crollo
8. le lamiere
9. i colpi di moschetto
10. un segno
11. il sortilegio della terra
12. l'erba maligna

28. Discussione

1. Qual è il tema della poesia, secondo te?
2. Sono efficaci le immagini di guerra in essa?
3. Perché, secondo te, gli uomini fanno la guerra?

Game-playing

29. Quiz geografico!

La classe si divide in due gruppi. A vicenda, i diversi membri di ciascun gruppo dovranno formare domande come nel modello. I membri dell'altro gruppo dovranno cercare di indovinare la nazionalità in questione.

Modello: Questa persona parla inglese, ma non vive in Gran Bretagna. Nel suo paese le due lingue ufficiali sono l'inglese e il francese. (E così via.)

Risposta: Canadese.

Il gruppo vincente sarà quello col numero superiore di risposte corrette.

30. Quiz storico!

La classe si divide ancora una volta in due gruppi. A vicenda, i diversi membri di ciascun gruppo dovranno formare domande come nel modello. I membri dell'altro gruppo dovranno cercare di indovinare la nozione storica o militare in questione.

Modello: È un tipo di arma. Esplode a base di tempo ≪programmato.≫ (E così via.)
Risposta: Una bomba a tempo.

Il gruppo vincente sarà quello col numero superiore di risposte corrette.

Discussion/Composition/Activities

31. Leggi il seguente brano. Poi, svolgi le attività riportate sotto.

Una qualsiasi discussione della civiltà italiana non può escludere un commento su Roma, la ≪Città Eterna.≫ Situata a circa 20 chilometri dal mare sulle rive del Tevere, sopra una serie di colli in mezzo ad una pianura ondulata, Roma ha l'aspetto di una grande metropoli che è, allo stesso tempo, ricca di storia e preistoria. E questa la rende praticamente unica nella civiltà italiana.

Secondo la tradizione, Roma fu fondata nel 753 a.C. Dopo il periodo classico dell'Impero Romano, la città eterna diventò il nucleo di un altro Impero, e cioè, quello della Chiesa Cattolica.

Due monumenti dell'Antica Roma, tutt'oggi notevoli, sono il Pantheon e il Colosseo. Il Pantheon fu costruito nel 27 a.C. da Marco Agrippa, genero di Augusto. Fu ricostruito dall'imperatore Adriano e poi dagli imperatori Settimio Severo e Caracalla. Ebbe restauri anche nel Rinascimento. Il Pantheon è un tempio che gli Antichi Romani dedicavano a tutte le loro divinità. Ma è anche un tempio dove sono sepolte delle persone illustri. Ci si trova, per esempio, la tomba di Raffaello, grande artista morto nel 1520.

Il Colosseo fu costruito nel 72 a.C. dall'imperatore Vespasiano per spettacoli pubblici e per i combattimenti tra gladiatori e animali feroci. Diventò poi il luogo di martirio dei primi Cristiani. Nel Medioevo fu trasformato in fortezza, e nel Settecento iniziarono i lavori di restauro. Il Colosseo ha una forma elittica e può contenere circa 50 mila spettatori. Sotto l'arena ci sono corridoi e passaggi che venivano usati nell'organizzazione degli spettacoli.

Logicamente, Roma fu scelta la capitale del nuovo Stato Italiano che si formò nell'Ottocento (1861–1870) ed è, oggi, il centro politico della nazione. Camminando per le strade di Roma ci si rende veramente conto delle diverse epoche storiche dell'umanità. Da una strada all'altra si passa dall'Antichità, al Medioevo, al Rinascimento, al Barocco, al Classicismo, al Romanticismo, fino al più recente postmodernismo! Prima o poi tutti devono vedere Roma. Come dice un vecchio proverbio, ≪tutte le strade portano a Roma!≫

1. Rispondi alle seguenti domande.
   a. Sei mai stato/stata a Roma? Se sì, racconta le tue impressioni alla classe. E se no, immagina di essere a Roma e indica quello che vorresti vedere.
   b. Scrivi una breve parafrasi del brano sopra, oppure fa' un elenco delle sue nozioni principali (*monumenti, Imperatori, Edifici, ecc.*).
2. Tema da svolgere! Adesso, fa' una ricerca simile su un'altra città italiana e poi scrivi quello che hai trovato nella forma di un breve componimento, simile al brano redatto sopra. In seguito, leggilo in classe.

32. Discussione

La classe si divide in due gruppi. Ciascun gruppo dovrà preparare un elenco dei ≪motivi≫ che i diversi membri del gruppo identificano come ≪cause≫ dei conflitti e delle guerre. In seguito, un rappresentante dei due gruppi dovrà:
1. compilare i risultati;
2. paragonare i risultati dei due gruppi;
3. determinare se esistono ≪motivi universali;≫
Infine, l'intera classe discuterà o dibatterà se sono veramente ≪universali≫ i motivi identificati.

Unit 20

Politics

Level 1

General

l'assolutismo	*absolutism*
l'autocrazia	*autocracy*
il cittadino/la cittadina	*citizen*
il colpo di stato	*coup d'état*
il comunismo	*communism*
il conservatore	*conservative*
i diritti umani	*human rights*
il diritto al lavoro	*right to work*
il diritto al voto	*right to vote*
il diritto civile	*civil right*
il dittatore	*dictator*
la dittatura	*dictatorship*
il dovere civico	*civic duty*
l'ideologia	*ideology*
l'imperialismo	*imperialism*
l'impero	*empire*
l'inflazione (f)	*inflation*
liberale	*liberal*
la libertà di associazione	*freedom of association*
la libertà di parola	*freedom of speech*
la libertà di stampa	*freedom of the press*
la monarchia	*monarchy*
la pace	*peace*
il partito al potere	*party in power*
il potere	*power*
il potere assoluto	*absolute power*
il potere costituzionale	*constitutional power*
il potere politico	*political power*
la repubblica	*republic*
il socialismo	*socialism*
la società democratica	*democratic society*
sostenere i propri diritti	*to maintain one's rights*
la sovranità	*sovereignty*
sovrano	*sovereign*
il suffragio universale	*universal suffrage*
il tiranno	*tyrant*
la tirannia	*tyranny*
totalitario	*totalitarian*
il totalitarismo	*totalitarianism*
unanime	*unanimous*
violare un diritto	*to violate a right*

Government

l'assemblea	*assembly*
la camera dei deputati	*house/chamber of representatives*
il capo dello stato	*head of state*
il capo del governo	*head of government*
il capo di gabinetto	*cabinet head*
il consigliere	*councilor*
il consiglio	*council*
il consiglio di gabinetto	*cabinet meeting*
il consiglio dei ministri	*council of ministers*
il deputato	*Member of Parliament (elected representative)*
il funzionario	*civil servant*
il gabinetto	*cabinet*
governare	*to govern*

il governo	government	il partito progressista	progressive party
la legislazione	legislation	il partito	republican party
il ministro	minister	repubblicano	
il parlamento	parliament	il partito socialista	socialist party
la politica	policy (in general)	il programma	manifesto, electoral
il presidente	president	elettorale	platform
il primo ministro	prime minister	la protesta	protest
il principe	prince	la riforma	reform
la principessa	princess	la rivolta	revolt, riot
il programma	policy (specific, e.g.	la rivoluzione	revolution
	social policy,	la scheda elettorale	ballot paper
	economic policy)	lo sciopero	strike
il re	king	il sindacato	trade union
la regina	queen	il sondaggio	poll
la riforma	reform	il terrorismo	terrorism
il senato	senate	il/la terrorista	terrorist
il sindaco	mayor	l'urna elettorale	ballot box
lo stato	state	votare	to vote
		il voto	vote

Political activity and political parties

la campagna	electoral campaign
elettorale	
il comitato	committee
la commissione	commission
di centro	center (political)
di destra	right-wing
di sinistra	left-wing
la diminuzione delle	arms reduction
armi	
la dimostrazione	demonstration
il disarmo	disarmament
il discorso	speech
eleggere	to elect
l'elettorato	electorate
l'elezione (f)	election
l'ordine del giorno	agenda (of a meeting)
il partito	party
il partito	conservative party
conservatore	
il partito democratico	democratic party
il partito di governo	party in government
il partito di	party in opposition
opposizione	
il partito liberale	liberal party
il partito moderato	moderate party
il partito monarchico	monarchist party

International relations

il campo profughi	refugee camp
la cittadinanza	citizenship
il Consiglio d'Europa	Council of Europe
l'emigrante	emigrant
(m and f)	
l'emigrazione (f)	emigration
l'euro	Euro
l'immigrante	immigrant
(m and f)	
l'immigrazione (f)	immigration
il Mercato Comune	European Common
Europeo	Market
la migrazione	migration
le Nazioni Unite	United Nations
il paese d'origine	country of origin
il paese straniero	foreign country
la politica	immigration policy
d'immigrazione	
il profugo/la profuga	refugee
il razzismo	racism
il/la razzista	racist
la società	multiracial society
multirazziale	
l'Unione Europea	European Union
il visto	visa

Level 2

Institutions and the political process

l'amministrazione (f)	*administration*
l'appello	*voting (on a measure), attendance call*
l'approvazione	*passing (of a motion)*
l'astensione	*abstention (to a motion)*
il ballottaggio	*ballot, balloting*
bicamerale	*bicameral*
la camera dei deputati	*Parliament (chamber of representatives)*
la carta costituzionale	*constitutional document*
la chiamata nominativa	*call for nominations (to a political office)*
il comizio elettorale	*election meeting*
la commissione d'inchiesta	*commission of inquiry*
la confederazione	*confederation*
convocare	*to call (a meeting, etc.)*
la costituzione	*constitution*
il decentramento	*decentralization*
il disegno di legge	*bill (of the legislature)*
l'eleggibilità	*eligibility*
l'emendamento	*amendment (to a motion)*
l'ente locale (m)	*local agency*
esecutivo	*executive*
favorevole	*in favor (of a motion)*
la federazione	*federation*
la fiducia	*confidence (e.g. vote of confidence)*
giudiziario	*judiciary*
giuridico	*juridical, legal, authorized*
governativo	*governmental*
l'incarico	*task, duty*
legislativo	*legislative*
la legislatura	*legislature*
la legislazione	*legislation*
il ministero	*ministry*
la mozione	*motion*
la norma costituzionale	*constitutional law/precept*
la rappresentanza	*representation (political)*
ratificare	*to ratify*
il referendum (inv)	*referendum*
la seduta	*sitting (of the house, of the senate, etc.)*
il seggio	*seat (in parliament, in the senate, etc.)*
i servizi di sicurezza	*security services*
la sessione	*session*
sfavorevole	*against (a motion)*
la sfiducia	*"no confidence" (e.g. vote of no confidence)*
lo statuto	*statute*

Level 3

Government and the political process

gli affari civili	*civil affairs*
gli affari esteri	*external affairs*
gli affari interni	*internal affairs*
l'ambasciata	*embassy*
l'assemblea	*assembly*
l'assistenza/la previdenza sociale	*social assistance, welfare*
il buono del tesoro	*government bond*
il certificato di credito del tesoro	*government certificate*
la coalizione	*coalition*
il consolato	*consulate*
il decreto	*decree*
la lettera credenziale	*(diplomatic) accreditation*

municipale	municipal	provinciale	provincial
il municipio	municipality, town hall	regionale	regional
		la tesoreria	treasury
nazionale	national	il tesoriere	treasurer

Social services and social issues

Level 1

Social issues and patterns

l'aborto	abortion
l'aggressivo chimico	chemical weapon
l'AIDS (m, inv)	AIDS
l'arma nucleare	nuclear weapon
la censura	censorship
il femminismo	feminism
il gay	gay
la lesbica	lesbian
l'omosessuale	homosexual
l'omosessualità	homosexuality
la pena capitale	capital punishment
la pena di morte	death penalty
la pornografia	pornography
la prostituzione	prostitution
il razzismo	racism

The environment

le acque di scarico	sewage
l'ambientalista (m and f)	environmentalist
l'ambiente	environment
il biosistema	biosystem
la catena alimentare	food chain
il combustibile	fossil fuel
il combustibile nucleare	nuclear fuel
la conservazione dell'energia	energy conservation
la crisi energetica	energy crisis
l'ecosistema (m)	ecosystem
l'energia	energy
l'energia eolica	wind energy
l'energia solare	solar energy
l'energia termica	thermal energy
le energie rinnovabili	renewable energy resources

la fognatura	sewage system
l'inquinamento acustico	noise pollution
l'inquinamento atmosferico	air pollution
l'inquinamento del suolo	soil pollution
l'inquinamento delle acque	water pollution
l'inquinamento radiattivo	radioactive pollution
il petrolio	petroleum
la radiazione	radiation
i rifiuti	waste
il rifiuto radioattivo	radioactive waste
le risorse naturali	natural resources
lo scarico	disposal, waste, discharge
lo scarico delle immondizie	waste disposal
lo spreco d'energia	energy waste
tossico	toxic

Emergencies and emergency services

l'aggressione (f)	assault
aiutare	to help
l'aiuto	help
l'allarme (m)	alarm
l'arma	weapon
l'arma da fuoco	firearm
arrestare	to arrest
l'autoambulanza	ambulance
l'autopompa	fire engine
il borsaiolo/la borsaiola	pickpocket
bruciare	to burn
la coltellata	knifing

il/la criminale	criminal
il delitto	crime
derubare	to steal
essere investito	to be run over
l'estintore (m)	fire extinguisher
ferire	to wound
la ferita	wound
la fiamma	flame
il fucile	rifle
il fumo	smoke
il fuoco, l'incendio	fire
gridare	to yell, to shout
il grido	yell, shout
l'idrante (m)	fire hydrant
l'incidente (m)	accident
il ladro/la ladra	robber, thief
la manetta	handcuff
l'omicida (m and f), l'assassino/ l'assassina	killer (murderer)
l'omicidio	murder
l'ondata di criminalità	crime wave

l'ospedale (m)	hospital
il pericolo	danger
la pistola	pistol
il pronto soccorso	first aid, emergency room
la rapina	robbery
la rapina a mano armata	armed robbery
rapinare	to rob
la rivoltella	gun
salvare	to rescue
sanguinare	to bleed
la scala	ladder
scontrarsi	to collide, to smash
la sirena	siren
sparare	to shoot
uccidere	to kill
l'uscita di sicurezza	emergency exit
i vigili del fuoco, i pompieri	firefighters
violentare	to rape
la violenza carnale	rape
la vittima	victim

Level 2

Social issues, problems, and solutions

l'alcolismo	alcoholism
l'alcolizzato/ l'alcolizzata	alcoholic
l'alcool, la bevanda alcolica	alcohol
l'assistente sociale	welfare worker, social worker
l'assistenza ai malati, l'assistenza sanitaria	health assistance, medical care
l'assistenza legale	legal assistance
il derelitto/la derelitta, l'abbandonato/ l'abbandonata	down and out
il ghetto	ghetto
la guerriglia urbana	urban guerrilla, urban warfare

l'Istituto Nazionale della Previdenza Sociale	National Welfare Agency
il/la mendicante	beggar
mendicare	to beg
la povertà	poverty
la prestazione sociale	welfare benefit
la previdenza sociale	provision of welfare services
ricevere l'assistenza sociale	to receive benefits
il rifugio	shelter
il senzatetto	homeless person
il sovrappopolamento	overcrowding
la sovrappopolazione	overpopulation
lo svantaggiato/la svantaggiata	disadvantaged person
lo svantaggio	disadvantage
la zona depressa	depressed area

Level 3

Drugs

l'ago	*needle*	l'eroina	*heroin*
l'allucinazione (f)	*hallucination, high*	fiutare cocaina	*to snort cocaine*
l'amfetamina	*amphetamine*	fiutare colla	*to sniff glue*
l'assuefazione, la tossicodipendenza, la tossicomania	*dependency, addiction*	la marijuana	*marijuana*
		la siringa	*syringe*
		lo spacciatore di droga	*drug pusher*
la cocaina	*cocaine*	lo spaccio di droga	*drug pushing*
la colla	*glue*	il tossicodipendente, il/la tossicomane	*drug addict*
disintossicarsi	*to detoxify oneself*		
la dose eccessiva, l'overdose (m, inv)	*overdose*	la tossicodipendenza	*drug dependency, drug addiction*
la droga, gli stupefacenti	*drugs*	il traffico degli stupefacenti/della droga	*drug trafffickng*
la droga leggera	*soft drug*	il trip, l'effetto estraniante	*trip*
la droga pesante	*hard drug*		
il drogato/la drogata	*drug addict*	uscire dalla droga	*to get out of/off drugs*

Exercises

Level 1

1. Classifica le seguenti nozioni nel modo indicato.

di associazione	umani	assoluto
moderato	monarchico	repubblicano
di stampa	di gabinetto	al voto
democratico	politico	di parola
di governo	liberale	progressista
di opposizione	dei ministri	conservatore
costituzionale	al lavoro	civile

Tipi di diritto	Tipi di partito	Tipi di libertà	Tipi di potere	Tipi di consiglio

2. In che modo sono differenti le seguenti nozioni?

Modello   la democrazia e il totalitarismo
  *La democrazia è un sistema politico fondato sul principio della sovranità popolare e
  dell'uguaglianza giuridica dei cittadini; il totalitarismo, invece, è un sistema in cui
  il potere è nelle mani di una sola persona o un solo gruppo.*

  1. l'assolutismo, la dittatura, l'autocrazia e il comunismo
  2. un cittadino, un emigrante e un immigrante
  3. l'imperialismo, il socialismo, la tirannia
  4. una repubblica e una monarchia
  5. una società democratica e una società totalitaria
  6. un conservatore e un liberale
  7. il capo dello stato, il capo del governo e il capo di gabinetto
  8. un consigliere, un deputato e un funzionario
  9. una rivolta e una rivoluzione
 10. la camera dei deputati e il gabinetto
 11. un principe e un re
 12. una principessa e una regina
 13. il senato e il parlamento
 14. una protesta e una riforma
 15. uno stato e un impero
 16. il presidente, un ministro e il primo ministro

3. Traduci in inglese.

 1. I vigili del fuoco, chiamati popolarmente i pompieri, intervengono in casi d'incendio.
 2. I cittadini non si accorsero che c'era stato un colpo di stato e che un dittatore era venuto al potere.
 3. È il dovere civico di tutti di pagare le proprie tasse.
 4. In una democrazia, tutte le ideologie sono permesse.
 5. Quante persone ci sono nell'assemblea?
 6. Quando è stato stabilito il suffragio unversale?
 7. Quale partito è al potere?
 8. Quel partito ha cercato di violare i nostri diritti fondamentali.

4. Traduci in italiano.

 1. The rate of inflation is rather high. It is the highest it has been in peace time.
 2. It is necessary to maintain one's rights with adequate legislation and good policies.
 3. Which policy was proposed at the meeting?
 4. The vote was passed unanimously.
 5. I would like to vote. Where is the ballot box?
 6. Terrorism has become a serious problem. There are way too many terrorists, making it very difficult for governments to govern.
 7. The poll suggests that the electorate will elect a right-wing government, even though it usually elects a left-wing or centrist one.
 8. Arms reduction and disarmament have become important issues.
 9. She waged a brilliant electoral campaign and had a solid platform. As a consequence, she won the election.

10. What's on the agenda of the meeting? Will there be a report of the committee on sovereignty and the commission on strikes?
11. He is a tyrant. Fortunately, he is not the sovereign yet.
12. Where do I get a ballot paper? I wish to vote for a new mayor.
13. During the demonstration the leader of the labour union gave an inspiring speech.

5. Cruciverba*

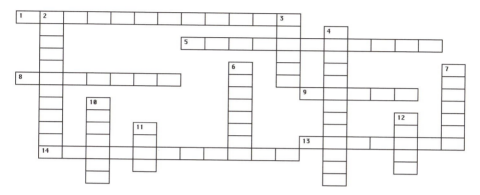

Orizzontali

1. Insieme di cittadini.

5. Rappresentazione di immagini o temi sessuali.
8. Persona costretta a lasciare la propria patria.
9. Autorizzazione di visitare o restare in un altro stato.
13. Immondizia.
14. Spostamento da una zona all'altra per motivi di lavoro o per cause politiche.

Verticali

2. Trasferimento in un paese diverso da quello d'origine.
3. Interruzione della gravidanza.

4. Commercio di prestazioni sessuali.

6. Discriminazione contro una o diverse razze.
7. Deflusso di liquidi.
10. Donna omossessuale.

11. Nuova unità monetaria dello Stato italiano.
12. Soccorso, appoggio.

6. Spiega le seguenti cose o nozioni con le tue parole.

Modello   il campo profughi
              Un campo dove vengono messi, o dove si radunano, i profughi.

il Consiglio d'Europa	il Mercato Comune Europeo	la migrazione	le Nazioni Unite	il paese d'origine
il paese straniero	la politica d'immigrazione	un razzista	una società multirazziale	un aggressivo chimico
un'arma nucleare	la censura	il femminismo	l' omosessualità	la pena capitale
la pena di morte	le acque di scarico	un ambientalista	il biosistema	la catena alimentare

il combustibile	la conservazione	la crisi energetica	l'ecosistema	la fognatura
nucleare	dell'energia			
il petrolio	la radiazione	le risorse naturali	lo spreco	tossico
			d'energia	

7. Classifica le seguenti nozioni nel modo indicato.

acustico   delle acque   radiattivo
del suolo   eolica   rinnovabile
termica   atmosferico   solare

Tipi di energia	*Tipi di inquinamento*

8. Traduci in inglese o in italiano secondo il caso.*

	assault
aiutare	
	alarm
l'arma	
	firearm
arrestare	
	ambulance
l'autopompa	
	pickpocket
bruciare	
	knifing
il criminale	
	crime
derubare	
	to be run over
l'estintore	
	to wound

la ferita	
	flame
il fucile	
	fire
gridare	
	yell
l'incidente	
	fire hydrant
la manetta	
	robber, thief
l'omicidio	
	killer
l'ospedale	
	crime wave
la pistola	
	danger
la rapina	
	first aid, emergency room
rapinare	
	armed robbery
salvare	
	gun
la scala	
	to bleed
la sirena	
	to collide, to smash
uccidere	
	to shoot
violentare	
	emergency exit
la vittima	
	rape

Level 2

9. Usa ciascuna delle seguenti parole/espressioni in altrettante frasi che ne rendano chiaro il significato.

Modello   il derelitto
             Il derelitto è una persona abbandonata da tutti.

l'alcool	bicamerale	la confederazione
la costituzione	il decentramento	l'alcolismo
l'abbandonato	la chiamata nominativa	l'assistenza ai malati
convocare	l'eleggibilità	la guerriglia urbana
l'ente locale	la fiducia	la federazione
governativo	l'incarico	mendicare
la legislazione	la rappresentanza	ratificare
il seggio	i servizi di sicurezza	il mendicante
l'alcolizzato	ricevere l'assistenza sociale	l'Istituto Nazionale della Previdenza Sociale

10. In che modo sono differenti le seguenti nozioni?

Modello   voto favorevole e voto sfavorevole
             Un voto favorevole a una mozione indica che la persona è d'accordo con essa; sfavorevole, invece, indica che non è d'accordo.

1. giudiziario e giuridico
2. esecutivo e legislativo
3. la commissione d'inchiesta e la camera dei deputati
4. una seduta e una sessione
5. l'amministrazione e la legislatura
6. l'astensione e l'approvazione
7. l'appello e l'emendamento
8. il disegno di legge e la carta costituzionale
9. il comizio elettorale e il ballottaggio
10. un ministero e il senato
11. una sfiducia e un referendum
12. lo statuto e la norma costituzionale
13. un assistente sociale e un assistente legale
14. la prestazione sociale e la previdenza sociale
15. il sovrappopolamento e la sovrappopolazione
16. un senzatetto e uno svantaggiato
17. l'assistenza sanitaria e l'assistenza sociale
18. una bevanda alcolica e una droga
19. un ghetto, una zona depressa e un rifugio
20. lo svantaggio e la povertà

Level 3

11. Accoppia i sinonimi e i quasi-sinonimi.*

1. l'assistenza sociale
2. l'assuefazione
3. la dose eccessiva
4. la droga
5. il tossicodipendente
6. il trip
7. il drogato

a. gli stupefacenti
b. il tossicodipendente
c. il tossicomane
d. l'effetto estraniante
e. l'overdose
f. la previdenza sociale
g. la tossicomania

12. Accoppia le parole/espressioni nella colonna a sinistra con le definizioni nella colonna a destra.***

1. gli affari civili	a. *Accordo, alleanza.*
2. gli affari esteri	b. *Affari che riguardano lo stato dei cittadini.*
3. gli affari interni	c. *Affari che riguardano rapporti con altri paesi.*
4. l'ambasciata	d. *Affari che riguardano rapporti tra istituzioni nazionali.*
5. l'assemblea	e. *Amministrazione comunale.*
6. il buono del tesoro	f. *Corpo diplomatico di rappresentanza di uno stato nella capitale di un altro stato.*
7. il certificato di credito del tesoro	g. *Disposizione dell'autorità amministrativa o giudiziaria.*
8. la coalizione	h. *Documento con cui un agente diplomatico viene accreditato presso uno stato straniero.*
9. il consolato	i. *Incaricato della custodia e dell'amministrazione di un tesoro.*
10. il decreto	j. *Riguardante il municipio.*
11. la lettera credenziale	k. *Riguardante la nazione.*
12. municipale	l. *Riguardante la provincia.*
13. il municipio	m. *Riguardante la regione.*
14. nazionale	n. *Riunione di più persone per discutere di questioni di comune interesse.*
15. provinciale	o. *Titolo del credito pubblico.*
16. regionale	p. *Titolo emesso dallo stato a garanzia di un proprio debito.*
17. la tesoreria	q. *Ufficio diplomatico di rappresentanza in città non capitali di un paese straniero.*
18. il tesoriere	r. *Ufficio pubblico che si occupa del servizio di cassa per lo stato.*

13. Linguaggio della droga! Spiega cosa significa ciascuno dei seguenti termini, oppure descrivi la droga indicata.

Modello   l'ago

   Parola usata per indicare ≪la puntura≫ usata per l'eroina.

1. l'amfetamina   2. la cocaina   3. la colla   4. la droga leggera   5. la droga pesante
6. l'eroina   7. fiutare cocaina   8. fiutare colla   9. la marijuana   10. la siringa   11. lo spacciatore di droga   12. lo spaccio di droga   13. la tossicodipendenza   14. il traffico degli stupefacenti   15. il traffico della droga   16. uscire dalla droga   17. l'allucinazione
18. disintossicarsi

Synthesis

14. Quante parole/espressioni ricordi? Completa la seguente tabella nel modo indicato. *(Add as many cells to the chart as you may need.)*

Government nations	Political activity	Political parties	International relations	Institutions and the political process
il deputato	il comitato	il partito di governo	il campo profughi	il ballottaggio

15. Adesso completa la seguente tabella nel modo indicato. Quante parole/espressioni ricordi? *(Add as many cells to the chart as you may need.)*

Social issues and problems	Environment	Emergencies	Solutions	Drugs
l'alcolismo	il biosistema	l'aggressione	l'assistenza sociale	la cocaina

16. Sei aggiornato/a in politica e in questioni d'importanza sociale?*

Modello   Sistema imposto in Russia da Lenin.
             il comunismo

1. Sistema imposto in Germania e in Italia prima della Seconda Guerra Mondiale.
2. Uno dei più famosi era quello Romano.
3. Sistema che esiste tuttora in Inghilterra, assieme al sistema parlamentare.
4. Sistema politico americano.
5. Il figlio del re.
6. Un esempio è il whisky.
7. È molto famoso quello di Varsovia, distrutto nella Seconda Guerra Mondiale.
8. Due droghe che si fiutano.
9. Droga molto popolare durante gli anni degli «hippies.»

17. Nel seguente «puzzle» ci sono tredici parole che si riferiscono alla politica o a questioni sociali. Trovale. Le parole si possono leggere sia orizzontalmente che verticalmente.*

```
a u t o c r a z i a q e r t y u o p a s d f g h j
s k i l o z x c n u b n q e r t y u o p a s d f g
t a r a m a a a f a a a a s s s s d d d d d c
e q a e m r t y l c c c c l l l l d d d s d d
n b n b i d q q a x x u b n k s e d u t a o e p p
z z n x s c u b z b r n b k l h j k l u m a g a a
i d i s s s s i r i n g a b b b b b b g g g g
o a a a i c c o g f d d d a s c d l r i r i r r
n b n n o x z a n q u q a e r t d e c r e t o u z
e z z q n y t y e u g x y z x y z c u b n s a q q
n b u c e x z a s d i n q u i n a m e n t o s d f
x c z a q s d u o t o b n c u b q t y u e o p p l
q a z s x e d c r f u t g b y h n u j k o l p p p
q a z x s d e u f r t g b h y n u j k l o p p p p
```

Text work

Text A

> *Da:*
> ### IL GIORNO DELLA CIVETTA
> di
> #### Leonardo Sciascia (1921–1989)
>
> E c'è una cosa che non sapete: questi uomini, che la voce pubblica vi indica come capi mafia, hanno una qualità che io mi augurerei di trovare in ogni uomo, e che basterebbe a far salvo ogni uomo davanti a Dio: il senso della

giustizia... Istintivo, naturale, un dono... E questo senso della giustizia li rende oggetto di rispetto...

– È questo il punto: l'amministrazione della giustizia... E poi vi dico: se noi due stiamo a litigare per un pezzo di terra, per una eredità, per un debito; e viene un terzo a metterci d'accordo, a risolvere la vertenza... In un certo senso, viene ad amministrare la giustizia: ma sapete cosa sarebbe accaduto di noi due, se avessimo continuato a litigare davanti alla *vostra* giustizia? Anni sarebbero passati, e forse per impazienza, per rabbia, uno di noi due, o tutti e due, ci saremmo abbandonati alla violenza... Non credo, insomma, che un uomo di pace, un uomo che mette pace, venga ad usurpare l'ufficio di giustizia che lo Stato detiene e che, per carità, è legittimo...

....

La famiglia è l'unico istituto veramente vivo nella coscienza del siciliano: ma vivo più come drammatico nodo contrattuale, giuridico, che come aggregato naturale e sentimentale. La famiglia è lo Stato del siciliano. Lo Stato, quello che per noi è lo Stato, è fuori: entità di fatto realizzata dalla forza; e impone le tasse, il servizio militare, la guerra, il carabiniere. Dentro quell'istituto che è la famiglia, il siciliano valica il confine della propria naturale e tragica solitudine e si adatta, in una sofisticata contrattualità di rapporti, alla convivenza.

18. **Traduci il brano in inglese.**

19. **Discussione**

1. Pensi anche tu come i siciliani, i quali, secondo Sciascia, vedono solo la famiglia come istituto giuridico vero e proprio?
2. Che tipo di ideologia politica pensi che l'autore potrebbe appoggiare? Spiega la tua risposta.
3. Pensi che la famiglia sia un microcosmo dello Stato e vice versa?

Text B

Da:
LA ROBA

di

Giovanni Verga (1840–1922)

≪Questa è una bella cosa d'avere la fortuna che ha Mazzarò!≫ diceva la gente; e non sapeva quel che ci era voluto ad acchiappare quella fortuna: quanti pensieri, quante fatiche, quante menzogne, quanti pericoli di andare in galera, e come quella testa che era un brillante avesse lavorato giorno e notte, meglio di una macina da mulino, per far la roba; e se il proprietario di una chiusa limitrofa si ostinava a non cedergliela, e voleva prendere pel collo Mazzarò, doveva trovare uno strategemma per costringerlo a vendere e farcelo cascare, malgrado la differenza contadinesca.

≪Lo vedete quel che mangio?≫ rispondeva lui: ≪pane e cipolla! e sì che ho i magazzini pieni zeppi, e sono il padrone di tutta questa roba.≫ E se gli domandavano un pugno di fave, di tutta quella roba, ei diceva: ≪Che vi pare che l'abbia rubate?≫ Non sapete quanto costano per seminarle, e zapparle, e raccoglierle?≫ E se gli domandavano un soldo rispondeva che non l'aveva.

E non l'aveva davvero. Ché in tasca non teneva mai dodici tarì tanti ce ne volevano per far fruttare tutta quella roba, e il denaro entrava e usciva come un fiume dalla sua casa. Del resto a lui non gliene importava del denaro; diceva che non era roba, e appena metteva insieme una certa somma, comprava subito un pezzo di terra; perché voleva arrivare ad avere della terra quanta ne ha il re, ed esser meglio del re, ché il re non può né venderla, né dire ch'è sua.

Di una sola cosa gli doleva, che cominciasse a farsi vecchio, e la terra doveva lasciarla là dov'era. Questa è una ingiustizia di Dio, che dopo essersi logorata la vita ad acquistare della roba, quando arrivate ad averla che ne vorreste ancora, dovete lasciarla! E stava delle ore seduto sul corbello, col mento nelle mani, a guardare le sue vigne che gli verdeggiavano sotto gli occhi, e i campi che ondeggiavano di spighe come un mare, e gli oliveti che velavano la montagna come una nebbia, e se un ragazzo seminudo gli passava dinanzi, curvo sotto il peso come un asino stanco, gli lanciava il suo bastone fra le gambe, per invidia, e borbottava: ≪Guardate chi ha i giorni lunghi! costui che non ha niente!≫

Sicché quando gli dissero che era tempo di lasciare la sua roba, per pensare all'anima, uscì nel cortile come un pazzo, barcollando, e andava ammazzando a colpi di bastone le sue anitre e i suoi tacchini, e strillava: ≪Roba mia, vientene con me!≫

20. Ricordi quello che hai letto? Tutte le seguenti frasi sono false. Correggile in modo appropriato.

1. La gente pensava che non fosse una bella cosa avere la roba che aveva Mazzarò.
2. Secondo Mazzarò, per acquistare la roba non ci voleva niente.
3. Mazzarò mangiava pane e cioccolata.
4. I suoi magazzini erano vuoti.
5. Mazzarò era molto generoso.
6. Mazzarò riusciva facilmente ad accumulare il denaro.
7. Mazzarò pensava ancora di essere giovane.
8. Mazzarò non era invidioso di nessuno.
9. Alla fine Mazzarò decide di buttare via tutta la sua roba.

21. Descrivi Mazzarò e quello che faceva e pensava.

22. Prova a riassumere con le tue parole il racconto di Verga.

23. Discussione

1. Secondo te, qual è il tema del racconto?
2. Sei d'accordo con l'affermazione che ≪è una ingiustizia di Dio≫ dover lasciare tutta la roba che accumuliamo durante la vita? Perché sì/no?
3. Secondo te, acquistare tanta roba ha l'effetto che Verga implica con la sua conclusione al racconto? Perché sì/no?

Role-playing

24. Diversi gruppi di tre studenti dovranno mettere in scena un dibattito politico in televisione, basato sulla seguente situazione.

Uno/una dei candidati appartiene a un partito di sinistra e l'altro/l'altra a un partito di destra. La terza persona farà domande a questi due su argomenti che riguardano l'economia, l'inquinamento, e diversi problemi sociali.

25. Diverse coppie di studenti dovranno dibattere i seguenti temi a piacere.

1. Il problema della droga
2. Il problema dell'inquinamento
3. I problemi sociali derivanti dalla globalizzazione economica
4. La conservazione dell'energia
5. Il problema degli alloggi
6. Il problema del razzismo
7. Il problema delle armi nucleari

Discussion/Composition/Activities

26. Esercitazione

Con un compagno/una compagna scrivi una storiella, simile a quella raccontata da Verga, basata sul seguente tema. Poi leggete il vostro racconto in classe e spiegatene il messaggio agli altri membri.

Il proprietario di una grande azienda lascia tutta la sua roba per l'amore.

27. Ricerca

Fa' una ricerca sulle particolarità e le caratteristiche politiche degli attuali partiti politici italiani, riportando le informazioni ricavate a tutta la classe. Tieni in mente le seguenti domande come quadro di riferimento.

1. Che tipo di nazione è l'Italia?
2. Quando è stata promulgata la sua Costituzione?
3. Che cosa dichiara il primo Articolo della sua Costituzione?
4. Che cosa elegge il popolo italiano?
5. Quali partiti hanno dominato la scena politica del paese negli ultimi 50 anni?
6. C'è stato un partito che ha ricevuto la maggioranza assoluta nel passato?
7. Come hanno dovuto governare i partiti nel passato?

8. Com'è diviso il Parlamento?
9. Chi elegge il Presidente della Repubblica?
10. Chi sceglie il Capo del Governo?
11. Chi forma il Governo?
12. Per quanti anni rimane in carica il Presidente?
13. Quale partito, fino a pochi anni fa, ha costituito la forza d'opposizione maggiore?
14. Come sembra essere la politica italiana?

28. Confronto

1. Com'è differente o simile il sistema politico italiano a quello del tuo paese?
2. Adesso, scrivi un breve componimento indicando i vantaggi e gli svantaggi delle differenze tra i due sistemi. Poi, leggilo e discutilo in classe.

29. Discussione

Come risolveresti i seguenti problemi? Discuti le tue soluzioni con gli altri membri della classe.
1. la sovrappopolazione
2. lo svantaggio sociale
3. il terrorismo
4. l'acolismo

5. la violenza contro le donne
6. l'AIDS
7. il problema dei profughi

Answers to exercises

Unit 1

2.

il seme–la semenza, il germoglio–il bulbo, sarchiare–tirare le erbacce, vangare–scavare, l'innaffiatore–lo spruzzatore, pavimentare–lastricare, il salotto–il soggiorno, sgorgare–mandare giù (l'acqua), la pentola–la casseruola, il lavapiatti–il lavastoviglie, la scodella–la coppa, la trapunta–l'imbottita, l'attaccapanni–il portamantello, la copertura–la fodera, imbiancare–verniciare, la mobilia–i mobili, il guanciale–il cuscino, la poltrona–la sedia con braccioli, l'inquilina–la locataria, la proprietaria–la padrona, l'affitto–la pigione, l'affittuario–l'inquilino, albergare–ospitare, l'alloggio–l'abitazione, la panetteria–il panificio, la pizzicheria–la salumeria, l'edificio–lo stabile, la galleria d'arte–il museo d'arte

6.

1–c, 2–b, 3–q, 4–t, 5–o, 6–j, 7–l, 8–e, 9–m, 10–n, 11–s, 12–f, 13–d, 14–h, 15–g, 16–k, 17–i, 18–a, 19–r, 20–p

7.

8.

il bucaneve–*snowdrop*, il caprifoglio–*honeysuckle*, il cipollaccio–*bluebell*, il garofano–*carnation*, il geranio–*geranium*, l'ortica–*nettle*, il papavero–*poppy*, la siepe–*hedge*, il trombone–*daffodil*, la viola–*violet*, il bidone–*large garbage can, dustbin*, la bilancia–*kitchen scales*, la padella–*frying pan*, la pepiera–*pepper container*, il manico–*handle*, le posate–*tableware*, il quadro–*wall painting*

9.

il bollitore–il pentolino, il frullino–lo sbattitore, il mescolatore–il miscelatore, l'attico–il solaio, l'installazione–l'impianto, la parete–il tramezzo, la persiana–la serranda, il piancito–l'impianto, la scalinata–le scale, la terrazza–il terrazzo, la vetrata dipinta–la finestra a vetri colorati

12.

1–h, 2–c, 3–f, 4–i, 5–b, 6–e, 7–a, 8–r, 9–d, 10–j, 11–g, 12–p, 13–n, 14–l, 15–o, 16–m, 17–q, 18–k

13.

la violaciocca–*wall-flower*, la viola del pensiero–*pansy*, il ranuncolo–*buttercup*, la primula–*primrose*, la peonia–*peony*, l'ortensia–*hydrangea*, il miosotide–*forget–me-not*, la digitale–*foxglove*, il tovagliolo–*napkin*, il riscaldatore dell'acqua–*water heater*, il rotolo di carta igienica–*toilet paper holder*, lo scolapiatti–*plate rack*, la calendula–*marigold*, il soffitto–*ceiling*, lo stipite–*jamb*, la tegola–*tile, shingle*, il telaio–*door frame*, il tetto–*roof*, la valvola–*fuse*, la vasca–*bathtub*, la cunetta–*gutter*, la prolunga–*extension cord*

14.

la composizione floreale–*floral arrangement*, la meridiana–*sun-dial*, la miscela fertilizzante–*compost*, il vivaio–*nursery*, la zappa–*hoe*, zappare–*to hoe*, coltivare–*to cultivate*, la coltivazione–*cultivation*, la fotosintesi–*photosynthesis*, la bocca di leone–*snap-dragon*, la zuccheriera–*sugar-bowl*, la brocca dell'acqua–*water jug, pitcher*, la casseruola–*casserole, stewpot*, il cavatappi–*bottle-opener*, la fruttiera–*fruit bowl*, il gancio–*hook*, la grattugia–*grater*, svitare–*to unscrew*

15.

il rosaio–il roseto, il fusto–lo stelo, la rosa canina–la rosa selvatica, il colabrodo–il colino, il pelapatate–lo sbucciapatate, strizzare–spremere, il calorifero–il termosifone, l'arnese–l'attrezzo, la lima–la raspa, le pinze–le tenaglie, l'arco–l'arcata, l'eliminazione dei rifiuti–lo smaltimento dei rifiuti

17.

c	m	n	m	c	l	o	r	o	f	i	l	l	a	p	p	p	p	v	g	v	c	v
x	a	x	w	q	w	r	t	y	b	b	m	m	n	n	b	k	e	s	i	a	a	a
d	g	s	s	s	s	s	d	a	l	i	a	a	a	a	a	t	x	e	x	m	x
w	n	w	w	g	d	d	d	d	c	c	c	c	w	e	u	e	d	e	e	x
e	o	u	u	l	l	l	l	l	d	d	d	d	b	b	n	b	i	b	l	b
b	l	v	v	i	z	z	t	r	o	n	c	o	z	z	z	z	i	z	o	z	i	z
q	i	q	q	c	m	m	m	m	a	a	a	a	z	z	a	b	l	b	a	b
j	a	j	k	i	k	s	s	s	s	g	g	g	g	f	n	n	o	o	o
z	x	c	b	n	n	m	c	l	e	m	a	t	i	d	e	a	s	d	f	g	h	m
z	x	c	v	e	b	n	m	q	w	e	r	t	y	u	o	p	r	s	d	t	b	a
z	x	c	v	b	n	m	y	u	m	a	r	c	i	o	q	w	y	t	u	l	p	t
g	i	r	a	s	o	l	e	b	n	m	k	j	h	g	f	d	s	a	q	w	e	u
a	s	d	f	g	h	j	k	l	o	u	y	t	r	e	w	q	w	e	r	t	r
p	e	t	a	l	o	m	p	o	l	l	i	n	e	a	r	a	d	i	c	e	s	o

19.

1. martello   2. pialla   3. rullo   4. vernice   5. colonnato   6. grondaia   7. luce   8. portale   9. spioncino   10. volta   11. filo   12. mazza   13. piccone   14. saldatore   15. tenaglie   16. vite   17. elettricità   18. guglia   19. mosaico   20. restauro   21. timpano

Unit 2

1.

1. asciutto–secco, 2. l'acquazzone–l'acquata, 3. la burrasca–la bufera, 4. il cielo coperto–il cielo nuvoloso, 5. il fiocco di neve–la falda di neve, 6. gelato–ghiacciato, 7. la nuvola–la nube, 8. la nuvola da temporale–il nembo, 9. il tifone–il ciclone tropicale, 10. la mucca–la vacca,

11. l'otaria–il leone marino, 12. il riccio–il porcospino, 13. la selvaggina–la cacciagione,
14. lo zoo–il giardino zoologico, 15. l'allodola–la calandra, 16. la limaccia–il lumacone ignudo,
17. lo squalo–il pescecane, 18. la serpe–il serpente, 19. l'acqua di mare–l'acqua salata, 20. la
curva–la svolta, 21. il mare mosso–il mare agitato, 22. la valle–la vallata, 23. il declivio–il pendio,
24. il musco–il muschio, 25. l'ulivo–l'olivo, 26. il bollettino meteorologico–le previsione del
tempo, 27. la pietra–il sasso

3.
Stagioni: l'autunno, l'inverno, la primavera, l'estate; Giorni della settimana: lunedì, martedì,
mercoledì, giovedì, venerdì, sabato, domenica; Mesi dell'anno: gennaio, febbraio, marzo, aprile,
maggio, giugno, luglio, agosto, settembre, ottobre, novembre, dicembre.

9.

q	u	e	r	c	i	a	x	p	i	n	o	y	u	t	r	e	s	d	a	a	o	b
b	n	m	k	l	j	h	g	f	d	s	a	q	w	f	w	e	f	r	t	y	l	u
f	r	a	s	s	i	n	o	b	n	m	a	o	p	e	l	k	a	n	p	o	m	x
x	x	w	w	q	q	r	r	t	t	y	c	p	p	l	k	k	l	v	v	b	o	x
b	x	f	o	r	e	s	t	a	x	x	e	z	v	c	b	n	g	m	l	k	j	s
o	z	x	c	v	b	n	m	l	k	j	r	h	g	e	f	d	i	s	a	q	w	o
s	b	c	i	p	r	e	s	s	o	n	o	b	n	j	k	u	o	c	v	d	s	t
c	x	z	v	b	n	m	s	q	w	e	r	t	y	u	b	v	s	a	c	v	v	t
o	v	b	n	m	m	m	b	e	t	u	l	l	a	o	u	a	b	e	t	e	y	o
q	q	w	w	e	e	r	r	t	t	y	y	u	u	o	o	p	p	a	a	s	s	b
b	o	s	c	h	e	t	t	o	d	d	c	c	b	b	n	n	m	m	f	d	s	o
q	w	e	r	t	y	u	o	p	a	s	d	f	g	h	j	k	l	z	x	c	v	s
v	c	x	z	a	q	w	e	l	a	n	d	a	r	t	y	u	o	p	l	k	j	c
a	s	d	f	g	h	y	t	r	e	w	q	r	t	y	u	o	p	l	k	j	h	o
z	a	q	w	s	x	c	d	e	r	f	v	b	g	t	y	h	n	j	u	y		h

10.
1. le nubi cupe–le nubi scure, 2. la pioggerellina–la pioviggine, 3. scivoloso–sdrucciolevole, 4. la
tempesta di neve–la bufera di neve, 5. il tornado–la tromba d'aria, 6. la forficola–la forfecchia,
7. la puzzola–la moffetta, 8. la passera di mare–la platessa, 9. la frangente–l'ondata,
10. il gorgo–il vortice, 11. l'ondata di ritorno–la risacca, 12. l'elevazione–l'innalzamento,
13. la fessura–la crepa, 14. la corteccia–la scorza

11.
la brina–*hoarfrost*, il caldo insopportabile–*unbearable heat*, il cumulo di neve–*snowdrift*, la fronte
di nubi–*bank of clouds*, la lastra di ghiaccio–*ice-floe*, mite–*mild*, le nubi minacciose–*threatening
clouds*, piovigginare–*to drizzle*, piovigginoso–*drizzly*, il raggio di sole–*sunbeam*, il soffio di
vento–*puff of wind*, il bacherozzo–*bug*, l'artiglio–*claw, pincer*, l'arvicola–*vole*, la gobba–*hump*, la
proboscide–*elephant trunk*, l'uccellino–*baby bird*, l'uccello migratore–*migratory bird*, l'uccello
rapace–*bird of prey*, il gambero–*prawn, shrimp*, il gambero di fiume–*crayfish*, il pesce d'acqua
dolce–*freshwater fish*, il pesce di mare–*saltwater fish*, il pesce dorato–*goldfish*, la pinna–*fin, flipper*,
la scaglia–*scale*, la lisca–*fish-bone*, il mulinello d'acqua–*eddy*

13.
1. l'uccello, 2. la vespa, 3. il cane, 4. il leone, 5. l'ape, 6. il verme, il bruco, 7. il canarino, 8. la
tortola, la colomba, 9. il lupo, 10. l'ape

14.
1. il monticello, 2. la preda, 3. la tana, 4. la trappola, 5. l'acquitrino, 6. l'abisso, 7. il burrone, 8. la
collina, 9. il crepaccio, 10. il poggio

16.
1. la tenia–il verme solitario, 2. il gattino–il micio, 3. la covata–la nidiata, 4. il cane barbone–il barboncino, 5. la piuma–la penna, 6. il polipo–il polpo, 7. la vongola–un mollusco bivalve, 8. stridere–squillare, 9. fangoso–infangato, 10. la palude–il pantano, 11. il piccolo gatto–il gattino

23.
1–a, 2–a, 3–b, 4–b, 5–c, 6–c, 7–c, 8–b, 9–b, 10–c, 11–c, 12–b, 13–c, 14–a, 15–a

25.
1, 6, 8 = Farà bel tempo; 2, 3, 4, 5, 7, 9, 10 = Farà cattivo tempo

29.
sentire–udire, odiare–aborrere, paura–timor(e), quieto, silenzioso–tacito, uccelli–augelli, piacere–diletto, rumore–romorío, regalo–dono, figli–prole, occidente, ovest–ponente, collina–poggio, dolore–pena, temere–paventare, nuvola–nembo, lampo–folgore

Unit 3

1.
1–j, 2–i, 3–h, 4–g, 5–f, 6–e, 7–d, 8–c, 9–b, 10–a, 11–s, 12–r, 13–q, 14–p, 15–o, 16–n, 17–m, 18–l, 19–k, 20–v, 21–u, 22–t

3.

Crossword solution:
- 1 (down): soffocare — 1 (across): saliva
- 2 (across): guancia
- 3 (across): follicolo
- 4 (down): cervello
- 5 (across): mento
- 6 (across): fronte
- 7 (down): barba
- 8 (down): carnagione
- 9 (across): viso
- 10 (down): occhio
- 11 (across): orecchio
- 12 (across): cuoio

¹s	a	l	i	v	a								
o							⁷b						
f						²g	u	a	n	⁸c	i	a	
³f	o	l	l	i	⁴c	o	l	o		r			
o					e		l		b	a			
c					r		a		a	n			
a			⁵m	e	v	t	o			a			
r					l			⁹v	i	g	s	¹⁰o	
e					l			o		o		c	
		⁶f	r	o	n	t	e	n		¹²c	u	o	i	o
								e		h			
										i			
		¹¹o	r	e	c	c	h	i	o				

6.
1. il chiroterapeuta – la chiroterapia, 2. il chirurgo – la chirurgia, 3. il chirurgo estetico – la chirurgia estetica, 4. il geriatra – la geriatria, 5. il ginecologo – la ginecologia, 6. il laringologo – la laringologia, 7. il logopedista – la logopedia, 8. il neurologo – la neurologia, 9. l'oncologo – l'oncologia, 10. l'optometrista – l'optometria, 11. il pediatra – la pediatria, 12. il radiologo – la radiologia, 13. il terapista – la terapia

8.
1. catarro, 2. debilitante, 3. dolorosa, 4. epidemia, 5. forte–infiammata, 6. inconscia, 7. stomaco, 8. morbo, 9. starnutire–tossire, 10. sieropositivo, 11. termometro–misurare, 12. ammalati, 13. appuntamento, 14. consulente–esame, 15. prescritto, 16. assistente

10.
l'acne–la faccia, il morbo d'Alzheimer–la memoria, l'artrite–i muscoli, la micosi–i piedi, la dermatite–la pelle, la bronchite–i polmoni, l'erpete della febbre–il labbro, l'autismo–il cervello, l'asma–il sistema respiratorio, una storta–la caviglia, l'anemia–il sangue, i giramenti–la testa

11.
vomitare–rimettere, la roseola–il morbillo, la contusione–il livido, l'orario di visita–le ore di visita, l'olfatto–l'odorato, l'insolazione–il colpo di sole, il malessere–l'indisposizione

13.
guarire–*to become cured*, ammalarsi–*to become ill*, benigno–*benign*, la bile–*bile*, prendere freddo–*to catch cold*, la convalescenza–*convalescence*, aggravarsi–*to worsen, to deteriorate*, curarsi–*to get cured, to look after oneself*, cieco–*blind*, la cecità–*blindness*, sordo–*deaf*, ipermetrope–*far-sighted*, la sordità–*deafness*, presbite–*long-sighted*, percepire–*to perceive*, sentire–*to sense, to feel*, miope–*short-sighted*, la vista–*eye-sight*, il controllo della vista–*eye test*, le vegetazioni adenoidee–*adenoids*, l'adrenalina–*adrenaline*, il ventre–*guts*, la cellula del sangue–*blood cell*, la pressione del sangue–*blood pressure*, gonfiare–*to swell*, gonfio–*swollen*, un grave stato–*critical condition*, malaticcio–*sickly*, maligno–*malignant*, paraplegico–*paraplegic*, rimettersi–*to recover*, sudare–*to sweat*, svenire–*to faint*

17.
1–c, 2–h, 3–a, 4–b, 5–d, 6–e, 7–g, 8–f, 9–m, 10–i, 11–j, 12–k, 13–n, 14–o, 15–l, 16–p, 17–q

19.
l'oftalmologia–*ophthalmology*, l'ostetricia–*obstetrics*, la protesi (inv)–*surgical appliance*, il respiratore artificiale–*life-support machine*, la reumatologia–*rheumatology*, lo scalpello–*scalpel*, la sedia a rotelle–*wheelchair*, la siringa–*syringe*, sondare–*to probe*, la stecca–*splint*, il tampone–*swab*, l'urologia–*urology*, la virologia–*virology*, l'autopalpazione–*self-examination*, il collirio–*eye-drop*, il cuore artificiale–*artificial heart*, il donatore di sangue–*blood donor*, l'ecografia–*ultrasound*, l'estrogeno–*estrogen*, il farmaco–*pharmaceutical*, la fascia gessata–*plaster cast*, gargarizzare, fare gargarismi–*to gargle*, la goccia–*drop*, i guanti di gomma–*rubber gloves*, indurre–*to induce*, l'insulina–*insulin*, l'intervento a cuore aperto–*open-heart surgery*, olistico–*holistic*, l'omeopatia–*homeopathy*, l'ormone (m)–*hormone*, il palliativo–*palliative*, la purga–*laxative*, la rianimazione bocca a bocca–*mouth-to-mouth resuscitation*, la supposta–*suppository*, il testosterone–*testosterone*, il tonico–*tonic*, vaccinare–*to vaccinate*, il vaccino–*vaccination*, la visita di controllo–*medical checkup*, la visita domiciliare–*house call*, l'apparecchio ortodontico–*brace*, avere mal di denti–*to have a toothache*, il canino–*canine (tooth)*, la carie–*cavity, tooth decay*, il dente del giudizio–*wisdom tooth*, estrarre un dente–*to pull a tooth*, l'estrazione (f)–*tooth extraction*, il gabinetto dentistico–*dentist's office*, le gengive–*gums*, l'incisore–*incisor*, il molare–*molar*, l'ortodonzia–*orthodontics*, la placca dentaria–*plaque*, la radice–*root*, i raggi X–*X-rays*, sciacquarsi la bocca–*to rinse*, il tartaro–*tartar*, il trapano–*drill*

23.
1F, 2F, 3V, 4V, 5V, 6F, 7F, 8F, 9F, 10V, 11V, 12F, 13V, 14V, 15V.

25.
1. le guance, 2. i capelli, 3. la testa, 4. la fronte, 5. le labbra, 6. gli occhi

Unit 4

2.

una bell'età–un'età avanzata, la gioventù–la giovinezza, maggiore–più grande, minore–più piccolo, la prima età–l'infanzia, il giovane–il giovanotto, la vecchiaia–la terza età, l'adulto–la persona matura, la donna–la femmina, l'uomo–il maschio, l'altezza media–la statura media, la corporatura–il fisico, emaciato–sparuto, delicato–gracile, corpulento–grasso, paffuto–grassottello, la pancia–la trippa, pasciuto–rotondetto, robusto–pesante, la faccia–il viso, antipatico–brutto, inchinarsi–fare un inchino, fare l'occhiolino–strizzare l'occhio, agitare–muovere, andare in giro–andare intorno, evitare–scansare, irrequieto–agitato, la postura–la positura, avanzare–progredire, cadere–cascare, curvarsi–piegarsi, girare a destra–voltare a destra, voltare a sinistra–girare a sinistra, la salita–l'ascesa, il viavai–l'andirivieni, afferrare–acchiappare, affrettarsi–sbrigarsi, battere le mani–applaudire, colpire–picchiare, dare un calcio–prendere a calci, errare–gironzolare, ghermire–afferrare, passeggiare–fare una passeggiata, prendere a schiaffi–schiaffeggiare, strofinare–sfregare

6.

1–i, 2–b, 3–o, 4–a, 5–n, 6–j, 7–l, 8–r, 9–m, 10–d, 11–c, 12–l, 13–s, 14–p, 15–q, 16–f, 17–g, 18–e, 19–h

7.

```
[1]a  i   t  [2]a  n   t   e
 l             t
 t             l       [3]a  r   r   o   s  [4]s  i   r   e
 o             e                               p              [5]a
 t                         [6]o [7]b  e   s   o                 t
 i                     [9]e      a             r                t
[8]c  a   r   n   o   s   o                     c        [10]p    r
 o             e                 s             o              a    a
 r                     o            [11]p  e [12]s  a   n   t   e
 g                     o             o     e   c              n
[13]g i  [14]g                       d     n   i              t
 r  [15]c  u   r   v   o              e     i   u              e
 o    o   a                          r     l   t              o
 s    n                              o     e   o
 s    d                              s
[16]c o   m   p   l   e   a   n   n   o
```

11.

1. accoccolarsi–rannicchiarsi, 2. capovolgere–ribaltare, 3. inciampare–incespicare, 4. innalzare–sollevare, 5. inseguire–rincorrere, 6. prendere su–raccogliere, 7. rimanere fermo–rimanere sicuro, 8. rotolare–capitombolare, 9. tentennare–dondolare, 10. traballare–vacillare, 11. afferrare–tenere stretto, 12. appiccicarsi–stringersi, 13. maneggiare–manipolare

12.

correre dietro–*to chase*, affondare–*to sink*, affrettarsi–*to hurry up*, allungarsi–*to sprawl*, camminare in punta di piedi–*to tiptoe*, ciondolare–*to mill about*, dondolarsi–*to sway*, fare capriole–*to somersault*, fare la spaccata–*to do the splits*, fracassare–*to crash*, frantumare–*to smash*, oziare–*to loiter*, scagliare–*to hurtle*, scappare–*to run away*, schivare–*to dodge*, strisciare carponi–*to crawl*, sgattaiolare–*to make off, to scamper*, trascinare i piedi–*to shuffle*, zoppicare–*to limp, to hobble*, abbracciare–*to embrace, to hug*, accogliere a braccia aperte–*to welcome with open arms*, dare un buffetto–*to pat*, maneggiare–*to feel, to palpate*, picchiettare–*to tap*, pizzicare–*to pinch*, tamburellare con le dita–*to drum one's fingers*, tenere a distanza–*to keep at arm's length*, torcere–*to twist*

13.

1. avviarsi–decollare, 2. cacciare–buttare fuori, 3. formare–plasmare, 4. mollare–cedere, 5. pestare–calcare, 6. ben sbarbato–ben rasato, 7. i capelli con la riga–la scriminatura, 8. la pelle floscia–la pelle flaccida

21.

```
A G I L E Q Q P A S S I U O Q Q Q U E C C H I O Q M
F E R T E R T E E R T E R T G H J L L O P O R T U
F E R T Y U I S A P I C C O L O E R T Y U I A S S
A T T I U O S O E R T E R T G H J L L O P O R T C
S E R T E R T G H J L L O P O R T A N E R U O S O
C A L M O E R T E R T G H J L L O P O R T A S A L
I E R T Y U I E R T Y U I C M E R T Y U I D A C O
N C D B A B S A D E L I C A T O S A P I G R O D S
A T T R A E N T E S D G T U G U B O O A S O A S O
N A S U H L A S B S D G T U R U B O D A S B U B O
T A S T H L A S O A S F A S O U B O E A S U U B O
E A S T H O A S L A S O A S H U B O R A S S U B O
H H H O H H H E N E R G I C O H H O A S T U B O
S D G T U S D G T U H T S D G T U H S A S O U B O
H H H S E D U C E N T E H S D F G H O D C A S L M
S D G N E R T E R T G H J L L O P O R T A S D C L
S D G E E R T E R T G H J L L O P O R T A S D C L
S D G L S D G S D G S T A T U R A H H H A S D C L
S D G L E R T E R T G H J L L O P O R T A S D C L
U I G O R O S O F S L A N C I A T O A S A S D C L
```

Unit 5

2.

1–c, 2–e, 3–a, 4–b, 5–d, 6–h, 7–i, 8–f, 9–g, 10–l, 11–k, 12–j, 13–r, 14–q, 15–m, 16–n, 17–o, 18–p, 19–y, 20–s, 21–x, 22–w, 23–t, 24–u, 25–v

4.

1. felice–triste, 2. antipatico–simpatico, 3. energico–pigro, 4. arrogante–umile, 5. conformista–anticonformista, 6. coraggioso–codardo, 7. cauto–spericolato, 8. buono–cattivo, 9. competente–incompetente, 10. sensibile–insensibile, 11. ricco–povero, 12. di buon umore–di malumore, 13. onesto–disonesto, 14. contento–scontento, 15. cortese–scortese, 16. introverso–estroverso, 17. altruista–egoista, 18. furbo–ingenuo, 19. avaro–generoso, 20. sfacciato–timido, 21. ignorante–intelligente, 22. ottimista–pessimista, 23. debole–forte, 24. idealista–realista, 25. rozzo–raffinato, 26. educato–maleducato, 27. indeciso–sicuro, 28. preoccupato–spensierato, 29. paziente–impaziente, 30. buffo–serio, 31. soddisfatto–insoddisfatto, 32. prudente–imprudente, 33. rude–gentile, 34. tradizionale–originale, 35. ordinato–disordinato

7.

```
d i p l o m a t i c o н н s ш g ш e r r c t a
t y y u u o o p p a a s s a d r d i f f o g a m
h h j f e d e l e j k k l p l a z n z н o s c a o
c υ υ b b n n m m q ш e r i t z u s o p c a r o
i s d n o i o s o f g h j e k i l o z н i c o
m υ b n m q ш e r t y u o n p o p l p p p e p s o
p o s s e s s i υ o p i p t e l o d n d s p p n p s o
u s s a a d d c c m m r l e l o d n d s z a e w
d d s a p a z z o q e o r t r t r t e w i a e w
e s d s d a c a c m l n d l d l a e e a o s e r
n b n r i b e l l e n i b υ c н z a s d s q e w
t t y r e w s н c υ f c q o s t i n a t o υ b
e n m k l p i g n o l o s d f g h j u y t r e p
q ш e a s d z н c υ b g t y h n m j u k l o p
a p p a u t o s u f f i c i e n t e c a s d a
```

9.

1. amico–nemico, 2. amicizia–nemicizia, 3. introverso–estroverso, 4. bugiardo–onesto,
5. onorevole–disonorevole, 6. intrepido–pauroso, 7. la bontà–la cattiveria,
8. razionale–irrazionale, 9. fallibile–infallibile

13.

affabile–*affable*, apatico–*apathetic*, cordiale–*cordial*, vizioso–*corrupt*, deferente–*deferential*,
delicato–*delicate*, devoto–*devout*, disgustato–*disgusted*, disinteressato–*disinterested*,
stimabile–*estimable*, restio–*hesitant*, integro–*honest*, ozioso–*idle*, impressionabile–*impressionable*,
indipendente–*independent*, indolente–*indolent*, insistente–*insistent, unrelenting*, irritante–*irksome*,
irresponsabile–*irresponsible*, lodevole–*laudable*, meritevole–*meritorious*, modesto–*modest*,
moralistico–*moralistic*, ubbidiente–*obedient*, ossequioso–*obsequious*, perfido–*perfidious*,
puro–*pure*, rispettoso–*respectful*, sereno–*serene*, servizievole–*servile*, severo–*severe*, sobrio–*sober*,
spilorcio–*spendthrift*, severo–*strict*, balbuziente–*stuttering*, tenace–*tenacious*, osare–*to dare*,
elogiare–*to praise*, duro–*tough*, disciplinato–*well-disciplined*, preoccupato–*worried*,
meritorio–*worthy*

14.

accativante–affascinante, altero–altezzoso, borioso–pieno di sé, corretto–composto,
falso–insincero, fantasioso–estroso, ficcanaso–impiccione, pentito–contrito,
compassionevole–pietoso, sgradevole–antipatico, spinto–sconcio, violento–feroce,
volgare–osceno, acuto–perspicace, distratto–sbadato, astuto–furbesco,
scorbutico–bisbetico, adirato–arrabbiato, il fannullone–il vagabondo, avere precauzione–essere
cauto, avere giudizio–essere capace di giudicare correttamente le cose, lo spaccone–una persona
presuntuosa, il protocollo–l'etichetta, il decoro–la dignità

15.
1–a, 2–a, 3–b, 4–c, 5–b, 6–c, 7–d, 8–d, 9–a, 10–a

23.
1. competenza, 2. compassione, 3. vedova, 4. bambini, 5. genitori, 6. amici, 7. pigro, 8. laurea

24.
1V, 2F, 3V, 4V, 5F, 6F, 7V, 8F, 9F, 10F, 11F

Unit 6

2.

la camicetta–la blusa, la canottiera–la maglietta, il gilè–il panciotto, portare–indossare, l'abito–il vestito, il calzatoio–il calzante, incalzare–mettersi (le scarpe), la pantofola–la ciabatta, la gioielleria–l'orefice, l'ombrello–il parapioggia, lo spray–la bomboletta spray, la colazione–la prima colazione, il menù–la lista, il cocomero–l'anguria, il calzolaio–la calzoleria, i panni–gli indumenti

5.

1–a, 2–a, 3–b, 4–b, 5–a, 6–a, 7–b, 8–b, 9–a, 10–a

8.

1	2	3	4	5	6	7	8	9	10	11	12	13	14	15	16	17	18	19
[1]a	g	n	e	l	l	[2]o					[3]p	a	n	[4]c	e	t	[5]t	a
n						[6]s	a	l	a	m	e			o			a	
a						t					t			z			c	
t					[7]a	r	a	g	o	s	t	a		z			c	
r						i					o			e			h	
a						c											i	
						[8]a	n	g	u	i	l	l	[9]a				n	
													r				o	
										[10]a	c	c	i	u	[11]g	a		
					[12]a								n		a			
	[13]m				r		[14]m						g		m			
	a		[15]m	o	r	t	a	d	e	l	l	a	a		b			
	i				o		n								e			
	a				s		z								r			
	l				t		o				[16]p	o	l	l	o			
[17]f	e	g	a	t	o													

10.

1. la maglietta, 2. i pantaloncini, 3. la cintura, 4. la cipria, 5. la biancheria, 6. il grembiule, 7. il mantello, 8. la collana, 9. il soprabito, 10. la catena

11.

l'acqua da toilette–*toilet water*, gli articoli da toilette–*toiletries*, il carato–*carat*, il corallo–*coral*, il dentifricio–*toothpaste*, il diamante–*diamond*, le forbici–*scissors*, la lozione–*lotion*, il pendente–*pendant*, il pettine–*comb*, il sapone–*soap*, lo shampoo–*shampoo*, lo smeraldo–*emerald*, il talco–*talc*, il trucco–*make-up*, la fibbia–*buckle*, il filo–*thread*, i gemelli–*cuff-links*, provarsi–*to try on*, il quadrante–*(watch) dial*, spogliarsi–*to undress*, sporco–*dirty*, stretto–*tight*, la tasca–*pocket*, trasparente–*transparent*, cucire–*to sew*, delicato–*delicate*

14.

1–k, 2–l, 3–a, 4–b, 5–j, 6–c, 7–i, 8–d, 9–h, 10–e, 11–g, 12–f

15.

1–c, 2–f, 3–a, 4–b, 5–d, 6–e

20.

1. elegante–*elegant*, 2. largo–*loose-fitting*, 3. leggero–*light*, 4. liscio–*smooth*, 5. lungo–*long*, 6. pesante–*heavy*, 7. piccolo–*small*, 8. rozzo–*rough*, 9. sportivo–*sporty*, 10. stirato–*ironed/stiff*, 11. amido–*starch*, 12. buco–*hole*, 13. cucire–*to sew*, 14. macchia–*spot, stain*, 15. molletta–*clothespeg*, 16. stirare–*to iron*

22.

1. il cameriere, 2. il conto, 3. la lista, 4. la mancia, 5. la prenotazione, 6. il prezzo fisso,
7. riservato, 8. lo snack bar, 9. la tavola calda, 10. la trattoria

28.1.

a F, b F, c V, d F, e F, f F, g V, h F, i V, j F, k F, l V

Unit 7

1.
1–a, 2–d, 3–a, 4–b, 5–a, 6–d, 7–a

2.
spinoso–pungente, morbido–soffice, rozzo–ruvido, scaglioso–squamoso,
scivoloso–sdrucciolevole, sciocco–sciapo, fischiare–sibilare, spento–sbiadito, odorare–annusare,
il sapore–il gusto, il tocco–il tatto, brillare–splendere, fissare–squadrare, notare–osservare, lo
sguardo–l'occhiata, acceso–brillante, molle–morbido, la pelle–il cuoio, l'intonacatore–lo
stuccatore, la ghiaia–la breccia, il catrame–la pece, la latta–lo stagno, il panno–la stoffa

3.

1	2	3	4	5	6	7	8	9	10	11	12	13	14	15	16	17	18	19	20	21	22	23
[1]t	r	[2]a	s	p	a	[3]r	e	[4]n	t	e									[5]s			
o		r				o		e									[6]c	e	c	i	t	à
c		a				s		r				[7]r	o	s	[8]a		h		r			
c		n				s		o							r		i		i			
a		c				o									g		a		c			
r		i						[9]c							e		r		c			
e		o						e				[10]b	i	a	n	c	o		h			
		n						l				l			t				i		[12]v	
	[11]v	e	r	d	e			e				u			o				o		i	
								s								[13]g	i	a	l	l	o	
								t											a		l	
								e											r		a	
																			e			

4.
1. il profumo, 2. il fiuto, 3. il tonfo, 4. il cigolio, 5. la tinta, 6. oro, 7. marrone, 8. il grigio, 9. lo
sfolgorio, 10. l'oscurità, 11. il crepuscolo, 12. udire, 13. la sordità, 14. lo spago, 15. il piombo

7.
l'acido–*acid*, il calore–*heat*, la carica–*charge*, l'elettricità–*electricity*, elettrico–*electrical*,
l'energia–*energy*, la fibra–*fiber*, il fossile–*fossil*, minerale–*mineral*, la garza–*gauze*,
organico–*organic*, il pizzo–*lace*, la rete–*net*, la roba–*stuff*, il camoscio–*suede*, il cemento–*concrete.
cement*, la cera–*wax*, la corda–*rope*, il gesso–*chalk*, la gomma–*rubber*, intonacare–*to plaster*,
l'intonaco–*plaster*, la lacca–*varnish*, il legno duro–*hardwood*, il marmo–*marble*, il mattone–*brick*,
murare–*to lay bricks*, il muratore–*bricklayer*, il nastro–*ribbon, tape*, ricoprire di ghiaia–*to gravel*,
il vinile–*vinyl*

8.
suonare il clacson–suonare la tromba, gargarizzare–fare gargarismi, risplendere–luccicare,
l'immaginazione–la fantasia, arrabbiato–irato, curioso–umoristico, felice–allegro, l'ira–la rabbia,
la felicità–la contentezza, cupo–opaco

9.
l'affetto–l'odio, annoiarsi–divertirsi, avere ragione–avere torto, il divertimento–la noia, la simpatia–l'antipatia, il buon umore–il cattivo umore, la paura–la fiducia, soddisfatto–insoddisfatto, grato–ingrato, la disperazione–la speranza, essere giù–essere su, il dolore–la gioia, la lamentela–la lusinga, piangere–ridere, il pianto–il sorriso, l'insoddisfazione–la soddisfazione, il torto–la ragione, dissuadere–persuadere, dimenticare–ricordare, l'ignoranza–l'intelligenza

12.
1. *conscience*–la coscienza, 2. *creativity*–la creatività, 3. *doubt*–il dubbio, 4. *hypothesis*–l'ipotesi (f, inv), 5. *idea*–l'idea, 6. *wit*–l'ingegno, 7. *interest*–l'interesse (m), 8. *knowledge*–la conoscenza, 9. *logic*–la logica, 10. *memory*–la memoria, 11. *mood*–l'umore (m), 12. *opinion*–l'opinione (f), 13. *reflection*–la riflessione, 14. *knowledge, wisdom*–la sapienza, 15. *strong desire*–la voglia, 16. *surprised*–sorpreso, 17. *sympathy, understanding*–la comprensione, 18. *concept*–il concetto, 19. *thought*–il pensiero, 20. *to assure, to secure*–assicurare, 21. *to be interested in*–interessarsi di, 22. *to convince*–convincere, 23. *to disappoint*–deludere, 24. *to disgust*–disgustare, 25. *to hope*–sperare, 26. *to learn*–imparare, 27. *to reason*–ragionare, 28. *to reflect*–riflettere, 29. *to surprise*–sorprendere, 30. *to understand*–capire, 31. *tolerance*–la tolleranza

14.
1–b, 2–e, 3–b, 4–d, 5–a, 6–c, 7–a

20.
1V, 2F, 3V, 4F, 5V, 6F, 7V, 8F, 9V, 10F

Unit 8

2.
ingrandire–ingrossare, l'ettogrammo–l'etto, il chilogrammo–il chilo, l'area–la superficie, ambedue–tutti/tutte e due, la stesura–la struttura, il profilo–il contorno, circoscritto–racchiuso, circolare–rotondo, il ripiano–il palchetto di uno scaffale, la fossa biologica–la fossa settica, la cesta–il cestino, molto–tanto, il mucchio–la catasta, nulla–niente, appaiare–abbinare

3.

q	a	s	d	d	a	a	v	s	s	a	a	c	c	d	d	l	l	d	d	p	a	a	a	v
w	v	e	t	r	i	n	a	e	d	p	o	r	t	a	f	o	g	l	i	o	h	j	k	a
e	a	v	i	n	j	v	s	c	ж	z	a	q	a	q	e	r	f	t	h	r	h	c	v	s
f	s	n	n	a	s	c	c	a	a	s	s	d	d	c	c	e	m	a	s	t	e	l	l	o
v	s	b	o	s	f	t	a	s	c	a	a	s	b	o	r	s	a	o	o	a	o	o	o	o
c	o	v	a	d	ж	c	a	e	c	d	a	s	q	e	e	e	n	e	e	b	e	e	e	t
ж	i	c	s	a	a	a	a	c	c	c	d	d	s	s	s	s	i	d	s	a	s	c	a	e
b	o	t	t	e	s	d	s	c	a	f	f	a	l	e	s	s	c	a	a	g	d	i	d	g
n	u	a	a	a	a	s	h	a	a	a	a	g	a	s	a	o	a	s	a	e	s	e	a	m
b	t	e	s	s	s	a	i	s	b	a	r	i	l	e	d	c	a	s	g	o	t	o	m	e
v	s	a	f	i	a	s	c	o	a	a	a	a	g	a	s	a	c	a	s	l	u	e	u	e
c	e	s	c	d	d	s	s	a	a	a	a	c	g	p	a	t	t	u	m	i	e	r	a	e
ж	c	i	l	i	n	d	r	o	c	d	q	a	e	a	s	a	c	a	s	c	e	n	e	p
z	e	c	c	d	d	s	s	c	d	c	a	r	t	e	l	l	a	c	a	s	o	a	o	i
a	r	d	c	d	d	s	s	a	a	a	a	g	a	s	a	c	a	s	d	u	a	u	a	a
b	o	r	s	e	t	t	a	a	a	a	a	f	g	s	c	o	d	e	l	l	a	a	s	t
c	t	c	c	d	d	s	s	a	a	a	a	f	e	a	s	a	c	a	s	e	e	a	s	t
v	t	a	a	b	o	t	t	i	g	l	i	a	e	b	a	r	a	t	t	o	l	o		o

4.
1. una paletta, 2. il sacchetto, 3. di sughero, 4. la cisterna, 5. imbottigliato, 6. la pentola, 7. la coppa, 8. la casseruola, 9. il boccale

5.
1–g, 2–a, 3–h, 4–b, 5–d, 6–g, 7–h

9.
abbastanza–*enough*, aggrandire–*to make bigger*, alto–*high, tall*, approssimativamente, circa–*approximately*, attraverso–*across*, l'aumento–*increase*, il centimetro–*centimeter*, il chilometro–*kilometer*, la cima–*top*, circolare–*circular*, compatto–*compact*, corto–*short*, la crescita–*growth*, la densità–*density*, denso–*dense*, dentro–*inside*, di fronte–*opposite*, dietro–*behind*, la diffusione–*diffusion, spread*, la dimensione–*dimension*, la diminuzione–*decrease*, la distanza–*distance*, il doppio–*double*, l'espansione–*expansion*, l'estensione–*extension*, l'ettaro–*hectare*, il fondo–*bottom*, il formato–*format*, il frammento–*fragment*

10.
1. fuori, 2. una frazione, 3. il grammo, 4. grande, 5. grosso, 6. in fondo, 7. incremento, 8. l'intero, 9. la capienza, 10. la larghezza, 11. leggero, 12. massimo, 13. lontano, 14. lungo, 15. il litro

12.
prima–dopo, presto–tardi, posteriore–anteriore, quasi mai–quasi sempre, di tanto in tanto–spesso, sempre–mai, frequente–raro, intanto–nel frattempo, a lungo termine–a lungo andare, a breve termine–a breve scadenza, il solstizio–l'equinozio, restringere–rimpicciolire, la manata–la manciata, dilatare–infittire

14.
1–a, 2–b, 3–a, 4–a, 5–a, 6–b

18.
1V, 2F, 3V, 4V, 5F, 6V, 7F, 8F, 9V, 10V

Unit 9

2.
la recita–la rappresentazione, la maschera–la lucciola, la danza–il ballo, l'opera lirica–l'opera, il complesso–il gruppo, il cinema–il cinematografo, il filmato–il documentario, il realizzatore–il produttore, la realizzazione–la produzione, il dipinto–il quadro, la pinacoteca–la galleria d'arte, la scadenza–il «deadline», la réclame–il messaggio pubblicitario, il ridotto–il lobby

3.

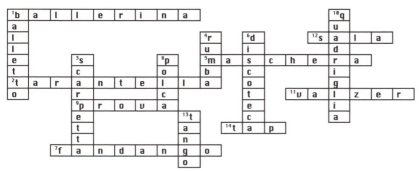

4.
1–a, 2–b, 3–c, 4–d, 5–e, 6–a, 7–b, 8–c, 9–d, 10–e

7.
l'articolo di fondo–*editorial*, la censura–*censorship*, censurare–*to censor*, il collaboratore–*contributor*, la conferenza stampa–*press conference*, il comunicato stampa–*press release*, l'intervista–*interview*, la cronaca–*report, news item, feature*, la libertà di stampa–*freedom of the press*, i lettori–*readers, readership*, redigere una rivista–*to edit a magazine*, la redazione–*editorial offices, editing, editorial staff*, la sala stampa–*press room*, la sala di redazione–*newsroom*, il servizio–*report, reporting*, scrivere sul giornale–*to write for the newspaper*, stampare–*to print*, accendere la radio/la televisione–*turn on the radio/the TV*, andare in onda–*to go on the air*, l'antenna–*antenna*, il bollettino meteorologico–*weather report*, la cabina di regia–*TV direction booth*, il cameraman–*cameraman*, essere in onda–*to be on the air*, la radiodiffusione–*radio broadcasting*, spegnere la radio/la televisione–*to turn off the radio/the TV*, lo studio televisivo–*television studio*, la telecamera–*TV camera*, il/la telecronista–*TV reporter*, la telediffusione–*TV broadcasting*, il telespettatore/la telespettatrice–*viewer*, il televisore–*television set*, l'insegna pubblicitaria–*advertising sign*, la sponsorizzazione–*sponsoring*

9.
1–b, 2–b, 3–c, 4–a, 5–b

10.
1. il/la sassofonista, 2. il/la fisarmonicista, 3. il/la violoncellista, 4. il/la contrabbassista, 5. il/la batterista, 6. il/la chitarrista, 7. il/la clarinista, 8. il/la violista, 9. il/la cornista, 10. il/la fagottista, 11. il/la flautista, 12. il/la mandolinista, 13. l'oboista, 14. il/la pianista, 15. l'organista, 16. il/la trombettista, 17. il/la violinista

12.
lo schizzo–l'abbozzo, il background–lo sfondo, il disco laser–il DVD, la partitura–lo spartito, il campione omaggio–l'esemplare omaggio, composizione per quattro–il quartetto, composizione per cinque–il quintetto, il dépliant–l'opuscolo

13.
1. l'antenna parabolica, 2. il sondaggio, 3. il telecomando, 4. il buono omaggio, 5. il campione, 6. il tagliando, 7. la bacchetta, 8. il musicologo, 9. la ninna nanna, 10. il portamusica, 11. il bis, 12. fischiare

14.
1. *radio frequency*–la banda a modulazione di frequenza, 2. *news flash*–la notizia flash, 3. *radio wave*–l'onda radiofonica, 4. *short wave*–l'onda corta, 5. *variety program*–il programma di varietà, 6. *television game show*–il telequiz, 7. *free*–gratis, 8. *jingle*–il jingle, 9. *caption*–la leggenda, 10. *to tune*–accordare, 11. *tune*–l'aria, 12. *solo*–l'assolo, 13. *chant*–il canto, 14. *duet*–il duetto, 15. *to practice*–esercitarsi, 16. *hymn*–l'inno, 17. *madrigal*–il madrigale, 18. *ballad*–la romanza, 19. *scale*–la scala, 20. *sextet*–il sestetto, 21. *trio*–il trio, 22. *footlights*–le luci di ribalta, 23. *skit*–lo sketch comico, 24. *in slow motion*–al rallentatore, 25. *on location*–in presa diretta

18.
1–a, 2–a, 3–a, 4–b, 5–b, 6–c, 7–b, 8–c, 9–c, 10–b

19.
1–b, 2–c, 3–b, 4–c, 5–b, 6–a, 7–b, 8–a, 9–a, 10–c

20.

1–c, 2–b, 3–a, 4–b and c, 5–b, 6–a, 7–a, 8–a and b, 9–a and b, 10–b

Unit 10

1.

1. le virgolette, 2. il trattino, 3. il punto interrogativo, 4. il punto, 5. il punto e virgola, 6. il punto esclamativo, 7. le parentesi, 8. le parentesi quadre, 9. una lettera maiuscola, 10. una lettera minuscola, 11. la firma, 12. i due punti, 13. l'apostrofo, 14. l'asterisco

2.

1–a, 2–b, 3–c, 4–a, 5–a, 6–d, 7–a, 8–c

3.

1–a, 2–b, 3–a, 4–a, 5–a, 6–b, 7–a, 8–b, 9–a, 10–b, 11–b, 12–a, 13–c, 14–c, 15–d

4.

p	r	o	f	e	s	s	o	r	e	s	s	a	q	e	r	t	y	u	o	p	p	l	k	i
q	a	z	x	s	e	d	c	ʋ	f	t	g	b	n	h	j	u	y	t	r	r	r	e	s	n
r	ʋ	f	g	h	h	h	u	u	t	t	d	b	n	h	j	u	y	t	r	r	r	e	s	g
a	ʋ	f	g	h	h	h	u	u	t	t	o	b	n	h	j	u	y	t	r	r	r	e	s	e
g	ʋ	f	g	h	h	h	u	u	t	t	t	b	n	h	j	u	y	t	r	r	r	e	s	g
i	ʋ	f	g	h	h	h	u	u	t	t	e	g	e	o	m	e	t	r	a	e	e	e	e	n
o	ʋ	f	g	h	h	h	u	u	t	t	o	b	n	h	j	u	y	t	r	r	r	e	s	e
n	ʋ	f	g	h	h	h	u	u	t	t	r	e	r	r	t	s	b	b	n	j	k	u	g	r
i	ʋ	f	g	h	h	h	u	u	t	t	e	o	p	a	a	i	a	a	a	a	a	a	a	e
e	ʋ	f	g	h	h	h	u	u	t	t	s	s	s	s	i	g	n	o	r	e	s	s	s	s
r	d	d	a	ʋ	ʋ	o	c	a	t	o	d	d	d	d	d	n	c	c	c	c	c	c	c	a
e	q	a	s	e	d	c	x	s	e	d	f	s	i	g	n	o	r	i	n	a	ʋ	b	n	b
x	z	s	a	a	s	s	c	c	d	d	a	a	s	s	d	r	d	c	c	a	s	d	c	e
a	s	d	c	r	e	ʋ	e	r	e	n	d	o	e	e	e	a	a	s	d	c	a	s	d	c

5.

a meno che–*unless*, a mio parere, nella mia opinione, a mio avviso–*in my opinion*, a proposito–*by the way*, avere bisogno di–*to need*, avere caldo–*to be hot*, avere fame–*to be hungry*, avere freddo–*to be cold*, avere fretta–*to be in a hurry*, avere paura–*to be afraid*, avere ragione–*to be right*, avere sete–*to be thirsty*, avere sonno–*to be sleepy*, avere torto–*to be wrong*, avere voglia di–*to feel like*, cioè, vale a dire–*that is to say*, dunque, quindi, allora–*therefore*, secondo me–*in my own opinion*, tuttavia, comunque–*however*, l'abbreviazione–*abbreviation*, l'affrancatura–*postage*, il capoverso–*paragraph*, la cartolina–*postcard*, la cassetta postale, la buca (delle lettere)–*mailbox*, il codice postale–*postal code*, il corriere–*courier*

10.

redigere un testo–stendere un testo, decifrare–decodificare, tacere–stare zitto, schietto–senza peli sulla lingua, il resoconto–la relazione, il pettegolezzo–la zizzania, confrontare–paragonare, la comparazione–il paragone, testimoniare–attestare, ammonire–avvertire, la bugia–la menzogna, la discussione–la lite, mentire–dire una bugia

11.

urlare–sussurrare, negare–asserire, lodare–offendere, non essere d'accordo–essere d'accordo, la diceria–la chiacchiera, contraddire–confermare, borbottare–articolare, negare–assicurare

13.

1–a, 2–g, 3–e, 4–d, 5–a, 6–g, 7–a, 8–c, 9–a

14.

to underline, to underscore–sottolineare, *to explain*–spiegare, *to suggest*–suggerire,
to translate–tradurre, *illiterate person*–l'analfabeta, *to rub out, to erase, to cross out*–cancellare,
to consult, to look up–consultare, *book cover, dust jacket*–la copertina, *to interpret*–interpretare,
to note–notare, *to leaf through*–sfogliare, *to allude*–alludere, *to announce*–annunciare, *to
toast*–brindare, *a toast*–brindisi, *to clarify, to make clear*–chiarificare, *to communicate*–comunicare,
to conclude–concludere

16.

interrogare–esaminare, buttar giù–scribacchiare, insinuare–implicare, la diceria–la maldicenza,
malignare–denigrare, loquace–eloquente, prolisse–verboso, adorno–elaborato

17.

1. acclamare, 2. alzare (la voce), 3. avanzare, 4. bestemmiare, 5. destare, 6. fischiare, 7. libro
(di ricette), 8. pettegolezzo, 9. simbolismo, 10. testo (di riferimento), 11. volume (rilegato),
12. battuta, 13. lamentarsi, 14. lapidario, 15. leggero, 16. maledire, 17. obiettare, 18. pesante,
19. piagnucolare, 20. piccante, 21. polemico, 22. replicare, 23. scarabocchiare, 24. simbolico,
25. spiritoso, 26. turgido

21.

1–a, 2–a, 3–a, 4–a, 5–a, 6–c, 7–a, 8–c, 9–a, 10–c, 11–b, 12–a, 13–a, 14–a, 15–c

Unit 11

4.

il record–il primato, il bowling–le bocce, il picnic–la scampagnata, il locale notturno–il nightclub,
pescare–andare a pesca, il passatempo–l'hobby, la filatelica–la filatelia, cacciare–andare a caccia,
rilassarsi–riposarsi, lo svago–il tempo libero, il jogging–il footing, imbrogliare–truffare,
l'imbroglio–la truffa, la pallacanestro–il basket, l'ippica–l'equitazione, il concorrente–il/la rivale

5.

```
              ⁶z                           ¹³b
                          ¹²p a t t i n o
 ¹a g o n i s m o                            g
   l           n             ¹¹a             l
 ²c l a s s i f i  ⁹c a    ¹⁸r    l           i
   e           o             e    l           e
   n           ⁷r a c c h   c    i    a       t
 ³f a r e      r             o    e           t
   m           e             r    t           o      ¹⁷s
 ⁴p e r d i t a              d    a        ¹⁵s        p
   n                         s             t          o
   t                       ⁸p e s i    ¹⁶p i s t a    r
 ⁵c o p p a                                d          t
               ¹⁴s p o g l i a t o i o     i          i
                                                      v
                                                      o
```

6.

1. un corridore, 2. l'allenatore/l'allenatrice, 3. l'arbitro/l'arbitra, 4. l'avversario/l'avversaria,
5. il/la dilettante, 6. il perditore/la perditrice, 7. una squadra, 8. il tifoso/la tifosa,
9. il vincitore/la vincitrice, 10. il nuotatore/la nuotatrice, 11. il pattinatore/la pattinatrice,
12. il/la ginnasta, 13. il saltatore/la saltatrice, 14. lo sciatore/la sciatrice, 15. il/la tennista,
16. il tuffatore/la tuffatrice, 17. un imbroglione, 18. il prestigiatore/la prestigiatrice, 19. il/la
collezionista, 20. il/la chiromante

7.

1–a, 2–b, 3–c, 4–d, 5–e

10.

il bibliofilo/la bibliofila–*book collector, bibliophile*, le bocce–*lawn bowling*, il discofilo/la
discofila–*record collector*, il flipper–*pinball machine*, l'orsacchiotto–*stuffed toy, soft toy*, la
scommessa–*bet*, scommettere–*to bet*, il soldatino–*toy soldier*, la barca–*boat*, la canoa–*canoe*,
eliminare–*to eliminate*, l'esito–*outcome*, il/la finalista–*finalist*, il girone eliminatorio–*elimination
round*, la rete–*goal, score*, la prolungazione–*extra time*, la tappa–*lap, stage*, l'alpinista–*climber*,
il lottatore/la lottatrice–*wrestler*, il pugile–*boxer*

14.

1. il calcio, 2. l'azzurro, 3. la domenica, 4. squadre di calcio, 5. la Ferrari, 6. *La Domenica
sportiva, 90° minuto, Domenica sprint*, 7. il *Corriere dello sport, Stadio* e la *Gazzetta dello sport*,
8. il *Giro d'Italia*, 9. il totocalcio

19.

alberghi–praticare–sciare–spalle–bar–pastori–neve–preoccupazione

Unit 12

2.

il veicolo–la vettura, il tassì–il taxi, la vespa–il motorino, l'automobile–l'auto,
l'autosoccorso–l'autorimorchiatore, l'autobus–il pullman, il giardino zoologico–lo zoo,
l'ambulanza–l'autoambulanza, il paesaggio–la campagna, l'abbronzatura–la tintarella, in
spiaggia–alla spiaggia, l'accettazione–il check-in, l'aereoplano–l'aereo

3.

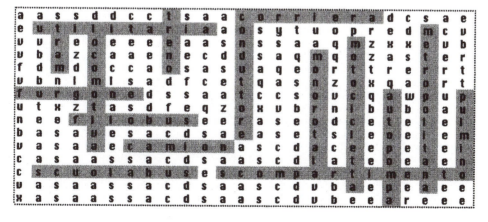

4.

1–a, 2–c, 3–g, 4–d, 5–a, 6–e, f, g, 7–a, c, d, e, g, 8–b, c, d, e, f, g, 9–a, 10–b, c, d, e

6.

l'aeroporto–*airport*, l'arrivo–*arrival*, il banco/l'ufficio informazioni–*information counter, information desk*, il bigliettaio/la bigliettaia–*ticket agent*, la carta d'imbarco–*boarding pass*, la classe turistica–*economy class*, il facchino–*porter*, la sala d'aspetto–*waiting room, airport lounge*, il terminal–*terminal*, l'ufficio oggetti smarriti–*lost and found, lost property office*, l'uscita–*gate, exit*, l'autogrill–*motorway restaurant and snack bar*, l'artigianato–*crafts*, il berretto–*cap*, la bottega dei souvenir–*souvenir shop*, il campeggio–*camping*, il giorno di ferie–*public holiday*, il monumento storico–*ancient monument*, la mostra–*exhibition*, il museo–*museum*, il parco–*park*, il sacco a pelo–*sleeping bag*, gli scarponi–*mountain boots*, lo spettacolo–*show*, Toilette/Servizi–*Washroom*, Vietata l'uscita–*No exit*, Vietato fumare–*No smoking*, Vietato l'ingresso–*No entry*, Vietato parlare al conducente–*Do not speak to the driver*, la biglietteria automatica–*ticket vending machine*, il/la pendolare–*commuter*

8.

la camera–la stanza, il conto–la fattura, l'ingresso–l'entrata, il guidatore–l'autista, il decollo–l'atterraggio, decollare–atterrare, il carabiniere–il poliziotto, la carta stradale–la mappa stradale, la contravvenzione–la multa, fare marcia avanti–fare marcia indietro, accelerare–rallentare, girare a sinistra–girare a destra, mettere in moto–frenare o parcheggiare, la volta a destra–la svolta a sinistra, il traffico–la circolazione, il cric–il martinetto, il faro–il proiettore, la gomma–lo pneumatico, il parabrezza–il cristallo, la portiera–lo sportello, il sedile posteriore–il sedile anteriore, lo spruzzatore–il lavavetri, lo sterzo–il volante, in uscita–al rientro, fermata–stop, galleria–tunnel, divieto di sosta–sosta vietata, il clacson–la tromba

9.

1–a, 2–b, 3–c, 4–d, 5–e, 6–g, 7–a

12.

il sommergibile–il sottomarino, il salvagente–il giubbotto di salvataggio, il panfilo–lo yacht, la chiatta–la piatta, il bagno–la toilette, il guanciale–il cuscino, il balcone–la terrazza, la sedia ampia–la poltrona, guardare su–dare su

18.

1V, 2V, 3F, 4V, 5F, 6F, 7V, 8F, 9F, 10V

Unit 13

1.

1. nonni, 2. nonne, 3. zie, 4. zii, 5. cugine, 6. cugino, 7. madre, 8. sorella, 9. fratello, 10. moglie, 11. genero, 12. nipote (nipotino), 13. figlio, 14. nuora, 15. nipote (nipotina)

3.

la monaca–la suora, il monaco–il frate, il prete–il sacerdote, Dio–il Signore, l'adorazione–la venerazione, il domicilio–il focolare, il babbo–il papà, le nozze–lo sposalizio, il/la coniuge–il/la consorte, coabitare–convivere, la coabitazione–la convivenza, la morte–la nascita, morire–nascere, il divorzio–il matrimonio, divorziato–sposato, divorziare–sposarsi, sposare

4.

```
        1s           2p                          3f
   4s  u   o   c   e   r   o        5f  i  g  l  i  a
        o            o               g
   6b   c            z               l             7c
   i    e            i               i              o
   9s  o   r   e   l   l   a   s   t   r   a         g
   n    r                             s             n
   o    a            8p               t             a
   n         10f   11p   r   o   z   i   o   12n e o n a t o
   n    r    r     o
   a   13p   a   t   r   i   g   n   o         t
  14p   t                      16f
  15m  a   t   e   r   n   o  17g  e  n  i  t  o  r  e  18m
   t    i                      g                       a
  19c  e   l   l   u   l   a    e     20p              m
   r    a                      l     a                m
   n    s                      i     r   21m a t r i g n a
   o    t                      l     e
   r    o                    22f  r   a   t   e   r   n   o
   o                           o     e
```

5.

1–h, 2–i, 3–i, 4–c, 5–i, 6–e, 7–a, 8–h, 9–a, 10–f

9.

la prole–la discendenza, la cassa da morto–la bara, l'antenato–l'avo, il peccato capitale–il peccato mortale, fu–defunto, la progenie–l'albero genealogico

11.

morto–deceduto, la fortuna–l'oroscopo, il biberon–il poppatoio, la discendenza–la stirpe, il gap generazionale–il salto generazionale, dire il rosario–recitare il rosario, l'inno–il cantico

12.

gli alimenti–*alimony*, allattare–*to breast-feed*, il cadavere–*cadaver, corpse*, il certificato di morte–*death certificate*, il corteo funebre–*funeral procession*, cremare–*to cremate*, il crematorio–*crematorium*, la cremazione–*cremation*, la cuccagna–*nest egg*, la dote–*dowry*, la fecondazione artificiale–*artificial insemination*, il figlio in provetta–*test-tube baby*, la ghirlanda–*wreath*, la lapide–*tombstone*, il mausoleo–*mausoleum*, il parto cesario–*cesarean birth*, la persona a carico–*dependant*, la promessa di matrimonio–*marriage vow*, la successione–*estate*, succhiare–*to suck*, il taglio cesareo–*cesarean section*, la tomba–*tomb*, l'acqua battesimale–*baptismal water*, bruciare nel fuoco dell'inferno–*to burn in the fires of hell*, il calice–*chalice*, fede, speranza e carità–*faith, hope, and charity*, il fonte battesimale–*baptismal font*, il grano del rosario–*rosary bead*, la guarigione per fede–*faith-healing*, l'ostia–*host*, la parabola–*parable*, la Parabola del figliuol prodigo–*Parable of the Prodigal Son*, l'Ultima Cena–*the Last Supper*, ungere–*to anoint*, il chierichetto–*altar-boy*, il coro–*choir*, il Gesuita–*Jesuit*, il papato–*papacy*

15.

1–a, 2–b, 3–b, 4–a, 5–b, 6–b, 7–b, 8–a, 9–b, 10–a

16.

1F, 2F, 3F, 4V, 5F

17.

a. il matrimonio, b. le partecipazioni, c. la luna di miele, d. il divorzio, e. sposarsi

18.

amica–fibbia–famiglia–sola–calzolaio–fratello–stivali–generale–figli

Unit 14

2.

l'insegnante–il/la docente, istruire–educare, il computer portatile–il laptop, la bibliotechina di classe–lo scaffale, il vocabolario–il dizionario, il residence–il collegio

3.

```
a a s a s c c d d a a s s l l e p a a e a a a a a
a a t r i g o n o m e t r i a e s e e g e e e e
s s i s c c d d a a s s l l e i s s s s s s s
a a s t a t i s t i c a e p s i c o l o g i a c d
s s s m s c c d d a a s s l l e h c d l e n e b a
a a m e d i c i n a a s s l l e i a a o e f e o e
c s d t a s e a s t r o n o m i a s s g o q t q
c s d i a s e a s e a s e a s e t j j j r j a j
a s o c i o l o g i a s a s a e r k k a k m k n k
b a s a e t e a s e a s e a s e i u u e u a u i u
i a s d c t e m a t e m a t i c a y y a y t y c y
o a s d c i e a s e a s e e e f i s i c a t
l a s d c c a i d r a u l i c a a s d c e c r r r
o a s d c a s a s d c e e m e c c a n i c a e e e
g a a c u s t i c a e a s e a s e a s e a s a a a
i a e a s e a a s c d e a n t r o p o l o g i a s
a e r o d i n a m i c a e a s e a s e a s e a s e
```

4.

1–e, 2–e, 3–h, 4–f, 5–g, 6–b, 7–e, 8–g, 9–i

8.

la contabilità–la ragioneria, la giurisprudenza–la legge, la storia–la storiografia, il saggio–il tema, sostenere un esame–dare un esame, essere maggiore di–essere minore di, essere simile a–essere uguale a, elevare a potenza–elevare alla potenza di, aggiungere–addizionare, essere bocciato–essere promosso, la bella copia–la brutta copia

10.

l'anno-luce–*light year*, l'antenna–*antenna*, l'astronauta–*astronaut*, l'astronave–*spacecraft*, il buco nero–*black hole*, il cosmo–*cosmos*, la gravità–*gravity*, la gravitazione–*gravitation*, il mondo–*world*, l'orbita–*orbit*, il pianeta–*planet*, il satellite–*satellite*, il sistema solare–*solar system*, lo spazio–*space*, lo spazio tridimensionale–*three-dimensional space*, l'universo–*universe*, il veicolo spaziale–*space ship*, algebrico–*algebraic*, aritmetico–*arithmetical*, calcolare–*to calculate*, contabile–*countable*, contare–*to count*, decimale–*decimal*, la differenza–*difference*, dividere–*to divide*, l'esponente–*exponent*, estrarre la radice–*to take/extract the root*, il fattore–*factor*, la frazione–*fraction*, la funzione–*function*, l'insieme–*set*, logaritmico–*logarithmic*, la media–*average*, meno–*minus*, moltiplicare–*to multiply*, il multiplo–*multiple*, il numerale–*numeral*, numerico–*numerical*, per cento–*percent*, la percentuale–*percentage*, più–*plus*, il prodotto–*product*, la proporzione–*ratio, proportion*, il quoziente–*quotient*, il reciproco–*reciprocal*, il simbolo–*symbol*, la soluzione–*solution*, la sottrazione–*subtraction*, statistico–*statistical*, l'uguaglianza–*equality*, la variabile–*variable*

16.

1–a, 2–a, 3–c, 4–b, 5–a, 6–a, 7–a, 8–b, 9–c, 10–b, 11–b, 12–a, 13–a, 14–a, 15–c

17.

1. 20 anni, 2. 100.000 euro, 3. tre calzini

20.

1. prova, 2. banco, 3. collegio, 4. privatista, 5. gli esami, 6. l'appello, 7. latino, 8. i voti

23.

1. ripetizioni, 2. l'educazione, 3. leggere, 4. l'alfabeto, 5. rispondere, 6. maestro, 7. calcolare, 8. scolaro, 9. matematico

Unit 15

2.

lo scavo–l'escavazione, fabbricare–produrre, il/la soprintendente–il supervisore, le tecnologie innovative–le tecnologie all'avanguardia, la merce–la mercanzia, il contadino/la contadina–il fattore/la fattoressa, la fattoria–l'azienda agricola, coltivare la terra–lavorare il terreno, il grano–il frumento, il granturco–il mais, il seme–la semenza, il maiale–il porco, il porcellino–il maialino, l'ariete–il montone, l'ochetta–il paperino, la vacca–la mucca

3.

```
                 ¹o                    ²a
 ³a  n  ⁴a  t  r  o  ⁵c  c  o  l  o
  g      s      z      a                       l
  n      i      o      p                       e
  e      n             r                       ʊ       ⁶c       ⁷c   ⁸g
  l      o             a                  ⁹a  n   a   t   r   a
  l                                            m       ʊ        ʊ    l
 ¹⁰o ¹¹c  a                                    e       a  ¹⁶g  a  l   l  o
      h                                        n       l   a      i
      i             ¹²s                        t       l   l      n
      o              c        ¹³m  u  l  o     o       o   i      a
 ¹⁴p  e   c   o   r  a
      c   o
      i   f
      a  ¹⁵a  r   a  t   r  o
```

4.

1–a, b, c, d, e, 2–e, f, g, 3–a, b, c, d, 4–a, 5–e, 6–g, 7–a, 8–e, 9–a, 10–e

6.

il fosso–il fossato, pascolare–pascere, il biscottificio–la biscotteria, l'equipaggiamento–l'attrezzatura, la fognatura–lo scarico, oliare–ungere, il verificatore–il controllore, l'agricoltura biologica–la coltivazione biologica

11.

il bisello–lo smusso, bloccare–serrare, il voltaggio–la tensione, la zolla–la motta, la vigna–il vigneto, il fusto–il barile, abbattere–macellare, il macello–il mattatoio, la poppa–la mammella

16.
1. trancia, 2. tenaglie, 3. punzone, 4. puleggia, 5. pinze, 6. perno, 7. morsa, 8. manovella,
9. bullone, 10. cacciavite, 11. biscotteria, 12. laboratorio, 13. laneria, 14. montaggio,
15. imballaggio, 16. magazzino, 17. altoforno, 18. distilleria, 19. fonderia, 20. segheria,
21. filatore, 22. fonditore, 23. conciatore, 24. imballatore, 25. laminatore, 26. magazziniere,
27. montatore, 28. saldatore, 29. tessitore, 30. tornitore

17.
1–a, 2–b, 3–c, 4–d, 5–e

Unit 16

3.
il tirocinio–lo stage, l'occupazione–il lavoro, fare lo sciopero–scioperare, la
formazione–l'addestramento, il profitto–il guadagno, il medico–il dottore/la dottoressa,
l'insegnante–il/la docente, la direzione–la gestione, il/la contabile–il ragioniere/la ragioniera,
l'autista–il/la conducente, il sodalizio–il partnership, il vigile del fuoco–il pompiere,
l'azienda–l'impresa

4.

p	o	l	i	z	i	o	t	t	o	a	a	p	s	i	c	h	i	a	t	r	a	e	e	e
r	e	t	a	s	s	i	s	t	a	s	s	s	a	s	a	d	c	e	s	a	d	c	e	p
o	a	a	a	e	a	a	c	a	a	d	d	i	s	p	r	o	f	e	s	s	i	o	n	e
f	s	s	s	g	s	s	i	s	s	c	c	c	a	s	a	d	c	e	s	a	d	c	e	r
e	d	d	d	r	e	d	a	t	t	o	r	e	a	d	c	e	s	a	d	c	e	s		
s	c	c	c	e	c	c	n	c	c	c	l	a	s	a	d	c	e	s	a	d	c	e	o	
s	i	l	i	t	l	l	z	l	l	l	o	a	i	n	g	e	g	n	e	r	e	s	n	
i	e	e	e	a	e	e	i	e	e	e	g	a	s	a	d	c	e	s	a	d	c	e	a	
o	d	d	d	r	d	d	a	d	d	p	r	o	g	r	a	m	m	a	t	o	r	e	l	
n	s	s	s	i	s	s	t	s	s	i	a	s	a	d	c	e	s	a	d	c	e	e		
i	c	c	c	a	c	c	o	c	c	l	a	s	o	c	u	l	i	s	t	a	d	c	e	e
s	d	d	d	e	d	s	a	o	a	s	a	s	a	d	c	e	s	a	d	c	e	a		
t	e	p	r	e	s	i	d	e	n	t	e	s	a	s	a	d	c	e	s	a	d	c	e	s
a	e	s	a	d	c	e	d	s	a	a	a	o	p	t	o	m	e	t	r	i	s	t	a	d

7.
1–c, 2–d, 3–e, 4–a, 5–e

9.
1. il revisore dei conti, 2. il venditore/la venditrice ambulante, 3. il/la portalettere, 4. il/la
tastierista, 5. il pescivendolo, 6. il soldato, 7. il calzolaio/la calzolaia, 8. il cameriere/la cameriera,
9. il fioraio/la fioraia

10.
l'apprendista–*apprentice*, la base–*rank and file*, il caporeparto–*departmental manager*, il/la
dettagliante–*retailer*, il fornitore/la fornitrice–*supplier*, il/la grossista–*wholesaler*, il comitato
direttivo–*management board*, il/la concorrente–*competitor*, la concorrenza–*competition*, il
conglomerato–*conglomerate*, la consegna a domicilio–*home delivery*, il controllo di
qualità–*quality control*, il dazio doganale–*import duty*, la fattura–*invoice*, fatturare–*to invoice*,
fondere–*to merge*, il gruppo di lavoro–*working party*, la guerra dei prezzi–*price war*, imballare–*to
pack*, incartare–*to wrap*, il modulo d'ordinazione–*order form*, il monopolio–*monopoly*, l'offerta
pubblica d'acquisto–*take-over bid*, ordinare–*to order*, pagare la dogana–*to pay customs*,

personalizzato–*customized*, il congedo annuale–*annual leave*, l'impiego garantito–*guaranteed job*, l'indennità di trasferta–*transfer allowance*, lavorare a turni–*to work in shifts*, richiedere le referenze–*to request references*, il rischio del mestiere–*occupational hazard*

17.

1. affarismo, 2. appalto, 3. campione, 4. sconto, 5. concorrente, 6. consegna, 7. monopolio, 8. reparto, 9. bilancio, 10. dividendo, 11. fatturato, 12. guadagno, 13. marchio, 14. prodotto, 15. fabbrica, 16. succursale, 17. fabbro, 18. facchino, 19. geometra, 20. intonacatore, 21. logopedista, 22. gasista, 23. droghiere, 24. cuoco, 25. scienziato, 26. redattore, 27. medico, 28. ingegnere, 29. farmacista, 30. chirurgo, 31. contabile, 32. barbiere

Unit 17

2.

il telefonino–il cellulare, comporre il numero–fare il numero, il numero telefonico–il numero di telefono, squillare–suonare, la posta elettronica–l'e-mail, l'ordinatore–l'elaboratore, il monitor–lo schermo, il computer portatile–il laptop, il fax–il telefax, la biro–la penna a sfera, l'amplificatore–l'altoparlante, gli auricolari–le cuffie, il/la portalettere–il postino/la postina, spedire–inviare

3.

```
                       [5]c                          [8]f
[1]t  e  l  e  s  e  l  e  z  i  [3]o  n  e        r        [10]c  a  u  o
 e                  n            c             a
 l         [4]l     t            c             n
[2]p  r  e  f  i  s  s  o         u      [7]f   c
 m         b        a            [6]p  l  i  c  o
 a         e        l            a      r      b
 t         r        i            t      m      o
 i         o        n            o      a      l
 c         [11]s  i  t  o                       l
 o                  [9]n  a  s  t  r  o         o
```

4.

1–c, 2–f, 3–c, 4–c, 5–b, c, h, 6–a, 7–b, e, 8–f, 9–a, b, c, e, 10–d

7.

l'ipertesto–*hypertext*, il lettore CD–*CD reader/drive*, il microprocessore–*microprocessor*, il mouse–*mouse*, navigare–*to navigate*, la parentesi–*parenthesis, bracket*, le periferiche–*peripherals*, il personal computer–*PC*, il provider–*Internet provider*, il punto–*period*, il punto e virgola–*semicolon*, la ricerca–*search*, salvare–*to save*, lo scanner–*scanner*, il server–*server*, la sottolineatura–*underline*, stampare–*to print*, il/la tastierista–*keyboard operator*, il trattino–*dash*, accendere–*to turn on*, andare in onda–*to go on the air*, collegare–*to make a connection*, diffondere–*to spread*, in onda–*on the air*, mandare in onda–*to air*, il microfono–*microphone*, il proiettore–*projector*, il registratore–*recorder*, spegnere–*to turn off*, trasmettere–*to send*, allegare–*to attach, to enclose*, confidenziale–*confidential*, controfirmare–*to countersign*, firmare–*to sign*, imbucare, impostare–*to put into a mailbox, to post*, ricevere–*to receive*

9.

l'archivio–il file, accludere–allegare, allegato–accluso, i mass media–i mezzi di comunicazione, la rete satellitare–il network, cancellare–salvare, l'hardware–il software

12.

la cornetta–il ricevitore, di facile uso–facile da usare, il network–la rete, on-line–in linea, il file name–il titolo del documento, strappare–stracciare

18.

1. la casella, 2. la rete, 3. il messaggio, 4. la bolletta, 5. il numero verde, 6. l'elenco telefonico, 7. gli auricolari, 8. il plico, 9. la firma, 10. il/la mittente, 11. la cassetta postale, 12. il sintonizzatore

19.

1. analogico, 2. autosalva, 3. bloccaggio, 4. digitare, 5. editare, 6. griglia, 7. password, 8. tabulare, 9. icona, 10. salvare, 11. formattare, 12. ipertesto, 13. cursore, 14. cliccare, 15. mouse, 16. bianchetto, 17. indirizzario, 18. puntina, 19. schedario, 20. perforatrice, 21. elastico, 22. taccuino, 23. inchiostro, 24. grappetta, 25. colla, 26. penna, 27. matita, 28. carta, 29. agenda, 30. cucitrice, 31. Trova, 32. Visualizza, 33. Sposta, 34. Rispondi, 35. Modifica, 36. Copia, 37. Connetta, 38. Aggiorna, 39. Annulla, 40. Incolla, 41. Formato, 42. Apri, 43. Invia, 44. Chiudi, 45. Inserisci

Unit 18

2.

l'accusa–l'imputazione, l'aula del tribunale–l'aula giudiziaria, il carcere–la prigione, l'eccezione–la supplica, imprigionare–incarcerare, l'imputato–l'accusato, il delitto–il reato, testimoniare–deporre, l'investigatore privato–il detective, l'omicidio–l'assassinio, il rapimento–il sequestro, rapire–sequestrare, il rapitore–il sequestratore, violentare–stuprare, il violentatore–lo stupratore, la violenza carnale–lo stupro, uccidere–ammazzare, la moneta–i soldi, la banconota–il biglietto di banca, la cassa automatica–il bancomat, il denaro–i soldi, versare–depositare, il deposito–il versamento, il modulo–la scheda, prelevare–ritirare, la quietanza–la ricevuta

3.

Left grid:

[1]m	u	[2]t	u	o									
o		e											
n		s			[4]e								
e		[3]o	m	i	c	i	d	i	o				
t		r			c								
a		i		[5]d	e	b	i	t	o				
		e			c								
		r			d								
		e		[6]d	e	f	i	c	i	t			
					n								
					t								
				[7]e	s	t	i	n	g	u	e	r	e

Right grid:

			[8]a				
			s			[11]q	
[9]b	o	r	s	a		u	
			i			e	
			[10]c	a	u	s	a
			u			t	
			r			u	
			a			r	
			b			a	
			i				
			l				
			e				

4.

l'annuità–*annuity*, assicurare–*to insure*, l'assicurato–*insured person*, il bilancio–*budget*, il capitale–*capital*, la deflazione–*deflation*, l'esattore–*tax-collector*, il finanziamento–*funding*, il finanziere–*financier*, imponibile–*taxable*, l'imponibile–*taxable income*, l'imposta–*levy*, l'inflazione–*inflation*, l'ipoteca–*liability loan, mortgage*, l'IVA–*sales tax*, il mutuo fondiario–*house mortgage*, il pagamento–*payment*, il pagamento a pronta cassa–*payment on delivery*, la polizza d'assicurazione–*insurance policy*, la recessione–*recession*, la società d'assicurazione–*insurance company*, la svalutazione–*devaluation*, svalutare–*to devalue*, la tassa–*tax*, il tasso d'inflazione–*inflation rate*

6.
1–a, 2–c, 3–e, 4–d, 5–a, 6–b, 7–a, 8–c, 9–a

9.
1–c, 2–l, 3–b, 4–e, 5–f, 6–h, 7–o, 8–d, 9–k, 10–a, 11–n, 12–j, 13–m, 14–i, 15–g

10.
clearing house–la stanza di compensazione, *portfolio*–il portafoglio, *credit institute, trust*–il fido, *cheque clearing*–la compensazione degli assegni, *to clear*–compensare, *bank code*–il codice bancario, *non-transferable cheque*–l'assegno barrato, *to the holder/bearer*–al portatore, *to save*–risparmiare, *rise in prices*–il rialzo dei prezzi, *fall in prices*–il ribasso dei prezzi, *yield*–il rendimento, *buying power*–potere d'acquisto, *planned*–pianificato, *to invest*–investire, *to import*–importare, *to export*–esportare, *competitive*–concorrenziale, *exchange*–lo scambio, *designation of a court-appointed lawyer*–la convocazione d'un difensore/d'ufficio, *to fix the date of the trial*–fissare la data del processo, *freedom on bail*–la libertà su cauzione, *the hostile (other) party*–la parte avversa, *to release on bail*–rilasciare sotto cauzione, *to adjourn the hearing*–rimandare l'udienza, *to suspend the trial*–sospendere il processo, *to pay bail*–versare la cauzione, *manhunt*–la caccia all'uomo, *to give oneself up*–consegnarsi alla polizia, *juvenile delinquency*–la delinquenza minorile, *prisoner*–il detenuto, il carcerato, il prigioniero, *to hijack*–dirottare, *to detain*–detenere, *detention*–la detenzione, *evidence*–le prove, *clue*–l'indizio, *informant*–l'informatore, *questioning*–l'interrogatorio, *search*–la perquisizione, *breaking and entering*–lo scasso, l'effrazione, *pickpocketing*–lo scippo, *vandalism*–il vandalismo, *statement made to authorities*–il verbale

13.
1–a, 2–c, 3–e, 4–d, 5–a, 6–b, 7–a

16.1
a V, b F, c V, d V, e F, f F, g F

18.
1–a and b, 2–b, 3–b, 4–a, 5–a, 6–a and b, 7–a, 8–a and b, 9–a, 10–a and b, 11–b, 12–a and b, 13–a, 14–a, 15–a and b, 16–a, 17–a

21.
stasi–rivoluzione–campo–secolo–organizzatore–stella–banchieri–storico–analogie–intellettuale–cognizioni

Unit 19

1.
americano, statunitense–gli Stati Uniti, brasiliano–il Brasile, canadese–il Canada, cileno–il Cile, giapponese–il Giappone, messicano–il Messico, peruviano–il Perù, sudafricano–il Sud Africa, vietnamita–il Vietnam, armeno–l'Armenia, ecuadoriano–l'Ecuador, estone–l'Estonia, etiope–l'Etiopia, inglese–l'Inghilterra, indiano–l'India, iraniano–l'Iran, iracheno–l'Iraq, irlandese–l'Irlanda, ungherese–l'Ungaria, cambogiano–la Cambogia, cinese–la Cina, colombiano–la Colombia, coreano–la Corea, finlandese–la Finlandia, georgiano–la Georgia,

tedesco–la Germania, giamaicano–la Giamaica, giordano–la Giordania, nicaraguense–la Nicaragua, nigeriano–la Nigeria, norvegese–la Norvegia, neozelandese–la Nuova Zelanda, palestinese–la Palestina, patagone–la Patagonia, polinesiano–la Polinesia, slovacco–la Slovacchia, sloveno–la Slovenia, somalo–la Somalia, spagnolo–la Spagna, svedese–la Svezia, svizzero–la Svizzera, tanzaniano–la Tanzania, tailandese–la Thailandia, tunisino–la Tunisia, turco–la Turchia

2. Cruciverba.*

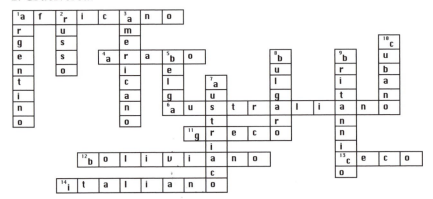

3.

1. zambiano, 2. abissino, 3. bengalese, 4. bosniaco, 5. caraibico, 6. centroamericano, 7. croato, 8. costaricano, 9. danese, 10. ebreo, 11. egiziano, 12. filippino, 13. gallese, 14. groenlandese, 15. cantonese, 16. amazzonico, 17. eritreo, 18. afgano, 19. albanese, 20. algerino, 21. congolese, 22. guatemalteco, 23. jugoslavo, 24. kazako, 25. kuwaitiano, 26. laoziano, 27. libanese, 28. lussemburghese, 29. mandarino, 30. marrocchino, 31. mediorientale, 32. pachistano, 33. paraguaiano, 34. polacco, 35. portoghese, 36. portoricano, 37. saudita, 38. senegalese, 39. singaporiano, 40. slavo, 41. sudamericano, 42. sudanese

4.

1. il Bangladesh, 2. il Bengala, 3. il Congo, 4. il Galles, 5. il Guatemala, 6. il Kazakhstan, 7. il Kuwait, 8. il Laos, 9. il Libano, 10. il Lussemburgo, 11. il Marocco, 12. il Montenegro, 13. il Pakistan, 14. il Paraguay, 15. il Portogallo, 16. il Porto Rico, 17. il Senegal, 18. il Singapore, 19. il Sudan, 20. il Tagikistan, 21. la Bosnia, 22. la Costa Rica, 23. la Croazia, 24. la Groenlandia, 25. la Danimarca, 26. le Caraibi, 27. le Filippine, 28. lo Zambia

7.

antidiluviano–*antediluvian*, l'antichità–*antiquity*, l'apice–*apex, peak*, l'archeologo–*archeologist*, il mercante d'armi–*arms dealer*, il mercato delle armi–*arms trade*, la bomba–*bomb*, il cannone–*cannon*, il secolo–*century*, il crollo–*collapse*, il decennio–*decade*, il declino–*decline*, l'egittologo–*Egyptologist*, l'epoca–*epoch*, l'era–*era*, la caduta–*fall*, la piazza d'armi–*firing range*, il fossile–*fossil*, fossilizzato–*fossilized*, lo storico–*historian*, lo storiografo–*historiographer*, storico–*historical*, la marina militare–*navy*, il periodo–*period*, preistorico–*prehistoric*, la rovina–*ruin*, deporre le armi–*to lay down one's arms*, il porto d'armi–*weapons permit*

8.

1–i, 2–t, 3–q, 4–f, 5–g, 6–a, 7–c, 8–k, 9–j, 10–l, 11–p, 12–r, 13–s, 14–e, 15–h, 16–b, 17–m, 18–o, 19–n, 20–d

10.

1. *continental*–continentale, 2. *demographic*–demografico, 3. *hemispheric*–emisferico,
4. *northern*–settentrionale, 5. *southern*–meridionale, 6. *to locate*–localizzare, 7. *tropical*–tropicale,
8. *oceanic*–oceanico, 9. *maritime*–marittimo, 10. *insular*–insulare, 11. *military equipment*–le
forniture, 12. *armed forces*–le forze, 13. *flight*–la fuga, 14. *warrior*–il guerriero,
15. *raid*–l'incursione, il raid, 16. *insurrection*–l'insurrezione, 17. *fight, struggle*–la lotta,
18. *maneuver*–la manovra, 19. *recruit*–la recluta, 20. *retreat*–il ritiro, 21. *revolt*–la rivolta,
22. *revolution*–la rivoluzione, 23. *defeat*–la sconfitta, 24. *skirmish, confrontation, clash*–lo scontro,
25. *sedition*–la sedizione, 26. *soldier*–il soldato, 27. *uprising, riot*–la sommossa, 28. *strategy*–la
strategia, 29. *tactic*–la tattica, 30. *trenches*–la trincea, 31. *troops*–le truppe, 32. *victory*–la vittoria

11.

1. armate, 2. militari, 3. guerra, 4. nemico, 5. ufficiale, 6. indennità, 7. marina, 8. tribunale,
9. profitti, 10. schieramento, 11. stato, 12. prigioniero, 13. ufficiale, 14. zona (Sono
intercambiabili le risposte 8 e 12.)

12.

1. Pisa, 2. Palermo, 3. Milano, 4. Firenze, 5. Torino, 6. Roma, 7. Napoli, 8. Genova, 9. Venezia,
10. Bologna.

13.

1–a, 2–d, 3–c, 4–b, 5–e, 6–e, 7–a, 8–d, 9–a, 10–e

15.

1–a, 2–e, 3–c, 4–d, 5–a, 6–e

23.

1–a, 2–b, 3–c, 4–a, 5–c, 6–c, 7–b, 8–a

Unit 20

5.

```
¹c ²i  t  t  a  d  i  n  a  n  z ³a
   m                       b       ⁴p
   m              ⁵p  o  r  n  o  g  r  a  f  i  a
   i                       r        o
   g              ⁶r        t        s                  ⁷s
⁸p  r  o  f  u  g  o        a        o   ⁹v  i  s  t  o    c
   a                 z        t                   a
   a   ¹⁰l           z        u       ¹²a  r
   z   e             i        t          i        i
   i   s   ¹¹e       s        u          z        c
   o   b   u        m   ¹³r  i  f  i  u  t  o
   n
¹⁴e  m  i  g  r  a  z  i  o  n  e         o            t
   c                                      n            o
   a                                      e
```

8.

l'aggressione–*assault*, aiutare–*to help*, l'allarme–*alarm*, l'arma–*weapon*, l'arma da fuoco–*firearm*,
arrestare–*to arrest*, l'autoambulanza–*ambulance*, l'autopompa–*fire engine*, il borsaiolo–*pickpocket*,
bruciare–*to burn*, la coltellata–*knifing*, il criminale–*criminal*, il delitto–*crime*, derubare–*to steal*,
essere investito–*to be run over*, l'estintore–*fire extinguisher*, ferire–*to wound*, la ferita–*wound*, la

fiamma–*flame*, il fucile–*rifle*, il fuoco, l'incendio–*fire*, gridare–*to yell, to shout*, il grido–*yell*, l'incidente–*accident*, l'idrante–*fire hydrant*, la manetta–*handcuff*, il ladro–*robber, thief*, l'omicidio–*homicide*, l'omicida, l'assassino–*killer*, l'ospedale–*hospital*, l'ondata di criminalità–*crime wave*, la pistola–*pistol*, il pericolo–*danger*, la rapina–*robbery*, il pronto soccorso–*first aid, emergency room*, rapinare–*to rob*, la rapina a mano armata–*armed robbery*, salvare–*to rescue*, la rivoltella–*gun*, la scala–*ladder*, sanguinare–*to bleed*, la sirena–*siren*, scontrarsi–*to collide, to smash*, uccidere–*to kill*, sparare–*to shoot*, violentare–*to rape*, l'uscita di sicurezza–*emergency exit*, la vittima–*victim*, la violenza carnale–*rape*

11.
l'assistenza sociale–la previdenza sociale, l'assuefazione–la tossicomania, la dose eccessiva–l'overdose, la droga–gli stupefacenti, il tossicodipendente–il tossicomane, il drogato, il trip–l'effetto estraniante, il drogato–il tossicodipendente

12.
1–d, 2–c, 3–d, 4–f, 5–n, 6–p, 7–o, 8–a, 9–q, 10–g, 11–h, 12–j, 13–e, 14–k, 15–l, 16–m, 17–r, 18–i

16.
1. la dittatura, 2. l'impero, 3. la monarchia, 4. la repubblica, 5. il principe, 6. l'alcool/una bevanda alcolica, 7. il ghetto, 8. la cocaina e la colla, 9. la marijuana

17.